宋慶齢
——人間愛こそ正義——

久保田博子

1913年　宋慶齢、米国ウエスレアン・カレッジ卒業記念

米国留学時代の宋慶齢、弟宋子文を相手に「女権主義」を主張

1916年4月　東京、孫文と宋慶齢

1916年4月9日　東京・田中昂邸、袁世凱帝政失敗祝賀会

1917年　上海、宋家一家団欒

1924年11月　宋慶齢、
神戸高等女学校講堂にて講演

1929年　宋慶齢、ベルリンにて

1933年　宋慶齢、中国民権保障同盟の集会で演説

1936年10月　上海、魯迅追悼会で講話する宋慶齢及び魯迅葬儀委員会名簿

1938年　香港、保衛中国同盟のメンバーと

1942年頃　重慶、孤児院を視察する三姉妹

1947年　宋慶齢と子どもたち〔中国福利基金会〕

1948年　解放区に送る医療品など救援物資を点検する宋慶齢〔中国福利基金会〕

1950年　劉少奇・王光美夫妻と宋慶齢

1956年　中南海にて毛沢東ら指導者とともに

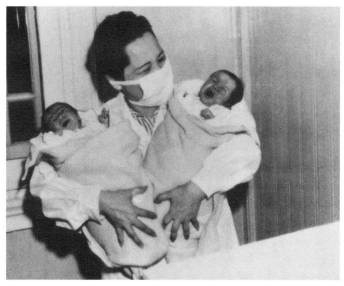

上海、国際和平婦幼保健院にて新生児を抱く宋慶齢

1956年　宋慶齢、インドネシアを友好訪問、平和外交に尽力

宋慶齢「子どもは未来」〔中国福利会〕

目　次

はじめに ……………………………………………………………………………… 3

第一章　孫文との出会い ………………………………………………………… 9

一、1913 年　宋慶齢、孫文と東京で再会 …………………………………… 9

二、宋家のルーツと家族の形成 ……………………………………………… 11

　　1．父・宋嘉樹の波瀾万丈な履歴 …………………………………… 11

　　2．宋家の誕生 …………………………………………………………… 18

三、宋家の発展 …………………………………………………………………… 21

　　1．宋嘉樹の基督教伝道と起業 ……………………………………… 21

　　2．自立教会を設立 ……………………………………………………… 25

　　3．孫文と宋嘉樹の出会い …………………………………………… 26

　　4．宋家の教育：三姉妹・三兄弟の米国留学 …………………… 28

第二章　宋慶齢の青春：米国から祖国を見つめる ………………………… 33

一、米国・ウエスレアン・カレッジに入学 ………………………………… 33

　　1．父母の敷いた教育のレール ……………………………………… 33

　　2．宋慶齢の米国留学：中国最初の公費女子米国留学生として …………… 34

二、祖国への思い ……………………………………………………………… 38

　　1．『THE WESLEYAN』に寄稿 ……………………………………… 38

　　2．辛亥革命と宋慶齢 ………………………………………………… 39

　　3．「女性」を見つめる ………………………………………………… 43

三、「革命を手伝いたい……」 ………………………………………………… 46

　　1．卒業、帰国途中、日本へ ………………………………………… 46

　　2．宋家の日本滞在 ……………………………………………………… 48

　　3．孫文の秘書として …………………………………………………… 52

ii 目次

四、英雄崇拝から敬愛へ ……………………………………………… 56

　　1．孫文の離婚手続き ……………………………………………… 56

　　2．父親、宋嘉樹の戸惑いと怒り ……………………………… 57

第三章　孫文との 10 年：革命を学び、中国近代化を模索 ……… 61

一、孫文との結婚 ……………………………………………………… 61

二、伴侶として、助手として、同志として ……………………… 65

三、10 年ぶりの宋家の団欒と父宋嘉樹の死 …………………… 73

四、五四運動と孫文・宋慶齢 ……………………………………… 79

五、「中国が貴方を必要としています」：陳炯明の叛乱の中で ………… 80

六、第一次国共合作 …………………………………………………… 88

七、孫文・宋慶齢、最後の一年 …………………………………… 93

　　1．中国国民党、第一次全国代表大会開催：新三民主義と三大政策の提起 ……… 93

　　2．黄埔軍官学校開学 …………………………………………… 97

　　3．「北上宣言」：国民会議開催及び国家統一と国家建設を提案 …………… 98

八、「革命尚未だ成らず」：孫文の死 …………………………… 99

　　1．最後の日本訪問：孫文の「大アジア主義」講演、宋慶齢も講演 ………… 99

　　2．天津到着：孫文の病状深刻 ……………………………… 103

　　3．宋慶齢・宮崎龍介往復書簡 ……………………………… 106

　　4．孫文、北京にて客死：「革命尚未だ成らず……」 ……………… 110

第四章　宋慶齢の独立 ……………………………………………… 117

一、宋慶齢・1925 年 ………………………………………………… 117

　　1．孫文との死別 ………………………………………………… 117

　　2．五三〇事件の中で ………………………………………… 120

　　3．婦人運動との出会い ……………………………………… 125

　　4．廖仲愷、暗殺される ……………………………………… 127

二、革命の高潮と挫折 …………………………………………… 130

１．中国国民党第二次全国代表大会に参加 ……………………… 130

　　２．武漢遷都：婦人政治訓練班を指導 …………………………… 133

　　３．反革命の嵐 ……………………………………………………… 135

第五章　宋慶齢、模索への旅 ………………………………………… 144

　一、モスクワ訪問 …………………………………………………… 144

　二、ベルリンを拠点に、祖国と世界を見つめる ……………… 153

　三、一時帰国：孫文の国葬に参加 ……………………………… 159

　四、戴季陶との対話：国民党との深刻な齟齬 ………………… 162

　五、再び、ベルリンへ …………………………………………… 170

第六章　宋慶齢之宣言 ………………………………………………… 175

　一、母の死、帰国：鄧演達の逮捕／ヌーラン夫妻救援 …………… 175

　二、「九一八」事件と鄧演達の暗殺 …………………………… 178

　三、「宋慶齢之宣言」 …………………………………………… 180

　四、抗日と人権擁護 ……………………………………………… 183

　五、中国民権保障同盟と楊杏仏の暗殺 ………………………… 192

　六、新しい友人との出会い：エドガー＝スノー・ルイ＝アレー・馬海徳ら …… 197

第七章　抗日戦争と宋慶齢 …………………………………………… 203

　一、抗日・救国のために ………………………………………… 203

　二、全国救国連合会の成立と魯迅との惜別 …………………… 205

　三、西安事変 ……………………………………………………… 211

　四、第二次国共合作と抗日統一戦線の形成 …………………… 217

　五、日中戦争を巡る宋家三姉妹：日本における報道から ………… 223

　六、「中国を助けよ！」──保衛中国同盟と中国工業合作社── ……… 227

　七、三姉妹の統一戦線 …………………………………………… 236

iv　目次

第八章　日中戦争終結：第二次世界大戦終わる …………… 246

一、戦時首都重慶での保盟活動の再展開 …………… 246

二、抗日戦の勝利 …………… 251

三、中国福利基金会の発足 …………… 256

四、重慶談判、再び、内戦 …………… 260

第九章　中華人民共和国建国に参加 …………… 266

一、人民解放軍の上海解放 …………… 266

二、宋慶齢、北京へ：新中国の建設に参加するために …………… 273

三、中国福利会の成立：〝子どもは未来〟 …………… 279

四、アジア諸国を歴訪――平和友好外交を担って―― …………… 284

五、中国共産党と宋慶齢――希望と困惑―― …………… 292

第十章　晩年の宋慶齢 …………… 301

一、文化大革命と孫文生誕百周年 …………… 301

二、宋慶齢、晩年の日々 …………… 311

三、夕映えを背に未来を見据えて …………… 319

最後の一年 …………… 323

おわりに …………… 334

宋慶齢関係略年譜 …………… 336

宋慶齢関係系図 …………… 340

宋慶齢

──人間愛こそ正義──

はじめに

宋慶齢は、政治は人民に心身の安らぎと豊かさをもたらすものでなければならず、人民に依拠し、それらを追求するものであるという、彼女にとっては当然の原則に終始忠実であった。幸いにも彼女は、それを共有できる大先輩・孫文に出会い、啓発され、活きた学習の機会を得ながら、やがて追求を共にし、そして何よりも「人民のために、人民に依拠した」共和国を創るのだという目標を共有した。その方策としての革命の苦闘の中で孫文は「革命尚未だ成らず……」の深刻な思いを遺して先立った。彼女は遺嘱を堅持し、それぞれの時期、段階において原則と目標に忠実に、多くの場合、原則と目標を共有できる人たち或いは中国共産党と合作し、他方、団結のための統一戦線に配慮して道を選び、術を模索して懸命に活動し、中華人民共和国成立の日を迎え、生涯最大の歓喜を味わった。

彼女は、建国を指導することになった中国共産党に請われて、民主諸党派及び各界の有力者と共に新中国の指導者の一人として、建国に参加することになったが、宋慶齢がその最前列の一人として立つことが重要だった。強いて言えば、統一のシンボルであった。傍ら、彼女は、抗日戦争下、保衛中国同盟として発足し、様々な需要に応えてきた歴史をもつ中国福利会の事業、特に、母と子の保健衛生、少年児童の教育・文化面における育成に取り組んだ。それらは、実験的、モデル的性格をもつもので、さらに科学性を重視するものであり、新中国における現在と未来のための福利をリードする事業でもあった。

宋慶齢は、文化大革命の嵐の中で大いに傷つき、「沈黙の十年」を過ごすことになったが、その初年の1966年、孫文生誕百周年記念行事を迎え、生涯最後の公式の講演を行い、革命家孫文の偉大さを彼の事蹟を踏まえて語り、心からの信頼と敬意を表した。当時の政治的風圧のもとでは勇気ある発表であった。

宋慶齢は、孫文との死別後、哀しみにくれる暇もなく、五三〇事件に直面し、

4　はじめに

独り立ち、孫文の遺志を抱いて独自の道を切り開きながら歩むことになるが、孫文との絆は最後の日まで深く内包されていた。

　一人の人間、一人の女性として、時代とその人々の要請に真摯に応え、大きく、逞しく生き抜いた宋慶齢の比類なき生き様に、その波瀾万丈の苦闘と栄光の人生に、私は同じ一人の人間、一人の女性として、心からの敬意を表したい。彼女は 21 世紀にも、子どもたちを育て、女性たちを励まし、人々を率いることができる。

　　　　　　　　　＊物故された諸先生方に対する敬称は省略させて頂きます。

　第二次世界大戦の結果は、中国侵略をはじめとする東アジアにおける日本の野望を挫き敗退させ、中国の抗日戦線に勝利をもたらした。日本はこの敗戦の痛手を歴史的契機として民主的かつ平和主義に依拠する国家として再出発し、中国はその後国共内戦を経て 1949 年 10 月、中国共産党を指導政党とする中華人民共和国を成立させた。この時、当時の進歩的婦人団体の一つであった婦人民主クラブを率いていた作家宮本百合子が新中国の中央人民政府副主席宋慶齢宛にお祝いのメッセージを送り、宋慶齢は、それに応えて宮本百合子に書簡を返した（婦人民主新聞 1950 年 2 月 3 日号、第一面トップ）。戦後宋慶齢が日本で正式に紹介された最初である。

　その後、1953 年 12 月に（社）中国研究所が『宋慶齢選集―新中国のための闘い―』を、主として宋慶齢著『為新中国奮闘』（人民出版社、1952 年）からの抜粋、日本語訳でハト書房より刊行した。選集としては中国より先駆けていた。野原四郎が訳者まえがき、解説、訳注を担当している。当時宋慶齢は健在で、中央政府委員会副主席〔毛沢東が主席で国家を代表、宋慶齢は朱徳、劉少奇に次ぐ副主席〕のほか、中華全国民主婦女連合会名誉主席・中国人民救済総会主席・中国人民保衛児童全国委員会主席・中ソ友好協会名誉主席等の要職にあった。

　中国では、1966 年 11 月の孫中山生誕 100 周年紀念行事が準備される中で『孫中山選集』と『宋慶齢選集』の出版が企画された。プロレタリア文化大革命の風波が立ち始めた頃で、人民出版社の紅衛兵が資産階級に属すると見做された

人物の出版は拒絶するという情況下、特に周恩来総理の支持を得て孫・宋二種の選集の出版が実現した。この1966年版『宋慶齢選集』は、その後宋慶齢直接の同意と関係者の援助により、仁木ふみ子が新たに二編の小論を加えて翻訳し、1979年再度日本語版『宋慶齢選集』として、ドメス出版より刊行された。

　この頃、Emily Hahn の "The Soong Sisters" を読みながら、香港・中華書局版の『宋慶齢選集』(1966年版) に目を通していた私は、偶々仁木ふみ子訳『宋慶齢選集』の出版を紹介する『宋慶齢選集の栞』に、ハーンの前掲書に収録されていた宋慶齢のウエスレアン・カレッジ時代の論文「二十世紀最大の事件」を翻訳掲載させて頂くことになった。この小論は1912年4月宋慶齢の留学先の学院誌『THE WESLEYAN』に発表されたもので、青年宋慶齢が辛亥革命で祖国中国に共和制が誕生したことに狂喜し、高く評価したものであった。彼女は、革命で自由と平等は勝ち取れるが、その基盤に友愛 (fraternity) がなければならない。自由と平等の両者を保障する友愛を確保するのが二十世紀の課題であると論じ、また、紛争は超弩級戦艦つまり武力ではなく、ハーグの国際司法裁判所で解決されねばならないと説き、世界平和を保障する自国の役割にまで言及していた。当時の私には、宋慶齢の選集における言論を十分に理解するのは難題であったが、青年宋慶齢のそれには大いに感動し、彼女の事蹟を辿りたい思いに駆られた。

　1983年夏、中国研究所斎藤秋男理事長の推挙を頂き、中国社会科学院近代史研究所の招聘を得て、「1930年代の宋慶齢の事蹟を訪ねる旅」に出た。私は幼少期上海で育ったが、新中国への旅は、これが最初であった。

　北京―北戴河―武漢―上海―北京の訪問日程が設定された。北京では、中国社会科学院の李薇女士 (現在　同社会科学院日本研究所所長) のご案内と通訳に与った。近代史研究所の尚明軒先生のご指導を頂き、世界経済与政治研究所では銭俊瑞のお話を伺うことができた。彼は当時中国社会科学院顧問、中国世界経済学会会長等の職責に在られたが、1930年代には国際反ファシズム運動において宋慶齢の傍らに在り、彼女に代わって国際大会に出席し、ロマン＝ロラン議長の宋慶齢名誉議長に対する賛辞も直接聞き、伝えた。この時の対談を見事な日

6 はじめに

本語で通訳して下さったのは、後年日本の諸大学で講じられることになる凌星光氏だった。

　北戴河訪問は、I = エプシュタイン（以後、エピー／本人から Eppy と呼ぶことを求められた）から「北戴河で宋慶齢のことを語り合いましょう」という写真電報を受け取り、実現した。8 月 5 日早朝、当時中国共産党・政府要人の保養地であった当地に一人列車で出かけ、夕暮れにエピー夫妻の滞在先のホテル西山賓館に着いた。翌朝、食事の席でエピーとチョルメリー夫人に初めてお目にかかった。6、7 日の午前中、合計約 5 時間余、通訳の申英民氏（作家）を介し、様々なことを取材させて頂いた。その折、彼が唯一人、生前の宋慶齢本人の了解と私的情報を得て書いた伝記 "Woman in World History, Soong Ching Ling" の執筆を開始していることを知った。また、第一日目の午後、エピーの計らいで、北戴河東経路 8 号楼のルイ = アレー宅で馬海徳（ジョージ = ハテム）、ビジョイ = クマール = バスー夫妻を新たに加えた〝宋慶齢の思い出を語り合う座談会〟が実現した [1]。

　最初にルイ = アレーが目を閉じ合掌して「スージー（宋慶齢の愛称）……」と呟いた姿は、忘れ難い。私は北戴河を離れる時、エピーに彼の宋慶齢伝を日本語に翻訳させてほしいと申し出て、了承を頂いた。

　北京に戻ると、結果的には、私にとって一大事が待ち構えていた。后海北沿の名誉国家主席宋慶齢故居を訪問、取材することになったのであるが、そこで前年末に「宋慶齢基金会」（康克清主席／朱徳夫人）が発足したことを知らされ、「日本の皆さんによろしくとご協力をお願いしているのですが……」と、パンフレットを託された。次いで中華全国婦女連合会を訪ねると、同会の呉全衡副主席（中国社会科学院胡縄院長夫人）が宋慶齢基金会副主席にも就いておられたのである。彼女は、戦時・戦後の母子の救済と少年児童の育成における宋慶齢の奮闘、世界平和への追求と行動を熱く語り、その偉業を記念し、継承するために、国内外の宋慶齢の友人が宋慶齢基金会を設立し、記念事業を始めているが、日本でも中国の 3 億の少年児童の育成に協力して下さいませんかと問われた。この動向自体、宋慶齢研究にとって重要な取材であったが、日本人として

は、それだけでは済まされないことだった。

　北京訪問の後、武漢に赴き、華中師範学院の章開沅先生のご指導の下で 1926
〜 27 年の漢口『民国日報』などを見せて頂いた。上海では、上海社会科学院歴
史研究所の湯志鈞先生のご高配の下に、上海図書館で『救亡日報』を見せて頂
き、また章念馳先生（章炳麟の孫）のご案内で楊小仏先生（楊杏仏の子息）らに引
き合わせて頂き、宋慶齢ゆかりの方々から直接取材させて頂いた。

　1983 年の訪中は、私の後半生の在り方を決めることになった。一つには、翌
年の宋慶齢日本基金会の発足に関わり、まずは事務局長として同会の事業に参
加したことであり、二つには、日常活動の合間を縫って、宋慶齢の事蹟を追う
ようになったことである。

　エプシュタインの "Woman in World History, Soong Ching Ling" は、1993 年、新
世界出版社（北京）から出版されたが、前年 11 月に沈蘇儒訳『宋慶齢——二十
世紀的偉大女性』として、中文版でまず世に出されていた。エピーのタイプの
英文原稿は沈蘇儒を経て順次私のところに届けられ、サイマル出版会田村勝夫
社長のご厚意に支えられて、1995 年 10 月、拙訳『宋慶齢—中国の良心・その
全生涯—』上・下として刊行された。エピーは、日本での翻訳出版を大変喜ん
で下さったが、他方彼は、「宋慶齢の重要資料は、毛沢東の場合と同様未だ大量
のものが未公開です。彼女の伝記は将来書き直されねばならないでしょう」と
話された。

　それから 20 年、中国は大きく変わり、大きく動いてきた。宋慶齢についても、
宋家についても多くの関係史料が公開され、研究の深化、発展にも著しいもの
がある。私には、これら新しい情況を十分に踏まえ、対応して「宋慶齢」を描
くことは実に難題である。しかし、牛歩であったが、私の後半生の学習と研究
及び宋慶齢基金会における日中交流の活動で体得した「宋慶齢」を紹介するこ
とは、次世代における中国認識の糧の一つになると考えたい。また、宋慶齢の
言論と実践を通じて見えてくる「人間社会における正義とは何か……？」の問
いかけに向き合う契機として頂ければ幸いである。

2015 年 5 月　久保田博子

8　はじめに

注

（1）久保田博子「1930年代の宋慶齢を取材して」、現代中国学会『現代中国』第58号、1984年4月、pp.56–62

第一章　孫文との出会い

一、1913 年　宋慶齢、孫文と東京で再会

　第二革命に敗れた孫文は、袁世凱の追手を避けて 1913 年 8 月信濃丸で門司港に辿り着いた。当初日本政府は上陸許可を出さなかったので、萱野長知らの協力を得て密かに上陸を試みたが、やがて犬養毅・頭山満等の圧力で許可が下りたので再度乗船して東上、神奈川県の富岡海岸（現在横浜市金沢区）に上陸し、翌朝にかけて神奈川県の保護の下に、頭山の世話で用意された赤坂区霊南坂町 27 番地（現在の港区赤坂 1 丁目 14 番）の隠れ家に入った。海妻猪勇彦邸である。海妻邸は 1905 年に孫文等が中国同盟会結成大会を開いた場所から歩いて 5 分もかからないところにあった。出迎えたのは、犬養毅配下の国民党員前川逓蔵一人だった。孫文に随行していたのは、神戸から一緒になった菊池良一と中国人二人だった。

　その朝一番に孫文を訪ねてきたのは、海妻邸の隣に住む頭山満で、孫文と朝食を共にした。

　日本外務省外交文書の「孫文ノ動静」は、この日より、隠れ家の孫文を訪ねてくる日本人、中国人、それにインド人など様々な人々の様子を伝えてくれる。海妻邸の玄関附近に神奈川県警の公安刑事が公然と陣取って、分刻みでメモを取っていたか、あるいは密かに逐次様子を探っていたようである。孫文の側から見ると、確かな身辺警護に与っていたということになる。

　こうして残された報告文書の中に、宋嘉樹とその家族の動向も見える。宋嘉樹は、孫文より一足早く家族と共に神戸に着いた。宋嘉樹が同伴した家族は、妻倪珪貞、長女藹齢、次男子良、三男子安だった。長男子文、次女慶齢、三女美齢は米国留学中だった。藹齢は、前年 1912 年 1 月、孫文が中華民国臨時大総

10 第一章 孫文との出会い

統に就任した直後に孫文の秘書となり、孫文を物心両面から支える父宋嘉樹と
ともに孫文と終始行動をともにしていた。

　この宋父娘は、8月20日に孫文の隠れ家を訪ね、そのままそこに逗留した
が、同月29日、二人は横浜に向かった。米国留学を終えて帰国途上にあった慶
齢が予定を変更して横浜に立ち寄ったのである。父と娘、姉と妹は再会を果た
し、翌日三人は孫文の隠れ家に戻った [1]。

　宋慶齢にとって家族との再会はもとより心躍るものであったが、それ以上に
孫文に会わねばならないという思いがつのっていた。その理由の一つは、カリ
フォルニアの孫文の友人から預かってきた果物などの贈り物と手紙を届けるこ
とであり、もう一つは、彼女自身が抱き続けてきた革命の英雄、孫文に対して
彼女自身のメッセージを伝えること、即ち「革命を手伝いたい……」と申し出
ることだった [2]。

　慶齢は、幼い日に上海の自宅で出会った父の友人、孫おじさんに十数年ぶり
に出会うことになり、胸が高鳴ったことだろう。垣間見て、耳をそばだてた父
親と孫文との会話、家族ぐるみで参加し、応援した革命活動、米国留学中に父
親からの便りで知った武昌蜂起成功のニュース、そして第二革命不首尾の知ら
せ……、胸いっぱいの思いを抱えて、彼女は孫文と再会した [3]。

　宋慶齢は、人生の最晩年に、孫文と宋家の交流について「我家と孫中山先生
の関係」と題する一文を英語で綴り [4]、当時の孫文と宋家の交わりを伝えてい
る。「孫中山先生が米国にいた時、常に中国留学生に向かって、中国革命と改
革の必要を宣伝しました。私の父親はその時孫中山先生と出会い、彼らは良い
友達になり、一緒に旅行しました」と孫文と宋嘉樹の出会いを語り、「この後、
父親は彼の住宅の地下室に印刷工場を設け、宗教書を印刷し、革命を宣伝する
秘密のパンフレットも印刷しました。その時私たちはまだ小さかったのですが、
父母が当時どんな人にもこのことを話さないようにと言い、また、私たちが革
命を宣伝するパンフレットを手にするのを禁止したことを覚えています。その

後、父親は、孫中山先生が革命に従事するのを経済的に援助しました」。さらに、文中、「孫先生は帰国すると必ず我家に逗留しました」とも述べている[5]。

宋慶齢が孫文との再会を果たした翌日、宋嘉樹のもとに次男子良が訪ねてきた。夕刻子良は二人の姉と一緒に神戸に向かった。神戸では、オリエンタルホテルで母倪珪貞と三男子安が待っていた。慶齢は、久しぶりで母と会い、弟たちとも楽しい時間を過ごした。しかし、くつろぐ間もなく、自分たちの置かれている立場を自覚せざるを得なかった。上海には今や、宋家にも孫文にも安らぐ場所はなかった。祖国は、彼等に暖かい懐を期待させなかった。宋教仁を暗殺し、共和国建設への努力を踏みにじった袁世凱は、孫文ら革命派の抵抗を圧倒的な暴力で退け、辛亥革命の成果を挫いた。

孫文は、第二革命失敗の苦渋の中で亡命生活に入ったが、宋嘉樹も孫文の革命活動を支えながら、6人の家族の流浪の生活を考えなければならなかった。

9月10日、宋嘉樹は、東京・神田今川小路2の10（当時）に住居を定め、12日には家族が移り住んだ。孫文は、早速同家を訪問した。この後、宋家は、翌1914年2月下旬以降に神田区仲猿楽町に転居し、さらに同年9月8日に横浜市山手町に新住所をもった[6]。いずれにしても宋家の人たちが、大正の初め頃東京あるいは横浜に住み、霊南坂の頭山満邸に隣接する隠れ家に住む孫文と日常的に往来していたことになる[7]。

二、宋家のルーツと家族の形成

1. 父・宋嘉樹の波瀾万丈な履歴[8]

宋家の初代当主、宋慶齢の父親、宋嘉樹は、字を耀如という。彼は、1861年[9]（清朝咸豊11年）、海南島即ち広東省文昌県古路園村の韓家に生まれ、韓教準と名付けられた。

父は韓鴻翼（1829–1893）、母は王氏、兄韓政準、弟韓致準と韓教準の5人家族になった。韓鴻翼の弟韓鵬翼は宋氏と結婚して男児敬準と効準をもうけた。鵬翼の妻宋氏の弟宋氏は、米国の大陸横断鉄道建設の時期に渡米し、鉄道建設

12　第一章　孫文との出会い

労働者として働き、その後東部マサチューセッツ州ボストンに移り住み、祖国の物資、絹や茶を扱う商店を営んでいたが子宝には恵まれなかった。

　韓家の祖先の由来を尋ねると、10世紀の北宋時代に河南の相州安陽に住んでいたと言い、12世紀北宋滅亡の頃から南方への移動を始め、1197年広東廉州に到達した、と家譜は伝えている。12世紀末韓顕卿が瓊州海峡を渡り、当時未開の地であった海南島文昌県昌泗区古路園村に住居を構えた。彼らは、文明の中心・中原から戦乱を避けて長い歳月をかけ、中華大陸の南の果てに辿り着き、開拓的に住み着いたという。しかし、この地は、海上を通して東南アジア諸国と交易し、世界と物流が通じ、人々が行き交う拠点でもあった。

　海に囲まれた文昌県では、人々の気風は開放的で、進取の気概に富み、時には苦難を覚悟で勇敢に海を渡った。近年の統計から見ても、文昌県の人口は約50万なのに海外在住の出身者が60万を数えているという。

　宋氏のように米国まで渡らずとも小型の船を出して東南アジアの島々に出稼ぎすることも多かった。韓家の息子たちも近辺の島々に出かけては、生活の糧を稼いでいた。教準の少年時代の韓家は豊かではなかった。父鴻翼は、儒家の教養をそなえた寛容で温厚な人柄で、公益事業にも熱心であったと伝えられるが、すでに祖先から受け継いだ蓄えも使い尽くし、生活は困窮していたからである。後年、青年チャールズ＝ジョーンズ＝スン（通称：チャーリー＝スン／宋嘉樹の英文名）が米国で椰子や棕櫚などの植物繊維を材料にしてロープや網などを作って売り、生活費を補ったのも、故郷での少年時代の経験が物を言ったのであろう[10]。

　1872年夏9歳の韓教準と兄の韓政準は、故郷海南島を離れ、海を渡り、インドネシアのジャワ島で実業を営む遠戚を頼り、3年契約の見習奉公をすることになった。2年目に入った頃、たまたま米国ボストンから里帰りした親類の宋氏（父の弟の妻の兄）が帰途、インドネシアを巡り、ジャワ島に立ち寄った折、教準少年の聡明さに惹かれ、家業の跡継ぎにしたいと考えた。教準も島での仕事に物足りなさを覚えていた矢先のことで、宋おじさんとの間に養子縁組が成立した。1875年夏12歳の韓教準は、宋おじさんについて米国に渡り、宋家の

養子宋嘉樹として新天地での第一歩を踏み出した。養父は、よく似た境遇の同業の商店に嘉樹を修業に出し、その店で彼は懸命に業務を習い、英語とキューバ式のスペイン語を習得した。

養父の宋氏は、嘉樹を立派な商人に育てるために様々な配慮と暖かい親心を働かせた。世間的には、養子縁組、跡継ぎ披露を丁重に行い、教育面では、家庭教師を招いて英語教育にも力を入れた。しかし、皮肉にも、この家庭教師が宋嘉樹に大志を抱かせ、養父の期待を裏切らせてしまう。

英語の家庭教師は、アブラハム＝リンカーン大統領の崇拝者で、米国独立革命史に通暁していた。宋嘉樹は、彼から英語だけでなく、黒人奴隷解放運動のこと、南北戦争のこと、また、リンカーンの "of the people, by the people, for the people" の政治原則について学習することになった。彼には、祖国清朝の専制政治のことも、封建社会のことも何も解かっていなかったが、人間存在とか、市民社会とか、国家とかが自身と関係ある世界として認識され始めた。リンカーンは、宋嘉樹の脳裡に深く刻まれた。彼の 3 人の娘の名前には「リン」がついているが、当初は林肯（リンカーンの中文表記）の「林」であった。宋慶齢の初期のパスポートの署名が「宋慶林（琳）」であったことは、日本外務省の記録でも明らかである。また、宋慶齢がよく使ったペンネームに「林泰」があり、また、後年宋嘉樹死去の際には棺にリンカーンの肖像画が入れられたと言われる。ボストンが米国市民革命―独立戦争の聖地であったことも、影響したことだろう。

もう一つ、青年宋嘉樹の目を商店の外に向けさせた刺激があった。祖国からの留学生、牛尚周と温秉忠が度々宋氏の商店にお茶を飲みに訪れ、如何に西方の様式を取り入れ、祖国を改造するかをよく議論していたことである。二人とも清朝派遣の公費留学生で、ともに 17 歳だった。牛尚周は、上海嘉定県出身で、12 歳の時に上海英租界の留学生予備学校に入り、清国第一期留学生 13 名の中の一人に選ばれ、1872 年 8 月 12 日黄浦江から乗船渡米した。温秉忠は、祖父は広東省新寧県出身だが、父親が上海で商業を営んでいたので、黄浦江の畔で生まれ育った。彼は、清国派遣第二期留学生 30 名中の一人だった。宋嘉樹は二

14 第一章 孫文との出会い

人の話を聞くともなく耳にし、やがて彼等の博識と豊かな弁舌に魅せられ、自身も勉強して広い世界に触れたいという思いに駆られ、学校で学びたいと願うようになった。やがて宋嘉樹は、牛や温と親しくなり、彼らからも、米国の現代文明の教育を受け、帰国して祖国の改革に貢献してはどうかと励まされた。

宋嘉樹は、後年、牛尚周と温秉忠に上海で再会し、家族ぐるみで深い関わりを持つことになる(11)。

宋嘉樹は、正式に教育を受けたい、大学に行きたいと養父に度重ねて願い出たが、いつも理解されず、拒絶された。養父は、彼に分をわきまえて身を処すことこそ大事だ、家業を継いで優秀な商人になれ、と諭した。実際的でない、絵空事はやめなさい、とも言った。養父の立場から見ると、当時清国人がアメリカ大陸に来て、彼のように絹と茶を商う店をもてれば、もうこれ以上のことはない、と思えた。大多数の誰が考えてもそうだった。しかし、宋嘉樹は、諦めることができなかった(12)。

1879年冬、宋嘉樹は、ついに家出を決行した。夜陰に紛れてボストン港に辿り着いた彼は、とにかく停泊中の小艇に潜り込んだ。その小艇は、北カロライナに向けて出発し、宋嘉樹はすぐ船員に見つけられ、ガブリエルソン船長の前に引き出された。船長は、南部メソジスト教会の敬虔な基督教徒で、寛容だった。宋嘉樹は、船長の計らいでその船（密輸監視船）で働くことになり、船員名簿にチャールズ＝ソンとして登録され、給料ももらえるようになった。彼は、辮髪を切り、アメリカ合衆国艦船の船室ボーイの制服を着て、チャーリーと呼ばれるようになり、境遇は一変した(13)。

翌年ガブリエルソン船長が急に北カロライナ州ウイルミントンに転勤になると、チャーリーも恩人の船長の後を追って南下した。彼は運よく再び元の船長の配下に食堂のボーイとして加えられた。チャーリーこと宋嘉樹は、間もなく15歳になる頃だった。

ガブリエルソン船長が通っていた教会の人々は、チャーリーに関心を寄せた。なかでも船長の友人の一人、南北戦争の退役軍人のロジャー＝ムーア大佐

二、宋家のルーツと家族の形成　15

は、フロント・ストリート教会の指導者の一人で、清国がどこにあるか、清国でメソジストの宣教師たちがどんな活動をしているかを知っていた。ムーアは、チャーリーを教会に誘い、トーマス＝ペイジ＝リカウド司教に紹介した。リカウドは、1830年代のメキシコで革命に身を投じた経歴のある人物だった。彼は、チャーリーに語りかけ、その将来に目的意識を抱かせた。伝道師でも、医師でも同胞を救い、祖国を変える手立てになると。

　1880年11月8日チャーリー＝スンは、ウイルミントンのメソジスト教会でリカウド司教によって洗礼を授けられた。洗礼名は、チャールズ＝ジョーンズ＝スン。そして、彼は、宣教師になって祖国に帰ることを決意した[14]。

　チャーリーは、その後ある印刷屋で働くことになるが、他方教会の指導者たちの間では、彼に教育を施す準備が進められていた。リカウド司教は、南北戦争で消滅を免れたトリニティ・カレッジの学長に働きかけ、清国への伝道に送り込むために、チャーリーを教育することを提案し、資金については、ムーアが北カロライナ州ダーラムの資産家ジュリアン＝カーに依頼した。カーは、チャーリーへの援助を引き受けてくれた。カーは、タバコと紡績で財をなし、デューク大学の創立者の一人でもあった[15]。

　チャーリーがトリニティ・カレッジで勉強し、カーの庇護のもとで暮らすようになってから、彼は海南島の父親に初めて手紙を書き送った。1881年6月25日付の英文だった。スターリング＝シーグレイブ著・田畑光永訳『宋王朝』によると、

　アメリカ合衆国　ダーラム、ノースカロライナ　1881年6月25日
　親愛なるお父さん
　　私がどこにいるかをお知らせするためにこの手紙を書きます。私は1878年に東インドで兄と別れ、合衆国に来ました。そしてすばらしいことに、キリストという私たちの救世主を発見しました。キリストは神様なのです。
　　ダーラムの日曜学校とトリニティ大学が、今、私を援助してくれています。私は、大急ぎで勉強し、中国へ帰り、皆さんにダーラムの友人たちの

親切と神の徳についてお話したいと考えています。神はその子を世界の罪
びとのために遣わして、死なせたのです。私も罪びとですが、神の徳で救
われました。

　小さい頃、お父さんが私を大きなお寺の木でできた神様を拝みに連れて
行ってくれたことがありました。ああ、お父さん、木の神様は何の助けに
もなりません。お父さんが生涯拝み続けても、少しもいいことはありませ
ん。昔は誰もキリストのことを知りませんでした。しかし今、私は、救世
主を探しあて、それはどこへ行っても私を慰めてくれます。どうぞ、耳を
傾けてその魂のいうことを聞いて下さい。目を開いて、神様の輝かしさを
見上げて下さい。私は神様を信じます。そして神の意志で、地上で再びお
父さんと会えるよう希望します。

　今は休暇で、私はダーラムのJ＝S＝カー氏の所にいます。この手紙を
受けとったら、すぐに返事を下さい。お父さんの話を聞けるのを楽しみに
しています。私の愛をお母さんや兄弟や姉妹たち、そしてあなた自身に贈
ります。

　今度手紙を書くときには、もっとたくさん書きます。カーさんご夫妻は、
すばらしいキリスト教徒のご家族で、私が直接知り合う前から、私に親切
にしてくれました。

　ではお父さん、さようなら。ノースカロライナのトリニティ大学に手紙
を下さい。

ハン＝カードソン＝チャーリー＝ジョーンズ＝スン

　トリニティ・カレッジで約1年間、大学予科の特待生として懸命に学習した
チャーリー＝スンは、大学が組織した伝道や募金活動にも参加するほか、得意
の手細工でハンモックなどを編んで金銭に代え、困窮している孤老の生活を援
助したりした。また、同大学のクレイブン院長夫妻は、この異国の学生を育て
るために至れり尽くせりの心を配った。牛尚周や温秉忠からの便りによると、
当時清朝は知識人たちの思想動向に警戒し、官費による米国留学生を全員帰国

二、宋家のルーツと家族の形成　17

させる方針を打ち出していたので、彼等は苦境にあった。このことを考えると
チャーリー＝スンは幸運だった[16]。

　1883年チャーリー＝スンは、テネシー州ナッシュビルのヴァンダービルト大
学の神学院に進んだ。チャーリーは、ほんとうは北方に行き、ハーバード大学
に進みたかったが、許されなかった。彼は、いまや教会に所属しており、その
指導者に従わなければならなかった。しかし、ヴァンダービルト大学での3年
間は基本的には楽しく、満足できた[17]。

　1885年5月28日チャーリー＝スンは、ヴァンダービルト大学神学院を優秀な
成績で卒業した。次いで、彼はかねてからの思いを実現するために医学院の入
学試験を受験したところ、どの科目も優れていた。ところが、マクタイア主教
は、チャーリーの医学院進学に反対した。同主教の意見は、「私たちは、神様の
忠実な僕ですから、無条件で神様の御旨に従わねばなりません。東方には、何
億もの道に迷う子羊が神様の遣わす牧人を待っています」というものだった[18]。

　1885年10月チャーリー＝スンは、北カロライナ州のメソジスト教会でマク
タイア主教により、見習牧師に任命され、清国に派遣され、アレン牧師の下で
布教活動に従事することになった。

　チャーリー＝スンが帰国の準備に取りかかった頃、海南島から便りが届いた。
それによると、故郷の情況は、ますます悪く、困窮の中で子どもたちが売買され
ているという。清国に伝道して帰国した先輩たちからも祖国の現状について情
報を集めた。何を聞いても気持ちが滅入る。救わねばならないのは、人々の魂
だけなのか？　暮らしはどうか？　社会はどうか？　国家はどうなっている？
欧米列強の力にどう対抗しているのか……、蔑まされているのではないか？

　米国にあっても良く見聞すると、中部や西部では、華人がたびたび迫害され
ている。現にチャーリー＝スンもケンタッキー州で銃撃事件に出くわした。幸
い怪我はなかったが、相手は狂信的な人種差別主義者だった。19世紀80年代
の経済不況期には、華人は、「黄禍」と称されて迫害され、虐殺さえされた。不
景気の時は資本家が安価な賃金の華人を競って雇用したため、白人労働者の恨
みを買い、人種差別に火を付けたのである。

18　第一章　孫文との出会い

チャーリー＝スンが目指す祖国は、「眠れる獅子」と称され、様々な末期症状を呈していた専制王朝の清国であった。

2. 宋家の誕生

1885 年 12 月[19]、宋嘉樹（チャーリー＝スン）は、米国基督教メソジスト教会伝教師の身分で上海に帰国した。フランス租界の埠頭には米国メソジスト教会中国布教区の責任者アレン（中国名：林楽知）と彼の娘や劉楽義らが出迎えた。

アレンは、米国メソジスト教会の有力者で、1860 年中国に派遣され、主として清国の知識階層への布教に努めていた。彼は、上海で『万国公報』を創刊し、英華大学を創建した。蘇州では東呉大学も創建した。西洋の近代科学と文化で知識層の関心をよび、併せて基督教を伝えようとしたのである。

宋嘉樹は、劉楽義に布教区内にある一見洋風の平屋に案内された。それは、1848 年米国メソジスト教会が最初に派遣した伝教医師が開設した布教のための診療所で、長い間修理もせず風雨にさらされた陋屋であった。そこが宋嘉樹の最初の住居となった[20]。

上海は、すでに中国最大の都市であったが、宋嘉樹に与えた印象は良くなかった。確かに人口密度は高く、商業は盛んで、世界の富が流れ込み、欧米を優位とする多くの人種が行き交い、けばけばしく、何でもありの外観を呈していたが、実情は、清朝の専制下にあって、人々には平等も自由もなく、民主が育つ余地もなかった。至るところに怪しい暗黒と鬱陶しい閉塞感が漂っていた。

翌年 3 月のある夜、宋嘉樹は、米国聖公会の顔永京牧師と出会った。顔牧師は、前年仲間の牧師と謀って、上海共同租界（日・英等複数の外国が管轄する居留地）工部局に対して外灘（ワイタン：呉淞江と黄浦江の合流地点）の公園の門の脇に建てられている「華人と犬は、園内に入ってはならない」という看板に抗議して、それを撤去し、華人の入園を許可するようにと要求した。宋嘉樹は、この話に大いに感動し、顔牧師に敬意を抱いた。

当時華人の基督教徒は、上海に集中していたが、華人の牧師は極めて少なく、メソジスト教会では宋嘉樹一人、聖公会では顔永京ら三人という有様だった。

二、宋家のルーツと家族の形成　19

従って、教派同士は互いに疎遠であっても、欧米人から蔑視、差別される時には、華人牧師は教派を超えて同志であったに違いない。

　顔永京は、懐かしい温秉忠と牛尚周の近況も教えてくれた。温秉忠は上海税関に、牛尚周は上海郵電局に勤めていた。二人とも清朝の官僚になっていた[21]。宋は、時を移さず、二人の旧友と再会し、近況を語り合い、清朝専制下の情況、列強の植民地と化しつつある祖国の衰退と混沌を嘆き合うことになる。宋嘉樹は祖国中国にもワシントン、リンカーンが輩出することを切望する。

　宋嘉樹は、牛尚周や温秉忠らと語り合うなかで、米国からの帰国留学生会を発起したところ、20名ほどを結集できた。第一回の集会は顔永京牧師の家で開かれた。日常は、音楽やスポーツの催しで交流し、他方で救国救民の急を説き、策を練った。やがて上海道台（清朝の地方長官）の監視を受けることになり、教団のアレンからも政治活動に関わらないようにと、注意を受けることになった[22]。こうした周囲からの抑圧下で、帰国留学生の会はやむなく挫折した。

　宋嘉樹は呉淞では、布教活動のほかに、教会が開設する学校で英語を教えた。後年著名な学者となる胡適も嘗てここで学んだことがある。彼の回想によると、宋嘉樹は、短髪でずんぐりした風貌で、話す言葉は聞き分けがたく、一見奇怪な存在だった。当初は苦笑の的であったが、彼のただごとではない身の上話を聞くにつけ、生徒たちは、いつの間にか惹きつけられ、一学期が終わる頃には一番の人気者になっていた[23]。

　帰国後半年ほど経て、宋嘉樹が上海語にも慣れてきた頃、教団の指導者アレンは、彼に上海から30キロほど離れた昆山に赴き伝道するようにと指示した。人口30万余の古色蒼然たる町で、基督教にとっては未開の地であった。仏教、道教、イスラム教が多数の人々の心の拠りどころになっていた。1886年12月宋嘉樹は徒歩で昆山に向かった。月給10元で最低生活を強いられていた見習牧師にとって、それ以外の術はなかった。昆山では、教団所有の陋屋を住居とするが、住民は、彼に好意を持つはずもなく、「西洋人の狗（いぬ）め！」と指差して蔑んだ[24]。

20 第一章 孫文との出会い

　基督教信仰は、宋嘉樹を如何なる労苦にも耐えさせ、同胞を救うため身も心も尽くさせた。しかし、同胞である華人を蔑み、傲慢に振舞う欧米人、教団の先輩への怒り、清朝の専制政治とその腐敗に対する憤りを胸中深く抱えていた。1886年7月のある日、そんな苦闘する宋嘉樹を励ますために、聖公会牧師の顔永京と呉虹玉が晩餐に招いてくれた。牛尚周と温秉忠も同席した。場所は培文女子学院だった。この女子学院は、小学部と中学部を併設した上海で最も著名なミッション・スクールで、実は顔永京夫人がその卒業生だった。その晩その学院で、宋嘉樹は、ピアノの演奏に惹かれて、18歳の女子学生に出会い、彼女を妻にすることになる。彼女の名は、倪珪貞 [25]。

　倪珪貞は、中国の歴史的名門、明朝の宰相徐光啓の嫡流の子孫の家族に生まれた。この家族は17世紀初頭基督教（天主教／カトリック教）に帰依し、中国で最も早く基督教信仰をもった人々の中に数えられる。

　倪珪貞の父倪韞山は、妻と共に基督教聖公会に属し、教師をしていた。彼等には3人の娘があり、倪珪清、倪珪殊、倪珪貞と名づけられた。倪家三姉妹である。長女倪珪清は、のちに米国留学から帰国した牛尚周と結ばれ、次女倪珪殊は、牛と一緒に帰国した温秉忠と結婚した。そんなわけでボストン時代に親しくなっていた宋、牛、温の三人は、いま上海で再会し、中国の現在と未来を語り合って意気投合した。牛と温は、宋嘉樹に、ぜひ倪珪貞を紹介したいと思ったのもごく自然の成り行きであったのかもしれない。

　倪珪貞は、活発な娘で、主張がはっきりしていた。姉たちは、母親の躾どおり纏足にしたが、倪珪貞は、世間の目も気に留めず「大足」のままだった。幼い頃から好奇心が強く、勉強好きで、父母も彼女の教育には力を入れた。彼女は、5歳の頃より伝統的な読み書きを始め、経書を学び、8歳で女塾に入り、14歳の時、培文女子学院に進んだ。培文女子学院は、米国から最初に中国に赴任した米国伝道師を記念して1850年に創立された。倪珪貞は、数学の成績が非常に優秀で、またピアノ演奏も得意だった [26]。

1886 年 11 月宋嘉樹の昆山伝道開始は、教団内部に対する不信や実際上の様々な困難への対応など彼を大いに苦しめるものであったが、牛尚周らの仲介が効を奏し、倪珪貞が宋の伴侶として昆山伝道に従うことになり、牛の旧家のある嘉定で婚約式を行い、上海のメソジスト教会で結婚式を挙げた。こうして宋家が誕生した [27]。

三、宋家の発展

1. 宋嘉樹の基督教伝道と起業 [28]

　基督教は真理であり、その信仰こそが祖国の同胞を救う、と宋嘉樹は信じていた。だから、慣れない言葉の習熟に必死になり、冷笑にも耐えて慣れない環境になじもうと努力した。やがてその甲斐あって、人々に信頼され、愛されるようにさえなった。しかし、中国に派遣されている米国教団の先輩伝道師たちの多くは、彼等が自認する基督者ではなかった。独善的で、権力的で、醜悪であるとさえ感じられた。その教団でたった一人の中国人伝道師である宋嘉樹を当然のように差別した。教会の裏口からの出入りを強いられ、給料も米国人より不当に低く抑えられた。宋嘉樹は、特に教団の長であるアレンの下では働きたくない、としきりに思った。ある時期、彼は、その教団を離れて日本伝道を真剣に考えることもあった。

　倪珪貞と家庭を持った宋嘉樹は、気持ちを新たに情熱的に昆山伝道に取り組み始めた。ところが、昆山の民衆は、基督教伝道師を見ると、洋鬼と罵り、石や泥を投げつけた。

　まもなく、教団長のアレンが、できるだけ早く、昆山に教会堂を建てるようにと上海から手紙で言ってきた。こんな環境で、募金で教会堂を建てよ、とは……。上海で見た虐待される浮浪児たちにも暖かい住処を与えたい。しかし、お金がなくては、何の見通しも立たない。資金を調達するには、商売をするしかない、と宋嘉樹は思いつめた。

　宋嘉樹は、自分で設計した小型船舶を上海と七宝の間で往復させ、物資を流

22 第一章 孫文との出会い

通させてはどうかと考えついた。これが彼の起業の端緒となり、うまくいった。少しずつお金が蓄えられ始めた。時間と労力を省くため、こんどは、一輛の一頭立ての馬車を購入した。これで七宝と虹口間が比較的短時間で往復できるようになった。七宝は上海の西南に位置する町で、太平天国軍と清朝の曽国藩軍が激しく交戦し、人々もまた二手に分かれて戦ったところでもある。この地の人々の多くは、宋嘉樹を受け入れ、親しんだ。特に太平天国軍の子孫は、彼が太平天国の事蹟に好意を抱いていることを知ってからは、尚更のことであった。彼が商人として現実的な欲望に対応し、太平天国には基督教の思想の影響があったからかも知れない。宋嘉樹は、初めて多くの人々の支持を取り付けることに成功した。

半年も経つと、宋嘉樹は、七宝の人々の応援を受けて、一室の房屋からなる教会学校、浮浪児のための「児童楽園」を創設し、小規模な医療施設（医薬所）を開設することができた。商いで資金を得ながら、妻倪珪貞と二人で、これらの活動に熱心に取り組み、その中で、古い習慣を勇気を奮って破り、新しい生活秩序を創り出そうとした。男女を問わず、年齢を問わず、生活条件がどんな風であっても、宋・倪夫妻は彼等を受け入れ、新しい時代への道を示そうとした。

政治、社会を語る時には、必ず米国大統領リンカーンの「人民の、人民による、人民のための政治」が語られた。国家の独立、人間の平等と差別・抑圧からの解放が説かれた。時には、清朝政治の腐敗と欧米列強の横暴の現状にも話は及んだ。このことは、他方、彼の立場を危険にさらすことにもなりかねなかった。人が社会的正義を言い、国家の理想を掲げる時、多くの場合、時の権力者は、もっと大きな声でそれらを掻き消し、その存在すら脅かす。宋嘉樹もやがてこのことの実際に遭遇した。

宋嘉樹の七宝における活動は、清朝地方役人に敵視され、弾圧された。教会学校も児童楽園も医療施設も破壊された。人々の態度も急変した。彼は、七宝を去るほかなかった。

1888年9月の米国メソジスト教会中国教区第三期年次会議は、宋嘉樹の太倉

三、宋家の発展　23

赴任を決定した。11 月初旬宋嘉樹は、倪珪貞とともに七宝を去り、太倉に赴いた。そこは、水路で上海からまる 1 日かかるほどの距離にあった。丁度その頃、中文の聖書が大いに不足していたので、宋嘉樹は、米中聖書協会と連携して中文聖書の需要に応える仕事を始めることにした。そのために、太倉に印刷所を開設し、職人を雇って経営を始めた。宋嘉樹の 2 番目の事業である。

　その印刷所では中文聖書だけでなく、義兄たちの力を借りて、米国の教科書を入手し、それらを参考にして中文の学校用テキストも編纂、印刷した。さらに、当地の農民たちのための暦、病気の予防・簡単な対処療法に関するリーフレットの類を印刷しては無料で配った。印刷所の経営には大変苦労したが、周辺の人々にとっては有難いサービスになった。このほか、宋・倪夫婦は、はだしで田畑に入って農作業に加わり、病人が出れば、訪ねて薬を与えた。いつしか、人々の怪しむ気配が消え、親しみと信頼が寄せられるようになった。印刷所は事業として成り立つようになり、太倉に小学校を一校建てることができた。しかし、ここでも順風は吹き続けなかった。宋嘉樹が蒸気製粉機を上海で購入して運転を開始した時、その轟音が人々の耳を劈き、死に至らしめるほどの恐怖を与えてしまった。太倉の人々は、この牧師は災いを呼んでいると見て怪しんだ。そんな風評にも耳を貸さず、宋嘉樹は製粉機を運転し続けたが、製粉機は過熱して出火し、宋嘉樹は、その火災で住居、学校、児童楽園、印刷所のすべてを失う破目に陥った。このため、宋倪夫婦はまた任地を離れ、上海に戻ることになった。

　こんな時宋嘉樹がかつて米国で物心ともに大変お世話になった北カロライナ州の富豪ジュリアン＝カー夫妻が宋嘉樹の中国での伝道活動に関心を寄せ、とりわけ中文聖書の出版に感動し、彼の印刷所再建に資金援助をすることを決めた。ところが、宋嘉樹は苦労の末、その時には何とか資金の工面もでき、出版社設立の企画も進んでいた。彼はカー夫妻の変わらぬ厚意に心からの感謝を伝えた。

　宋嘉樹の出版社は、「華美印書館」と名づけられ、友人、知人の多大な援助の下に開業した。工場は、南京路に開設された。聖書のほか従来同様学童用書籍

24　第一章　孫文との出会い

や欧米の科学の書籍を刊行し、薄利多売を目指し、精巧で安価な印刷物を提供したので、多くの読者に喜ばれた。1890 年後半期には、全国部数最大の中文新聞『万国公報』の刊行も引き受けた。こうして彼は、巨富を手に入れ、世に知られるようにもなった。

　彼の富は、やがて製粉業、紡績業、製造機械の輸入等に多角的に投資されていくが、教育事業・救済事業を伴う布教活動にも継続して投じられる。他方、この前後から、専制政治に異議を唱える、反清運動にも熱心に関与し始める。1889 年宋嘉樹は、義兄、牛尚周と温秉忠の紹介で、上海の有力な秘密結社紅幇に加入した。宋嘉樹は、反体制活動家たちのために大量の文書、チラシなどを印刷し、彼等の活動を支えた。

　このような時期、1890 年 2 月 12 日宋嘉樹と倪珪貞の第一子が誕生し、愛林（のちの宋藹齢）と名づけられた。同日は、宋嘉樹が崇拝する米国第 16 代大統領リンカーン（林肯）の生誕記念日でもあった。愛林の英文名は、ナンシーとされたが、それは米国での恩人ジュリアン＝カー夫人の名前に因むものであった。

　3 年後の 1893 年（光緒 19 年）1 月 27 日には、彼等の次女慶林が誕生し、英文名はロザモンドとされた。その名は、やはり米国での恩人の一人リカウド牧師の令嬢の名前に因むものであった。宋慶林、のちの宋慶齢、本書の主人公である。

　この頃の宋家は、清国上海・浦西虹口東有恒路 628 号 C（現在の東余杭路 530 号 536 弄 17、23-31 号）にあり[29]、本籍は、広東省海南島文昌県であった。宋慶齢誕生の翌年 1894 年 12 月に長男子文、97 年 3 月に三女美林（のちの美齢）、99 年に次男子良、次いで三男子安が生まれた。宋家は、三姉妹三兄弟に父母の総勢 8 名の大家族になる。

　19 世紀末から 20 世紀初頭にかけての宋家の胎動と誕生の時期は、近代中国のそれでもあった。

　宋嘉樹は、倪珪貞とともに家庭を築き、基督教伝道師としても米国の教団から離れて中国人独自の道を探り、企業家としても自ら格闘し試練を経てその道を開き、やがて本来の志を実現するために同志を求め、就中孫文と出会うこと

になる。宋家は、一家を挙げて近代中国の胎動、革命の怒濤に、様々の形で関わり、積極的に参加する。

2. 自立教会を設立 [30]

　宋嘉樹が米国で養父の家を飛び出してからというもの、冒険と苦労の連続だった。夢を抱き、彼自身が選んだ道でもあったから、幸運にひたすら感謝してがむしゃらにがんばり抜いた。多くの人種差別も見聞し、自らも度々悔しい思いもした。それでも、幾人かのすぐれた人物のクリスチャニティ（基督教信仰を踏まえた精神・思想）、基督教会の指導者に出会うことによって、物心両面において救われ、彼もまたクリスチャニティをもって生きることを決意した。しかし、祖国で待ち受けていた、彼の所属する教団の指導者や外国人伝道師の多くは、彼の志とは乖離していた。様々な待遇で明らかに差別もあった。外国人の同僚のように家族を持つことにも配慮されていなかった。

　その内に、布教活動が祖国の同胞からかなりの反発を受け、嫌悪されているのではないかと気付かされる場面にしばしば遭遇した。教団は、布教活動の中で、孤児や貧困の救済、教育・文化事業など慈善事業を盛んに行っているのに、なぜ……？　宋嘉樹は、自らいろいろな地域に足を踏み入れ、人々の感情と話に心と耳を傾けた。教団の側からではなく、人々の側から布教活動や慈善事業の実際を見聞した。

　彼は了解し始めた。基督教に問題があるのでなく、伝え方、伝える人に問題があるのである。伝道が人々に安らぎや豊かさや励ましをもたらすのでなく、何か他のこと、別の次元の何かが大切なことを疎外している。実際外国人伝道師の権力は大きく、人々の反発をかっている。あちこちの地方で外国人伝道師が官僚と結びつき、各種の特権を行使している。広大な土地を手に入れている者もいる。女性を辱めている者もいる。「洋鬼」と言われても致し方ない。傲慢で、横柄な外国人を代表するような伝道師たちの姿が見られたのである。そのために、宋嘉樹のような真摯な伝道師までその煽りを受けた。

　宋嘉樹は、米国メソジスト教団を離脱して、「心を尽くして国を愛する」「民

衆の中に溶け込む」ことを掲げる中国耶蘇教自立会を発起し、結成した。「我等もまた天地万能の主なる神の子、独立して、基督の福音を伝え、自ら教会を管理する。」中国人の、中国人による、中国人のための基督教教会の発足であった。このニュースを朗報として受け取った米国在住のある華人の有力者は、宋嘉樹の聖書の印刷を支援するために幾十万冊もの注文をしてきた。またある人は、彼の布教活動や日曜学校の経営のために高額の資金を提供した。これらの支援により、1892年7月、自立教会は、フランス租界に自ら建てた小礼拝堂でその活動を開始した。宋嘉樹は、外国基督教団の支配を受けない中国人牧師となった。また、彼は、虹口の宋家の屋敷の中に華美印書館のほか日曜学校を建て、彼の日常的な布教活動の拠点とした。

　中国人独自の自立教会の設立は、中国人基督教界でも賛否両論で沸いたが、当然米国教会関係者のみならず、米国政府にも衝撃を与え、排華的政策が採られる要因の一つにもなった可能性がある。身近な、清朝の地方官僚たちの態度も変わった。清朝官僚の側からすれば、宋嘉樹は、すでに米国の教団から離脱し、しかも外国人伝道師からは極めて不評をかっている。彼には、もはや米国教団の保護も特権も及ばない。ということになり、未だ清朝専制下の上海での宗教活動は困難であるばかりでなく、危険でさえあるということになった。

　そんな時期宋嘉樹に広東の友人陸晧東からビッグニュースが届いた。孫文が広州で「駆除韃虜、恢復中華」を綱領とする興中会を組織したという事だった。

3. 孫文と宋嘉樹の出会い

　1894年3月、宋嘉樹は、陸晧東を同伴して上海に上陸した孫文を埠頭まで出迎えた。孫文らは、宋家の客となり、宋家の家族と友人たちと親しく晩餐につき、座談した。

　このたび孫文が上海を訪れたのは、天津に赴いて、李鴻章に上書する途上のことであった。当時清朝政府では、直隷総督兼北洋通商大臣の李鴻章が事実上大権を一手に掌握していた。孫文は、彼に会って直接「先進的な欧米列強の強圧のもと衰亡の危機にある中国」を救うために、清朝政治を改良し、「富民強

国」を目指す策を建議したいと考えたのである。孫文は故郷の旧宅で 10 数日も
かけて万言に及ぶ草稿を練り、広州で四寇と称された同志の一人陳少白に意見
を求め、修正した建議書を携えていた。上海でも見識豊かな人たちの意見を聞
きたいと思っていた。孫文は、鄭観応や王韜らとも会った。清朝の体制をいか
に改革すれば、祖国の現状を立て直すことができるか……。1894 年 6 月末孫文
と陸晧東は宋嘉樹に別れを告げ、天津に向かった。

　孫文の上書は、欧米近代の富強が李鴻章の推進している軍備の拡充だけでは
なく、教育・農業・民間商工業の奨励・保護に由来していること、農民生活の
向上・商工業者の租税負担の軽減を訴え、日本の明治維新以降の近代化政策に
見習うことを提案していた。当時、李鴻章は陸海軍の近代化、官営工業や交通
通信の整備を推進する「洋務運動」のリーダーとして名声が高かった。孫文は、
その成果は評価しつつも軍備・物質・官権力依存の限界を指摘し、民衆や民間
人を重視する、全面的、本格的な近代化を提起した。

　しかし、天津では、日中間に一触即発の危機が迫り、その緊張の中で孫文ら
の訴えに耳をかすものはなく、拒絶された。この 7 月 25 日、日清戦争が勃発し
た。北京では、とくに戦線を励ますこともなく、皇帝に代わって政務を総覧し
ている西太后（慈禧）の還暦の祝賀に浪費し、右往左往する大官を擁する清朝の
頽廃振りに接した孫文らは、体制内改革では未来は開けない、と得心した。孫
文は間もなく、清朝を通じての平和的改革を断念し、清朝打倒・共和国建設を
目指す革命運動に向かう。

　上海に立ち戻った孫文らは、再び宋嘉樹らに会い、中国の前途にどう関わる
かを語り合った。打倒清朝による革命以外に道なし……、これが結論だった。
民衆に訴え、民衆を組織し、革命団体を立ち上げねばならない。革命団体の名
は、振興中華の意味を含ませて「興中会」とした。宋嘉樹は、当初の資金を拠
出し、華美印書館で活動に必要な文書を発行し、一隅を活動拠点に提供し、連
絡役も買って出た。孫文らは、早速団体の規約、「興中会章程」を練り上げた。
そして、翌 1895 年には最初の孫文らの革命蜂起が実行された。広州蜂起であ

28 第一章 孫文との出会い

る。残念ながら事前に情報が漏れ、この時孫文と宋嘉樹を結んだ陸晧東が刑死した。

　以後、宋嘉樹は、表向きは身を牧師、実業に置きながら、中国の近代化と民族の振興を求めて孫文らの革命事業を様々の側面から支えることになる。

　この孫・宋出会いの年、1894年に宋家の第3子、長男が誕生し、孫文の名に因んで子文と名付けられた。

4. 宋家の教育 [31]：三姉妹・三兄弟の米国留学

　宋嘉樹・倪珪貞夫婦は、専制的な封建王朝、清朝末期に生きて、日常的にも、大局的にも原状を打ち破って、祖国に新しい未来を開かねばならないと切実に思い、現実にその道を探っていた。自分たちの子どもは当然そこで一役買う人材でなければならなかった。使命感を抱かせ、一身を捧げる覚悟をもたせたかった。中国のワシントンになれ、リンカーンになれ、の想いがしきりであった。

　そのために、まず、基督教の精神（博愛）、先進的知識の取得、科学的思考、創造的実践とたくましさ（自立心）が求められた。男女の別、長幼の別は問題ではなかった。三姉妹についていえば、物心がつく頃になると、条件が整えば、家庭から基督教系の寄宿舎生活を伴うミッションスクール——マクタイアスクール（中西女塾）に送り込んだ。宋子文の場合は、適当な受け皿が見つからなかったので家庭教師を付けて学習を開始させた。言葉は、英語に重きが置かれた。どのような言語で発想し、考えるかは、思考のプロセスと結果に影響する。

　1894年、まだ5歳の藹齢が自ら漢口路の中西女塾に入学したいと言い出し、入学した。この女塾は、1892年に米国南部メソジスト教会によって創建されたもので、その名称は、宋嘉樹を牧師に任命した南部メソジスト教会マクタイア主教に因むものであった。因みに藹齢に対する入学の特別許可の理由は、英語で問われた質問に英語で即答した彼女の英語能力にあったと伝えられている。

　1903年、宋嘉樹は、13歳になった長女藹齢の米国留学について親友のウイリアム＝バークに相談した。米国で1年間ほど家庭教師に付いて準備すれば、正規の学校に進めるだろうと考えていた。バークは、彼の親友でもあるジョー

三、宋家の発展　29

ジア州メイコンのウエスレアン学院のデュポン＝ゲリー院長に長文の手紙を書き、宋嘉樹の経歴と伝道師としての中国での実績と彼の非凡な家族について紹介した。ウエスレアンは米国で最初に認可された女子学院で、宋嘉樹が嘗て学んだヴァンダービルトやトリニティ等と同様南部メソジスト教会の学校であった。ゲリー院長の返信によると、同学院での中国人学生の受け入れは初めてであるが、環境に慣れるまで彼の家で預かり、予科生として入学できるなどと厚意に溢れるものであった。そこで、偶々バークが翌年5月休暇でジョージア州に帰国することになっていたので、藹齢は彼ら家族に同行させてもらうことになった。

　宋嘉樹は、渡航手続きのためにポルトガルの領事館に赴き、特別料金を支払い、彼自身が1895年以来万一に備えて携帯しているパスポートに符合するもう一冊のパスポートを藹齢のために購入した。宋嘉樹の出生地がポルトガル領マカオになっていたから、藹齢はポルトガルの公民としてのパスポートを持つこととになったのである。

　藹齢が上海を離れる当日、彼女は虹口で家族に見送られ、父親だけが埠頭まで送り、乗船にもつきあった。しかし、渡米の船旅が本格的に始まる直前に情況が一変した。もともと体調がすぐれなかったバーク夫人アディーが日本までの3日間の航海中に感染症騒動に巻き込まれ、さらに体調を崩し、横浜総合病院に緊急入院することになったので、藹齢はバークの家族と別れ、他の宣教師夫妻に預けられ、また船中でも友人を得たが、実質は独り旅になった。その上、サンフランシスコでは、ポルトガルのパスポートを怪しまれ、出迎えの宣教師クラレンス＝レイド博士とも会うことができず、上陸を許されず、収容所代わりの船室に、様々な手違いもあって、結果的には19日間も軟禁されてしまったのである。藹齢にとっては、散々な米国留学の第一歩であった。

　宋嘉樹は定期的に上海の出来事を藹齢に書き送り、また、中国の歴史書を読むように勧めたという。1906年1月、藹齢は特別休暇をもらって、ワシントンに出かけた。伯父の温秉忠が清朝にあっては画期的な海外憲政考察団の一つ、端方らの率いる考察団の一員[32]としてワシントンを訪問することになったの

30 第一章 孫文との出会い

で、彼に会いに行くためだった。彼女はゲリー院長夫人に付き添われてワシントンに赴き、当地では伯父に連れられてホワイトハウスのレセプションに出席し、セオドア＝ルーズベルト大統領に紹介されたという。その折、大統領に米国をどう思うかと問われ、彼女はそれに応えて、大変愉快だと挨拶した後、すかさず前年の夏にサンフランシスコで受けた扱いを説明し、「アメリカが自由な国家というのであれば、何故中国の少女を追い出そうとするのでしょう。私たちは中国に来たお客さんを、あんな風には絶対扱いません」と抗議したとか、一寸知られたエピソードとして伝えられている。

　1907 年は、秋瑾が上海で『中国女報』を創刊し、女性解放の烽火を挙げてスタートしたが、彼女は夏、蜂起を果たせず散り去った。他方、同じ夏、孫文は広東恵州七女湖で反清武装蜂起を発動して四回目の失敗を喫した。変革の機運を担う者たちにとっては実に衝撃の大きな年であった。そんな中、14 歳の宋慶齢は初めて旅立とうとしていた。彼女は留学時代の小論で、このことに言及している [33]。「1907 年、教育部門は女子学生を海外留学に派遣するために選抜試験を行なった。選ばれた留学生は、米国マサチューセッツ州のウエルズリー (Wellsley) 大学が提供する奨学金を取得した。この選抜試験の成績は男性の試験官たちに女子学生が知力方面において男子学生に劣らないことを認識させた」と述べ、さらに「ここにおいて、中国政府は毎年、海外留学生選抜試験を行ない、全国各省より幾人かの女子学生を選抜して、渡米留学させることになり、奨学金は義和団事件に対する巨額の対米賠償金の一部分によって設立されたものであった」と説明した。慶齢は、この第一回公費留学生の一人として渡米することになる。

注
（1）久保田博子「宋慶齢関係略年譜史稿」、『辛亥革命研究』第 3 号、汲古書院、1983 年
（2）久保田博子「宋慶齢と孫文の出会いについて―中国革命における宋慶齢の位

置づけと関連して―」、『中嶋敏先生古稀記念論集』、汲古書院、1981 年

（ 3 ） Emily Hahn, *The Soong Sisters*, Garden City, 米国、1943 年／宋慶齢「我家和孫中山先生的関係」、『党的文献』1994 年第 5 期、盛永華主編『宋慶齢年譜』下冊、広東人民出版社、2006 年、pp.1999–2001

（ 4 ） 宋慶齢「我家和孫中山先生的関係」、前掲『宋慶齢年譜』下冊、pp.1999–2001

（ 5 ） 「孫中山宋慶齢在上海行止時間及史事年表」、『上海孫中山宋慶齢文物図案』、上海辞書出版社、2004 年 3 月、pp.337–350、参照

（ 6 ） 久保田博子「宋慶齢関係略年譜史稿」、『辛亥革命研究』第 3 号

（ 7 ） 同上

（ 8 ） Seagrave,Sterling, *The Soong Dynasty*, Harper & Row, New York, 1985 ／陳漱渝著『宋慶齢伝』北方婦女児童出版社、1988 年 12 月、参照

（ 9 ） 上海市孫中山宋慶齢文物管理委員会・上海宋慶齢研究会編『宋耀如生平档案文献滙編』中国出版集団、2013 年 10 月

（10） 陳漱渝『宋慶齢伝』、北方婦女児童出版社、1988 年 12 月／前掲 Seagrave, Sterling *The Soong Dynasty*

（11） 于醒民・唐継無・高瑞泉著『宋氏家族第一人』、北方文芸出版社、1986 年 11 月

（12） 同上

（13） 同上

（14） 前掲 Seagrave, Sterling, *The Soong Dynasty*

（15） 同上

（16） 同上

（17） 同上

（18） 同上

（19） 前掲『宋耀如生平档案文献滙編』前言

（20） 前掲『宋氏家族第一人』

（21） 同上

（22） 同上

（23） 同上

（24） 同上

（25） 同上

（26） 同上

32　第一章　孫文との出会い

(27) 同上

(28) 于醒民・唐継無著『宋氏家族第一人―宋耀如全伝―』、東方出版中心、2008 年
　　 5 月、／于醒民・唐継無・高瑞泉著『宋氏家族第一人』、北方文芸出版社、1986
　　 年 11 月

(29) 前掲『宋慶齢年譜』上冊、p.3 ／朱玖琳「"宋慶齢誕生地研討会" 綜述」、『孫
　　 中山宋慶齢研究動態』2013/6、pp.7–8

(30) 前掲『宋氏家族第一人―宋耀如全伝―』、pp.213–230

(31) 前掲『宋氏家族第一人―宋耀如全伝―』、pp.306–314 ／スターリング＝シーグ
　　 レイブ著・田畑光永訳『宋王朝』上、サイマル出版会、1986 年 11 月、pp.137–163

(32) 張海林著『端方与清末新政』、第四章「出洋考察憲政／端戴考察団人員職名表」、
　　 南京大学出版社、p.110　温秉忠の肩書は「候補道（地方長官・道台の見習いの
　　 ような立場）」

(33) 宋慶齢「現代中国婦女　1913 年 4 月」、『宋慶齢選集』上巻、人民出版社、1992
　　 年 10 月、pp.5–7

第二章　宋慶齢の青春：米国から祖国を見つめる

一、米国・ウエスレアン・カレッジに入学

1．父母の敷いた教育のレール

　1899 年、6 歳になった慶齢（慶林）は、浙江省湖州のマクタイア教会付属幼稚園に入園し、両親の住む上海の自宅から離れて寄宿生活を経験することになった。これは、両親、とくに父宋嘉樹の教育方針に基づくものであった。

　父宋嘉樹は、波瀾万丈とも言える幾変転の青少年期の経験から、子どもたちの育成については、男女を問わずたくましい総合的な人間力を培うことを重要視していた。それらは、体力であり、知力であり、精神力であった。さらにそれらの拠りどころとなるのは、信仰であった。父母は、万物の創造主である神に祈り、すべてを委ねて生きることの平安を自らの生活と活動の中で教えた。愛も正義もそこに由来した。

　具体的には、子どもたちをクリスチャン・スクールに進ませ、母国語と同様に流暢な英語を身に付けさせ、それを通して世界を認識させたいと願った。自主独立の精神と創造力を養うことも大事な課題だった。

　こんな話がある。宋嘉樹は、長女藹齢と一緒に『上海児童報』を編集し、家庭内で発行していた。主要な文章はみな子どもたち自身が書いたもので、子どもたちにとって、その紙面は自由な天地であり、何を書いてもよかった。父親は、彼等の忠実な友人であり、熱心な読者であり、印刷業務の担当者であった。この子どもニュースの発行は、宋家の末子宋子安が上海のセント・ジョンズ（聖約翰）大学付属中学に進学する時まで続いた[1]。

　翌 1900 年、慶齢は上海に戻り、姉藹齢に続いて、やはり寄宿制のマクタイア

34　第二章　宋慶齢の青春：米国から祖国を見つめる

女学校（中西女塾）に入学した。この時、彼女の両親は、まだ5歳の三女美齢を同校の幼児クラスに入れ、学校生活を始めさせることにした。それで、慶齢の女学校生活は、寄宿舎の一室で妹の面倒を見ながらのスタートとなった。美齢は幼いなりに頑張って寄宿生活に馴染もうとしたが、長くは続かなかった。結局、美齢は父母の下に戻り、父宋嘉樹のイニシアティブの下に、英国人の女性家庭教師による教育を受けることになった [2]。

　女学校時代の慶齢は、姉と違い、口数の少ない、物静かな少女であったが、時々ユーモアで周りの友だちを楽しませたという。

　1903年、姉藹齢が米国ジョージア州メイコン市の基督教メソジスト教会系の女子学院ウエスレアン・カレッジに留学するため上海を離れた。彼女の米国留学は、中国人女性としては最初の経験であり、前章でも述べたように、途上度々のアクシデントを体験させられるものであった。また、実際には1年間の補習課程を経て正式に入学が許され、1909年に卒業した。彼女は、真面目で控えめであったが、ときには学友たちと陽気にはしゃぎ、学校生活では演劇部に所属するなど、積極的に活動した。彼女は、宋家の長女として5人の弟妹の米国留学への先鞭を付けることになった [3]。

　宋藹齢は、帰国後当時清朝外交部に勤務していた伯父の温秉忠の北京の家に寄寓していたため、北京の外交界、官界にデビューして人気者になった。こうした時期、武昌蜂起が成功し、孫文が帰国すると、彼女もまた上海に帰り、まもなく孫文の英文秘書を務めることになる。

2.宋慶齢の米国留学：中国最初の公費女子米国留学生として

　15歳になった慶齢は、マクタイア女学校（中西女塾）を中退し、姉藹齢が最終学年に在学するウエスレアン・カレッジに留学することになったが、この時もまた妹の美齢を同伴して渡米した。

　しかし、姉藹齢の場合とは事情が少し異なった。

一、米国・ウエスレアン・カレッジに留学　35

　1906 年 1 月に藹齢が特別な休暇をとってワシントンに赴き、端方率いる清朝
憲政考察団の一員として来訪中の伯父温秉忠に会い、大統領に紹介されたエピ
ソードについては前述したが、端方は帰国後、女子教育の普及と近代化に自ら
具体的に尽力することになり、そのプロセスで女子留学生の公費派遣が準備さ
れた。

　端方は、1905 年 7 月、清朝の立憲制準備のために西太后の命で海外に派遣さ
れた憲政視察団の 5 人の高官の一人で、日・英・米・仏・伊・露国等 14 ヶ国を
歴訪し、各国の状況を視察し、立憲制や社会改革への理解を深めた。特に注目
されるのは、帰国後の端方の女子教育に対する熱心な関与である。20 世紀初頭
には中国でも進歩的な人々の間で「中国の女子の無権は実に無学による。無学
のために無権ならば、女権を主張するには、まず女学を興さねばならない」と
主張されていた。海外諸国を考察した端方たちは、西欧諸国で「女学を興すこ
とと女権を復すことの関係」を目の当たりにして、女性解放の基礎は女子教育
の普及であると認識し、女学校の建設等に取り組むことになる(4)。

　端方の女子教育重視の視線は、女子留学生の海外派遣にも向けられた。1905
年の秋瑾ら日本への女子留学生派遣に継ぎ、1906 年 9 月、米国政治考察の途上
各学校を視察し、エール大学、コーネル大学、ウエルズリー女子大学から留学
生受け入れ枠を得て帰国していた端方は、帰国後まもなく、両江総督に任じら
れると、両江（江西省・江蘇省・安徽省）の範囲内の各地方で科目ごとの試験を
実施させ、米国留学生を選考した。この時、中国史上初めて、官費による 4 名
の渡米女子留学生が誕生した。その中の一人が宋慶齢であった(5)。

　この 1907 年、清朝政府は亡命中の孫文を退去させるよう日本政府に要求し、
孫文は 3 月に日本を離れベトナムに赴いた。汽船は途中上海に碇泊したが、そ
の際、宋嘉樹が変装した孫文を自宅に案内し、家族で歓迎したという話が『宋
美齢全記録』などで伝えられている(6)。この時、父親の傍らで〝孫おじさん〟
の話を聴き、胸の奥深く刻んだのが 14 歳の慶齢、13 歳の子文、10 歳の美齢で

36　第二章　宋慶齢の青春：米国から祖国を見つめる

あった。もし、このことが事実としたら、『民報』発刊の詞をそらんじて聴かせ
たといわれる孫文の印象と言葉は留学直前の宋慶齢に決定的な影響を及ぼし、
留学生活における思索に明らかな方向を与え、志を培うことになったに違いな
い。

　1908 年、ちょうど温秉忠が清朝政府派遣の教育視察団を率いて渡米すること
になり、両親は温秉忠夫妻に慶齢と 10 歳の美齢を託すことにした。慶齢と美齢
は、視察団に同行する留学生の一団に混じり、太平洋郵船マンチューリア号に
乗船し、渡米した。

　慶齢と美齢は、サンフランシスコ移民局の検査を無事、スムーズに通過した。
姉妹二人は、まずニュージャージー州スミット市で正式留学に備えて補習を受
けねばならなかった。その学校は、クララ゠バートン゠ポトウインが経営する
質素な学校で、少数の中国人の生徒を受け入れて、大学や専門学校への入試の
準備を指導していた。前年米国を訪れた宋嘉樹は、温秉忠に連れられてここを
訪れ、その雰囲気が気に入り、次に留学する二人の娘の予備学習の場としてす
でに念頭に置いていた。ポトウイン学校に編入した二人は、ともに図書館員や
関係者を感動させるほどむさぼる様に本を読み、勉強した。慶齢は、成人向け
の小説やノンフィクションを読みあさり、一種厳粛な雰囲気を醸し、美齢は、
『ピーター・ラビット』を好んで読んだが、ホームシックにかかっていたとい
う。

　慶齢と美齢は、その夏をジョージア州の高原の町デモレストのメソジスト教
会所属のピドモントスクールで友人たちと過ごした。

　初秋 9 月 5 日慶齢は、同州メイコンのウエスレアン・カレッジ文学系に入学、
哲学を学ぶことになった。美齢は、まだ 11 歳で幼く、姉とともにカレッジに進
むわけにもいかないので、デモレストに留まり、長姉藹齢の友人の母親に預かっ
てもらい、新しくできた友だちと一緒にピドモンドスクールの 8 年生のクラス
に通学することになり、9 ヶ月間をそこで過ごした。このときの美齢のクラス

メイトは、彼女よりはるかに年上の青年男女が多く、彼等の中には、ここの学費を稼ぐために小学校の教師やその他の労働に従事してきた人たちもいた。刻苦して人生を切り開こうとする人たちとの接触は、美齢にとって得がたい経験であった。

ウエスレアン・カレッジでの宋慶齢は、シャイで、物静かで、思慮深く、あまり学友の中に溶け込まなかった。何かと妹美齢のことを気遣い、世話を焼かねばならないという義務感が、ともすると彼女を縛り、学友たちと時間を忘れて付き合うという気分にさせなかった。しかし、課外活動には、熱心に取り組んだ。学院誌『THE WESLEYAN』の編集を担当し、自分でも好んで書いた。また、ハリス通信社の秘書のような仕事も引き受けた。

1981年3月、『中国建設』雑誌社副総編集の張彦氏がウエスレアン時代の宋慶齢の学友マルタ＝ホリデー夫人（当時90歳、メイコン在住）にウエスレアン・カレッジでインタビューしたところ、同夫人は、「彼女（宋慶齢）は、勉強するために、ここに来ました。そして文字通り勉強しました」と語り、さらに「彼女は他の姉妹たちのように私たちと同化しなかった。それは妹の美齢の面倒を見なければならないと思っていたからだと、私たちは理解していた」と語った。宋慶齢が学友たちの中にすっかり溶け込まなかった理由については、1925年4月のウエスレアンの同窓会誌『THE WESLEYAN ALUMNAE』が、宋慶齢について「孫夫人は、外国人の脚を持ちながら、身づくろいは自国の民族衣装にこだわっている女性」として描かれているが、このことからもその一端が窺える。同誌掲載の別の記事によると、1913年の学友の一人は、当時の宋慶齢について、「彼女は、医学の専門家になって、宋大総合病院（The great Soong policlynic）を率いることになるでしょう」との予言をしたと伝えている。また、1913年の上級生、ソーリー＝ソールター女史は、「宋慶齢が共産主義中国の副主席になるなどとは夢にも思わなかった」が、「彼女は、学生時代に、中華民国の創建者孫逸仙に対して、一種の英雄崇拝的な思いを抱いていた」と述べている。

38 第二章 宋慶齢の青春：米国から祖国を見つめる

二、祖国への思い

1.『THE WESLEYAN』に寄稿

1911 年 11 月、宋慶齢は、「留学生たちが祖国中国に及ぼす影響」と題する小論を発表した。その中で彼女は指摘した。「近代的先進国で教育を受けた男女の人材が祖国でいかに求められているか。現に彼等が中国の悪弊に挑み、成果を上げつつある。例えば習慣化している役人の腐敗、汚職に対しても留学生たちの模範的な姿が良い感化を及ぼしている。国民会議（資政院／清朝が立憲準備のために設置した立法諮問機関）の成立や 1917 年に国会開設を予定するという清朝勅諭も彼等の不断の努力に負うところが大きい。また義和団事件の後、良識ある人々が中国の古典が与えてきたものより、西欧の近代化された教育から得られるものの方がより大きなスケールで人間を育むことを認識し始め、より一層留学生に期待するものが大きくなった。教育の分野では体育の重視、討論による学習、師範学校の設立という形で影響が現れつつある。社会改革の面では、アヘン常用者の救済、纏足拒否、辮髪廃止、都市のスラムに対する取り組みなどに留学生たちの力が発揮されている」と。

　学生宋慶齢の祖国の現状に対する洞察はまだ浅かった。欧米の近代教育で身に着けた知識と考え方で 3000 年の歴史を経た旧社会を改良することを期待した。彼女は述べた。「国民の悲惨な状態や度重なる暴動や一揆は、恥ずべき不公正なやり方で役人たちを選んできた結果である。しかし、今や事情は変化しつつある。役人になりたがる人々を退けて、幅広い教育を受けて帰国した留学生たちが最善を尽くしてその任に当たる地位に就くことによって、改革・改良が進められるようになった」と。

　さらに彼女は、「討論に対する新しい関心も沸き上がってきた。討論を進める中で、学生たちは、自由と平等は、ストライキ、暴動、政治的混乱によって確保されるのではなく、より普遍的な教育と啓蒙によって確保されるものである

ということを学んできた」と述べた。

　この時期、1911 年 11 月、中国では、すでに武昌蜂起が勝利し、辛亥革命成功のニュースが全土に流れ出していた。孫文は、この知らせを米国コロラド州デンバーで聞き、11 月初めには、ニューヨークを発ってロンドンに向かっていた。共和国建設への思いを凝らして、欧州を巡っての帰国の途についていた。この大ニュースは、宋慶齢の耳には未だ届かなかった。

　宋慶齢の小論は続けた。「スラムの倫理的な情況は、どこでもよく似たものであるが、中国にとって不幸なことに、この部分がことさら宣教師の講演や旅行者たちの上滑りなおしゃべりによって、しきりに米国人に伝えられ、そしてこれらのことを語る人々の目には、よりよい階層の生活の有様は滅多に映らない。それ故に、これら帰国留学生たちは、今や現存する不幸を減らす事及び下層社会を変革していくことに、彼等の全エネルギーを注ぎつつある」。
　当時の中国社会におけるスラムや貧困を何とかしなければ……と改善、救済の対象に位置付けているが、優越感を伴う上流階層の目線で解決を図ろうとしている。社会問題としての認識には至らず、当然のこととして所謂「お嬢様」の目線がある。とは言え、祖国が大きな転機を迎えようとしていた時、18 歳の宋慶齢の思いも、祖国の現在と未来で占められていた。「祖国は変わらなければならない。変えていかねばならない」その変革の担い手は自身を含む世代、広い新しい世界を見聞した留学生たちでなければならない。そうなりつつあると彼女は信じた。

2. 辛亥革命と宋慶齢：自由と平等の両者の基盤には友愛がなければならない
　宋慶齢はまもなく、父宋嘉樹から辛亥革命成功のニュースと新しい五色旗を受け取った。その瞬間、宋慶齢の胸の奥底から大きな感動が突き上げてきた。
　彼女は、壁から清朝の竜旗を引き剝がし、代わりに五色旗を貼り付け、叫んだ、「龍を打倒せよ！　共和国の旗を掲げよ！」。

＊五色旗とは、1912 年に成立した中華民国の国旗で、1928 年まで使われた。上から
赤、黄、青、白、黒の五色に色分けされていて、それぞれ満州族、漢族、蒙古族、
回族（現在のウイグル族と回族）、チベット族の五族共和を象徴するものであった。

1912 年 4 月、宋慶齢は、小論「二十世紀の最大事件」を発表した[7]。

　　多くの有名な教育者や政治家の意見によると、二十世紀の最大の事件、
ワーテルロー以来の最大の出来事の一つが中国革命である。それは、最も光
栄ある偉業である。それは、四千年に亘って存続し、その支配の下で「生
命、自由及び幸福の追求」を否定してきた絶対君主政治の桎梏から四億の
人々が解き放たれることを意味する。その苛酷な収奪と恣意によって、か
つて繁栄していた国を貧困に悩む国に衰退させてしまった一つの王朝の滅
亡を意味する。満州朝の転覆は、最も野蛮な習慣と下劣な道徳が支配した
宮廷の破滅と駆除を意味する。
　　5 ヶ月前には、われわれの最も大胆な夢想も「共和国」のことまで及ば
なかった。ある人々にとっては、初歩的な「立憲政府」の約束さえ懐疑的
に受け取られた。しかし、あらゆる愛国的な中国人の心の奥深くには、政
治家であれ、労働者であれ、反満感情があった。飢饉、洪水、また、生活
のあらゆる局面に感じられる退歩、苦しみのすべてが、暴虐の満州朝や不
正直な役人たちの宮廷に由来するものと考えられた。圧政こそが不幸に見
えて、実は幸いをもたらした、このすばらしい革命の原因であった。
　　専制君主の下では決して果たせなかった改革を、われわれは目撃してい
る。われわれは、中国における辮髪廃止の運動について新聞で読むが、こ
れまで実に数限りない人々がその肉体の一部を犠牲にしてきた。中国人と
して民族的恥辱を受けてきた。
　　この事実、それは、想像力のない外国人にとっては陳腐なことの様に思
われるかも知れないが、正確によく考えてみると、辮髪は何世紀もの間の

習癖であり、特徴であり、また、中国人は世界で最も保守的な民族である
ということに思い当たる。彼らは好んで古い習慣に執着し、つい 6 ヶ月前
までは、他のどんな文明世界にも見られない、極めて異色な目印である辮
髪を大事に取り扱っていたのだ。10 年前には、辮髪のない頭の数は指折り
数えられるほどでしかなかった。官職に就きたいと希望しているもので辮
髪を敢えて切り落とすものはいなかった。辮髪を切り落とすという行為は、
それだけで反満と見なされ、それ故に革命的であった。しかし、いまや反
満精神は時の勢いであり、中国では辮髪をもった頭の数は、指折り数えら
れるほどしかない。さらに現在中国では、数々の改革が進行中である。そ
れらの中には、社会の改革があり、教育の改革があり、あるいは、工業の
改革がある。秩序が回復されたら、通貨、税制が解決されねばならない次
の課題となるだろう。われわれは、他の重要な改革が輝かしい成功を収め
ていることを知って、あの古代の帝国の繁栄と統一に見られるように、中
国人は、これらのことを聡明に処理することができ、効果的に果たすこと
ができると堅く信じている。

　革命は、中国に自由と平等を打ち立てた。非常に多くの高貴な、英雄的
な生命の犠牲と引き換えに、だれにも譲り渡すことのできない、この二つ
の人間の権利を確立した。しかし、まだ友愛が獲得されねばならない。コ
ルゲート大学のクローショー学部長は、彼の講義の一つの中で「友愛は人
間愛におけるまだ実現されていない理想である。自由は、人間の兄弟愛な
しには、安全な基礎を持ち得ない。真の平等は、人々がお互いに兄弟とし
て求め合えるようになるまで、夢以外の何ものでもあり得ない」と説いた。
実に、彼は、友愛は自由と平等の両者の基盤であり、それ故に、その理想
を育むことは、二十世紀の目標でなければならない、と述べたのである。

　そして、この友愛への道を指し示すのは、中国、この最も年輪のある民
族であるかも知れない。また、次の点でも、中国は、人間愛を高揚する努
力において、一つの役割を担うことになるだろう。ナポレオン＝ボナパル
トは言っている。「中国が動く時、中国は世界を動かすだろう」と。この言

葉が実現するのは、遠い未来ではないように思われる。世界の人口の四分の一を数え、地球上で最も大きな版図に居住する民族、また、その文明を通して、非常に多くの優れた才能を誇示してきた民族が人類の発展に影響力を発揮しないわけにはいかないだろう。中国は、刑法の創始者だった。中国の哲学者たちは、世界に対して、人間の思考に関する最も高尚な貢献のいくつかをした。同時に専門的な中国研究に生涯を費やしたヨーロッパの研究者に喜ばれ、賞賛を博した中国文学と社会的道徳的規範の精巧さは、世界中でほとんど比類なきものである。何世紀もの間中国人は平和を愛好する国民であった。彼らにとってペンは剣よりも強かった。彼らは平和の術を尊び、戦争の術を顧みず、学者を尊敬し、軍人を軽視してきた。サー＝ロバート＝ハートは次のように言った。「中国人は、実に確固として正義を信じているために、彼らは、正義が権力によって支持されたり、強制されるのが必要であると考えることを潔しとしない。これらの性向はある特殊な場合にだけ見られるというのではなく、総じてこの民族特有のものである」と。合衆国の前駐中国公使コンガー氏は、「もし文明が、いわば、良心に対する最も崇高なる感性を意味するならば、中国には世界で一番高度な文明があることになる」と言っている。多大な人口を擁し、平和を愛好する——言葉の真の意味で愛好する——中国は、平和の顕現として前衛に立つことになることだろう。このことは、人道主義的な——全世界的な平和を求める——機運を引き起こさざるを得ないだろう。その時には、正義というものが軍隊や「超弩級戦艦」によって後ろ盾してもらう必要がなくなり、すべての意見の対立は、最終的には、ハーグ国際司法裁判所によって解決されるようになるだろう。

　真理に根ざす理想主義が反響して胸を打つ。より多くの人々の幸せ、調和のとれた社会、平和な世界を希求できることのすばらしさ、希求する先のイメージに象りがなされている。辛亥革命成功の朗報を聞いて感激し、考えた宋慶齢……、20歳を目前にした宋慶齢の青春に乾杯！　彼女のこの後の激動の生涯も

二、祖国への思い　43

この希求から始まる。不断の追求に一歩一歩の実践が重ねられていく。

　宋慶齢は、5ヶ月前には夢想さえしなかった共和国の成立を高く評価した。実に飛躍的な認識の展開である。国家や社会の構造的改革には、「革命」が、選択できる手段として彼女の脳裡に焼きついた。幼い時に、また留学に臨み、旅立ちの直前に出会った「孫おじさん」のこと、彼を軸に動く父親たちの活動を思い、祖国が変わることへの期待で胸が熱くなった。しかし、彼女の思索は到達点を思い描きながら深まった。革命は、非常に多くの生命と引き換えに自由と平等という二つの人間の権利を確立したがまだ友愛が獲得されなければならない。友愛は、人間愛における未だ実現されていない理想である。自由は人間の兄弟愛なしには安全な基礎を持ち得ない。真の平等は、人々が互いに兄弟として求め合えるようになるまで、夢以外の何ものでもあり得ない。

　宋慶齢が共感した「自由と平等の基盤となるべき友愛」とは何か？　それは、人類共存の可否を問うものである。軍隊や戦艦の後ろ盾を拒んだ正義の在り方への希求、これらの中に、後日の宋慶齢の孫文へのアプローチ、革命との関わりを促す思想的源泉、あらゆる決断への鍵、飽く事なき実践の原点が見られる。

　1927 年 4 月のウエスレアン・カレッジの同窓会誌『Alumnae Magazine』は、この小論「二十世紀の最大事件」を次のように話題にしている、「彼女の激しい愛国心、自国の未来に対する信念、米国の民主主義に対する認識、それら以上に注目すべきは、兄弟愛、世界平和に対する希望である。それらがこの文章の中で語られている。最も高貴な道標に沿って中国の運命を導いていく、賢明なる中国の大統領は、多分この文章の著者だろうと我々は感じている」。

3.「女性」を見つめる

　宋慶齢は、1912 年 4 月にエッセー風の小品「四つの点」を『THE WESLEYAN』誌上に発表した。それは、科挙を受ける苦学生を題材にしたもので、ユーモア

があり、風刺の効いたものだった。翌年彼女は、同誌上に「阿媽」を寄せて、幼い頃彼女ら兄弟姉妹を大変可愛がってくれた保母さんのことを懐かしさを込めて回想した。

同年卒業を控えた20歳の宋慶齢は、自身をも含めた女性の生き方、在り方について思いを凝らし、「近代中国の女性たち」を発表した。女性に視点を据えた彼女の最初の文章である。

特に海外で教育を受けた女性たちについて、「彼女たちは、よりよい訓練によって、公共の福利ということをとりわけ大切なことであると受けとめ身を処す義務があると、他国の大学卒業生よりも深く認識している。彼女たちの卒業証書は超然としたエリートたちのグループに彼女たちを加入せしめるものでなく、彼女たちをして閉鎖的な知的貴族になることを求めさせるものでもない」と述べている。高等教育を受けた女性は、個人的な枠を超えて公共の福利のために働くべきであるとして、公共の福利のための女性の社会的進出を促す考えを明らかにした。また、当時中国の女性たちが特に都市で先進国の女性たちと同じ様に多くの自由及び男性たちと対等の立場を獲得しつつあることに触れ、その政治活動について「男女平等の参政権については、まだ英国の姉妹たちの羨望を得るほどのものではないが、盛んに議論されつつあるし、予備的あるいは付随的行動も続けられている。彼女たちの間にパンクハースト夫人（Emmeline Pankhurst、1858–1928）やベルモント夫人（Alva E.S.Belmont、1853–1933）のような女性たちを見出すようになるのもそう遠い日ではないだろう。しかし、彼女たちの目指す〝女性の権利は、男性たちの間で行われるような争いを伴わないもの〟であってほしい」と述べた。

宋慶齢の脳裡には、辛亥革命後広東で婦人参政権が獲得され、省議会に女性議員が誕生したこと、女子参政同志会が結成され、彼女たちが臨時約法に男女平等規定が明記されないことに抗議して、南京参議院に押しかけたニュースなどが刻まれていたかも知れない。しかし、1912年8月に成立した国民党の綱領には、男女平等の一項は入れられなかった。やがて革命の退潮、反革命の逆流の中で、広東省の婦人参政権も奪われ、女性の政治参加の道が閉ざされていく

二、祖国への思い　45

祖国の挫折が耳に届いていただろうか。

　それにしても、この時すでに宋慶齢の視野は、英国で高揚していた婦人参政権運動を捉え、戦闘的に行動していたパンクハースト夫人や米国の婦人参政運動の中で活躍していた全米婦人党（National Woman's Party）のベルモント夫人にまで及んでいた。先進諸国の趨勢を敏感に受け止めながら、新しい女性の生き方や祖国での女性の在り方を模索していたと察せられる。

　ここで宋慶齢が説く女性の権利は、「男性たちの間で見られるような争い（権力闘争か？）を伴うもの」であってはならなかった。これは、直接的行動あるいは暴力を否定して「普遍的な教育と啓蒙による社会改革」、「自由と平等の両者の基盤に友愛を確立」といった考え方と相通じるもので、この時期の宋慶齢の思索の傾向を示している。

　この「近代中国の女性たち」の文章は、「同時に他の半分を高めることなくして、人類の半分を高めることは不可能であると主張し、また、中国では現により高い教育を女性たちに与えるようにと盛んに叫ばれているから、一世紀も経たないうちに中国は世界で最も教育の普及した国となり、かつ女性が男性の対等の仲間として位置づけられる国の一つとして認められるようになると、私たちは確信している」と結ばれている。天の半分を支える女性、女性を疎外した人類社会の発展はあり得ないという女性解放の原点になる思想が語られている。また、先の見え難い曲折する時期にあって、解放されるべき中国の女性たちの未来像が語られている。

　宋慶齢は、帰国前、ハーバード大学に留学中の宋子文と並んで撮った写真の弟の胸に襷掛けに "The Weaker Sex（弱き性）" と書き、自らの胸には同じ様に "The Suffragette（女性参政権論者）" と書いた。彼女のユーモアと意気込みと姉弟の楽しい関係が彷彿とする。この弟に彼女は妹の美齢を託して帰国することになる。美齢は、兄の保護下で学生生活を過ごすためにマサチューセッツ州ボストン近郊のウエルズリー女子大学に転入した。

　青年宋慶齢が祖国の前途に熱い思いを馳せ、新しい女性の生き方を模索していた頃、日本では平塚らいてふ等が『青鞜』を創刊し、「新しい女」についてに

46 第二章　宋慶齢の青春：米国から祖国を見つめる

ぎやかに議論し始めていた。

三、「革命を手伝いたい……」

1. 卒業、帰国途中、日本へ

1913 年春、宋慶齢は、文学士を取得してウエスレアン・カレッジを卒業した。この 5 月、米国が中華民国を承認したために、清朝の公費留学生として米国に留学した宋慶齢は、共和国になった祖国に帰ることになった。それは、彼女の幼い頃から上海虹口の宋家に時々逗留し、父親と祖国の前途について議論していた、彼女にとっての英雄、孫文とその仲間たちが建国した共和国であった。

しかし、中華民国は、辛亥革命の成果を順調に実らせる条件をまだ備えていなかった。前年 1 月 1 日に南京で臨時大総統に就任した孫文は、宣統帝の退位、清朝の滅亡を実現した翌日、2 月 13 日には、参議院に臨時大総統の辞表を提出し、後任に袁世凱を推挙せざるを得なかった。

宋慶齢が辛亥革命成功に感激して『THE WESLEYAN』に「二十世紀の最大事件」を寄稿した頃、中華民国は、第二代臨時大総統袁世凱の下で臨時政府、参議院を南京から北京に移していた。同年 8 月には孫文らも北京に集まり、統一共和党など 4 党と合併して、国民党を結成し、孫文・黄興・宋教仁らが理事となり、その後孫文が理事長に選出された。一方、孫文は、近代国家建設基盤整備の第一歩として、かねてより構想していた鉄道網の敷設に取り組もうとした。9 月に孫文は、袁世凱より全国規模の鉄道敷設計画の全権を委ねられ、10 月には、上海に中国鉄路総公司が成立した。

1912 年の中華民国成立以来の栄光と苦渋の曲折の中でも、宋嘉樹はかけがえのない側近として、宋藹齢は英文秘書として孫文の側に寄り添っていた。13 年 2 月孫文が全国鉄路全権として公式に来日し、各地を巡った時もそうだった。孫文は、ほかに戴季陶・何天炯・馬君武・袁華選を伴い、南満州鉄道株式会社特派の山田純三郎も同行していた。一行は、東京市長阪谷芳郎の歓迎会など諸団体の歓迎を華やかに受けた。孫文は、総辞職して下野したばかりの前首相桂太

郎と密談を重ね、犬養毅・大隈重信と会見し、桂と交代した山本権兵衛首相を訪ねた。

　その旅程の途上で孫文の身辺で二つの大小の事件が発生した。一つは、私的に来日していた盧慕貞夫人の交通事故である。

　3月8日、孫文夫人盧慕貞、宋慶齢の母と姉である宋嘉樹夫人倪珪貞と宋藹齢らが来日、神戸に着いた。翌々日その一行は大阪で孫文一行と落ち合い、大阪銀水楼旅館で孫文・盧慕貞夫妻は、30分ほど久方ぶりの語らいをした、と毎日新聞記者澤村幸夫が「孫文送迎私記」の中で述べている。その後、盧慕貞夫人一行は、東京を訪れるが、思わぬ事故に遭遇した。一行が乗った乗用車が皇居濠端の和田倉門付近の電柱に衝突し、彼女たちが負傷したのである。三人は、築地の聖路加病院に運ばれ、副院長等の手当てを受け、三名は同院2号室に入院したが経過良好のため、1泊して退院した。この入院沙汰により、盧慕貞夫人の身分も明らかになり、『福岡日日新聞』などマスコミにも載る破目となった。

　この知らせを途上聞くことになった孫文は、「すぐ東京に向かいましょうか」と尋ねる宋嘉樹に対して「医者でもない人が東京に行っても役に立たない。それにもう治療も済んでいる。われわれには福岡で会合の約束がある。約束は守らねばならない」と応えたという。それで、宋嘉樹が一行と別れて山田純三郎と一緒にその日のうちに夜行列車で東京に行き、盧慕貞夫人と妻倪珪貞、娘藹齢の面倒を見たのである。

　『福岡日日新聞』がこうしたニュースを報じた翌々日、3月20日、上海で大事件が発生した。孫文が党務の一切を委ねていた国民党理事長代理宋教仁が狙撃され、死に至った。

　宋教仁が指揮した国民党は、当時行われた中国最初の国会総選挙で勝利し、宋は国会を基礎にして国務総理として内閣を組織し、臨時大総統袁世凱の独裁権力を制限しようとしていた。事件後押収された証拠から暗殺が袁の指示によるとの嫌疑が濃厚となり、孫文は黄興らと対応策を協議、法律による対応策も

48 第二章　宋慶齢の青春：米国から祖国を見つめる

検討したが、武力反抗に決し、7月に袁世凱打倒を目指す「第二革命」を起こした。しかし、圧倒的な武力を持ち、列強の財政的支援を得た袁には対抗できず、国民党内部は統一に欠け、平和を要求する世論も味方せず、短期間で失敗し、孫文・黄興らは日本に亡命した。

　同年6月22日にボストンを出発した宋慶齢は、カリフォルニアで父親からの電報を受け取った。それは、「旅行を延期しなさい」というものであったが、7月には第二革命の失敗、孫文及び宋家の日本亡命の情報が伝えられた。宋慶齢は、帰路を変えて、取敢えず日本の横浜に立ち寄ることにした。「上海の我が家は、近代的に快適に設計されていて、いつ米国の友人が遊びに来ても十分に満足してもらえる」と友人に書き送った直後のことだった。しかし、彼女は、第二革命失敗で苦境にある孫文や父親ら、またその渦中に置かれた家族のことなど、厳しい祖国の政治情況を受け止め、甘い学生気分を振り払って、自身の身の振り方を考えることができた。

　カリフォルニア在住の孫文の支持者からのメッセージやお土産を預かり、彼女自身の孫文へのメッセージも心に決めた。それは、「革命を手伝いたい」という意思表示であった。彼女は、そのことを当時恩師への手紙にも書いた[8]。

　また、後年宋慶齢は、エドガー＝スノーのインタビューに応えて、語っている、「ウエスレアン・カレッジからの帰途、東京に亡命していた彼を訪ね、手伝いたいと申し入れました」[9]。

2. 宋家の日本滞在

　1913年8月29日宋慶齢は、父と姉の出迎えを受けて横浜に上陸し、30日宵闇のなか東京赤坂区霊南坂町の孫文の隠れ家に入った[10]。翌31日、慶齢は孫文との再会を果たしたに違いない。

　9月1日慶齢は、孫文の隠れ家を訪ねてきた次弟子良と藹齢との三人で新橋発の列車に乗り、神戸に赴き、オリエンタルホテルで母倪珪貞、末弟子安とも5年ぶりに再会した[11]。

三、「革命を手伝いたい……」　49

　東京に残った宋嘉樹は、その後神田今川小路 2-10 に住居を定め、9 月 11 日
あるいは 12 日に家族を神戸より上京させ、落着かせた[12]。

　日本外務省外交文書「孫文ノ動静」は、宋姉妹の孫文の隠れ家訪問について
伝えている。姉の藹齢は、1912 年 1 月の孫文の臨時大総統就任後しばらくして
彼の英文秘書となり、宋嘉樹は、財務秘書と見なされていた。慶齢は、父や姉
に同行して度々孫文を訪ねることになった。当時の日本の公安刑事の真面目な
監視記録のおかげで、孫文や宋家の人々の足取りを時々刻々追うことができる。

　　9 月 12 日「孫ノ行先ヲ内偵スルニ、神田青年会館ノ附近ニ宋嘉樹ヲ訪ヒ夫
　　　　ヨリ下渋谷道玄坂中途ニ至リ……」

　　9 月 16 日「午前九時五十分、宋ノ娘姉妹ハ支那人ノ従者ヲ従ヘ来訪」

　　9 月 17 日「午後二時四十分宋嘉樹娘イーリング（姉ノ方）同伴来訪」

　　9 月 18 日「午前十時二十分宋嘉樹ノ娘姉妹相携ヘテ来訪」

　　9 月 20 日「午前十時宋ノ娘姉妹来訪　全十一時四十分妹娘退出　全午後二
　　　　時十分宋ノ妹娘再来訪（三人退出）」

　　9 月 21 日「午後六時四十分来訪中ノ宋嘉樹ノ娘両名ト共ニ自働車ニテ外
　　　　　　　　　　　　　　　　　　　　　　　　　（ママ）
　　　　出神田区北神保町中国基督教青年会（YMCA）前ニテ宋ノ娘両名ヲ下車
　　　　セシメ……」

　　9 月 22 日「午後七時三十五分孫ハ張継及宋ノ娘イーリングソン（宋藹齢）
　　　　ト自働車ニテ外出神田今川小路二ノ一〇ニテ宋ノ娘ヲ下車セシメ……」

　　9 月 23 日「午前九時四十分宋ノ姉妹来訪　午後四時半孫ハ馬素、宋姉妹ト
　　　　共ニ自働車ニテ外出神田今川小路二ノ一〇宋方ニ立チ寄リ次テ赤坂北町
　　　　六ノ五三下田歌子方訪問　同六時退出　宋姉妹及馬素ヲ神田宋方ニ送リ
　　　　届ケ六時半帰邸」

　　9 月 24 日「午前九時宋嘉樹ノ娘姉妹来訪、全午後二時十分宋姉妹及楊国民
　　　　党幹事長退出」

　　9 月 25 日「午前十一時宋ノ娘姉妹来訪　午後四時二十分退出」

　　9 月 27 日「午後一時一五分宋ノ娘イーリングソン来訪全五時五十分退出」

50 第二章 宋慶齢の青春：米国から祖国を見つめる

9月30日「午前八時半イーリングソン（宋靄齢）来訪　午後二時七分孫ハ
自働車ニテイーリングソント同乗外出シ途中神田北神保町中国青年会館
附近ニテイーリングソンヲ下車セシメ……」

10月になると、中国では袁世凱が中華民国大総統に就任した。そんな中、孫文の同志であり、宋家の親しい友人である廖仲愷・何香凝夫妻が子女廖承志・廖夢醒を同伴して、広州から香港を経て日本に亡命してきた。広州から香港に移った何香凝らに香港の英当局が政治犯として48時間以内の退去を命じたのである。孫・宋・廖（何）の親密な革命三家族が集合したのである。

1914年1月宋慶齢は、病気治療のため帰国する母倪珪貞に同伴して上海に帰った。久しぶりの故郷上海にやっと帰れたのである。

3月、慶齢は、父親から日本に戻るようにとの連絡を受けた。靄齢と孔祥熙との結婚が決まり、姉に代わって、孫文の英文秘書を務めることが予定されたからである。慶齢が東京に戻る前後に宋家は転居した。宋家の新しい住いは、東京神田区仲猿楽町九番地（当時）。

3月22日「午後二時宋愛林（靄齢）姉妹来訪同二時一〇分退出……午後四
時一五分宋愛林姉妹再ビ来訪　孫ハ全四時五十分宋娘姉妹ヲ伴ヒ梅屋庄
吉方ヨリ差シ回シタル自働車ニテ梅屋方ヲ訪問シタルモ主人不在ナリシ
ヲ以テ同人ノ妻ニ面会饗応ヲ受ケ　同七時三十分同家ヲ出デ　前記ノ自
働車ニテ大正博覧会場及浅草公園ニ行キ見物ヲナシ帰途宋娘姉妹ヲ神田
区仲猿楽町九番地ナル自宅ニ送リ届ケ同九時四十分帰宿セリ」

このとき初めて、孫文は盟友梅屋庄吉邸に靄齢とともに慶齢を伴った。彼女たちは庄吉の妻トクのご馳走に与るが、以後慶齢は日本滞在中、身辺及び日常生活の様々な面でトクの世話になり、生涯忘れ難い思い出を残すことになる。

この３月下旬から６月にかけて、宋姉妹は、慌しく孫文の隠れ家を出入りして活気とただならぬ多忙を感じさせられるが、そのような中で中華革命党が誕生した。

　1911年の辛亥革命の成功、翌年の専制王朝清国の滅亡、共和国―中華民国―の建国、そのすべてのプロセスで全力を尽くし、初代臨時大総統に就いた孫文が、世界中で「中国のジョージ＝ワシントン」と称されたのは、２年前のことだった。しかし、この時までの苦闘の果実は軍閥袁世凱に奪われた。孫文は、帝国主義諸国の支持を取り付けた袁との内戦を避けるために、新しい政治体制を維持するという約束と引き換えに総統の地位を袁世凱に譲っていた。袁世凱は、その舌の根も乾かぬ内に臨時憲法を破り、有能な革命家たちに刺客を差し向けたばかりでなく、彼自身が皇帝に即位することまで企んだ。

　こうした中、1913年３月の宋教仁暗殺事件を機に、借款交渉などで来日中の孫文は、即刻帰国して第二革命に臨んだが、失敗し、袁の追捕を逃れて宋の家族はじめ多くの仲間とともに三々五々日本に亡命していたのである。半年ほど前国賓待遇で歓迎された来日とは打って変わっての侘びしい滞日生活になった。

　ところが、孫文は、第三の革命を画策し始めていたのだ。そんな時、宋慶齢の「革命を手伝いたい……」の申し入れがあり、また、秘書を務めていた姉宋藹齢が孔祥熙との結婚のため、孫文のもとを去らねばならなくなっていた。

　1914年の初め、孫文は袁世凱政権を打倒して中華民国を再建するために、革命党の強化・再建に熱心に取り組んでいた。中華民国成立当初に成立した国民党は、中国同盟会から発展的に結成されたが、展望が楽観的で、規律は党勢拡大のため大幅に緩められ、議会政党ゆえの妥協の多いものになっていた。そのため、情勢の変化により、党員のある者は袁世凱のもとに擦り寄り、ある者は脅かされて活動を曖昧にし、堕落した。孫文は、名実ともに革命活動のできる者をしっかり団結させ、緊密で規律ある革命の中枢としての党を作りたかった。

52 　第二章　宋慶齢の青春：米国から祖国を見つめる

　1914 年 6 月 22 日孫文は、東京で中華革命党を結成した。孫文は、総理とな
り、全党員に対して、総理に対する忠誠を求めた。新しい勢力が一致団結した
行動をとり、逆境にあっても勝利の時にも足並みが乱れない保証が必要である
と考えたからである。それは、決然とした志をもてる仲間には受容されたが、
黄興らのように忠誠を捧げることに戸惑いを覚えた同志もいた。黄興は、度々
繰り返された革命蜂起の戦場での英雄であり、辛亥革命の成功をもたらした組
織者であった。彼らは、孫文が指導者であることに異論はなく、孫文が私利私
欲で権力を行使することはなく、国家と人民のための勝利だけ望んでいること
も経験からよく承知していた。しかし、彼らは、主義に対してではなく特定の
人物に対して己を捧げることには納得できなかった。そんな訳で中華革命党に
これまでの革命勢力を結集することができず、結果的には分裂を余儀なくし、
孫文を孤立させた。後年、宋慶齢は、このことについて述べている：「孫文は、
彼の政党を甦らせるために改組しました。しかし、帝国主義と封建主義に反対
する明確な綱領がなかったために、また、党の規律を厳格にするというより、
むしろ主として個人的な忠節に依存するということを繰り返すという誤りのた
めに、広大な、大衆的な基盤を欠いてしまいました」[13]。

　同年 7 月第一次世界大戦が勃発した。晩年に近い 1966 年、宋慶齢が唯一彼女
の伝記を書くことを容認した I = エプシュタインへの手紙の中で、この時孫文
がフランスの社会主義者ジャン = ジョーレスの戦争観について語ったことを告
げている：「『戦争は、交戦国双方の勤労人民の利益に反するから、戦争中はい
ずれの側の政府も支持すべきではない……』と公言したジョーレスは、狂信的
な愛国者によって暗殺された」と。

3. 孫文の秘書として

　1914 年 9 月、宋慶齢は、孔祥熙との結婚で孫文のもとを去る宋藹齢に代わり、
正式に彼の英文秘書として働くことになった。

三、「革命を手伝いたい……」 53

　宋藹齢の夫となる孔祥熙は、山西省の銭荘（銀行の前身）を営む資産家に生まれた。孔子の直系の子孫と言われ、中国でも最古の祖先をもち、地主・学者・紳士の身分を兼ね備えていた。彼は、米国のオベリン大学で学士を取り、エール大学で文学修士を取得した超エリートに属する。彼は、オベリン山西記念協会代表として帰国し、同協会の教育事業に従事した。この間一年間の休暇が許されて来日、東京の中国人基督教青年会の事務局長として勤務した。この東京滞在中に宋藹齢（Regina=Soong）と知り合い、1914 年 9 月に彼女と結婚した。1915年 2 月山西省大谷県に帰国し、同年 9 月長女が生まれた。

　気になるのは、彼が孫文の側近にあると見られながら、孫文のたびたびの勧誘にもかかわらず、積極的に革命活動には関わらなかったことである。1915 年12 月 12 日付ゲーリー発信モリソン博士宛書簡によると、袁世凱とも気脈を通じていた節も窺われる [14]。

　後に、孔祥熙は、蒋介石の国民党政権において、行政院長・実業部長等要職を歴任した。

　この 9 月前後に宋嘉樹は、宋家の住居を横浜市山手町 59 番地（当時）に移した。「孫文ノ動静」は、

9 月 8 日「午前十時五十五分左記宛封書一通発送　MISS ROSAMONDE
　　　SOONG 59B LUFF YOKOHAMA」
9 月 23 日「午後二十五分宋嘉樹及同人ノ娘宋慶林（宋慶齢）来訪対談全五時
　　　退出」
9 月 26 日「午前九時宋嘉樹宋慶林来訪全五時三十分退出」

と、住居が横浜に移ったことと、姉と離れた宋慶齢が秘書として活動を開始したことを伝えている。

　日本外務省史料に残されている宋姉妹の姓名は「宋愛林」であり、「宋慶林」

54 第二章 宋慶齢の青春：米国から祖国を見つめる

であった。公安刑事のメモだから、多分パスポートに記載されていた姓名であろう。そういえば、香港で発見された、宋慶齢の最初のものと思われる1907年の渡米用パスポートの姓名は、「宋慶林」だった[15]。「宋慶林」は「宋慶琳」と表記されることも多い。

では、いつ頃から「宋慶齢」になったのか？　後述の結婚誓約書では「宋慶琳」と署名されているから、少なくとも正式表記の変更は、それ以降ということになる。

一説によると、1904年春、宋藹齢の米国留学の直前、宋嘉樹は彼女を連れて高齢の老友、『万国公報』の主筆、沈毓桂を訪ねた時、沈老人は、友人の娘の名が「愛林（イーリング＝ソング）」と呼ばれるのを聞いて、「愛林は洋人の名前ですね。我々中国人は中国人の名前をもった方がいい」と宋嘉樹に勧めた。姉妹が生まれた頃の宋嘉樹は、青年時代の彼を育てた米国風の生活文化の中にあり、子女の命名にも尊敬するリンカーン（林肯）の「林」を採り、彼女たちの英文名にもナンシー、ロザモンド等ゆかりの深い米国人女性の名前を付けた。しかし、この時期の彼は、すでに上海での生活も20年近くを数え、工商業各界での活動も広がり、名士の一人に挙げられるようになっていたので、この勧めにも十分耳を傾けることができた。このような中で「愛林」は「藹齢」と改名され、同様に「慶林」は「慶齢」と改名されたというのである[16]が、公式にはさらに年月を要したようである。

とにかく、藹齢が退いた後、慶齢は横浜山下町の自宅から東京霊南坂の孫文の隠れ家に通い、英文秘書のみならず多分中華革命党結成後の様々な事務を手伝うことになった。慶齢がそこを訪れる時には、これまでと同じ様に、ほとんど父宋嘉樹と一緒であった。また、それは彼女にとって楽しい日課ともなった。彼女は、米国留学中の妹美齢に対して書き送っている：「私は、こんなに楽しく過ごしたことは今までにありませんでした。子どもの時からこの種の仕事をしたいと思ってきたのです。私は、真に革命運動の中心に近づいたのです。……私は中国を助けることができます。私は孫中山先生を助けることができます。

三、「革命を手伝いたい……」　55

彼は私を必要としています」[17]。

　その 11 月中旬、慶齢が藹齢とともに上海に帰ると、それを追うように、孫文は上海に書留郵便を送った。

　11 月 29 日「Miss Rosamonde Soong 628 C Yuhang Shanhai China」

　仕事なのか、私的メッセージなのか？　それとも両方兼ねて……

　翌 1915 年 1 月、慶齢は、まだ上海に滞在していた。

　1 月 14 日「上海ユーハン街 628 C ロザモンデ ソング殿宛書留郵便」の記録が残っている。

　この直後 1 月 18 日、日本政府は袁世凱政府に「対華 21 ヶ条要求」を突きつけ、欧米列強と競って中国における利権の拡大に積極的かつ具体的な野望を明らかにした。当然、孫文は、日本滞在中の廖仲愷、陳其美、宋嘉樹ら中華革命党中枢の同志らと袁世凱の帝政復活の策謀との関係や国内外の厳しい情勢の分析を通じ、対日問題を研究した。

　この時期、宋慶齢は上海で、どんな過ごし方をしていたか。1 月 29 日孫文により東京から上海に派遣された朱卓文の孫文宛 2 月 2 日付報告は述べる。

　　29 日上海に着きました。31 日まず宋嬢にお会いしました。彼女の話によると、彼女はひたすら党務に取り組み、早々成果も見えています。党務を進める事務所を設ける件については、彼女も大いに賛成とのことです。彼女は、母親に怪しまれないように、数日の内に良い方法を考えたいと言っています。私はすでに家屋を一軒用意いたしましたので、彼女が何時来て仕事をするかなどについては彼女に任せたいと思います[18]。

　また、次の便で「私は、いま宋嬢の事務所の隣にいます。彼女は現在一週の内月・水・金の三日を定例に子女に英文を教え、その後で書簡等の処理をしています……」と述べ、彼女は間もなく孫文の書籍類を自室に搬入させ、自らそれらを保管するようだとも伝えている[19]。

孫文により宋慶齢のもとに遣わされ、孫文と連絡を取りながら宋慶齢を助けていた朱卓文とは、どんな人物だったのか。彼は、孫文と同郷の広東省香山（現中山）県生まれで、孫文より11歳若く、朱超とも称した。青年時代にハワイに渡って働き、興中会に参加し、飛行技術を習った。1910年には、米国で同盟会員となり、辛亥革命の時、孫文に従って帰国し、南京総統府では庶務を担当した。第二革命失敗後は、日本に亡命、中華革命党の結成にも携わり、公私に亘り孫文の信頼が厚く、孫文を助けていた。

四、英雄崇拝から敬愛へ

1. 孫文の離婚手続き

1915年3月17日、孫文の秘書として上海でも活動していた宋慶齢が東京に戻ってきた。東京駅には孫文が出迎え、慶齢は彼の車に同乗して赤坂霊南坂の孫の隠れ家に着き、宵の内に横浜の宋宅に向かった。

翌日、慶齢は午前中に父親とともに孫文を訪ね、午後帰宅したが、21日には、父親とともに、午前中に孫文を訪れ、孫文と話し合い、三人で芝公園を散歩し、父親は正午過ぎに孫宅を出るが、慶齢は孫文と二人車で青山練兵場を一周して隠れ家に戻り、慶齢は夜9時30分に帰宅したと公安刑事のメモが伝えている。仕事ばかりとは言えない、ほのぼのとした時間が過ぎていたようである。

その翌日、慶齢と頭山満の娘岩生は、孫文と宋嘉樹と一緒に汽車に乗り、静岡県の熱海に赴き、病気療養中の張仁方を見舞った。27日に宋嘉樹は頭山岩生とともに東京に戻ったが、慶齢と孫文はそのまま31日まで熱海に留まった[20]。党務のほかに二人にとっての大事な話があったかもしれない。

この同じ頃、孫文は、朱卓文と姪の孫昌を澳門に住む盧慕貞夫人のもとに遣わした。孫文は、妻盧慕貞に離婚を申し入れたのである。彼は宋慶齢との結婚を切望していた。彼は、米国で教育を受けた近代的な女性を伴侶としたかった。この時期の彼の革命事業と生活を支えてくれるのは、慶齢を措いてない、と彼

四、英雄崇拝から敬愛へ　57

は感じていた[21]。彼は、盧夫人のこれまでの苦労を労い、感謝しつつ、離婚に
応じてほしいと懇願した。それらをつづった文書が朱卓文から盧夫人に手渡さ
れると、盧慕貞夫人は、それを丁寧に読み終えるや、一字、「可」と、書いた。
彼女は、「私は、学識も少なく、英文も理解できない。脚は纏足で歩くことにも
不便がある」と述べ、孫文との離婚に同意した[22]。この時、孫文と盧慕貞の間
には、24歳の長男孫科、20歳の長女孫娗、19歳の次女孫婉があり、彼らは母
親の盧慕貞のもとに残されることになった。

　8月末赤坂区霊南坂の隠れ家から東京豊多摩郡千駄ヶ谷町大字原宿109号の
新居に移った孫文は、9月初、盧慕貞夫人を東京に招き、二人は直接離婚と再
婚について話し合い、盧夫人は諒解した。彼女は、10日間ほど滞在し、東京見
物などしてから米国に向かった。

　米国での学生時代に胸に「女権主義者」と大書して写真を撮った宋慶齢に、
革命の英雄孫文といえども、既婚のままで「第二夫人に……」などとは、口が
裂けても言えない。近代国家、近代社会を目指す二人にとって、結婚もまた革
命的でなければならなかった。愛情は勿論、対等な人格の出会いを踏まえたも
のでなければならなかった。
　こうして、孫文の身辺の整理はできた。ところが、宋慶齢の身辺では、父母
の猛反対が火を噴いた。相応しい条件の婿選びも進んでいた矢先のことであっ
たからである。

2. 父親、宋嘉樹の戸惑いと怒り
8月13日付孫文宛宋嘉樹書簡[23]：

　　親愛なる博士7月30日付書状を受け取りました。もし、私がここ2,3日
　神戸を離れていなければ、もっと早く貴簡を拝見することができたでしょ
　うに……。私は、舞子から二つ目の駅の垂水で二日間過ごしていました。

ロザモンドが貴方との結婚を応諾し、そのつもりでいると聞いて、大変驚いています。貴方は、これまでにこのことを私に一言も話したことがありませんでした。彼女は上海に戻って結婚し、その後夫と一緒に東京に戻って活動に従事すると、貴方に伝えたはずです。彼女は、未来の計画について一言も私に話していません。以前、貴方は、書状の中で、ロザが私と一緒に渡米するかどうか、尋ねました。私はすぐに貴方に返事を書き、彼女は家に留まり母親のそばで暮らすことになっていると伝えました。

　貴方は、まったく新しいこと、信じ難いこと、奇妙なことを、どのように私に話そうとされるのですか。私は、冗談ではないかと思い始めています。全くとんでもないことだ、ばかばかしい話だ、想像を超えたというより、赤ん坊のたわごとと言ったほうがよい。自分をからかって面白がる女の子の話なんか信じないで下さい。われわれは皆、貴方に対する高い尊敬を持ち続けることを、私は貴方に保証します。——われわれだれもが貴方に対する尊敬を持ち続け、貴方や貴方の理想を傷つけることは決してありません。裏切り者は、われわれすべてにとって永遠にあり得ないのです。その上、われわれは、クリスチャン家族です。如何なる男であっても、娘は妾になるようなことはありません。たとえ王であっても、皇帝であっても、地上で最も偉大な大統領であっても、われわれは、物質的には貧しくても、絶望もせず、野望を抱くこともありません。また、基督者の信条に背くことはできません。それ故に、彼女は、女帝になることなど期待していません。

　宋嘉樹は、繰り返し長文の手紙を書き、孫文に訴えた。孫文と娘慶齢との結婚は許されない、絶対に反対だ、と。親子ほどの年齢差、孫文には糟糠の妻がいる、宋家と孫家は家族ぐるみの付き合いがあり、孫文には慶齢と同世代の息子と娘がいるではないか、盧慕貞夫人のことを考えると信じられない話だ。絶対に許せないと、父宋嘉樹は声を震わせて怒り、母倪珪貞は涙を流して泣いた。

　慶齢は大きな決断を迫られていた。父母に従うか、孫文の求めに応えるか。

それに何よりも重要なのは、彼女自身の人生をどのように描きたいか、そのためには、どのようにすればいいか……であった。より安全に備えられた個人的追求の道を選ぶか、より大きな苦悩と冒険を伴う社会的追求の道を選ぶかを問われていた。

注

（1） 于醒民・唐継無『宋氏家族第一人—宋耀如全伝—』、東方出版中心、2008 年 5 月、pp.306–314

（2） 寿韶峰編『宋美齢全記録　1897–2003』、華文出版社、2009 年 1 月、北京、pp.58–59

（3） 1912 年 1 月 12 日付孫文宛宋嘉樹書簡、前掲『宋慶齢年譜』上冊、p.68／スターリング＝シーグレイブ著・田畑光永訳『宋王朝』、サイマル出版会、1986 年 11 月、pp.146–154

（4） 張海林著『端方与清末新政』、南京大学出版社、pp.343–354

（5） 朱玖琳「論辛亥革命対宋慶齢人生道路的影響和作用」、上海市孫中山文物管理委員会等編『宋慶齢及其時代』、中国福利会出版社、2011 年 12 月、pp.49–50

（6） 前掲『宋美齢全記録』、p.63。／陳錫祺主編『孫中山年譜長編』上冊、中華書局 1991 年、p.398　及び「孫中山宋慶齢在上海行止時間及辞史事年表」『上海孫中山宋慶齢文物図録』、上海辞書出版社、2005 年 7 月、p.337／コールネリア＝スペンサー『宋家三姉妹』には、孫おじさんの話に感動する宋慶齢が描かれている。

（7） ウエスレアン・カレッジの学院誌『THE WESLEYAN』1912 年 4 月

（8） 久保田博子「宋慶齢と孫文の出会いについて—中国革命における宋慶齢の位置づけと関連して—」、『中嶋敏先生古稀記念論集』、pp.634–635

（9） エドガー＝スノー著・松岡洋子訳『目覚めへの旅』、紀伊國屋書店、1963 年、p.79／Hahn, Emily *The Soong Sisters* でもこのことが暗示されている。

（10） 日本外務省外交文書 2「孫文ノ動静」

（11） 同上

（12） 同上

（13）「孫中山——中国人民偉大的革命的童子　1956 年 11 月 4 日」、『宋慶齢選集』下

60　第二章　宋慶齢の青春：米国から祖国を見つめる

　　巻、人民出版社、1992 年 10 月、pp.243–244

(14) 久保田文次・博子「孫文と宋慶齢の結婚の時期について」、『辛亥革命研究』創
　　刊号、辛亥革命研究会、1981 年 3 月、pp.11–15「付録：モリソン宛ゲーリー書
　　簡」

(15) 周谷「宋慶齢――第一張出国護証及其結婚誓約書」、『対外宣伝参攷』#3、1993
　　年、pp.38–41

(16) 前掲『宋美齢全記録　1897–2003』p.24

(17) Ｉ＝エプシュタイン著・久保田博子訳『宋慶齢―中国の良心・その全生涯―』
　　上、サイマル出版会、1995 年、pp.57–58

(18) 久保田文次編『萱野長知孫文関係史料集』、高知市民図書館刊行、2001 年

(19) 同上

(20) 前掲「孫文ノ動静」

(21) Letter to Ms.Cantlie, Oct.17, 1918, *THE COMPLETE OF DR.SUN YAT-SEN* VolumeX、
　　国父全集編輯委員會編訂、近代中国出版社、台北、中華民国 78 年、pp.448–49

(22) 前掲『宋慶齢年譜』上冊

(23) C.J.Soong（宋嘉樹）書簡 1915 年 8 月 13 日、前掲『萱野長知孫文関係史料集』、
　　pp.497–493

第三章 孫文との 10 年：革命を学び、中国近代化を模索

一、孫文との結婚

1915 年 8 月末、孫文は、霊南坂の隠れ家から原宿 109 号に転居したが、この借家探しには、梅屋庄吉の養女梅子が一役買った。孫文にとっては、宋慶齢と家庭をもつための準備であった。

孫文は、宋慶齢との結婚を実現するために、身辺の条件を一つ一つ整えながら、他方、中華革命党を指導して、第三革命の推進に努力していた。私人としても革命者としても、新たな展開を図る再起の時機を迎えようとしていた。慶齢とならやれる！と信じていた。

9 月 1 日には、中華革命党員及び中国人留学生ら 1000 余名が東京神田の YMCA に集まり、帝政反対を叫び、10 月 10 日には、中華革命党員及び中国人留学生が日本政府の 21 ヶ条要求に抗議して国恥記念会を東京で開催した。

そんな中、10 月 7 日、孫文は、朱卓文を上海に遣わした。上海の宋宅では、慶齢が朱卓文とその娘ムヒアを迎え入れた。母倪珪貞は、長女藹齢の出産を手伝うため、山西省大谷に出かけていた。朱は慶齢に孫文からの電報を見せた。それには、即刻慶齢が朱父娘と一緒に東京に来るようにと書かれていた。朱はさらに言葉を添えて、孫文と盧慕貞がすでに協議離婚したことを伝え、盧慕貞の拇印のある離婚協議書を見せた。

孫文の使者の来訪後、慶齢は、抑え難い心情に捉われる中で熟慮を重ね、ついに決意した。彼女は、両親に向かって、孫博士の革命事業を手伝いたい、彼の求婚に応えたい、と言い放った。すると、父親は烈火のごとく怒り、母親は、思い止まるように、と涙を流して懇願した。慶齢も激情に駆られて二階の自室

に駆け上がって泣いた。慶齢は、自室に閉じこもって、半ば幽閉されたように
なってしまったが、それで終わらなかった。彼女は、両親が孫文との結婚に決
して同意しないと知って、両親に手紙を書き、孫文と結婚し、その側にあって
革命事業を手伝いたいと訴え、両親に別れを告げた。彼女は、阿媽の手助けで
窓から這い出て、密かに実家を後にし、朱卓文とムヒアに伴われ、船で神戸に
向かった。

　他方、孫文は、公安刑事のメモによると、10月10日に萱野長知と梅屋トク
に付き添われて家具を購入し、その翌々日も梅屋夫人と日用品や家具の買出し
に出かけた。また2日後孫文は、陳其美と梅屋夫人を伴い車で日本橋の伴伝商
店に赴き、毛布と座布団を買い、引き続き四谷麹町の箪笥店で箪笥を買い求め
た。

　辛亥革命で勝ち取った共和制を踏みにじる袁世凱、屈辱的な21ヶ条要求を受
諾し、日本政府の策謀に妥協した袁世凱を何としても倒さねばならないという
第三革命推進の緊張の中で、孫文は宋慶齢を待っていた。慶齢は、革命の懐に
飛び込むように来日した。

　10月24日朱父娘に伴われた慶齢が神戸から東京駅に着くと、孫文は自ら出
迎え、彼等を原宿の新居に案内した。慶齢は、中山寓での第一夜を幼友達のム
ヒアと一緒に過ごした。

　10月25日「午後四時三十分孫文ハ同宿ノ宋慶林ヲ伴ヒ自働車ニテ外出　牛
込区袋町五番地和田瑞方ニ乙リ晩餐ノ饗応ヲ受ケ全七時和田ヲ連レ自働車ニテ
退出赤坂区溜池待合三島ヘ和田ヲ送リ全七時三十分帰宅セリ」と公安刑事は記
した。この日、孫文と慶齢は、和田瑞宅で彼の立会いのもと婚姻誓約書を取り
交わすという形で結婚の儀式を行った。孫文48歳、宋慶齢22歳だった。誓約
書は、

　「誓約書　孫文ト宋慶琳トノ間ニ誓約ヲ結ヒタルニ付左ノ諸件ヲ誓約ス
　一、　ナルヘク速ニ支那・国法ニ依ル正式ノ婚姻手続ヲ執ルヘキ事

一、孫文との結婚　63

二、　将来永遠ニ夫婦関係ヲ保続シ各相互ノ幸福ヲ増進スルニ努ムヘキ事
三、　万一本誓約書ニ反スル行為アリタル時ハ法律上並ニ社会上ノ制裁ヲ
受クルモ各自何等異存ナキコト従テ名誉保持等ノ為メ各自又ハ其ノ親族ヨ
リ各自ニ対シテ為ス処置ニ付テハ一切苦情ヲ申出サルヘキコト」
右ノ諸件ハ本誓約ノ成立ニ立会セル和田瑞ノ面前ニ於テ各自誓約シ和田瑞
ハ本誓約ノ履行ニ付充分ノ斡旋ヲ為スヘキコトヲ確約シタリ本書ハ三通ヲ
作成シ誓約各自一通ヲ保有シ他ノ一通ハ立会人之ヲ保有スルモノトス

千九百十五年十月二十六日

誓約者　孫　文　印
同　　宋慶琳
立会人　和田瑞　印

＊誓約書上の日時が10月25日でなくて26日になっていることについて、1962年8
月11日中国歴史博物館が当時の宋慶齢副主席に秘書を通じて質問したところ、彼
女は「日本の風俗では偶数日が縁起がよいという和田弁護士 [1] の勧めに従い、26
日にした」という回答を寄せ、その折この誓約書が「真品」であると伝えた [2]。

　因みに、この孫宋の結婚の儀式に列席したのは、「ミツル＝トーヤマさん（頭
山満）、ワダ＝ズイ（ミズ）さん（和田瑞）、ジェイムズ＝ロイヤル、アキヤマサ
ンフサイ（秋山定輔夫妻）、ヤマダ＝ジュンザブローサン（山田純三郎）、カヤノ
サンフサイ（萱野長知夫妻）、キクチサン（菊池良一）……」と、1978年1月、仁
木ふみ子が宋慶齢を北京の公邸に訪ねた折、彼女が本人から直接聞き出してい
る [3]。また、和田邸における結婚の儀式の翌々日、孫宋は梅屋庄吉邸を訪問し
た。「孫文ノ動静」は「10月27日……三時三十分孫ハ同宿ノ宋慶林ヲ伴ヒ自働
車ニテ府下大久保百人町三百五十番地梅屋庄吉方ヲ訪問全五時十分退出帰宅」
と伝えている。孫宋が結婚の挨拶に最初に出向いたのが梅屋庄吉・トク夫妻の
ところであったと推察される。

64　第三章　孫文との10年：革命を学び、中国近代化を模索

　孫文は、正妻との協議離婚書と誓約書を整えて、この時代の男性では、前例を見ないほどの誠意を以って宋慶齢を妻に迎えた。宋慶齢は暗黙の内にこの手順を孫文に踏ませた。人としての独立自尊を自覚する女性の姿が窺える。宋慶齢は、まさに「新しい女」であり、まぶしいほど初々しく、近代女性であろうとしていた。彼女を取り巻く日本社会も同様の潮流が見え始めていた。平塚らいてふ等が青鞜社の旗を掲げ、「新しい女」をアピールしていたのは、実にこの頃であった。

　娘の置手紙を読んだ宋嘉樹と倪珪貞が驚き、急ぎ上海から東京原宿の孫文宅に駆けつけたが、時すでに遅く、「誓約書」を取り交わした翌日であった。両親は、孫文、宋慶齢の新居に一泊し、無為のまま帰国した。

　孫文は、1918年10月17日付のカントリー夫人宛の手紙に書いている[4]。

　　私の妻は、米国のカレッジで教育を受けた女性で、私の最も古くからの同志の一人の娘です。私は、これまでに味わったことのない新しい生活を楽しんでいます。文字通りの家庭生活と伴侶を得ました。
　　私の前妻は旅行を好みませんでしたので、私が亡命した時も決して私の滞在先についてきてくれませんでした。彼女は、老母のそばで落着いて暮らしたかったのです。それで、古い慣習に従って、いつも私に第二夫人を持つようにと勧めました。しかし、私の愛した女性は、近代的な女性ですから、そのような立場には耐えられませんでした。私もまた彼女を諦められませんでした。このような訳で、前妻との離婚に同意するよりほかに方法がなかったのです。
　　子どもたちについては、息子は、現在私のそばにいますし、娘は米国のカレッジの一学年に在籍しています。

二、伴侶として、助手として、同志として　65

後年、宋慶齢も、この結婚について、エドガー＝スノーに語っている[5]。

　　スノー「一体どういうふうに孫博士と恋愛するようになったのですか」
　　宋慶齢「恋愛ではありませんでした。……遠くからの英雄崇拝でした。
家から逃げ出して、彼のために働いたのはロマンチックな娘の考えでした。
でも、それはいい考えでした。私は中国を救うのを援けたかった。孫博士
は、それができる唯一の人でした。それで私は彼の手伝いをしたかった。
ウエスレアン大学からの帰途、東京に亡命していた彼を訪ね、手伝いたい
と申し入れました。間もなく上海にいた私のところへ彼から日本に来るよ
うにと言ってきました。両親は許すはずがなく、私を監禁しようとした。
私は、女中に手伝ってもらって、窓から逃げ出したのです」
　　「彼が離婚の手続きをすませ、私と結婚するつもりであったことを日本
に着くまで少しも知りませんでした」「そうでなければ、彼の妾と呼ばれ、
そのような醜聞は、革命を傷つけるだろうと説明されて、私は納得したの
です。私は一度も後悔したことがありません」

二、伴侶として、助手として、同志として

　孫文との新しい生活に慣れ始めた頃、慶齢は、ウエスレアン・カレッジ時代
の学友アリーに書いた[6]。

　　結婚式は可能な限り簡素なものでした。というのは、私たち二人とも余
分な儀式など好みません。私は幸福です。夫の英文通信をできるだけ沢山
手助けしたいと願っています。私のフランス語は大いに進歩しました。最
近では、私はフランス語の新聞に目を通すだけで簡単に翻訳することがで
きます。それで、貴女にわかって頂けると思いますが、私にとって結婚は、
私を悩ます試験がないということを除けば、学校に行くようなものです。

66　第三章　孫文との 10 年：革命を学び、中国近代化を模索

慶齢は孫文の活動に関わる大量の文書に接し、通信・翻訳に携わりながら、時には彼の遠大な理想に耳を傾け、時には彼の経験談に吸い込まれた。清朝を倒し、封建的な抑圧から祖国を解放し、共和制を定着させるために、紆余曲折に耐えて、挫折を乗り越えようとする英雄に魅了される日々を過ごした。慶齢は多忙な中で多くのことを学習した。自らも革命家の玉子になろうとしていた。

孫文と宋慶齢の結婚には、慶齢の両親ばかりでなく、孫文の側近や友人たちも様々な理由で反対した。しかし、当人たちにとっては、自然の成り行きであり、車が両輪を得た状態になり、気力と活力が倍加した。孫文は再生の力を得た。廖仲愷・何香凝・廖夢醒・廖承志の家族は、駆けつけて二人の結婚を祝い、励ました。彼ら二組の家族の生涯の公私に亘る親密な関係は、この頃から深まった。

第二革命の失敗で孫文らが日本に亡命した後、大陸では、袁世凱が国会に自身を正式大総統に選出させた。次いで国民党議員を追放し、国会の機能を停止させ、1914 年には辛亥革命の成果である臨時憲法（中華民国臨時約法／旧約法）を廃して「中華民国約法（新約法）」を制定させ、大総統の権力を強化した。1915 年にはついに帝政復活を決し、自ら皇帝に即位する準備を始め、年号を「洪憲」と定めた。年末、袁の帝政に反対して雲南省の蔡鍔等が民国擁護の護国軍を組織して決起した。早くから反袁闘争を準備していた孫文の中華革命党も 1916 年になると各地で武装蜂起を行い、春には山東省に中華革命軍東北軍を決起させた。袁世凱の腹心段祺瑞や馮国璋も帝政に賛同せず、反袁運動発展の中で 3 月、袁も帝政を撤回、大総統に復帰したが、同 6 月、袁世凱が病気で急死、副総統の黎元洪が大総統に、段祺瑞が国務総理に就任した。黎元洪は非北洋系の軍人で辛亥革命時に功績があり、親英米的と見做されていた。段祺瑞は袁の帝政撤回後に国務卿となっていたが、親日的であった。こうして中華民国が復活し、旧約法や旧国会も段の反対があったが、南方の圧力で復活した。

他方、この 1916 年 2 月から 4 月にかけて、孫文は軍資金の調達に明け暮れ

た。新興実業家久原房之助との間で 20 万、70 万、30 万……と多額の借款を成立させ、戦いに弾みをつけた。梅屋庄吉は、第三革命支援のため 5 万 7000 円を提供し、別に滋賀県八日市に中華革命党飛行学校を創設し、パイロット坂本寿一と学生 4 名とともに飛行機 2 機で山東省濰県に飛んだ。萱野長知は、中華革命軍東北軍顧問として青島に赴いた。

　多忙な時期にあって、孫・宋のプライベートな時間といえば、孫文の歯科通院の時であった。彼らは必ず一緒に京橋区築地の高橋松太歯科医のもとに通った。宋慶齢は、孫文が治療を受けている間に、一人でタイプライターの調達に出かけ、あるいは買い物に出かけ、とんぼ返りで医院に戻り、孫文とともに帰宅した。

　また、この間 4 月 9 日には東京の田中昴宅で孫文・宋慶齢夫妻を招いて、袁世凱の帝政失敗を祝う集会が開かれ、孫文が第二次討袁宣言を発表していた。集まったのは、廖仲愷・何香凝夫妻とその子どもと戴季陶、胡漢民のほか萱野長知夫人ら日本人支援者たちだった。神楽や手品を楽しみ、ご馳走に与り、記念写真も撮った。宋慶齢は、この半年間の「護法により共和制を守り抜こう」とする闘いを采配する孫文の側にあって、寝る間も惜しんで働いた。彼女は初めて革命事業を体験することになった。

　4 月も下旬になると、孫文たちの動きも新たな展開を目指して活発になり、帰国も間近に迫った。梅屋夫人トクは、あれこれ気を配り、22 日には、自家用車を出して、夫妻を国技館や上野公園、動物園に連れ出し、3 年間に及ぶ亡命生活の苦労を労い、翌々日には、麹町区有楽町 1 丁目の大武写真館に伴い、記念写真を撮った。孫文は、撮影が済むや写真館を抜け出し、頭山邸に赴くという慌しさであった。

　南方における革命派優勢の中で、4 月 23 日北方に段祺瑞内閣が成立した。その 27 日、孫文は、廖仲愷、戴季陶、張継、宮崎滔天らとともに横浜から上海に向かい、5 月 1 日上海に上陸し、取敢えず陳其美宅に近い山田純三郎宅に逗留した。ここは、極めて危険な場所であった。20 日も経たない内にここで陳其美

68　第三章　孫文との10年：革命を学び、中国近代化を模索

が袁世凱の手の者に射殺されたのである。山田の長女は、銃声に驚いた子守の腕から落とされて不治の障害を負った。宋慶齢も孫文たちの後を追い、5月中旬日本を離れ、19日上海に着いた[7]。

　上海到着の翌日、宋慶齢は、日本滞在中大変お世話になった梅屋庄吉夫人トクにまず手紙を書き報告した[8]。

　　親愛なる梅屋夫人

　　　私は、昨日の朝早く上海に着きましたが、もう山積みの仕事に直面しています。ご存知のように、私には沢山の文書を作成する役割があります。それで、こんな短いお手紙しか差し上げられないことをご容赦下さい。

　　　ご健康とご幸運に恵まれますよう、心から祈っています。

草々
R.Nakayama
中山瓊英

　宛先住所は、「日本、東京　大久保百人町」、発信人は、Waicy（Woicy）、発信地は「上海　洋涇濱55」であった。Waicy は、孫宋二人の隠れ家の家主の名で、地番は、その住所であった。また、彼ら二人の秘密の通信連絡の拠点の役割も果たしていた。しかし、この時の宋慶齢の梅屋トク宛封書には日本郵便の切手が貼られているので、まず日本に渡る人物に託され、日本で投函されたものである[9]。

　署名の R.Nakayama はロザモンド・中山であり、中山瓊英は彼女の日本名であった。中山は、孫文が中山樵を名乗っていたからである。孫文は、このたびの亡命以前も幾度も日本を訪れていた。ごく初期の頃、東京で日比谷公園近くから数寄屋橋方面に歩いて、旅館「対陽館」に向かう途上で明治天皇の生母、中山二位局の実家中山侯爵邸の門前を通りかかり、その屋敷の広大さが話題になった。旅館に入って、記帳する段になって、孫文はとっさに氏名を「中山樵」と記したという。以後孫文は、日本名を中山樵と称し、中国では「中山」を号

二、伴侶として、助手として、同志として　69

とした。

1週間後、宋慶齢は、改めて梅屋トクに手紙を書いた[10]。

　　親愛なる梅屋夫人

　　ご親切なお便りを大変嬉しく拝読いたしました。ほんとうにありがとう
　ございます。私は、梅屋夫人のお手紙を夫に見せました。貴女もご存知の
　ように、彼は東京にいた時よりずっと忙しいのです。それで、私は彼に代
　わってお礼を申上げねばなりません。私たちが今居るこの場所は全く安全
　です。私が戻る前には、彼は別の場所に住んでいました。そこは、陳（其
　美）さんの家にとても近い所でした。彼は、何事にも決して恐れません。ど
　んなに多くのスパイが彼を付回していてもそうです。もちろん私は彼のこ
　とが大変心配です。彼が私と一緒にいなければ安心できません。
　　しかし、彼には、自分自身を大事にしてもらわなければなりません。彼
　は、この危険に満ちた時期に、わが国を破壊から守れる唯一の人物だから
　です。それ故に、私は、国家の利益と救済のために大きな役割を担う覚悟
　をしなければならないのです。陳其美さんの暗殺は恐ろしい事件です。し
　かし、彼は袁世凱の手によって殺害された数千の純粋な愛国者たちの中の
　一人です。私は見たり聞いたりしたことで大変悲しい思いをしていますが、
　真理の赴くところを信じます。私たちは、中国がもう一度平和と繁栄を取
　戻す日を迎えるでしょう。そう祈っています。
　　まもなく私たちは上海を離れますが、どうぞ山田純三郎先生気付で私に
　手紙を書いて下さい。そして重要なことや夫の名前に関わることは何も書
　かないで下さい。というのは、陳さんが袁のスパイによって殺害されたの
　が山田先生の家だったからです。
　　貴女と梅屋先生のご多幸を祈ります。

　　　　　　　　　　　　　　　　　　　　　　　　　　貴女の友人
　　　　　　　　　　　　　　　　　　　　　　　　　　中山瓊英

70　第三章　孫文との 10 年：革命を学び、中国近代化を模索

　日本滞在中の孫文・宋慶齢の結婚と新たに始まった日常生活を物心ともに支えたのは梅屋夫妻であった。この半年間、梅屋トクは、温かい目配りと現実的な細々とした援助を忘れなかった。慶齢は、それらを素直に受け入れ、彼女を信頼した。また、慶齢は日本にあっても、帰国後も目前の活動がもたらすであろう未来を信じ、孫文を敬愛し孫文とともに祖国と世界を見つめるとともに現実の様々な動きにも注意を払い、孫文の身を絶えず案じつつ日々の仕事に献身的に取り組んだ。

　宋慶齢が梅屋トクに 2 通目の手紙を書いた日から 10 日後、6 月 6 日、袁世凱が死去した。北京では、副総統黎元洪が中華民国総統に就任したが、国務院総理段祺瑞が国会を無視し、「臨時約法」を蔑ろにしたので、孫文は、護法運動をさらに展開することになった。こんな中、10 月末日、辛亥革命の実戦の指導者黄興が上海で死去した。

　1917 年 2 月 19 日、宋慶齢は、梅屋トクに手紙を書いた[11]。

　親愛なる梅屋夫人
　　貴女のお手紙に心から感謝いたします。貴女がお元気で居られること、そして、ご主人の事業が順調に発展していることを知って、ほんとうに、嬉しいです。適当な時期が来たら、博士はきっと沢山の事業を楽しむようになることは間違いありません。
　　萱野夫人が短期間ですが、上海に滞在されていました。私は、一度だけ彼女にお会いしました。しかも、ほんの数分間のことでした。彼女は帰国されるので、お別れにいらしたのです。彼女は、上海に着かれた時も私を訪ねて下さったのですが、私は外出中でした。彼女ともっとゆっくりお目にかかることができなくて、ほんとうに残念でした。
　　といいますのは、萱野夫人は、貴女と梅屋先生のご用で訪ねて来られたのですから。

二、伴侶として、助手として、同志として　71

　ところで、もし、私が私自身のお金に恵まれるようなことがありました
ら、貴方がたと共同で映画事業を営みたいものだと思います。映画は、動
く映像を通して、上海やその美しい郊外を人々に見せ、教育することがで
きるという意味で、大きな役割を果たすことができます。

　私たちは、今や一軒の家を持ち、寄寓の身ではなくなりましたので、私
には、しなければならないことが沢山あります。それで、このたびは、長
いお便りを差し上げることができません。

　私は、いま、私がここへ来る前に、日本で貴女が私のメイドに支払って
下さった給料をお返ししたいと願っています。どうぞ、貴女のご親切に対
する私の心の底からの感謝の気持ちを受け取って下さい。

　貴女からのご返信を急ぎ頂けますよう、お待ちしています。

親愛の思いを込めて。

　　　　　　　　　　　　　　　　　　　　　　　　　　　　　かしこ

　　　　　　　　　　　　　　　　　　　　　　　　　ロザモンド・孫

　宋慶齢は、やっと自分たちの住居をもつことができたと報告した。フランス
租界の 63 Route Vallon, Shanghai（環龍路 63 号）である。孫文の支持者が彼等の
私邸として孫文に寄贈したのである。孫文の亡命先日本で結婚生活が始まり、
以来 1 年 3 ヶ月余の仮住まいの後で、しかも生まれ育った上海で〝わが家〟を
持ち、慶齢はとても嬉しかった。どんなに忙しくても、心安らぐ生活がある。
日本滞在中に梅屋邸で見聞した活動写真—映画の面白さが忘れられない。映画
は、中国でも大きな役割が果たせる。人々の視野を広くし、多くの知識を与え、
とりわけ、教育の分野では大きな効果を発揮することができる、など未来に向
け新たな想いをめぐらせるゆとりも出てきた。また、宋慶齢の晩年に至るまで
の映画好きは、梅屋邸で始まったと言えるかも知れない。

　翌月、ロシア二月革命のニュースが入った。3 月 12 日ペトログラードで労働
者兵士ソビエトが成立し、ついでリヴォフ臨時政府が組織され、ニコライ二世が
退位、ロマノフ王朝が滅亡した。世界大戦下の激動の中、中国では、この大戦

72 第三章　孫文との 10 年：革命を学び、中国近代化を模索

に参戦するか否かで議論が二分していた。参戦反対の大総統黎元洪は、参戦推進の段祺瑞を罷免したが、張勲が調停のため軍を率いて北京に入り、黎に迫って国会を解散させた。7 月、張勲は退位していた宣統帝溥儀を擁して清朝復活を宣言した（張勲の復辟）。段祺瑞は挙兵して張勲を破り、国務総理に復帰したが、旧約法・旧国会の復活は拒否した。黎元洪も総統に復帰したが、7 月末には辞職し、副総統の馮国璋が大総統となった。袁世凱の部下であった馮もいまや直隷派軍閥の首領であり、北洋軍閥は以後、段の安徽派と馮の直隷派の間で矛盾を深めていく。孫文は第一次大戦参戦に反対であり、段祺瑞の約法・国会の否定に憤慨して、7 月約法の擁護回復を掲げて護法運動を始め、支持する一部海軍や国会議員らと広州に赴き、「非常国会を」を基礎に「中華民国軍政府」を組織し、大元帥に就任し、約法回復まで、国家元首と行政府の首長を兼ねることとした。

　こうした動向の中、宋慶齢も世界大戦を巡る内外の動きに強い関心を抱いていた。4 月 2 日、梅屋庄吉から孫文に寄せられた手紙への返信を彼女が代わって書くことになった。慶齢は、まずは梅屋夫人の病気のことが気がかりであった[12]。

　　親愛なる梅屋先生

　　ご夫人のご病気のことをお聞きして、お気の毒でなりません。私は、ご夫人のことがとても心配です。ご夫人が手術に際してあまり痛みを感じないようにと祈ります。どうぞ、ご夫人に私の思いをお伝え下さい。そして、私の気持ちは、ずっとご夫人とともにあるとお伝え下さい。

　　萱野先生に関する先生のおたよりについて、夫は、すでに彼に電報を打ったと思います。私は、私たちの友人全員が再選されることをほんとうに願っています。

　　私の国の政治的情況に関して、貴方がたがお気付きと思いますが、多くの利己的で、野心的な人々の大多数が中国をヨーロッパ大戦に参入させようとしています。そんなことをしても、例え失うものがなくても得るもの

は何もありません。お金のために、それも取るに足りないお金のために、国民の生活の多くが犠牲にさらされていくのは残念なことです。

中国への愛国心に青春のすべてを捧げてきた今、夫は、真理や名誉や自尊といったものよりも金銭や地位に固執する、ある種の高官たちの堕落ぶりを苦々しく感じています。

貴方の愛するご家族の皆様方が健康に恵まれますように、また、ご夫人のご健康についてもっと詳しくお知らせ下さいますようお願いいたします。

かしこ

R. 孫

まさに日本では、第13回総選挙の最中で、孫文の革命事業を援助してきた秋山定輔、菊池良一らがその渦中にあった。孫文と宋慶齢は、彼らに声援を送ったが、立憲政友会が第一党となり、孫文の友人犬養毅が率いる国民党は、第三党であった。こうした中、7月、寺内内閣は、「北京の段祺瑞内閣を財政援助し、南方派を援助しない」との対華政策を決定した。

三、10年ぶりの宋家の団欒と父宋嘉樹の死

1917年7月、孫文は、章太炎、朱執信、陳炯明、許崇智らと護法運動の展開を目指して、軍艦で広州に赴いた。しかし、珍しく慶齢は同行しなかった。この時期の孫文にとって重要な政治行動に、慶齢が随行せず、上海に留まった理由は、実家宋家にあった。一つは、弟子文と妹美齢が10年ぶりに米国留学を終えて帰国するという知らせが入ったからである[13]。

宋子文は、聖公会系ミッションの上海セント・ジョンズ大学を経て1912年に米国ハーバード大学に留学、13年に次姉慶齢から妹美齢の後見を引き継ぎ、15年に同大学を経済学修士の学位を得て優秀な成績で卒業した。卒業後も未だ妹が留学中でもあったので、ニューヨークのコロンビア大学に編入し、傍ら、銀行に職を得て、実業の経験を積んだ。帰国後は、まず、漢冶萍公司上海事務所

74 第三章 孫文との 10 年：革命を学び、中国近代化を模索

の秘書の職に就き、まもなく漢陽総公司会計処の科長となった。その後子文は、上海に戻り、前後して、聯華商業銀行、大洲実業公司、神州信託公司に職を得て、実業界金融界で幅広く経験を重ねていくが、やがて慶齢の推挙で孫文の革命事業に参加することになる[14]。

宋美齢は、1913 年夏次姉慶齢が米国を離れるに当たり、兄子文の在学先に近いマサチューセッツ州のウエルスリー女子大学に転学した。彼女は、この大学で英文学と哲学を専攻し、特に英国の古典文学に関心を寄せた。また、体育活動に積極的に参加し、音楽も大いに楽しんだ。明るく、快活で、活発な学生生活を楽しんだが、他人への配慮もできる、サービス精神に富んだ女性に育っていた。母親譲りの敬虔なキリスト教徒でもあった。また、10 歳からの米国生活は、様々な面で彼女を米国人に育てていた。中国社会に深く浸潤していた封建的礼教や伝統にも彼女は何ら拘束されることがなかった。伝聞によると、美齢は、兄のハーバード大学時代の友人劉紀文との恋愛で悩んだが、熟慮の末、彼への思いを断ち切って帰ってきたという。美齢は、帰国後何彼と人々の話題に上り、注目され、自らも積極的に社会活動に関心を寄せ、早々に映画審査委員会と YMCA の活動に参加することになった[15]。

1915 年の孫文と宋慶齢の結婚は、父母には大きな打撃を与え、上海の宋家は靄齢も巻き込んで混乱した。しかし、米国に滞在していた子文と美齢は、そのニュースを聞いて驚いたが、理解を示すことができた。孫文の闘いを知る祖国の若者たちの多くと同じ様に、まさに「革命的」として、感動すら覚えた。慶齢は、子文・美齢弟妹の同情を知って、心強く思っていた。それ故に彼女は、帰ってくる二人を待っていたし、少しでも早く会いたかった。

慶齢が上海を離れられない、もう一つの理由は、両親の健康状態にあった。孫文との結婚から最早 2 年目を迎えようとしていた。あの当時両親は、自分たちの心の傷の癒えるのも待たず、孫文と娘の結婚を許した証として慶齢のために中国の伝統に添った古典的な結婚衣装と家具調度品を整え特別仕立ての便で

東京の新居に送り届けてくれた。心ならずも、結果的には両親に耐え難い心労をかけた娘として、10年ぶりの一家団欒に欠けることはできなかった。やがて、山西省大谷から駆けつけた長姉靄齢を加え、子文と美齢を迎えた宋家は、両親宋嘉樹・倪珪貞と靄齢・慶齢・子文・美齢・子良・子安の兄弟姉妹6人、全員揃っての一家団欒となり、上海霞飛路（現在の淮海路）491号の宋宅は大いに賑わい、久しぶりの家族揃っての集合写真も撮られた[16]。このあと、子良と子安が相次いで米国留学に旅立ち、靄齢は幼児を連れて山西に帰り、慶齢は、孫文の護法運動に合流するため、広州に赴いた。宋宅には、両親と子文、美齢が残された。

11月に入ると、中国を取り巻く情況が大きく動き始めた。2日、米国国務長官ランシングと日本特使石井菊次郎がワシントンで中国に関する日米協定に調印し、米国が日本の中国における特殊な地位を承認し、日本が、米国の「対華門戸開放」及び「在華工商業における機会均等の原則」を承認した。次いで7日、ロシアで十月社会主義革命が勃発し、臨時政府が倒壊し、レーニンが率いる労働者・兵士によるソビエト政府が打ち建てられた。上海『民国日報』は、時を移さず、この報道を開始した。

その年末、宋嘉樹には大変嬉しいことがあった。彼の米国時代の大恩人ジュリアン＝カーが上海を訪れたのである。カーの妻ナニーが亡くなったのを知り、宋嘉樹がカーに世界周遊に出かけることを勧め、まず、上海への来訪を提案したのである。ジュリアン＝カーは、嘗て、宋嘉樹が孫文の革命活動の資金集めに訪米し、旧友、知人に協力を頼んで回った時も、カーは当然のように多額の資金を喜んで拠出した。孫文の革命事業にとっても、カーは恩人の一人だった[17]。

1918年4月、宋慶齢は、父親が胃癌で重篤であるとの知らせを受けた。広東における護法運動が苦境に置かれている時に、「いま、孫文のもとを離れられな

76 第三章 孫文との10年：革命を学び、中国近代化を模索

い……」との思いを振り切って、慶齢は広州を離れ、上海に急いだ。5月1日娘は危篤の床にある父の手を握り締めることができた。2日後父宋嘉樹は死去した。享年52歳だった。出生まもない女児令儀を連れた宋藹齢・孔祥熙夫婦、宋子文、宋美齢とともに、宋慶齢は悲しみにくれる母倪珪貞を支えて家族葬を行ったが、その後、宋家は多くの参列者を迎え告別式を催し、次いで宋嘉樹を上海万国公墓に埋葬した。米国留学中の下の弟二人、宋子良と宋子安は、父の臨終にも葬儀にも間に合わなかった。また、孫文は、遠く広州で、護法運動の失敗の苦悶の中で彼の革命事業の最初の同志の一人であり、いまや義父でもある宋嘉樹の死に悲しみを深くしていた。宋慶齢は、「中国のワシントンたれ！中国のリンカーンたれ！」と子どもたちを励まし、教育熱心だった父を思い、同時に結婚問題で父を苦しめたことに、改めて心を痛めた。彼女にとって、父親との確執は辛かったが、避けられなかった。

　因みに、宋嘉樹他界時の宋家は、彼の様々な経済活動から類推されるほど豊かではなかった。宋子文研究で著名な上海・復旦大学呉景平教授も著書[18]の中で、宋子文が米国留学から帰国して2年後に宋嘉樹が死去したが、遺産は「小康を維持するには足るけれども、決して巨富と言えるものではなかった」と述べている。

　孫文は、宋嘉樹の葬礼が上海で行われている時に、広州の非常国会に対して大元帥辞任の旨を伝え、「わが国の癌は、軍閥が覇を争い、南北政権が国を分けて睨み合っていることである」と憂えた。西南軍閥が孫文排斥のため、大元帥制から7人の「総裁」制に改組、旧官僚を「主席総裁」に選出したからである。彼は、軍閥や政客の策謀を逃れるように、5月21日広州を離れ、台湾に渡り、さらに日本に入った。日本で箱根、神戸でしばらく過ごす内、上海の慶齢より「仏国領事との交渉がうまく運び、上海仏租界で居住することができます」との連絡が入り、6月26日ようやく上海に帰着し、出迎えた慶齢といっしょに仏租界の新しい住居——カナダ華僑より寄贈された、モリエール（莫利哀）路29号——に落着いた。

三、10 年ぶりの宋家の団欒と父宋嘉樹の死　77

　久しぶりで私生活を取戻した孫文と慶齢は、7 月下旬、孫科夫人陳淑英を伴って、霞飛路 491 号の宋宅を訪ね、倪珪貞を親しく弔問し、父親の死を悼むことができた。

　このような孫文を追いかけるように、呉玉章が訪ねてきて、南下を求めた。国会臨時会議での 7 総裁選出の詳細を伝え、7 総裁の一人として広州で総裁職に就任してほしい、と懇願した。孫文は、他の総裁の中に「革命により、中国を近代国家として統一し、独立させ、列強に対等に伍したいという志を持つ者がいるか？」と問い、「彼等は、ただ己の権勢の為に争い、妥協するだけ」と難じたが、呉の「革命勢力を温存するために代理だけでも派遣するように」との熱心な説得に応じ、取敢えず汪精衛を派遣し、追って徐謙を代理に任命した。

　慶齢は、護法運動の挫折で心身ともに深い痛手を蒙った孫文に暖かく優しく寄り添った。孫文は、安らぎと癒しを得て、日増しに元気を取戻した。父親の死と夫の護法運動の挫折、怒濤に呑まれた様な時間を過ごした慶齢であったが、モリエール路の住居での二人の日常生活の再出発は、孫文と出会って以来の様々な出来事を振り返り、革命事業に関わる体験と学習を整理する時間を彼女にもたらした。孫文の伴侶であること、秘書であること、同時に中国の未来について幾枚もの青写真を共に描き、実現を目指して方策を練る同志であることを彼女に自覚させた。

　確かに、上海モリエール路での生活は、二人に心身の安らぎをもたらしたが、二人の中国の統一と独立、近代化への思い、そのための革命への情熱は決して衰えることがなかった。孫文は革命の目的を明確にするために、研究調査に熱心に取り組んだ。

　孫・宋夫妻の生活は、とても質素であり、規律があった。孫文の顧問ライン＝バーガーも書いているように [19]、二人は朝起きると庭園に出て、クリケットを楽しんだ。大きな声を出して、子どものようにふざけあって、体を動かした。

78　第三章　孫文との10年：革命を学び、中国近代化を模索

夫の健康を気遣って、慶齢がイニシアチブをとった。朝食後彼らは仕事に取り掛かった。慶齢は、電報・書簡に対応し、国内外の多種類の新聞・雑誌など情報を読みとった。彼女は、孫文のために音読し、翻訳した。資料の収集と整理、その間を縫ってマルクス・エンゲルスの著作や国家の建設、政治・思想関係の研究に限りなく時間が費やされた。夕食後の時間は主として読書に当てられたが、特に旺盛な読書欲を抜きにしては孫文を語れないといいたいほどのものであった。「行うことより知ることの方が難しい」の彼の名言を思い出す。

　孫文は知識として知ろうとするばかりでなく、実地で見聞して知ろうとした。

　そのためだけではないが、孫宋夫妻は、よく旅行に出かけ、見聞し、観光した。孫文は、そうした生活の中で、未来の国家建設の青写真を著述にまとめた。

　孫文は、慶齢の献身的な協力を得て、2年間ほどの間に『孫文学説』、『実業計画』を完成させた。後日この2冊は、1917年にすでに書き上げていた『民権初歩』と合わせて『建国方略』として出版されることになる。

　1918年の夏も終わりに近づく頃、北京の国会は、軍閥の影響下で徐世昌を中華民国大総統に選出し、旧態依然のままであったが、孫文と慶齢の周辺には新しい潮が寄せ始めていた。

　対外的には、レーニンのソビエト・ロシアとの交流が始まり、慶齢は、孫文のレーニン、ソビエト・ロシア宛書簡を代わって起草することにより、ロシア革命の経験に直接触れ始めた。国内的には、新しい時代を自らの手で切り開こうとする学生や労働者との交流である。全国学生代表許徳珩等が全国学生の愛国的統一組織として学生救国会を立ち上げるために、反帝愛国の趣旨をどう掲げるかについて孫文の意見を聴きたいと、北京から上海モリエール路まで訪ねてきたのである。当然慶齢も同席して、自身と同世代の若者たちの熱心な話に耳を傾けた。その後慶齢は、学生たちの反封建主義、反帝国主義の運動に深く共感して、孫文とともに彼等を熱く支持するばかりでなく、ライアン＝シャーマンの伝えるところによると[20]、彼女は、孫文と青年たちとを結ぶ「連絡将校」のような役割を果たした。

四、五四運動と孫文・宋慶齢

　1918 年 11 月 11 日ドイツが連合国との休戦協定に調印して第一次世界大戦が終結した。中国でも南北両政府が内戦停止を命令し、上海で和議が始まった。この年の 1 月に米国大統領ウイルソンが発表した民族自決を提唱する「14 ヶ条」は、植民地支配を受ける諸国に期待を抱かせた。年末デリーで開催されたインド国民会議派大会は、ウイルソンの民族自決論を歓迎し、インドへの適用を要請した。孫文もウイルソン大統領に電報を打ち「唯一無二の平和の条件は、中華民国国会が完全かつ自由にその正当な職権を行使できるようになることです。このように簡単で、合理的で、実行し易い条件がなお達成されないので、我々はただ継続して奮闘するばかりです。北方の武人がどんなに強大な圧力をかけてこようとも、我々は、ただ民衆のために力を尽くすだけです」[21] と述べ、この旨を北方の武人に伝えてほしいと頼んだ。

　翌 19 年 1 月 18 日、パリ講和会議が開催され、中国から陸征祥、王正廷らが出席し、日本の 21 ヶ条要求の取り消し、山東半島の返還、列強の在華特権の取り消しを求めた。しかし、パリ講和会議は、4 月 30 日、ドイツの山東における権益を日本に譲渡することを決めた。これに対し、中国の若者、学生は激怒して抗議行動を起こした。まず、5 月 4 日北京・天安門広場に 3000 余の学生が集まり、デモ行進した。「外に国権を争い、内に国賊を懲らしめよ」と叫び、「21 ヶ条要求の取り消し」、「講和条約調印拒絶」等を求めた。五四運動の始まりである。

　北京政府は、軍警を出して、学生たちを弾圧し、逮捕にも及んだが、運動はやがて全国規模に拡大した。孫文と宋慶齢はともに、学生たちの行動を支持した。彼等は、北方政府が北京で学生たちの愛国的な運動を弾圧し、30 数人の学生を逮捕したことに憤慨し、学生たちの行動は正義によるものと評価し、支持した。

　宋慶齢は、孫文に代わって、「学生無罪」の電文を起草し、上海から発信し

た。時を移さず、孫文は、上海『民国日報』の編集長邵力子に指示して復旦大学の学生に、北京の学生のパリ講和会議の決定に対する抗議行動とそれに対する軍警の弾圧を伝え、上海の学生たちを喚起した。また、孫文が自宅で上海学生連合会のリーダー等と会談する時は、慶齢も当然そこに同席した。6月になると上海では、労働者たちも大ストライキを組織して、学生たちのデモンストレーションに呼応した。

6月28日パリ講和会議は中国民衆の要求、願望に応えることなく、従って中国代表の調印を得ることなく閉会した。五四運動は、孫文、宋慶齢の闘い——護法運動を通して共和制憲法により近代的独立と国家建設を目指す——に新しい刺激と環境をもたらすことになった。

同年、宋慶齢は、勤工倹学でフランスに渡る女性の活動家、向警予や蔡暢を自宅に迎えて歓談、激励した。また、孫文の傍らにあって、中国共産党創建者の一人、李大釗と出会い、強い印象を受けた。李大釗は、すでにマルクス主義やレーニンの著作を積極的に研究していた。

五、「中国が貴方を必要としています」：陳炯明の叛乱の中で

1920年11月25日孫文は、国民党幹部許崇智に勧められ、慶齢と伍廷芳、唐紹儀らを伴い広州に赴いた。中国郵船公司の中国号に乗船し、上海を出発した。28日朝香港に着き、広九鉄道の特別列車に乗り換え、夕刻広州に着いた。孫文と慶齢は、駅頭で軍政府の指導者や大群衆の熱烈歓迎を受け、粤秀楼に案内され、そこに滞在することになった。

翌日孫文は、軍政府を改組した。広州観音山に軍政府本部を置いた。12月初、孫文、伍廷芳、唐紹儀、唐継尭の四総裁連名で2回に亘り宣言を発表し、北京政府が南北平和交渉を決裂させたことを責め、速やかに「軍閥を排除し、借款を停止し、偽令を取り消す」ことを求めた。同日、宋慶齢は、孫文に代わってレーニンに書簡を書き、ソビエト・ロシアが「帝政ロシア時代の在華権益と不平等条約の廃棄」を宣言したことに謝辞を表した。孫文は、改めて北方政府の

五、「中国が貴方を必要としています」：陳烱明の叛乱の中で　81

不当を内外に訴え、南方政府の正当性を主張した。

　1921年元旦、孫文は、軍政府で1912年の南京臨時政府成立記念会を催した。そして、その記念演説で「現在の大勢を観察するに、護法だけでは根本問題を解決することができない。護法は北方政府の非法を矯正するに過ぎず……目的を達成しても……それは中華民国にとっては、部分的な問題の解決である。対内的に北京政府を中央政府として承認することになるが、対外的には国際上の地位に何等変りはない」と指摘した。孫文は、国内の共和制による統一を目前の課題としながら、さらに一歩先、列強からの政治的経済的圧力を廃し、国家としていかに独立性を確保するかに関心が及んでいた。米・英・日・仏の4ヶ国銀行団が成立し、北京政府への借款の強要が進んでいたからである。

　南方でもない、北方でもない、正式政府の建立が急務とされた。4月7日広州で国会非常会議衆参両議院連合会が開かれ、「中華民国政府組織大綱」を通過させ、孫文を非常大総統に選出した。同月10日国会非常会議は、正式政府の必要を説き、孫文を大総統に選出したと宣言し、孫文に就任を要請した。孫文は、再び大総統になった。しかし、その職責は、あまりにも大きかった。

　孫文がまた新たな一歩を踏み出した時期、孫宋の家族の中でも一つの喜びがあった。この3月に孫文と前妻盧慕貞の次女孫婉（グレイス）が戴恩賽とマカオで婚礼を挙げたのである。戴恩賽は、米国に留学して博士の学位をとり、帰国後、梧州関の監督に任じ、次いでブラジル公使等の職についていた。

　慶齢は、孫婉に「貴女の父上と私は、貴女方がマカオで結婚式を挙げられたことを聞き、大変喜んでいます。貴女方が十分に幸せになられることを希望します。お祝いとして貴女に4千元を贈ります。貴女の父上によれば、これは、〝嫁入り支度〟だそうです」と、お祝いの手紙を送った。慶齢は、革命事業の先頭に立つ孫文を支えながら、自身と同世代の義理の娘にも暖かい心を配った。また、孫文の日本人同志山田純三郎からの大総統就任祝いに対して、彼女は、孫文と一緒に撮った記念写真と坐って読書している自らの写真をお礼に添えて

82　第三章　孫文との10年：革命を学び、中国近代化を模索

贈った。

　孫文が内外から注目を浴びる時、側の慶齢にも様々な視線が注がれ、注文が押し寄せた。宋慶齢が『ノースチャイナ　デイリーニュース（字林西報）』の記者に求められ、自身の経歴と孫文の思想と事業について著述したのは、この頃である。その草稿は、『宋慶齢自述』として、知られるようになる。

　中華民国正式政府を称し、非常大総統に就任し、北京政府の大総統徐世昌に退任を迫り、対外的にも広州新政府の承認を求める孫文の決意に対して、各地の軍閥勢力は、黙っているはずがなかった。北方では、曹錕、張作霖らが天津に集まり、武力で南方を討伐することを決定した。

　孫文は、陸栄廷ら敵対して割拠する軍閥や跋扈する群盗の討伐に着手した。こうした中、慶齢は、何香凝とともに女性たちを動員し、女界出征軍人慰労会を組織し、会長に就任、何香凝が総幹事に就いた。幹事の中には、すでに何香凝の娘廖夢醒もいた。出征軍人慰労会には、募金部、演劇部、購買部が設けられ、募金、チャリティーショー、バザーを通じて募金、物資を集め、兵士たちを慰労した。これらの独自の活動は、単に兵士たちを励まし、士気を高めただけでなく、マスコミを通して、孫文の闘いを宣伝し、支持を広げることにもなった。さらに女性大衆の覚醒を促し、社会参加の端緒を開くことにもなった。宋慶齢の米国留学時代の経験や知識が大いに役立った。

　孫文の中国統一のための北伐事業のなかで誕生した女界出征軍人慰労会の活動は、やがて中国紅十字会の活動とも接点を持ち、宋慶齢は、積極的に両会の交流をはかり、紅十字会会長謝英伯に両会の連合を提案した。

　中国の紅十字会は、日露戦争のときに設立され、本部は、上海に置かれ、各省に分会が配置されていた。謝英伯会長によると、「各国の紅十字会（赤十字）は、その国の元首及び夫人を総裁に推挙しているから、孫大総統はすでに紅十字会の名誉総裁である。いま再び慰労会会長孫夫人を紅十字会名誉総裁に推挙

五、「中国が貴方を必要としています」：陳炯明の叛乱の中で　83

したい」ということになった。慰労会と紅十字会とでは、相違点もあるが、実践するところは変わらない。それに、何よりも、孫夫人は、喜んで社会的責務を果たしているとの評価により、宋慶齢は、紅十字会名誉総裁に就任し、両会は、ともに北伐に従い、共同活動を展開することになった。慶齢は、慰労会だけでなく、紅十字会会員をも率いて孫文の北伐に従うことになった。

　上海では、7月23日、中国共産党の第一次全国代表大会が開催され、中国共産党成立について討論された。参加者は、毛沢東、何叔衡、董必武等代表13人を含む約70人であった。

　この年の12月下旬、宋慶齢は、紅十字会会員を率いて、馬湘、張発奎に護送され、広州を出発、桂林に到着したが、孫文が、陽朔までわざわざ出迎えていた。その2日後、桂林にコミンテルン代表マーリンが訪れ、孫文と会談し、慶齢も陪席した。

　マーリンは、オランダの社会民主党員で、コミンテルンの執行員であった。1921年中国に派遣され、7月の中国共産党第一次全国代表大会に参加していた。孫文とマーリンは、ワシントン会議やソビエト・ロシアと中国の状況について意見交換した。孫文は、北伐勝利の後、ソビエト・ロシアと連盟すること、当面は非公式にソビエト・ロシアと連係することなどについて合意した。孫文は、マーリンに国民党の歴史を紹介し、当面の政策課題について語ったが、それらを踏まえて、マーリンは、国民党を改組して、工農大衆と緊密に連携する政党にすること、軍官学校を創設することを提案した。孫文と慶齢は、国際的な新しい思潮の中に艦船を出航させる思いを抱いた。

　年末、孫文と慶齢は、廖仲愷、何香凝、魏邦平、伍廷芳らと船を出し、羅浮山を遊覧しながら、中国革命の進路について談論した。

　1922年元旦の儀式で孫文は、桂林の北伐大本営に青天白日満地紅を掲げ、国旗と定めた。この年も孫文は広州の総統府に落着くことなく、桂林を拠点に北

84　第三章　孫文との 10 年：革命を学び、中国近代化を模索

伐を指揮し、督励することで始まり、慶齢は側にあって、それを支え、自らも
積極的に行動した。孫文は、この間列強で進められたワシントン会議を批判し、
とりわけ北京政府の徐世昌と日本との間で結ばれた協定は、国権を失い、国民
の利益を損なうものであると激しく糾弾した。孫文にとって北伐の本命は、北
京政権を倒すことにあった。4 月大本営は、桂林より韶関に移された。

　4 月下旬孫文は、広州総統府に戻り、そこで、張太雷、瞿秋白とともに訪れ
たコミンテルン青年代表兼ソ連代表のＣ・Ａ・ダーリンと会った。4 月 27 日よ
り 6 月 16 日までの間、孫文は北伐督励の合間を縫って毎週 2 〜 3 回、毎回 2 時
間ほどダーリンと会談した。6 月初めには、慶齢も孫文・ダーリンの会談に陪
席した。ダーリンは、ソビエト・ロシアの情況を語り、ソビエト・ロシアとコ
ミンテルンの指示に沿って国民党とソビエト・ロシアとの連盟及び国共両党の
合作等の問題を提案した。

　6 月 16 日早朝、辛亥革命以来孫文を支持し、孫文に信頼されていた陳炯明が
孫文と徐世昌両総統の下野を要求して、突如叛旗を翻した。

　陳炯明は、孫文により広東省長と広東軍総司令に任命され、革新的な地方長
官として名声を得た。誕生したばかりの中国共産党広東省委員会から支持され
ることもあり、中国共産党の創始者の一人である陳独秀を広東省教育庁長に任
命した。しかし、孫文と陳炯明では、その志に乖離があった。孫文の志は、北
伐により、軍閥の群雄割拠を廃し、中国を統一し、真正の共和国を建設するこ
とにあったが、陳炯明は何時からか「広東人のための広東」を目指していた。
彼には、北伐を敢えて進める必要はなかった。そのためか、香港の英国当局と
か英米が支持していた最大軍閥で全国制覇を企んでいた呉佩孚とも密かに接触
していた。

　宋慶齢が陳炯明の反乱の危機から脱出した直後にまとめた手記「広州脱

五、「中国が貴方を必要としています」：陳炯明の叛乱の中で　85

険」[22] によると、孫文と宋慶齢が韶関の北伐大本営にいる時、陳炯明は、配下の部隊の大部分を広州に潜入させ、外部との交通を遮断した。5月22日に孫宋夫妻は、情勢の異常を知らされ、広州に戻った。

　　私たちが到着してすぐ、孫博士は、陳炯明の部隊に撤退を命令しました。陳は約束しました。陳は部隊の本拠地の恵州に引き込んだように思われました。まだこの時期には、彼は終始私たちに忠誠を示していました。彼は、私どもとの通信を止めることもありませんでした。彼は、何年もの間私たちの党に協力してきました。彼の地位も軍事力もわが党との連携に由来すると言えます。

　孫文も慶齢も、陳炯明に謀反の意図があるなど全く気付かなかった。それ故、その前夜、たまたま小さな娘ロザモンドを同伴して来訪していた姉宋靄齢に、慶齢は、ロザモンドを広州の彼女のもとに預けて上海に戻るように勧めたが、幸いにもと言うべきか、ロザモンドは、母親と一緒に広州を離れた。陳炯明配下の部隊2万5000は、約束通りには動かなかった。孫文の号令を聞く部隊の主力の大部分は、ほとんど北伐の前線に赴き、広州に残っていたのは、僅か500だった。

　「広州脱険」は伝える。

　　6月16日の早朝2時に孫博士は、ぐっすり眠っていた私を呼び起こし、私たちは、危険の中に居るから、急いで身支度をして脱出しなければならないと告げました。陳炯明の軍隊が我々に向って進攻しようとしていると、電話で知らされたのです。私たちは、即刻総統府を離れて軍艦に向かい、そこから反乱軍への抵抗を指揮しなければなりませんでした。

　慶齢は、総統府を離れるに当たって、彼女が孫文に同行すれば、彼の足手ま

といになると考え、彼女を後に残して先に脱出するように、と孫文に勧めた。「中国には、私がいなくてもいいが、貴方はいなくてはなりません」と繰り返し説得した。孫文は、止むを得なく受け入れて、彼の護衛兵の全員50名に妻を守るようにと命じた。慶齢は、結婚7年目で初めて身ごもっていた。

「広州脱険」は伝える。

　　彼（孫文）が立ち去ってから半時間、銃声が周囲にこだましました。私たちの住居は半ば山腹に位置し、約500メートルの歩道で街路や家並みの上に橋を架けたように観音山を登り、総統府と連絡していました。

　　総統府の建物は、以前は龍済光（雲南省出身の軍閥）の私邸でした。反乱軍は、山上より下に向って両側から私たちの住宅（粤秀楼）に「孫文を殺せ！」と叫びながら、銃火を浴びせました。あたりは真っ暗闇で、彼らの姿は見えませんでした。……夜が明けてから、わが護衛隊は、ライフル銃や機関銃で反撃し、敵は、野砲でこれに応じました。わが家の浴室は、砲弾で粉砕されました。わが隊の三分の一はすでに死傷、8時には、手持ちの弾薬は残り僅かになりました。

　　隊長（姚観順）は、私に脱出を勧め、護衛兵たち（馬湘、黄恵龍）もこれに同意し、彼等は後に留まってできる限り追撃を食い止めてくれると言ってくれました。……その後5人の兵士が戦死したと聞かされました。

　　孫博士の外国人副官ボウ大佐と二人の護衛兵と私の4人は、最小限の必要品をもって、架橋式になっていた通路を這うようにして逃れました。敵は間もなくこの通路に銃火を集中しました。……流弾が2度私の頭髪をかすめました。……板囲いが打ち砕かれた所に来た時には、身を守るものがありませんから、猛スピードで駆け抜けるほかありませんでした。突然ボウ大佐が叫び声を上げて倒れました。……大腿を撃ち抜かれていました。

　　略奪者や兵士や群衆でごった返す中を彼等はすり抜けるように逃げた。

五、「中国が貴方を必要としています」：陳炯明の叛乱の中で　87

慶齢はボウ大佐の帽子をかぶり、孫文のレインコートを着て男装していた。
途中……

　私は全く歩けなくなってしまいましたので、いっそのこと私を射殺して
くれるように護衛兵に頼みました。すると彼等は両脇から私を支え、引っ
張って歩いてくれました。……
　銃撃戦が収まってから、私は農民の老婆に扮して、行商人になりすまし
たもう一人の護衛兵（馬湘）と一緒に小屋を後にしました。
　ついに私たちは友人の家（長洲要塞司令馬伯麟家）に辿り着きましたが、
その家はすでにその朝捜索を受けていました。……初めて軍艦（永豊艦）か
らの砲声を耳にした時には、ほんとうに嬉しくて、これで助かったと思い
ました。孫博士が無事だと分かったからです。翌朝まだ老婆の姿のままで、
沙面に着きました。そこで別の友人の鉄工労働者が小さな船を用意してく
れました。それに乗って、私たちは嶺南の友人（嶺南大学の鐘栄光）の家に
行きました。珠江は、略奪された少女や物資を満載した船で込み合ってい
ました。……生死の闘いの後で、その夜ついに私は、軍艦の上で孫博士と
再会いたしました。私たちは、間もなく偽装して香港に行きました。

　孫文は、粤秀楼を脱出した後、海珠海軍司令部に至り、6月17日永豊艦に乗
船、白鵞潭に停泊して、自ら叛乱軍に対する砲撃を指揮督戦した。同時に黄埔
に大総統の行宮を設け、北伐軍に広州に戻り、叛乱を平定するよう司令した。

　孫文の無事を知った慶齢は、農婦に扮したまま、陳炯明側の捜索から逃れる
ため馬伯麟家を出て、広州市政府委員馬超俊・沈慧蓮夫妻、馬湘、馬伯麟の妹
馬九妹らに付き添われて沙面まで歩いた。そこで休憩を取り、馬超俊の連絡を
受けた嶺南大学学長鐘栄光が用意した小船に乗って、宋慶齢一行は嶺南大学に
到着し、慶齢は鐘家に宿泊することができた。幸いにも鐘夫人は出征軍人慰労
会の活動に参加していたので、慶齢とは昵懇の間柄であった。

88 第三章 孫文との 10 年：革命を学び、中国近代化を模索

しかし、ここまでの心身の過労のために、その日慶齢は流産した。

6月18日宋慶齢のもとに何香凝が訪れ、傷ついた慶齢を見舞い、このたびの陳炯明の謀反のことを語り合った。相次いで外交総長・財政総長兼広東省長伍廷芳の息子で外交部次長伍朝枢一行が見舞いに訪れ、孫文らの消息も分かった。慶齢は、馬湘、黄恵龍らに伴われ、永豊艦に孫文を訪ね、危機を乗り越えた二人は悲喜交々の再会を果たした。1時間ほど語り合った後、慶齢は嶺南大学に戻った。しばらくして、宋慶齢は、召使女に変装し、孫科と戴恩賽に伴われ、香港より大洋丸に乗船、上海に帰り、モリエール路での日常生活に戻った。

同月末、宋慶齢は、広州脱険の顛末を上海『民国日報』上に「粤変紀実」と題して発表した。

孫文は、身辺で発生した、この謀反により大きな衝撃を受けた。叛乱鎮圧作戦の最中でも、彼は、陳友仁を通してダーリンと連絡を取り合っていたが、ダーリンに「このような動きの中で、私は中国革命の前途について非常に多くのことを考えさせられました。私はこれまで考え信じてきたすべてのことに期待できなくなりました。それで、現在、私は、中国革命の唯一の実際的真正の友はソビエト・ロシアであると深く信じています」[23]と伝えた。第一次世界大戦後の社会主義を主とする国際的な新思潮に加えて、陳炯明の謀反は孫文の中国革命の思想や方針に大きな転機をもたらした。

六、第一次国共合作

陳炯明の叛乱の鎮圧は容易に進まなかった。2ヶ月を経て、8月中旬孫文は香港を経てひとまず上海に戻り、同志を糾合し大勢の立て直しに取り組んだ。

孫文は、「凡そ共和国の公民は、均しく国会に服従すべきであり、軍閥は根本から打倒されねばならない。物質文明と精神文明を発展させ、中国の政治制度

等を改造し、中国を平和統一する」⁽²⁴⁾と、宣言した。実際的には、中国共産党の李大釗や林伯渠らと会談し、またソビエト・ロシア政府代表ヨッフェの代理マーリンと接触して、国民党の改革や中国の統一・再建の問題を議論し、模索した。側には常に宋慶齢が同席し、孫文とともに考え、それらを推進するための実務の多くを担った。

　この 8 月下旬から 9 月初にかけて、孫文と宋慶齢は、モリエール路の自宅に李大釗を度々迎え、国民党と共産党の合作のことを話し合った後、まず李大釗が中国国民党に入党し、その後相継いで陳独秀、張国燾、張太雷らが国民党に入党した。この推移の中で慶齢が孫文に「共産党員が国民党に入党することがなぜ必要なのですか」と尋ねた時、孫文は「国民党は、堕落して死にかけています。それで、生き返らせるには、新鮮な血液が必要なのです」⁽²⁵⁾と答えたという。

　李大釗は、孫文・宋慶齢が日本に滞在していた頃、彼も早稲田大学に留学していたが、ロシア革命を衝撃的に受け止め、いち早くマルクス主義を学び、その宣伝者の一人になった。農村出身の骨太で、正直で、大人（タイジン）の風格を備えていたが、思慮深く、精緻な思考を進める開拓的な知識人であった。祖国に戻り、1919 年の五四運動の中で、李大釗は思想的な指導者となり、活動の前衛的な指導者になった。30 歳で北京大学の歴史学、経済学、社会学の教授となり、同大学の図書館長となり、月刊誌『新青年』の編集者になった。

　1923 年 1 月 1 日ソビエト社会主義共和国連邦が正式に成立した。1 月 17 日ソ連政府代表ヨッフェが夫人と幼児及び書記、通訳を同伴して上海を訪問、翌日孫文・宋慶齢宅の宴席に招かれた。陳友仁も同席した。陳友仁は、ジャマイカ出身の弁護士で、1899 年ロンドンで孫文と初めて出会った。以来孫文の事業に協力し、この時期には、孫文の外事顧問、英文通訳を勤めていた。

90　第三章　孫文との 10 年：革命を学び、中国近代化を模索

　ョッフェは、上海を訪れる前に、前年 8 月 12 日随員 24 人を率いてモスクワから北京に着き、ソビエト・ロシアと中国との正式な国家関係を樹立するための交渉を始めようとしていた。孫文が陳炯明の叛乱に手を焼きながらも、ひとまず香港経由で上海に引き揚げた頃のことであった。しかし、資本主義列強の圧力の下にあった北京政府は、このソビエト・ロシア全権代表の要請に応じなかった。それでョッフェは、上海で孫文と会うことになったのである。資本主義列強から軽視され、疎外された両者は、革命の仲間としての友好関係をさらに進め、将来を見据えた外交関係をも協議することになる。

　宴席のあと、孫文とョッフェの最初の会談が行われ、その後二人の会談は日を重ねて続けられた。慶齢は同席して実務を担い、その進行を助け、激動する国際的視野の中で革命事業の実際を学習した。ソ連政府が孫文を精神的財政的に支持すること、孫文の指導する国民党が政権を執ったときにはソ連を承認し、両国が同盟することなどが協議された。その結果が 1 月 26 日、「孫文・ョッフェ宣言」として上海『大陸報』上に発表された。

　「孫文・ョッフェ宣言」の第一条では、「孫逸仙博士は、共産主義だけでなく、ソビエト制度までも、事実上中国に移入することは不可能であると考える。なぜならば、中国にはこの共産主義組織あるいはソビエト制度を成功せしめ得る条件が存在していないからである。この見解にョッフェ氏は完全に同意した。さらにョッフェ氏は、中国にとって最も重要にして最も緊急なる課題は、民国の統一の成功と完全なる国家の独立の獲得であると考えている。ョッフェ氏はまた、この大事業に関して、孫博士に、中国はソ連国民の最も真摯にして熱烈なる同情を得ることができ、その上にソ連の援助に頼ることができるであろうことを確言した」[26] と宣言し、当面の中ソ関係全 4 条の事項についての協議を総括した。ソ連政府に対して広州政府が中国を代表して対応する形になった。

　翌日ョッフェは、上海を離れ、療養のため日本（熱海）に赴いたが、孫文は

六、第一次国共合作　91

同地に廖仲愷を派遣し、協議を続けさせた。

　この年の春から、慶齢の推挙により、彼女の弟宋子文が孫文の英文秘書を務める様になっていた。宋家は、父宋嘉樹より藹齢、慶齢、子文と相継いで孫文の秘書を務め、彼の革命事業を支えてきた。当然孫文の息子孫科も終始彼の側近に在り、女婿戴恩賽も身近で協力していた。慶齢は、二つの家族の交流にもさりげなく心を配っていた。

　孫文による宋子文の登用は、必然の成り行きだった。孫文は、1923年2月陳炯明の軍隊が広州より駆逐された後、広州に戻り、革命政権を再建し、陸海軍大元帥に就任した。この再スタートに当たって、最大の緊急を要する課題は、各分野における人材の確保であった。慶齢は、5年前に留学から帰国した弟、数字に強いハーバード大学の秀才宋子文はどうかと、夫に推挙したのである。こんな確かな人材は他にいなかった。宋子文は登用され、まず陸海軍大元帥大本営秘書となり、同年4月には、革命政権が直接掌握する中央銀行設立準備のために、その才覚が期待されることになった。当時広州に設けられた中央銀行設立準備機構は陸海軍大元帥大本営に直属していたからである。同5月には、準備中の中央銀行の副行長に任ぜられ、24年8月中央銀行が成立した時には、行長となった[27]。

　5月初、慶齢は、広州に来て、活発に動き始めた。孫文とともに病院を巡回して傷病兵を見舞い励ました。袁世凱時代に家族とともに日本亡命を体験し、前年には陳炯明の叛乱で九死に一生を得た彼女は、軍閥の兵力に依存して革命事業を進める矛盾と危さを身に染みて認識していた。孫文が革命根拠地を保持するためにも、北伐を推進するためにも、自らの軍隊—革命軍をもつことを急務としていることをよく理解できた。それ故、孫文の閲兵の時も彼の側に立ち、将兵の動向にも関心をもった。7月慶齢は、孫文に従って広州飛行場を訪れ、楊仙逸隊長の試験飛行を観覧した。国産第一号機と言われたその機体は、麻布で

92　第三章　孫文との10年：革命を学び、中国近代化を模索

できていて、覆いがなく、二つの操縦席からなっていた。試験飛行のあと、孫
文が「ロザモンド（宋慶齢の英文名）号」と命名し、慶齢がそれに乗って写真を
撮った。こうした中、孫文の革命軍創設への願望は、ソ連の援助を得て着実に
具体化に向かい、8月中旬「孫逸仙博士の代表団」が蔣介石団長に率いられて
モスクワに向け出発した。代表団には、張太雷ら共産党員も含まれていた。慶
齢は、前年の叛乱で広州を逃れ、永豊艦上で孫文と感激の対面をした時に、彼
に甲斐甲斐しく仕える蔣介石に出会っていた。嘗て陳其美の部下であった蔣介
石は陳炯明叛乱時にいち早く永豊艦に駆けつけ、孫文に忠誠を示した。その後
孫文は蔣介石の器量を認め、重用し、期待することになる。

　この1923年は、孫文にとって、また慶齢にとっても、物事が急速に進展し、
変化する多忙で意義のある年だった。まさに転機が様々な面で準備された。

　10月、孫文は、北京の共産党の指導者李大釗に密書を送り、国民党の改組の
ための委員会に参加することを要請した。また、共産党の本部と同党の機関誌
『響導』の拠点を上海から広州に移すことに同意した。政府のあり方としては、
広州の軍政府を国家的権威を備えた政権に改組した。同月、直隷軍閥の曹錕が
広州軍政府に参加せず北京に残留した国会議員を買収して中華民国総統に就任
したのを見て、孫文は国会議員の権威を擁護するために長い間掲げてきた「臨
時約法擁護（護法）」のスローガンを降ろし、議会の擁護を止めることにした。
他方、孫文は、レーニンにソ連邦に通暁した顧問の派遣を要請した。レーニン
は、1904年頃スイスの彼の許で活動していたミハイル・ボロディンを新しい国
民党の顧問として広州に派遣した。ボロディンは広州に着くや間を措かず、国
民党の再編を手伝い始めた。
　ボロディンは、孫文にも慶齢にも強い印象を与え、彼の妻で米国籍のファニー
も孫宋夫妻とすぐ打ち解けた。ボロディン夫妻には、米国生まれの二人の子ど
ももいたが、両家族はプライベートな生活でも仲良しになった。

七、孫文・宋慶齢、最後の一年　93

　39歳のボロディンは、背が高く、雄弁ではないが、社交的であった。ユーモアがあって、魅力的で、堂々としていた。活動的で、乗馬を好み、チェスゲームの名人でもあった。また、数ヶ国語に通じ、読書家でもあった。彼は、10代でボルシェビキ党に入党し、レーニンに会い、その許で働いた。

　1905年と1917年のロシア革命の間、彼は帝政からの亡命者として米国、主としてシカゴで過ごした。彼は米国社会党に入党し、そこで多くのリベラルな人たちや進歩主義者と知り合った。また、ボロディンは、数年前までコミンテルンの密使として英国、メキシコ、スペインに赴き、インド独立運動の左翼とも連絡を取っていた。孫文は、そのような彼の経験にも関心を寄せた。

　慶齢は、よくボロディンの家を訪ね、ボロディン夫妻と多くの時間を過ごした。米国経験が共通の話題だったが、夫妻は、ロシアをはじめとする国際的な革命運動の経験や思想を慶齢に語り、彼女の視野を広げた。慶齢にとっては、ほぼ同世代で、ともに英語で話し、互いに心強い支えとなる仲間ができた。

七、孫文・宋慶齢、最後の一年

1. 中国国民党、第一次全国代表大会開催：新三民主義と三大政策の提起

　1924年1月1日、上海『民国日報』は、元旦増刊号として中国国民党改組号を出し、国民党改組を正式に宣布した。宋慶齢は、この日孫文に従い、大元帥府で挙行された元旦祝賀及び中華民国成立13周年記念式典に出席した。

　その式典の中で、慶齢は、1年半前の陳炯明の叛乱に抗して勇敢に戦った兵士たちに感謝を込めて勲章を授与した。彼女自身あの危機の最中わが身を顧みず、まず孫文を脱出させ、彼を守ったことは、最早周知のことになっていた。孫文夫人になってから8年余の激動の歳月に彼女自身の真摯な努力が加わって、慶齢は、一回りも二回りも大きな存在になっていた。古い観念にとらわれる人々も彼女が目立ちすぎるとは感じなかった。総統夫人として尊敬を受けるに相応しくなっていた。

94　第三章　孫文との 10 年：革命を学び、中国近代化を模索

　1 月下旬、中国国民党の第一次全国代表大会が広州で開催された。孫文は、国
民党総理として大会に臨んだ。この 1 年余孫文がヨッフェや李大釗との会談、
ボロディンとの議論などを通して構想してきた新しい路線が採用された。ソ連
との連携、中国共産党との合作、労働者・農民への援助（三大政策）等々であ
る。国共合作は、共産党員及び社会主義青年団員が個人の資格で国民党に加入
するという形で実現した。大会選出の中国国民党中央執行委員及び候補執行委
員には、李大釗、譚平山、毛沢東、林伯渠、瞿秋白、張国燾ら、委員総数の四
分の一に当たる 10 名の共産党員が当選した。李大釗は、議長団にも加わった。
毛沢東は、宋慶齢と同年齢の 31 歳であった。これら共産党員は、国民党を再生
させるための新しい血液となることが期待されていた。

　この大会期間中にレーニン死去の訃報が届いた。大会は 3 日間休会して、喪
に服した。孫文は、2 月 24 日国民党主宰のレーニン追悼大会を催し、祭壇には、
孫文直筆の「国家の友にして人民の師（国友人師）」の垂れ幕が掲げられ、廖仲
愷がレーニンの功績を讃える弔辞を捧げた。

　孫文は、心の底からレーニンに語りかけ、「レーニン、あなたは……話し、教
えただけでなく、あなたの言葉を実践しました。あなたは、新しい国を創建し
ました。あなたは、ともに闘う道を指し示してくれました。あなたは、その道
を進みながら無数の障害に出遭いました。私もまた同じです。私は、あなたの
道を行きたいと思います。敵がこのことに反対しても、人民は、私がそうする
ことを期待するでしょう。あなたは、逝去しました。天は、あなたの歳月を引
き延ばしませんでした。しかし、偉大なる人よ！　あなたは、抑圧された人民
の記憶の中で永遠に生き続けるでしょう」と述べた[28]。

　宋慶齢は、ちょうど上海滞在の時期に当たっていたので、残念ながら孫文の
側に立つことができなかったが、その思いは同じであった。

　大会期間中、孫文は、自前の革命軍を育成するため、軍官学校建立の準備に
も積極的に取り組んだ。蔣介石を陸軍軍官学校準備委員会委員長に任命し、広

七、孫文・宋慶齢、最後の一年　95

州黄埔島の広東陸軍学校旧址を建設予定地と決めた。

　中国国民党の第一次全国代表大会は、孫文にとっては、彼の生涯二度目のクライマックスであり、彼が準備し、提起した新三民主義と三大政策は、中国革命の目標をより明確にし、方策を飛躍的に一新させ、具体化した。宋慶齢は、公式には何も語らず、党・政府の重職にも就かなかったが、当然だれよりも孫文の構想を理解して支持し、彼の決意を共有していた。

　この時期孫文の活動の中心は広州にあったが、孫文・慶齢夫妻の家庭は上海にあった。二人が心身の休息をとり、構想を練る住居は、上海モリエール路のそれであった。また、国民党は、上海、北京、漢口などには特に執行部を組織していたので、上海にも当然党務があり、慶齢にも役割があった。それに、彼女にとっては、未亡人になった母倪珪貞が妹美齢と住むところであり、かつて父母の反対を振り切って日本に渡り、亡命中の孫文の許に走ったことがどんなに父母を悲しませたことか……ということを忘れることがなかった。いまでは宋子文も孫文のもとにあることを思えば、母親を大事に見守るのは自身の責務であった。そんな訳で孫宋夫妻は、度々広州と上海に別居していた。

　4月初め、慶齢が暫し上海に戻っているところに、広州の孫文から一書が届いた。孫文親筆による『国民政府建国大綱』25条である。落款に「民国十三年四月初二日広州大本営にて書きました。賢妻宋慶齢には熟読されたし」とあった。

　同月中旬宋慶齢は、外交部部長伍朝枢、副部長郭泰棋らと上海から広州に戻った。この時、彼女は、孫文に張静江の病状を伝え、孫は、即刻張に見舞を書いた。張静江は、1902年25歳の時、駐仏公使孫宝琦に随行して出国、欧州に赴く途上孫文と知り合った。以後国民革命に参加、孫文に革命活動の経費として白銀3万両を提供し、国民党中央執行委員にも当選していた。

96 第三章 孫文との10年：革命を学び、中国近代化を模索

宋慶齢は、広州に着いた翌日、孫文から先に熟読を求められていた「国民政府建国大綱」25条の末尾に「先生の建国大綱二十五条は、実に三民主義、五権憲法を実施する基礎となるものであります。それ故、国家の長治久安を図る道であります。ここに特に先生の親筆の玉稿に石印を付し、最初に拝読させて頂くことを喜びとし、併せて民国開創の宝典とさせて頂きます」と記し、次いで、落款には「妻宋慶齢謹んで跋文を呈します」と跋文をしたためた。

孫宋夫妻の最後の陽春であった。

5月、中国国民党執行部は、上海の孫宋宅で、孫文の非常大総統就任三周年記念会を催し、張継、胡漢民、王精衛、毛沢東、鄧中夏、向警予、羅章龍、惲代英らが参加した。

ところが、その後まもなく、孫文は体調を崩し、党顧問のボロディン宛の大事な書状を慶齢に書かせた。彼女は、ボロディンに書いた[29]。

　　親愛なるボロディン先生
　　孫博士は、私が貴方に手紙を書き、貴方ができるだけ早く広東に戻るように勧めてほしいと言っています。何故なら、孫博士は一連の問題で貴方の意見を求めているからです。孫博士は、貴方とカラハン先生が北京での滞在時間を延長することは意味がないと言っておられます。それは、何の役にも立たないからです。
　　孫博士は、多忙な活動のために、ここ幾日か体調を崩しています。現在彼は多少持ち直してきていると感じているようですが、医者は彼に日常の公務と客と会うことは控えるようにと勧めています。ところが彼は天性働くのが好きなので、動かないようにと勧めることは、難しいと言わざるを得ません。
　　私がボロディン夫人と上海でお会いしました時は、とても楽しく過ごしました。夫人が貴方とご一緒に少しでも早く南方に来られることを期待い

たします。

　貴方とご夫人にお会いできるのを楽しみにしています。

　私たちの最高の喜びを添えて。

貴方の誠実な友人

孫宋慶齢

　この頃、宋子文が義兄孫文の病状を案じて、上海から電報を寄こした。これに対して慶齢は、5月15日の電報で子文に「中山の病はすでに癒えました。親友の皆さんに、ご心配なさらないで下さいとお伝え下さい」と、返電した。彼女は、孫文に潜在する深刻な病に未だ気付く由もなかった。その翌々日慶齢は孫文とともに白雲山の景勝を遊覧に出かけた。この前後、孫文は、慶齢を伴い、数人の部下とともに兵営の視察を兼ねながら広州近辺を観光した。同時に孫文は、広州のあちこちで三民主義の講演を行い、録音もしたが、側には必ず慶齢の姿があった。

2. 黄埔軍官学校開学

　6月16日午前6時、孫文は、慶齢を伴い、秘書や護衛らを従えて江固艦に乗船、大本営より黄埔に赴いた。7時40分落成したばかりの黄埔軍校に到着すると、蔣介石校長・廖仲愷国民党代表が同校の教師・学生を整列させ、待機していて、出迎えた。校長室でしばし休憩した後、軍官学校開学に関わる様々な資料を閲覧し、併せて教授部主任王柏齢・教練部主任李済深ら及び学生代表等と会い、9時20分、礼堂に入り、開学式典に臨んだ。

　孫文は、約1時間に及ぶ演説を行った。

　　今日この学校を開校したのは、革命事業を新たに、創造的に展開するためであり、この学校の学生たちを根幹として革命軍を創設するためである。学生諸君は、将来の革命軍の骨干である。……唯一無二の希望が生まれた。革命軍を創造し、中国の危急存亡を救うことができる…… [30]。

98　第三章　孫文との 10 年：革命を学び、中国近代化を模索

　軍閥の力を借りることにより、散々苦渋をなめ続けた孫文自身に新たな希望と力を与えることになった。慶齢も革命事業の一大前進の喜びを共有した。

　6 月 22 日ソ連顧問ボロディンが広州に到着した。まず、広東省長廖仲愷と会い、次いで孫文を大本営に表敬したが、その会談は 2 時間余に及んだ。その夕刻孫宋夫妻は元帥府にボロディン夫妻を招宴し、汪精衛・胡漢民、廖仲愷が夫人同伴で陪席し、蔣介石も同席した。

　この頃、国民党中央執行委員会は、青天白日旗を党旗とし、青天白日満地紅旗を国旗とした。また、8 月 1 日には広州国民政府が中央銀行組織条例を通過させ、宋子文を中央銀行行長に任命した。孫文の率いる国民政府の全国統一への道が切り開かれようとしていた。

　北方では、曹錕を大総統とする直隷派政権が奉天派張作霖、安徽派段祺瑞との対立を深め大規模な戦争を繰り返していた。孫文は直隷派打倒を優先させ、張・段との間に「三角同盟」を結んだ。1924 年 10 月、直隷派と奉天派の戦争の際、直隷派の馮玉祥の部隊がクーデターを起こし、曹錕政権を打倒したので直隷派は総崩れになった。馮は中国北西部を地盤としていたが、孫文の思想・政策に共鳴するところがあった。馮玉祥は孫文と段祺瑞に対して、北京で国家統一について協議することを要請した。また、馮は段に復帰して大局に対処するようにとも求めた。孫文は、三民主義や不平等条約廃止を宣伝し、国民党の存在を北方の国民に訴える好機とみて、北上を決定した。孫文は、馮玉祥と段祺瑞に返電し、北上の上、国家統一の大事について話し合いたい、と応えた。

3.「北上宣言」：国民会議開催及び国家統一と国家建設を提案

　11 月 3 日、孫文は、黄埔軍官学校に赴き、教職員と学生に向かって告別演説を行い、北京に赴く目的を述べ、党と革命のために身を捧げてほしいと説いた。

八、「革命尚未だ成らず」：孫文の死　99

1週間後孫文は「北上宣言」を発表し、「国民会議を開いて国家の問題を解決しよう」という中国共産党の人々の主張を受け入れ、国民会議を招集して、国家の統一と建設を謀ることを提案した。人々の胸に希望の灯火がともった。孫文北上の前夜、広州第一公園に各界2万余の人々が提灯をかざして集まり、孫文の北上を歓送した。11月13日、孫文は、慶齢らを伴い、永豊艦に乗船、広州を離れた。

八、「革命尚未だ成らず」：孫文の死

1. 最後の日本訪問：孫文の「大アジア主義」講演、宋慶齢も講演

　孫文、宋慶齢を乗せた永豊艦は、まもなく黄埔に寄港、彼らは軍官学校を視察、教職員・学生と晩餐をともにした。その後1000余人の歓送の中、永豊は、ソ連巡洋艦パラフスキー号に護衛され、出航した。孫宋の随行者は、中文秘書汪精衛、邵元冲夫妻、蓮声海、黄昌穀、英文秘書陳友仁、仏文秘書偉玉、独文秘書朱和中、参軍鄧彦華、趙超、副官黄恵龍夫妻、馬湘、高級参謀兪疏西、書記張乃公ら10余人だった。

　孫文宋慶齢一行が香港を経て上海に至り、黄浦江の仏租界埠頭に着いたのは、17日午前9時半頃だった。乗用車でモリエール路29号に向かい、久しぶりの「わが家」でくつろいだ。しかし、埠頭での各界代表4000人に上る歓迎を思うと、「北上」に寄せる人々の期待の大きさに、改めて身が引き締まった。埠頭の人波は、モリエール路29号にも押し寄せた。孫宋夫妻は、園庭に立って、彼らの表敬と期待に握手、握手で応えた。「大陸」、「孔雀」と称する映画会社は、タレントを派遣して英語の歌曲で、孫宋夫妻を祝福し、その光景をフィルムに納めた。

　11月22日早朝孫宋夫妻は、日本に向かうため自宅を出て滬山埠頭より上海丸に乗船し、甲板より帽子を掲げ、手を振って、見送る人々に応えた。船上、彼らの側には、李烈鈞、戴季陶、黄昌穀夫妻、馬湘、黄恵龍らがいた。翌日上

100 第三章 孫文との10年：革命を学び、中国近代化を模索

海丸は、長崎に接岸、孫宋夫妻は、新聞記者、中国人留学生、華僑の歓迎を受けた。

孫文は、記者、学生、華僑に対して「国の大事は、国民会議で決したい」と語り、「中ソ革命は兄弟のようなものである」[31] とも語った。

11月24日孫文宋慶齢一行が、神戸港に到着すると、中国駐日領事柯鴻烈、神戸国民党支部長楊壽彭、中華総商会会長鄭祝三及び古島一雄、砂田重政、森田金蔵、高見之通、萱野長知、山田純三郎、宮崎龍介、菊池良一、島田経一、宮崎震作ら孫文の日本の友人、留日学生ほか各界の人々が多数群れをなして歓迎に集まり、その数400〜500名に及んだ。孫文は、船上、記者団に談話を発表し、「中国と日本が提携して東アジアの大局に処すれば、必ず中国は、平和統一を実現できる」[32] と強調した。その夜一行は神戸オリエンタルホテルに投宿した。

その日、北京では、馮玉祥・張作霖の推薦で段祺瑞が臨時執政に就任、臨時に大総統の職権を行使することになった。孫文は不平等条約廃棄運動を展開し、時局解決のためには有力者だけでなく、実業家・学者・商業会議所・労働組合・農民組合・学生等民間の代表者を集めた「国民会議」招集を呼びかけた。段祺瑞は軍閥・官僚の有力者による「善後会議」の招集を主張し、外国との現行条約尊重の態度を表明したので、孫文との相異が顕著になっていた。馮玉祥は政治的地位は後退していたが、彼の「国民軍」は北京周辺に勢力を維持していた。

孫文・宋慶齢の神戸到着の翌25日、神戸商業会議所会頭滝川儀作の意向を受けた副会頭で市議会副議長の西川荘三がオリエンタル・ホテルに孫文を訪ね、講演を依頼した。孫文はそれを快諾し、演題は「大アジア問題」、日は28日と決まった。

28日、神戸商業会議所主催、神戸新聞社、神戸又新日報社、大阪毎日新聞社、

大阪朝日新聞社が後援し、神戸県立高等女学校講堂において、孫文の講演会を
開催した。前日の『神戸又新日報』の「孫文氏講演会」社告は伝えた[33]。

中国国民党総理　孫文氏講演会
　支那革命の先覚であり、東亜聯盟の唱首であり、日支親善の楔子である孫
文氏は支那新政一方の指導者として北京に赴く途次、我国民の諒解を求め
んが為に特に来神せられ茲に親しく檀頭に起って市民諸君と見えんとす。
有志諸君に請う。来って此風雲児の獅子吼を聞き日支親善と亜細亜民族の
聯盟に向って百尺竿頭一歩を進むるの途をたずねよ。

　孫文は、慶齢らとともに午後1時過ぎに同校に着き、筱原辰次郎校長らの歓
迎を受け、小憩の後、大講堂に向かった。会場では、学生から歓迎の花かごが
贈られた。「中国の革命は日本の明治維新に当たる……ご協力をいただきたい
……」と、孫文が女子学生たちに挨拶代わりの短いスピーチをした後、まず、
未だ31歳の若き総理夫人宋慶齢が演壇に上り、1000人余の女子学生たちに語
りかけた。女子学生たちは、宋慶齢の美しさに目を凝らし、流暢な英語に耳を
傾け、おのずから深い印象を胸に留めることになった。宋慶齢のスピーチは、
同校の教師塚本ふじによって通訳された。

　　今日ここに参りましたことを、私は大変うれしく思います。あなた方の
　ご厚意に心から感謝申上げます。私は、この機会に私たちが共通に関心を
　抱いているテーマ——婦人運動について数分お話をさせて頂きたいと思い
　ます。私は日本女性の多くの優れた資質について心から尊敬の念を持って
　います。即ち、情理に通じ、質朴で忍耐強く、重大な犠牲に対応する力も
　そなえています。これらの点はとても重要であります。これらの資質は、
　日本の女性をアジア婦人運動のリーダーたらしめるものであります。
　　日本女性が日本の歴史上担うべき重要な使命は、疑う余地なく証明され
　ます。婦人の地位は民族発展の尺度であります。現在の世界において、意

102　第三章　孫文との10年：革命を学び、中国近代化を模索

識がこの点に達している民族だけが偉大な民族ということができます。私は、日本女性が日常生活に関する事柄、さらには国家的な公共福祉事業に積極的に関心を寄せていることを知り、うれしく思います。中国の女性は、まさにあなた方と肩を並べて闘い、女性を差別する古いしきたり——女性が公務に参与することに反対するなどの慣習を打ち破りましょう。

　我々女性の正義に対する要求は、いくつかの欧米国家に限らず、この種の要求は、まさに強大な世界運動となっています、インド、トルコ及びペルシアの女性もまた彼女たちの権利を守るために立ち上がり始めています。最近、クルディスタン（クルド族）山地の広大な領域において、一人の女性が大統領に当選しました。トルコにおいては、女性が教育部長になりました。女性は、その種の政治的栄誉を願わずとも、婦人界の社会的、公民的、及び工業的福利活動に参与しなければならず、女性と児童に切実な利益に関する事柄に発言する権利を勝ち取らねばなりません。

　人種や信仰にかかわらず、共通の利益ほど人々を一緒に結びつけるものはありません。何故なら、この種の共通の利益は、正義のために勝ち取るものであります。私は心から呼びかけます。東方と西方の女性は、世界を改造するために連合して立ち上がりましょう！　普遍的な軍縮を要求し、差別政策を廃除し、不平等条約を廃除するために、連合して立ち上がりましょう！　私たち女性は、必ずや成功するでしょう！

　最後に、私は、中国と日本の女性が、人類が動物的本能によって支配されるのではなく、理性によって導かれる日々を実現するために努力することを希望します [34]。

　宋慶齢のスピーチの後、孫文の講演は2時から始まる予定であったが、後から後から聴衆が詰めかけ、3000人にも及んだ。2時半に開門したが、講堂はすぐに満席になり、窓まで鈴なりになったので、急遽体育館を第2会場に設え、溢れた1000人ほどに対応した。

　この大盛況の中、3時になってようやく主催者挨拶になった。神戸商業会議

八、「革命尚未だ成らず」：孫文の死　103

所会頭滝川儀作が孫文を紹介しながら、「東洋の平和は、中華民国と日本との完全なる対等同盟締結によって解決される」と述べた[35]。

この後、孫文による「大アジア主義」に関わるアジアの問題をテーマとした講演が行われ、その夕刻、講演会の主催・後援団体、中国駐神戸領事、神戸華僑団体等が関係者を招いて、オリエンタルホテルで孫文一行のためにレセプションを催した。

2．天津到着：孫文の病状深刻

11月30日孫文・宋慶齢の一行は、大勢に見送られて神戸を発ち、北嶺丸で門司を経由して天津に向かった。

12月4日一行を乗せた北嶺丸は、天津仏租界の埠頭に接岸したが、ここでも、100余団体による2万に上る出迎えを受けた。中国の平和統一、三民主義による国家建設に寄せる人々の期待と支持は、これほどに熱く、大きかった。午後一行は、乗用車で日本租界の張園行館に着いた。ここで、戴季陶が国民党宣伝部長の立場で、孫総理の今回の北上について、「対内的に国家の統一を謀り、対外的に国家の独立を完成し、中華民国の国際上の平等を実現することである」とコメントした。一方、孫文は、孫科・汪精衛・李烈鈞らを連れて、曹家花園に張作霖を訪ねた。これに対して張作霖は、その夕刻張園に孫文を訪ね、返礼した。

11月12日に広州を出発して以来、上海、神戸、そして天津で各界各種のおびただしい人々と会い、祖国と国民の将来のために情熱を傾けて語り、必死の願いを訴えてきた国民党総理孫文は、心身ともに限界まで来ていた。その夜、再度の激しい発作に見舞われた。潜在していた病魔が頭を擡げたのである。

それでも翌5日、孫文は、慶齢と随員を従え、英租界に前総統黎元洪を表敬訪問した。医師から数日の静養を勧められ、北京入城も延期したが、8日、孫文は、重要宣言を発表した。「三民主義は、国民党の唯一の基礎であり、この基礎の上に、わが国の各項の問題が恒久的解決を期することができる」と。

また、目前の課題として、「国民党は、国民会議開催を提議する。国民会議の

104　第三章　孫文との 10 年：革命を学び、中国近代化を模索

主要任務は、国家の統一と再建である」と。

　宋慶齢は、孫文の必死の北上に脇を支えるように従ってきたが、他方、独自のサプライズを楽しみ、独自の視点で見聞を広め、これまでの経験にはなかった政治と権力の多様な現実の様相を知ることになった。12 月 10 日、彼女は、米国留学時代の親友アリーに手紙を書いた。

　　誰よりも親愛なるアリー
　　この前貴女にお手紙を書いたあと、私はわが国の一つの端から他の端まで旅をしました。ここに着いて、私は、貴女からのお便りを読むことができ、大変うれしいです。上海の家人がここに転送してくれたのです。貴女の健康状態が大変よくなり、体重も増えたことを知り、とても安心しました。
　　私たちは、先月 12 日に広州を発ち、上海で数日過ごした後、私たちは、日本に行き、1 週間以上滞在しました。神戸で、驚いたことに、二人の来訪者を迎えました。彼女たちは、私がウエスレアンに在学していた時の同級生です。私たちは、この再会を非常に喜び合いました。私たちは興奮状態でおしゃべりに夢中になり、1 時間とちょっとをあっという間に過ごしてしまいました。別に、もう一つ楽しいサプライズがありました。私の大好きな父親の旧友の一人が私を訪ねてきてくださったのです。彼は、米国から日本に着いたばかりでしたが、神戸滞在中の私のことを新聞で知り、他の都市から私に会いに来て下さったのです。私は、彼から父親のことを沢山聞かせてもらいました。当時父は、元気な若者で、カッコいい気の利いた学生で、教師を笑わせ、また、どんな論法で哲学の教授を追い詰めたかなど……。
　　私たちは、日本でも天津でも極めてよい接待を受けました。1 万人以上の人々が埠頭で旗を振り、歓呼して私の夫を歓迎しました。私たちは現在ある君主主義者の私邸に逗留しています。これは、私たちのために用意し

てくれたものです。新しく、美しく、趣のある装飾が凝らされています。改装修築に2万元が費やされたということです。北京の宮殿がどんな具合なのかわかりません。私は、上海の小さな二階建ての住宅が、私たちには一番居心地の良い場所だと思っています。

　昨日私は前総統の黎元洪の邸宅の貴賓となり、接待に与りました。夫も一緒でした。宴会は、彼の私的な舞踏会場で催されましたが、実に豪華な建築で、80万元を費やしたそうです。宴会では、50人のきらびやかな制服に身を包んだ管弦楽隊による演奏が流されました。テーブルでは、生まれて初めて黄金のフォーク、スプーン、ナイフを用いましたが、前総統は、これらは英国より取り寄せたものだと、私に話しました。彼らは、……など、巨富を誇らしく見せ付けました。黎家には二人の息子と二人の娘がおり、長女はウエスレアン女子学院に留学しています。私が最も奇怪に感じたのは、彼らが、あれがいくら、これがいくらと一々物の値段を言ったことです。憐れむべき人たちです。どうしようもない人たちです。彼らの門外には、多くの苦難を抱え、貧苦に追い詰められている民衆がひしめいているというのに、このような贅沢三昧は嫌悪されるべきです。天津の乞食は、とても煩わしく、公然と歩行者に付き纏い、何がしかのものを手に入れるまで止めません。

　一週間後、私たちは北京に行かねばなりません。そこでは、わが夫を迎え入れる重大な準備工作がまさに進行中です。歓迎儀式の参加者は15万を超えます。

　一連の国家の大事を処理し終えた後、多分春を迎える頃、夫は、国外旅行に出かけます。私は、米国に赴き、貴女と度々お会いしたいと思います。早くお返事を下さいね。モリエール路29号宛てに出して下さい。私は、きっとそこで受け取ります。

　　　　　心からの愛をもって　　　　　　　　ロザモンド

　　　　　　　　　　　　　　　　　　　1924年12月10日 [36]

106　第三章　孫文との10年：革命を学び、中国近代化を模索

慶齢は、アリーからの返信を上海モリエール路の自宅で受け取るつもりでいた。春には、孫文と一緒に米国に旅行して、親友と度々語り合えると思っていた。しかし、天津での孫文の肝臓障害と彼を取り巻く情況の推移は、彼女が友人に書いたような楽観的なものではなく、深刻で、厳しさを増していた。12月14日、段祺瑞執政府は、国会解散、約法の取り消し等を命令した。孫文は、段祺瑞のやり方に怒り、病床で段祺瑞の代理人と会い、段をなじった。「私が不平等条約の廃除を求めているのに、貴方がたが北京で一方的に不平等条約を尊重するとは、どういうことか？」と。段祺瑞は、追い討ちをかける様に、敢えて「善后会議条例」を公布して、孫文の提唱する「国民会議」開催を牽制した。

3.宋慶齢・宮崎龍介往復書簡

そんな中、慶齢は12月29日、孫文の盟友で2年前に死去した宮崎滔天の長男宮崎龍介に手紙を書いた[37]。

張園、天津

1924年12月29日

親愛なる宮崎龍介先生

孫博士は、貴方の24日付のお便りを受け取りました。彼は、貴方のご厚意に対して幾重にも感謝申上げるようにと私に求めました。

孫博士の病気により、私たちは彼の看護で忙しく、貴方が私たちの日本滞在中にご配慮下さった数々のご厚意、ご接待に、早々にお礼を申上げることができませんでした。

孫博士は、日本人民が彼の尽力している事業に対して共感し、彼の友人たちとともに全力を尽くして日中の共同利益を推進せんとしていることを聞き、大変感激しています。

こちらの気候は良くありませんので、私たちは31日にこちらを離れ、北京に赴きたいと思っています。場所を換え療養することにより、孫博士の体調が好ましくなることを願っています。彼は、最近肝臓疾患と分かって

八、「革命尚未だ成らず」：孫文の死　107

からは十分に休養をとるようにしています。彼はまだ坐ることができませんが、病状は好転しています。

　貴方と弟さんがご健勝でありますように！

孫・ロザモンド

　追伸　同封の手紙を秋山氏に届けて下さい。

　封書は、翌 1925 年 1 月 5 日小石川局の消印で宮崎龍介の手もとに届いた。彼は、即刻宋慶齢に返事を書いた[38]。

3626 番地　高田町　東京府

1925 年 1 月 7 日

親愛なる孫夫人

　私は、12 月 29 日付のお手紙を今朝受け取りました。それで、孫博士がほんとうに病床にあることを知り、驚いています。多分長期に亘り多事多端に身を委ね、また最近の長旅が病状を悪化させたのではないかと心配しています。孫博士が少しでも早く恢復し、中国だけでなく全アジアの再興のために確実な仕事をしてくださることを心の奥底から願っています。理想社会の実現には、最善の健康と多くの時間が必要です。中国人民と日本の同志たちのために、どうか、孫博士のことを重々気をつけて差し上げてくださるよう、お願いいたします。

　私は、今日の午後、貴女の手紙をもって、秋山さんを訪ねました。彼は、孫博士の病気のことを大変心配しています。秋山さんは、以前に肝臓を患い、重症に陥ったことがあります。しかし、彼は、今ではすっかり治り、良い健康状態にあると言っています。彼は彼の経験を、ぜひ孫博士に伝えて欲しいと言っています。秋山さんが伝えたいことを十分に英語で表現することは、難しいです。それで、私は貴女にわかって頂くために、別紙に中国語で書きました。私自身も、この処方を実際にやってみることをお勧めいたします。

108　第三章　孫文との 10 年：革命を学び、中国近代化を模索

　宮崎龍介は、秋山が伝えたいと願った、孫文の病気治療対策を自己流の漢文で書いて、同封することにした[39]。

　　先日来の新聞紙上での天津発の電文を見ますと、先生にはご病気の由とのことであります。
　　現在民国建設の時節、先生がご病気であるということは、誠に重大で憂慮すべきことであります。それで、私は、日々病状電報を注視していますが、先生の病状を推察しますと、これは、胃病で肝臓を冒すものと察することができます。この病状は、私の伯父及び私自身が大病を患い、苦しみ、やがて、漸く恢復することができた実験者であります。この病気は、普通の医師の療法でたやすく治癒するものではありません。最近の電報によると、お側の医師がすぐ手術すれば、必ず全癒と言っているようです。私は、これを読んで驚いています。手術をするのは、大変危険です。それですぐに電報で勧告しました。「手術は絶対にいけません。断食及び転地養生をお勧めします」と。電報中で断食をお勧めいたしましたのは断食療法によるのが、この病気の唯一の良い療法だからです。それ故、私は、先生がこの療法により、約 1 週間一切の食物を断つことを実行して下さることをお願いします。但し、随時随意、水を飲むことは可能です（断食中の飲料水は、天然純水が良く、鉱水、炭酸水及び医薬等は一切服用してはいけません）。断食初日より 3、4 日を経た頃より、苦痛を感じますが、これを忍べば、苦痛は自ずから去ります。1 週間後（即ち、断食を停止した後）断じてすぐに普通食を摂ってはいけません。危険でさえありますから、断食後初日から 2、3日間は、重湯（無粒の粥）を飲み、その後徐々によく煮た粥を 3、4 日間食するのが良いです。こうして 1 週間を過ごして下さい。その後少しずつ普通食に慣れていくのが良いでしょう。
　　こうすれば肝臓の痛みも止み、病状は、日に日に治癒に向います。尚、1回目の断食療法が効を奏しないときには、再び 1 週間の断食をすることで

す。無論、身体の衰弱をお感じになると思いますが、そうであってもご心配ありません。前述の療法は、私の経験から深く信じるところであります。

　先生、疑うことなく、これを断行されれば、病状が軽減しますから、別府あるいは、熱海温泉で静養されると、一番良いと思います。熱海を選ぶのが、何故良いかといいますと、私が養生法を助言するのに便利だからです。

　まさに今、民国の重大な時機にあって、先生の身体は、先生自身の身体に非ず、中日の同志の身体であります。ここにおいて、先生の身体は、甚大なる自重を要し、かつ、先生は、誠心、すべての同志の忠言に耳を傾けて下さらなければなりません。この旨おわかり下さるよう、伏してお願いいたします。

　宋慶齢と宮崎龍介の書簡の往復の間、1924 年 12 月 31 日午前、孫文は、慶齢や汪精衛らとともに天津駅より列車に乗り、北京に向った。天津駅には、各界、団体の多くの見送りの人々が集まったが、汪精衛が孫文に代わり、彼らに謝意を表した。同日夕刻専用列車が北京駅に到着すると、各界 200 余団体 3 万人余が孫文一行を熱烈歓迎した。

　孫文と慶齢は、北京飯店 506 号房に入り、随行者は、鉄獅子胡同 11 号、北洋政府前外交総長顧維鈞宅に入った。この邸宅を段祺瑞執政府が孫文一行のための行館としたのである。孫文は、北京飯店入室後しばらく休養の後、往診の協和病院の 2 名の医師と随行のドイツ人医師の検診を受けた。

　1924 年は、孫文と慶齢にとって、ある意味でクライマックスの年であった。いま、予定された大きなステップに踏み込む間際に立っていた。彼らが 11 月 12 日に広州を発って以来、中国の統一と国家の独立を切望する億万の民が、合作の国共両党に組織され、指導されて国民会議運動を展開してきた。同年大晦日、北上の目的地には到着したが、孫文と慶齢の前には、病魔が立ちはだかった。

4. 孫文、北京にて客死：「革命尚未だ成らず……」

1925 年は、重苦しい年明けとなった。1 月 3 日には、米・独・露の医師を交えての診断があったが、いずれも深刻であった。孫文の肝臓には慢性の炎症と腫瘍が見られた。米国人医師は、X 線を照射すること、場合により開腹手術を提案した。孫文の周りの人々は躊躇した。それで夫人慶齢の判断を求めたところ、本人の高齢を慮って、手術の危険を恐れた。ついに本人の判断を仰ぐことになった。孫文は、慶齢に話した。「私は、かつて医学を修めたので、この病状の治療が困難であることを承知している。自分の判断では深刻ではないと思うから、開腹をしなくてもよい」[40] と。

しかし、孫文の病状は日増しに悪くなり、内外の医師だれもが、開腹手術をしなければ助かる余地なしとの診断を下すようになった。孫文は、慶齢らの勧めに従い、協和病院での手術に応じることになった。1 月 26 日午後慶齢らに付き添われて、北京の協和病院に入院した。協和病院は、米国の石油王ロックフェラーの財団によって 4 年前に開設されたばかりの病院で、当時の欧米を主とする内外の一流の医師が集められていた。手術の結果、進行した肝臓癌であることが明白となり、もはや治癒の術がないこともわかった。報告を聞いた人々は、悲傷に暮れるほかなかった。

孫文は、汪精衛、陳友仁らに指示して、国民党中央執行委員会内の政治委員会を広州より北京に移設させ、呉稚暉、李石曾、汪精衛、于右任、陳友仁、李大釗、邵元冲を委員とし、ボロディンを顧問とした。この委員会は早速緊急会議を開き、孫総理の万が一の危急に備え、総理に遺嘱を求め、全党同志がこれを遵守することを決めた。

総理重篤の噂は、真偽ないまぜて瞬く間に全国に広がった。噂は、「逝去」にまで及んだ。事実をはっきり伝えるため、宋慶齢は、上海環龍路の国民党本部に電報を打った [41]、「総理は、術後経過良好です。現時点では、病勢幾分退き、問題ありません。ご安心下さい」。

八、「革命尚未だ成らず」：孫文の死　111

　1月末には北京学生連合会・中華婦女協会・中ソ協進会から宋慶齢宛に孫文の病状を気遣う見舞状が寄せられた。書中には、「中山先生は民国の元勲、革命の指導者です。このたびの北上は、民族解放の重大な使命を一身に担って……」と、孫文への期待と同情が溢れ、併せて、十年の歳月孫文を支え、共に闘ってきた夫人、宋慶齢に対する慰労と励ましが熱く語られていた。その頃、孫科も病身の張静江を伴って上海から北上するとの連絡が入り、孫文を喜ばせた。

　2月に入ると、萱野長知が協和病院に姿を現した。孫文の日本人友人たちを代表して見舞いに駆けつけたのである。彼は、梅屋庄吉夫妻から託された花束を慶齢に手渡した。梅屋庄吉は、自身も病床にあった。2月9日宋慶齢は、広州から駆けつけた何香凝を協和病院に迎えた。廖仲愷は孫文の病状が重態であると知らされた時、即刻北上へと気が焦ったが、広東方面の党務、政務及び軍事のすべてが彼一身に懸かっていたので、彼は一瞬たりとも広東を離れるわけにはいなかった。廖仲愷は妻何香凝と相談の上、彼が広州を守り、彼女に親友の看護と夫人宋慶齢の手助けを託し、妻を急ぎ北京に発たせたのである。何香凝は、1月26日に広州を発ち、上海に立ち寄り、孫科の家を訪ね、身重の孫科夫人陳淑英から長男孫治平を預かり、その子を連れて北京に向った。孫治平は、孫文にとって初孫だった。何香凝には、鄒魯、戴季陶が同行していた。

　2月18日正午、孫文は、慶齢、孫科、汪精衛、医師・看護婦らに付き添われ、医院が特に手配した乗用車で協和医院を出て、鉄獅子胡同11号に移った。協和医院で放射線治療など西洋医学の先端的な療法を試みたが、効果が現れなかった。慶齢と孫科及びその他の側近たちは、治療の方針を漢方に変えて、奇跡を祈る道を選んだ。慶齢は、孫文の病床に寄り添い、励ますだけでなく、取材に政治的配慮をもって対応し、絶え間ない見舞いや表敬訪問客に適切に応じなければならなかった。孫文は北上の途上にあり、一身が重篤であっても公人であった。彼を取り巻く親族、友人、党人、その他の関係者の中にあって、慶齢もまた、一瞬たりとも私人としてくつろぐ時も場もなかった。いずれにしても、主役が舞台の中央で立ち往生しようとしていた。

2月24日午後、孫文の病状は予断を許さない情況だったが、汪精衛、孫科、宋子文、孔祥熙の4人は、国民党同志たちの委託をうけ、孫文に遺嘱を願うことになった。まず、慶齢の同意を得て、彼女を外して、4人は、病室に入った。こうして、孫文の容態を見守りながら、時間をかけ、日を重ね、孫文の遺志と遺言が語られ、記され、受け継がれることになった。慶齢は、それらを悲しみに耐えながら、室外で耳にした。孫文は、すすり泣く夫人を気遣い、「しばらく時を措こう！　私には、まだ生命の時間はある」と汪精衛を遮ることもあった。孫文の遺嘱は、三つにまとめられた[42]。

「国事遺嘱」

　余、国民革命に尽力すること凡そ四十年、その目的は中国の自由平等を求めるにある。四十年の経験を積んで、この目的に到達せんと欲すれば、民衆を喚起し、世界で我々を平等に遇する民族と連合し、共に奮闘することであると深く知った。

　現在革命尚未だ成らず、凡そ我同志は、余が著するところの「建国方略」、「建国大綱」、「三民主義」及び「第一次全国代表大会宣言」に依拠し、参照し、継続して努力し、もって貫徹せんことを求む。最近主張してきた国民会議の開催、不平等条約の廃除は、最短期間に実現を促さなければならない。これを遺嘱とする。

「家事遺嘱」

　余は、国事に一身を費やし、家事を顧みなかった。遺すことになった書籍、衣類、住宅等一切は、記念として我妻宋慶齢のものとする。余の子女はすでに成人し、自立している。各々自愛し、余の志を継いでくれることを希望する。

「ソビエト・ロシアに対する遺書」

八、「革命尚未だ成らず」：孫文の死　113

　ソビエト社会主義共和国大聯合中央執行委員会の親愛なる同志

　私は、病を患い、不治の容態にあります。私の心と想いは、貴方がたの所にあり、我が党、我が国の将来にあります。

　貴方がたは、自由な共和国聯合の指導者であります。この自由な共和国大聯合は不朽のものであり、レーニンが被圧迫民族に遺した世界の真の遺産であります。帝国主義下の難民は、狼藉からその自由を保衛され、古代の奴隷戦争の歪みを基礎とする国際制度から解放されねばなりません。

　私が遺すのは、国民党です。私は、国民党が帝国主義制度から中国及びその他の侵略されている国を解放する歴史的事業の中にあって、貴方がたと協力合作することを希望します。

　運命は、私をして事業を未完のまま終わらせようとしています。国民党がその主義と教訓を遵守して、我真正の同志を組織することを願っています。故に私はすでに国民党に民族革命運動の事業を進行することを遺嘱し、帝国主義が中国に負荷してくる半植民地的な桎梏を免れるようにしました。この目的に到達するために、私は長期に亘り継続して貴方がたと提携するようにと、すでに国民党に命じました。貴方がた政府が継続して我が国を援助して下さるものと深く信じています。

　親愛なる同志、貴方がたとの決別に際し、私は熱烈な希望を表示したい。近い将来ソ連が良友または同盟国として、強盛独立の中国を歓迎し、両国が世界の被圧迫民族が自由を勝ち取るための大戦の中で手を携えて進み、勝利を勝ち取ることを希望します。

　兄弟の誼をもって、貴方がたの平安を祈ります。

　3月11日、孫文は、途切れ途切れに、思いと言葉を残し、慶齢ら、介護する人々、見守る人々の涙を誘い続けた。「ダーリン、悲しまないで……わたしのものは、あなたのものだ」と孫文が語れば、「わたしは、何も要りません。要るのは、ただ、あなただけです」と、慶齢が応えた。また、「廖仲愷夫人！　廖仲愷夫人！」と孫文は連呼した。何香凝は、慶齢と一緒にベッドの側らに寄り、孫

114　第三章　孫文との10年：革命を学び、中国近代化を模索

文に語りかけた。「私は、何の能力もありませんが、先生が国民党を改組なさった時のご苦労は、よく存じております。今後私は先生の国民党と改組なさった精神を擁護します。孫先生の一切の主張を私も守りたいと思います。孫夫人のことは、私も当然力を尽くしてお守りします！」孫文は、これを聞くや、何香凝の手を握り、「廖仲愷夫人、……感謝します」と言った。

　3月12日、孫文は、苦しそうに喘ぎ喘ぎ、夜明けを待ち、時には中国語で、時には英語で「平和……、奮闘……、救中国……」をささやくように繰り返し、ついに臨終を迎えた。宋慶齢と孫科夫妻、汪精衛、戴季陶、李烈鈞、林森、李石曾、石青陽、于右任、楊庶堪、鄒魯、邵元冲、葉恭綽、黄昌穀ら、それに日本人の友人たち、山田純三郎、菊池良一、萱野長知、井上謙吉が立ち並び、見守った。

　中国国民党中央執行委員会は、「本党総理先生は、天津、北京に着いてから、肝炎が日増しに悪くなり、医療の甲斐なく、3月12日午前9時30分、北京鉄獅子胡同行館にて逝去されました」との訃告を発表した。

注
（1）和田瑞は「弁護士」ではなかった。久保田博子「関于和田瑞──孫文宋慶齢結婚誓約書中的見証人」、『孫中山宋慶齢文献与研究』⑷、上海市孫中山宋慶齢文物管理委員会編、上海書店出版社、2013年参照
（2）趙金敏（中国歴史博物館）「孫中山宋慶齢婚姻誓約書」、『文物天地』、1981年第2期、pp.5–6
（3）仁木ふみ子「宋慶齢さんのこと」、仁木ふみ子訳『宋慶齢選集』、ドメス出版、1979年4月、p.643
（4）"To Mrs.Cantlie Oct. 17, 1918", *THE COMPLETE WORKS OF DR.SUN YAT-SEN Volume X*、国父全集編輯委員会編訳、中華民国78年、台北、pp.448–450
（5）エドガー＝スノー著・松岡洋子訳『目覚めへの旅』、紀伊国屋書店、1963年、pp.78–79
（6）Hahn, Emily, "*The Soong Sisters*", Garden City 1943

注　115

（ 7 ）　久保田博子「宋慶齢と梅屋トク」、『辛亥革命研究』第 8 号

（ 8 ）　同上

（ 9 ）　盛永華主編『宋慶齢年譜』上冊、広東人民出版社、2006 年 8 月、p.147

（10）　注 6 に同じ

（11）　注 6 に同じ

（12）　注 6 に同じ

（13）　前掲『宋慶齢年譜』上冊、p.154

（14）　呉景平『宋子文評伝』、福建人民出版社、1992 年 9 月／陳立文『宋子文与戦時
　　　　外交』、国史館、台北、中華民国 80 年

（15）　前掲『宋美齢全記録』pp.74–105

（16）　『上海孫中山宋慶齢文物図案』、世紀出版集団・上海辞書出版社、p.331

（17）　前掲『宋美齢全記録』pp.141–142

（18）　前掲、呉景平『宋子文評伝』、p.3

（19）　Linebarger, Paul, *Sun Yat-sen And The Chinese Republic*, AMS, 1969（1925）

（20）　Sharman, Lyon, *Sun, Yat-sen , His Life and Its meaning*, Stanford, 1968（1934）

（21）　"To President Willson Nov,19,1918"、前掲、*THE COMPLETE OF DR. SUN YAT-SEN
　　　　Volume X*, pp.451–455

（22）　「広州脱険　1922 年 6 月」、『宋慶齢選集』上巻、人民出版社、1992 年 10 月、
　　　　pp.15–19

（23）　前掲『宋慶齢年譜』上冊、p.198

（24）　同上、pp.203–204

（25）　「儒教与現代中国」、前掲『宋慶齢選集』上巻、p.178

（26）　「孫文越飛聯合宣言」、『孫中山全集』第七巻、中山大学歴史系孫中山研究室・
　　　　広東省社会科学院歴史研究所・中国社会科学院近代史研究所中華民国史研究室
　　　　合編、中華書局、1985 年、北京、pp.51–52

（27）　前掲、呉景平著『宋子文評伝』p.5

（28）　Ｉ＝エプシュタイン著・久保田博子訳『宋慶齢──中国の良心・その全生涯』、
　　　　サイマル出版会、1995 年、p.177／『孫中山全集』Ⅸ、p.409

（29）　「宋慶齢致鮑羅廷的七封函件」、『档案与史学』、2004 年第一期、p.234／前掲
　　　　『宋慶齢年譜』上冊、pp.241–242

（30）　前掲『宋慶齢年譜』上冊、pp.236–237

116　第三章　孫文との 10 年：革命を学び、中国近代化を模索

（31）同上、p.248

（32）注 30 に同じ

（33）陳徳仁・安井三吉著『孫文と神戸』、神戸新聞出版センター、1985 年、p.249

（34）*A Nation Rises No Higher Than Status of Its Women*（The Osaka Mainichi, December 4 1924）Mrs.Sun Yat-sen's Inspiring Address to the girl students of Kobe、陳徳仁・安井三吉編『孫文・講演「大アジア主義」資料集』、法律文化社、pp.5–7

（35）前掲、陳徳仁・安井三吉著『孫文と神戸』、p.256

（36）「致阿莉　1924 年 12 月 10 日」、『宋慶齢書信集』上、人民出版社、1999 年 12 月

（37）「宋慶齢致宮崎龍介的函（四頁）及封」、『宮崎滔天家蔵／來自日本的中国革命文献』、中国宋慶齢基金会研究中心編、人民美術出版、pp.113–115、（原件英文）

（38）1925 年 1 月 7 日付、宋慶齢宛宮崎龍介書簡（原件英文／手書き）、宮崎家所蔵

（39）同上書簡添付秋山定輔（宮崎龍介漢文訳／手書き）文書、宮崎家所蔵

（40）前掲『宋慶齢年譜』上冊、p.256

（41）同上、p.258

（42）同上、pp.268–269

第四章　宋慶齢の独立

一、宋慶齢・1925 年

1. 孫文との死別

　宋慶齢の 1925 年は、北京での孫文の闘病を支えることで始まった。前日の 1924 年 12 月 31 日に二人は天津より北京に着き、まず北京飯店 506 号室に入った。随行者は、鉄獅子胡同 11 号に旅装を解いた。孫文は、協和病院で検査を受け、手術の結果、肝臓癌であることが判明し、重篤であることもわかった。

　このたびの孫文北上の目的は、救国と国家統一のために国民会議開催を求めるものであった。民国実現を託されて広州を発って以来、途中上海など各地では歓呼で迎えられ、押し潰されんばかりの期待で背中を押され、ここに至ったのに、北方政権と向き合うテーブルに着くことができなくなってしまった。

　1925 年 1 月 1 日中国国民党中央執行委員会は、「不平等条約排除の運動が民族独立解放の唯一の道」であると宣言した。孫文には、国家の独立と威信の回復をはかるという重大な課題もあった。孫文らの意図をよそに北京政権を握る段祺瑞からは、度々北京政府主導の善后会議への参加を促してきた。現実は動かず、北上の意図がないがしろにされる中で、孫文は苦渋に耐え、慶齢は日夜必死に彼を看護した。廖仲愷は、広州から北京に赴き孫文の側にいたいと申し出たが、孫文は「広東には一日たりとも仲愷のいない日があってはならない」と返電して、これを止めた。それで何香凝が夫の思いも背負って一人上京し、孫宋夫妻に寄り添うことになる。

　一方、前年晩秋、北上の途上立ち寄った日本にも孫文重篤のニュースがまもなく伝わった。知友の人々は、県立神戸高等女学校講堂における彼の切々たる日本国民に対するメッセージ [1] を思い起し、孫文の身を案じた。

118　第四章　宋慶齢の独立

　1月26日孫文は、慶齢らに付き添われて北京飯店から協和医院に移った。中国人医師も外国人医師も手術による以外根治への展望は開けないと判断したからである。しかし、孫文の病状は、治療の術なしとされた。

　2月18日孫文は、慶齢らに付き添われて協和医院から鉄獅子胡同11号に移り、漢方に望みを託すことになる。

　孫文は、闘病の中でも、民国の前途を考え続けた。

　2月下旬には、重篤の孫文のもとで三種の遺嘱がまとめられた。

　3月11日早朝、孫文は、宋慶齢、孫科、汪精衛、邵元冲、黄昌穀、于右任らをベッドの側に呼び集め、「私のこのたびの北上は、縄張りを棄てて国家の平和統一を図るためである。国民会議により新国家を建設して三民主義、五権憲法を実現させるためである。……十数年国のために奔走したが抱くところの主義は未だ実現していない。同志諸君が努力奮闘し、国民会議を早期成立させ、三民・五権の主張が受容されれば、私もまた安んじて永久の旅立ちに就くことができる」[2]と語った。その後午前8時頃、何香凝が病室に孫文を見舞い、臨終が迫っていることに気が付き、宋慶齢にそれを告げると、彼女は泪をこらえて決意し、「時が来ました。……遺嘱の署名を手伝います……」と応じた。

　このような中で、孫文は「レーニンのように防腐剤で遺骸を保存して納棺の上……南京紫金山の麓に葬るように……」と指示した。南京は、中華民国臨時政府成立の地であり、辛亥革命を忘れないためであった[3]。

　翌3月12日午前9時30分、孫文は「革命尚未だ成らず……」の言葉を遺して死去した。

　孫文死去前後の日程は、当然のことながら宋慶齢にとって過酷なものだった。孫宋は、随行者とともに、前年の11月13日に北上のため広州を出発して以来、上海、日本・神戸を経て天津に至って病状が明らかになり、大晦日に急ぎ北京に移り、さらに北京飯店、協和病院、鉄獅子胡同と移り住みながら、慶齢は孫文の闘病を支え、昼夜を分かたず看護を続け、心労に心労を重ねこの時を迎えていたのである。

一、宋慶齢・1925年　119

　3月16日宋慶齢は、上海の住居に電報を打ち、「孫中山先生在世中の書斎の書類、家具類の原状を保存するように」[4]と指示した。彼女にとって、孫文は夫という「私人」である前に中華民国創建の指導者、「公人」であった。彼女の孫文に対する第一義的立場（「革命を手伝いたい」）がここでも歴然と蘇ってくる。彼女の理性、謙虚さがさりげない。

　3月18日孫文自身が生前希望し、また妻宋慶齢及び家族の希望によって協和医科大学病院の礼拝堂で基督教の儀式による私的な葬儀が行われた。親族と国民党の指導者たちを含む約400人が参列し、礼拝堂に入りきれない凡そ一万人の人々が大学の門前に孫文の死を悼んで集まっていた[5]。

　孫文は、臨終を迎えた日、法務大臣を務めたこともある親友徐謙を枕元に呼び、彼の手をとり「私は、基督者だ。神がわが国民のために悪と闘うよう私を遣わされたのである。イエスは革命家であった。私もそうだ」と述べ、また、国民党の指導者たちに「私の妻（宋慶齢）が基督者である事の故に私の死後彼女を差別しないでほしい」と願った。この葬儀の礼拝の司式者劉廷芳は「孫博士の基督教的特質」について、孫文の生涯はまさに基督教の「信仰、希望、愛」を示すものであったと語ったと伝えられている[6]。

　3月19日午後北京中央公園社稷壇大殿で移霊大典が執り行われ、その後霊柩車で碧雲寺に向い、夕刻北京臨時政府による国葬が挙行されたが、それに馴染まない人々は、24日北京中央公園で数十万人を集めて追悼集会を開催した[7]。

　4月初め、ようやく宋慶齢が何香凝らと上海に戻ると、中国共産党女性指導者の向警予らが度々訪れ、慶齢を励ました。4月12日には、上海南市西門外公共体育場で10万市民による上海人民孫中山追悼大会が催され、慶齢は、母倪珪貞、孫文の長男孫科とともに参加した。大会では、何香凝が孫文の革命の生涯を紹介し、人々に対し「夫人の労苦と精神はまさに私の敬愛するところであります。先生は、日頃より夫人とよく語り、同志として革命のために継続して努力することを願っておられました。いま先生は死去されましたが、夫人はおられます。私は先生の言葉を思い起こし、夫人の後に従って、ともに奮闘します」[8]と熱く語った。次いで14日にも上海市閘北区で各団体が連合して孫中

120　第四章　宋慶齢の独立

山追悼大会を開いたが、慶齢は体調すぐれず、代理が出席した。当然のことな
がら南京でも追悼大会が催され、宋慶齢は赴いた。その間、自宅でも弔問客が
相次ぎ、国民党女性党員らも彼女を訪ねては励ました。

　しかし、孫文の「革命尚未だ成らず……」は、文字通りには共有されなかっ
た。孫文に追随した人々、支持した人々の中でも様々な思惑が早くも露呈し始
めた。

　同月24日、孫文の追悼行事も終わらぬ内に、彼が革命事業推進のためにこの
時点唯一の政策として選んだ「連ソ、容共、農工扶助」の所謂〝三大政策〟に
反対する動きが表面化した。黄埔孫文主義学会の成立である。前年1月の国民
党第一回全国代表大会における国共合作に裂け目が入ったと言ってよい。宋慶
齢の行く手に影をおとすものであった。

2. 五三〇事件の中で

　1913年夏宋慶齢は、第二革命の失敗のあと日本に亡命し、苦境にあった孫文
と出会い、2年後に、周囲の人々にとっては衝撃的であったけれども、二人の
間では必然の成り行きで、孫文と革命的と言われる結婚を果たした。彼女は、
孫文にとって良き伴侶であり、有能な秘書であり、同志でもあった。宋慶齢は、
孫文から多くのことを学んだ。広東の農村の貧しい農民の子として生まれ、ど
んな風に育ったか、村の暮らしはどうだったか、兄さんがハワイに渡り、やが
て彼を引き取り、学校に通わせてくれたことなど。欧米のこと、世界のこと、
やがて祖国を見つめ、その変革の必然を考え、自身もその責務を負っていると
考えるようになったことなど。多くのことが、慶齢の父親宋嘉樹の来歴とも重
なり、自身の留学体験や祖国への想いにも重なって二人の間で共有できた。し
かし、孫文が「革命」のために実際的に取り組み、苦闘した足跡を辿り、理解
するのは容易ではなかった。また、慶齢は、ひたすら孫文に追随しているだけ
ではなかった。L＝シャーマンの伝えるところによると[9]「孫文と彼女との年
齢の差は20数年あった。二世代が同居交流しているようなものであった。逆に
言えば、宋慶齢は、新しい世代が担うべき潮流を至近で孫文に伝えることがで

きた」。

　孫文没後、葬事追悼行事に明け暮れた1か月余であったが、時代の潮流は、宋慶齢に前途を慮る暇も許さず、彼女を取り巻き、突き動かすことになった。

　5月30日、上海の学生や群衆が帝国主義反対のデモや演説を行ったところ、租界警察が銃砲をもって弾圧、十余人の死者を含む多くの負傷者を出した。五三〇事件である。

　英国、日本の進出企業の横暴な経営に対する中国人労働者の組織的抵抗はすでに着実に拡大しつつあった。孫文ら国民党による反帝国主義アピールと指導と併せて21年に成立した中国共産党も指導力を発揮し始めていた。

　1925年1月孫文が宋慶齢に付き添われて北京で闘病している頃、上海、青島では、中国共産党の指導の下に日系紡績工場の労働者がストライキを行っていた。次いで、2月には、上海の22の日系紡績工場の労働者3万余人が一大ストライキを敢行した。また、5月15日上海内外綿の日系7工場が紡績原料の不足を口実に工場を閉鎖し、賃金の支払いを停止した。これに対して労働者は当日賃金の支払いを要求したが、経営者側は応じることなく、ついに労働者の共産党員顧正紅を銃殺し、労働者10余人に傷を負わせた。翌16日、中共中央は、各地の労働者、農民、学生の団体に対して、上海内外綿工場労働者の闘争を援助するよう呼び掛けた。こうして、30日の反帝国主義行動が組織され、午前上海各校学生が公共租界でビラをまき、演説し、反帝国主義宣伝を展開した。しかし、同日午後、労働者を声援した学生たち100余人が租界警察によって拘束された。このことが、学生、その他の群衆を憤慨させ、彼らが租界警察の門前に群がり、学生の釈放を要求した。これら学生、市民に対し英国巡査が銃口を向け、発砲し、大惨事に至った[10]。この惨事を契機に反帝国主義運動は、五三〇運動として全国主要都市に波及した。

　こうした中、昨年来の心身の疲労を癒すまもなく、宋慶齢は立ち上がり、動き始めた。

　6月5日、宋慶齢は、上海各界婦女連合会の結成大会に招待され出席し、女

性たちの五三〇運動支援の活動にエールを送った。この日午後、向警予らにより発起された同会には、婦女運動委員会、女子参政会、女界国民会議促成会、上海女同学会、中国女体校、勤業女子師範、愛国女校、大同大学、大夏大学等24の団体及び学校代表計80余人が参加した。大会主席鐘復光は、開会の挨拶の中で、該会設立の趣旨は「一に、五三〇運動を援助すること、二に、女性のために利益を謀ること……」と述べ、孫文の遺嘱を引用し、「帝国主義の圧迫は我々の頭上にある。我々は、起ち上がらなくていいのだろうか？ 指導者はいなくなったが、我々民衆は起ち上がった。革命尚未だ成功せず、同志すべからく努力すべし」と訴えた。宋慶齢は、これを聴いて深く感動した[11]。

　4日後宋慶齢は、上海『民国日報』の記者の取材に応えて、談話を発表した。彼女にとっては、最初の公開での政治的発言であった。

　上海『民国日報』は、5月30日の南京路の大惨事以来、「南京路惨案発生以後」という特集を組み続けるが、その6月9日版の冒頭に「孫中山夫人の談話」を掲載した[12]。記者が5月30日の惨劇について、宋慶齢に意見を求めたところ、彼女は、極めて憤慨して語った。「このたびの惨劇は、簡単に言えば、実に英日強権の中国革命精神に対する圧迫であります。中国人民は、一致して英国警察の暴行に反抗しましたが、これは実に上海では最初のことです。我々が恃むべき武力は何か？ それは全国国民の愛国心と団結力のみです」[13]と。

　彼女は、「愛国の情は、日々熱く高まっているが、惜しむらくは、未だ組織されず、然るべき指導に欠けている。これが暴動に化せば、救国の道を開けなくなる。愛国の焔を救国の手立てにせねばならない。中国国民すべてに救国の重責がある。中国国民党党員は、その領袖が成し遂げられなかった志を成し遂げるべく努力しなければならない」と語り、訴えた。また、宋慶齢は、「最近の学生、労働者と市民の愛国運動の中に、孫先生の精神を見ることができます。故に孫先生の精神は未だ死んでいません。我々は、共に起って、民族のために独立を勝ち取り、人権のために保障を勝ち取らねばなりません」とも述べた。孫文の志をしっかりと担い、独り立つ宋慶齢をそこに見た。同時に、彼女は、すでに同世代を含む同志の群れの中にいた。

一、宋慶齢・1925 年　123

　宋慶齢の談話は、言葉で終わらなかった。彼女は、すでに行動していた。国内の団結を訴える中で、各省で大規模な募金活動を展開し、失業労働者を援助することに言及したが、談話を発表した同日、于右任、徐謙、沈儀彬、戴季陶らと五三〇事件失業労働者救済会を組織、発足させ、「募金のお知らせ」を『申報』紙上に発表した [14]。この「募金のお知らせ」には、各界が大反響し、どっと大枚の寄付が寄せられた。慶齢自身は勿論、母倪珪貞、弟宋子良も率先して浄財を投じた。また、「孫夫人」の名で呼びかけられた米国、カナダ、フィリピン、ニカラグァ等諸外国の華僑、国民党総支部からの寄付が全体の三分の二に及んだという [15]。「募金に強い宋慶齢」は、この時に始まる。

　『民国日報』に談話を発表した翌日の 6 月 10 日、宋慶齢は、上海大同大学学生会の要請に応えて、同大学で「近年の外交史」と題して講演した。多くの学生たちに世界情勢、諸国の中国政策、五三〇事件の背景になっている諸問題について語ったのである。

　また、同時期、宋慶齢は、楊杏仏に委託して、上海で『民族日報』を発刊させた。帝国主義反対を広く宣伝し、民族精神を全国的に喚起するためであった。楊杏仏が編集主任に就き、他に共産党員の高爾松が編集員となった。紙面は、五三〇事件の諸問題を討論し、同時に孫文の民族主義を踏まえて、中華民族精神を提唱する場とすることを目指すものであった。

　楊杏仏は、1893 年 4 月、江西省玉山で生まれた。父親楊永昌は典獄吏であった。幼時父親に従って楊州、杭州等の地に移り住んだが、1907 年、上海呉淞にあった中国公学に入学、1910 年密かに同盟会に参加していた。卒業後、河北省唐山路の礦学堂予科に進学したが、まもなく辛亥革命勃発により、学業を棄て、武昌に赴き、戦闘に加わった。18 歳の秋のことである。

　翌年 1 月、南京に臨時政府が成立した時、楊杏仏は、総統府秘書処で会計を務めた。その後、柳亜子の紹介で南社に加入した。臨時政府解散後は、北京に出て京津同盟会の革命党人の機関紙『民意報』の記者を務め、同盟会の政治主張を発信した。1912 年 11 月、楊杏仏は、11 名の稽勛留学生の一人として渡米、

124　第四章　宋慶齢の独立

翌年ニューヨーク州のコーネル大学電機科に入学、機械工程学を専攻した。卒業後、さらにハーバード大学商学院に転入、1918 年 5 月、ハーバード大学院商学院修士の学位を取得、同時期に趙志道と密かに結婚、まもなく帰国した[16]。

　1918 年 5 月と言えば、宋家では、父宋嘉樹が死去し、他方、孫文が西南軍閥と官僚政客の政略に遭い、第一次護法運動に失敗して大元帥を辞任、広州を離れ、迂回して難を逃れ、やがて、上海到着後は、仏租界環龍路 29 号に居を据えて、再起を期し、革命と建国の構想を練ることになるのである。

　楊杏仏は、1918 年上海に帰国後、最初に漢冶萍公司漢陽製鉄工場の会計処に勤めた。ところで、この会計処であるが、宋子文が 1917 年に帰国後同公司上海事務所秘書と掛け持ちで科長を務めていた処である[17]。楊は、翌年 8 月には国立南京高等師範学校で教壇に立つことになり、商科主任も併任したが、のち文理科経済学教授となり、次いで工科教授となった。1924 年 12 月故あって教職を棄て、再度孫文の下に身を投じることになった。それで、孫文病没後、孫中山葬事準備処主任幹事として、宋慶齢の身近で五三〇運動にともにかかわることになった[18]。

　宋慶齢は、五三〇事件以後、様々な場面で弾圧者に抗議し、弾圧に抵抗する労働者、学生、市民を擁護し、激励するために声明を発表し、論陣を張った。この政治的、社会的デビューに当たって、彼女を直接的にサポートしたのは、ダレか？　孫文の革命事業に参加し、英語で考え、英語で書き慣れた彼女と言葉を共有し、翻訳できるのは、楊杏仏ではなかったか……？　実際そのことを暗に証する史料の一端が残されている。楊杏仏は、2 件の英文草稿を同封した宋慶齢書簡を受け取っている。宋慶齢は、書中「私の草稿について貴方と許謙倫先生に一通り目を通して頂きたいと思います。不必要な語句は、削除し、貴方がたが必要だとお考えになったものを付け加えて下さい」と述べている[19]。

　楊杏仏は、孫文にとっては第二世代であるが、宋慶齢にとっては同年齢の同世代である。二人は、孫文の思想と事業をともに継承しながら、独自の道を模索する掛け替えのない同志となる。

3. 婦人運動との出会い

五三〇運動が波及し始めた6月5日、宋慶齢は、上海西門の勤業女子師範学校で開催された上海各界婦女連合会成立大会に沈儀彬とともに招待され、出席し、参加者の熱烈な歓迎を受けた。向警予等によって発起されたもので、20余の団体と個人80余人が参加した。参加団体には、婦女運動委員会、女子参政会、女界国民会議促成会、上海女同学会、中国女体校、愛国女校等があった。同婦女連合会は、一には、五三〇運動を支援すること、二には、婦女階級の利益を図ることを趣旨とした。「リーダーは、いなくなったけれども、我々民衆は起ち上がった。革命尚未だ成らず、同志なお須らく努力せよ」と大会主席が挨拶を締めくくったとき、宋慶齢は深く感動し、泪をこらえた[20]。

宋慶齢の女性解放、女性運動に対する関心と思索、実践的関わりは、すでに言及してきたように、青年期以来の彼女自身の人間としてまた女性としての問題意識に根差すものであった。

前述したが、宋慶齢は、米国留学中の1913年に小論 "The Modern Chinese Women"（「近代中国の女性たち」）を発表し、女性である自身の生き方を問いかけ、特に海外で教育を受けた女性たちの在り方、生き方に思いを致した。それは、彼女にとって女性に視点を据えた最初の文章であった。

宋慶齢は、その中で、「彼女たちは、より良い訓練を通して、公共の福利をとりわけ大切なことと強く受け止め身を処する義務があると、他国の卒業生よりずっと深く認識している」と述べ、高等教育を受けた女性は、個人的な枠を越えて、公共の福利のために働くべきであり、このような女性の社会進出を促す考えを明らかにした。〝公共の福利のために〟は、やがて彼女の生涯の思想と実践のテーマとなる。

同時に、宋慶齢は、当時中国の都市の女性たちが先進国の場合と同様、多くの自由及び男性と対等の地位を獲得しつつあることに触れながら、「彼女たちの目指す〝女性の権利〟は、男性たちの間で行われるような争いを伴うものでないことを願う」と述べている[21]。女性として人間として、社会的政治的自他の

126 第四章 宋慶齢の独立

権利を主張したが、権力からは距離を置き、それを敢えて求めなかった宋慶齢
の品位と理性の萌芽を感じる。

　それからまもなく、日本で孫文と出会い、革命の苦闘の中に身を置いて10年
余を経て、彼女は、孫文北上の途上訪れた日本で、たまたま女性について語る
ことになった。しかし、この時の宋慶齢は、個々の女性の権利を云々しなかっ
た。女性が近代国家建設の中で、東洋の発展のためにどのような役割を果たせ
るかを問題にし、そのための自覚を促し、日中両国女性の提携を求めた[22]。彼
女は、1913年米国留学を終え、日本で第二革命失敗後日本に亡命していた父宋
嘉樹ら家族と合流し、また孫文と再会して、彼らの革命事業の実際に触れ、や
がてそれらを手伝うようになってから約10年の間に、女性の在り方について考
える彼女の視点にも大きな変化が生じた。女性である前に人間であり、人民で
あり、国家の構成員であることを認識した。現実には、封建的な様々な桎梏と
抑圧下に喘ぐ女性大衆があり、それは女権以前の問題というより、中国革命を
担う人民大衆そのものの現状に関わる問題であることへの覚醒であった。1924
年前後の第一次国共合作時期、孫文・宋慶齢と交流を重ねた中国共産党の創始
者の一人、李大釗は、1919年2月の『新青年』に「戦後の女性問題」を発表し
た。この中で、彼は、女権運動は、「上層社会内部で男子と同等の権利を得よう
とするに過ぎない」と述べ、女性の解放を社会全体の解放や労働者の解放と結
び付け、真にすべての女性を解放しようとするならば、「女性全体の力を合わせ
て男子専制の社会制度を打ち破らなければならない」と指摘している。宋慶齢
に与えた影響は大きいと考えられる[23]。

　宋慶齢が上海各界婦女連合会の成立大会に招かれ、五三〇運動に熱心に取り
組む女性たちを目の当たりにし、彼女たちの口から孫文の「革命尚未だ成らず
……」を聴いて、大いに感動していた頃、彼女の大先輩何香凝は、宋慶齢を闘
う女性たちのリーダーとして担ぎ出そうとしていた。

一、宋慶齢・1925 年　127

　当時国民党中央婦女部長に就いていた何香凝は、国民党中央執行委員会に書簡を送り、婦女部長の職を辞退させてほしいと懇請した。「(宋慶齢は) 学問は中国、西洋に通じ、経歴は豊かです。……宋を婦女部長に任ずれば、その声望により党務は発展するでしょう」また、「孫夫人が独り上海におられるのは、寂し過ぎます。中央執行委員会の名義で宋を広州に戻し、婦女部長に任じて下さい」というもので、「何香凝の譲賢 (賢人に地位を譲る) の提議」と称された。会議は、この提案を満場一致で通過させた[24]。それで、即刻、廖仲愷、鄒魯、汪精衛の 3 人が連名で、宋慶齢に書簡を送り、婦人部長に就くことを要請した。

　ところが、約 1 ヶ月後の 7 月 25 日に宋慶齢は、廖仲愷ら 3 人に丁重な返信を書き、「諸先生の後に従って国のため、党のため働きます」からと婦女部長就任を辞退した。この 7 月 1 日に汪精衛を主席とする中華民国国民政府が正式に成立し、孫文亡き後の革命政権の再スタートとなったが、他方、五三〇運動がさらに高潮し、広大な労働者、学生、市民を巻き込み激化していた。そんな中、同月 2 日、宋慶齢は、『広州民国日報』に「広東広西税関の剰余金を勝ち取るために英帝国主義と闘った孫先生」を発表し、「孫中山先生は、帝国主義を中国民族独立の大敵と見做し、英国人の中国侵略の在華大本営は実に税関である、と考えていました」と述べ、税関収益回収の重要性を指摘した[25]。宋慶齢は、列強の様々な帝国主義的支配がなぜ中国の独立を脅かし、政治社会を混乱させるのかを訴えたのである。彼女は、五三〇運動の中で、まず、帝国主義に反対して民族の独立を勝ち取る闘いに軸足を置こうとしたのである。女性の覚醒、組織化、政治社会活動を促す活動を疎んじたのではなかった。

　何香凝は、宋慶齢を中央政府の婦女部長にしたいという思いを諦めなかった。また、追って 8 月 7 日再度、鄒魯が「本会の決議を経たのだから……」と宋の婦女部長就任を懇請した。

4. 廖仲愷、暗殺される

　宋慶齢が再度婦女部長就任を懇請されてから 2 週間も経たない 20 日、何香凝の夫であり、孫文が生前最も信頼した国民党中央執行委員、国民政府委員で財

政部長を兼務する廖仲愷が暗殺された、というニュースが飛び込んできた。孫文を亡くして半年も経たない内に、孫文と共に一番頼りにしていた廖仲愷が殺されたのである。いったい誰が……？　五三〇以来、孫文が遺嘱で訴えた反帝国主義、民族の威信・独立を掲げて労働者、農民、学生、女性たちが闘いに起ち上がっている時に、その実際的な指導者の一人、廖仲愷が殺された。反革命を策動する右派の仕業か？　それとも、私怨か？　やがて、犯人を操ったのは、胡漢民の身内の胡毅生だとか、はたまた、孫文の同郷の友人朱卓文の名も挙がり、噂されたが、本当は、もっと大きな背景があったに違いないと未だに真相は判らない[26]。これ以降も嘗て孫文の下でまとまっていた人たちの間に深刻な亀裂が入り、離合集散、対立抗争が免れなくなる。

　宋慶齢は、上海でその知らせを聞くや悲痛な衝撃に襲われ、同時に憤りに震えた。彼女は、即刻何香凝に電文を書いた。「わが党の損失は甚大にして痛切。おばさまもまた悲痛の極みでおられることとお察しいたします。廖仲愷先生は、党のために犠牲になられましたが、精神は尚生きています。私は、その志を受け継いで進みます。本来ならば、広州に赴き、葬祭を担うべきところ、事情が許さず馳せ参じることができません。各同志が本党を助けて積極的に進み、万が一にもこのために挫折しないよう願っています」と。孫文を失って半年も経たない内のこの衝撃的事態を、姿勢を崩さず受けとめ、前向きに必死に対処しようとする宋慶齢の姿があった。彼女は、「南を臨んで泪を堪え、お悔やみ申し上げます」と結んだ。

　国民党は、孫文在世の第一次国共合作当初から様々な矛盾を孕んでいたが、1924年1月の第一次全国代表大会で掲げられた、後日三大政策と総称される政策[27]——連ソ・容共・農工扶助——が亀裂の決定要因となる。孫文は、三民主義の政治理想の実現のための方法として、この政策を唯一の選択肢とした。1915年の日本の21ヶ条要求で火がついた反帝国主義の気運、19年の五四運動、21年の中国共産党の成立……、革命思想を国際的視野で学び、理論武装した若い世代の登場は、革命運動の在り方を変え、前近代を内包する旧世代との間に明らかな乖離を生じていた。しかし、孫文はすでに、その乖離を克服していた。

一、宋慶齢・1925 年　129

　宋慶齢は、伝えている、「国共両党間の統一戦線は、確かに、国民党内部で激烈な闘争が行われる過程で徐々に形成されたのです。国民党右派は、孫中山が社会主義に傾き、三民主義を刷新するやり方に不満でした。彼らは、彼の三大政策を非常に憎みました。特に「労働者農民を援助する」項目を目の敵にしました。彼らは、この項目は、彼らの利益を脅かすものと考えました。このような合作の中で、孫中山が一歩踏み出すたびに、多くの人は、彼を連れ戻そうとしました。彼がこの統一戦線の実現を決定し、宣言したのを聞いて一部の人は、私が彼らの行動を援助すると思い、私を訪ねてきました。私が彼らに同調することを断り、孫中山が断固やり続けた時、彼らは脱党し、公然と孫中山を攻撃しました。……党内で孫中山を揺るがず、果敢に支持した人の中に、廖仲愷と朱執信がいましたが、彼ら二人は、反革命者によって暗殺されました」[28]。

　宋慶齢は、孫文の下で多くを学び、体験しながら、自らと同世代の、これら新進のグループとその認識を共有することができた。

　宋慶齢にとって忘れ難い、激動の 1925 年も 12 月を迎えたが、まだ上海に留まり続けていた。惨殺された廖仲愷の霊前に詣でたい、夫人何香凝を見舞いたい。「広州に戻ってほしい」という党の要請にも対応しなければならない。そんな時、何香凝から早く広州に戻り、婦女部長に就任するようにという要請状を受け取った。同書状には、「女性同志たちが貴女を国民党第二次全国代表大会代表に推挙し、貴女が早日広州に来られることを願っていますから、それに応えて下さい」と書き添え、最後に、救護伝習所及び廖仲愷を記念するために農工学校等を創設する活動の発起人になって頂きたいとも書かれていた[29]。

　また、広州では、同月下旬国民党中央が翌年元旦に第二次全国代表大会を召集することを決め、また、何香凝の「宋慶齢を広州に迎え、婦女部長に就任させる」旨の再提案に同意した。

　1925 年 12 月 31 日広東省党本部は、選挙大会を開催し、投票を経て、宋慶齢を国民党第二次全国代表大会代表に選出した。

　宋慶齢の 1925 年は、北京で孫文の闘病を支えることで始まり、孫文の遺業

130　第四章　宋慶齢の独立

の継承を志す国民党第二次全国代表大会の代表に選出されることで締め括られた。政治家宋慶齢の誕生でもあった。

二、革命の高潮と挫折

1. 中国国民党第二次全国代表大会に参加

　1926 年 1 月 1 日、中国国民党第二次全国代表大会が広州で開幕した。国内各地と海外からの代表は計 256 人、内五分の二が共産党員であった。汪精衛は開幕の挨拶で、本大会在席の代表の任務について述べた。「総理孫文が決定した政策を継承し、総理の遺嘱を受けとめ、総理の革命精神を堅持し、継続して努力、奮闘し、中国革命と世界革命の成功を求めなければならない」と [30]。宋慶齢は、3 日に上海を離れ、香港で広州国民政府から派遣された広東省財政庁長の宋子文と国民政府副官長馬湘に迎えられ、広州に赴き、同大会に参加することになった。7 日、熱烈歓迎の中、宋慶齢が広州に到着すると、主席団の内、中部を代表する主席（議長）がまだ到着していなかったので、汪精衛の動議で中部の事情にも通じる宋慶齢が未到着の主席に代わって主席団に加わった。故総理を記念する趣もあったであろう。

　孫文と一緒に北上のため広州を出発してから一年余、宋慶齢にとって激動の日々だった。大きく変わった情況の中で、津波に呑まれるように多くの人々と再会した。新聞記者も取材を求めた。宋慶齢は、広州『民国日報』の英文版記者と会見した。

　　記者：孫夫人、我々は、貴女が広州に戻って来られたことを大いに歓迎します。また、貴女が長期に亘りここにおられることを希望します。
　　宋慶齢：ありがとう。私が孫中山と北上のため広州を離れてから 1 年余になります。この間国家の困難を認識し、同時にまた、国家に対して希望を膨らませることになりました。しかし、最近発生した若干の事は、我々の希望を打ち壊すことになりかねません。昨年は、私個人にとっては言

うまでもなく、国家にとっても悲劇的な 1 年でした。わが夫は世を去り、上海では〝五三〇の惨劇〟が発生しました。当時、帝国主義の管制下にあった報道では、一体どういうことが発生したのか、我々にははっきりとわかりませんでした。次いで、ここでまた、英国による「沙基の惨劇」が発生したのです。しかし、敵の恣意歪曲にあっても事実の真相を変えることはできません。全中国の大衆は、党派の別なく、みな殺害された同胞に同情を寄せています。廖仲愷先生が暗殺されたのもまた、昨年の最も悲しい事件でした。私は当時、上海で、夫の陵墓の企画と党の仕事に従事していたのです。私は、広州に来て、このたびの会議に参加できたことをうれしく思っています。同時に、温かい歓迎を頂いたことを喜んでいます。

さらに、宋慶齢は、「私は、私たちの同志の努力が成果を収めていると受けとめています。私は、また、もし、孫中山が彼の後進者たちが彼の事業を継承していることを知ることができたら、彼は、誇らしく感じると私は信じます」と述べた。しかし、彼女は、党内の人々の動向を楽観視しているわけではなかった。記者が、若干の国民党員が北京で所謂西山会議を開催したことに触れ、国民党の前途についてコメントを求めると、宋慶齢は、

中国の前途は、中国を帝国主義の奴役と軍国主義の侵略の中から解放するために無私に尽力し、活動する政党の肩に懸っています。それは、明瞭にして容易に納得できる常識であり、疑いなく真理です。

と、応じた[31]。北京におけるこうした動きは、国民党の政策に反対する背反者の存在を明らかにするとともに、国民党が有力にして強力な政党であることを証明したとも指摘し、西山会議に参加した党人の動機について分析した。彼女には、すでに政治家としての信念の依るべきところが明確で、政治環境、情況を読み取る眼が育っていた。

132　第四章　宋慶齢の独立

　その晩、宋慶齢は、宋子文も同席する中で、何香凝と会い、二人は、手を取り合って涙を流し、溢れる思いを吐露し合った。

　翌日、宋慶齢は、開催中の全国代表大会に出席し、演説の冒頭で、「私は、種々の事情から早々会議に駆けつけることができなかったことを大変申し訳なく思っています。いま、汪精衛先生ほか諸先生のご好意により、議長席にあることは、恥ずかしく、また感謝に堪えません」と挨拶し、「革命党人は、堅く団結し、人々の挑発に乗ることなく、一人二人の意見に振り回されることのないようにと願っています。何故なら、先生の主義の成功不成功は、諸君の努力にかかっています。もし皆さんが力を合わせれば、先生の主義は必ず成功し、実現することができます」と、訴えた。

　1月中旬、宋慶齢は、何香凝、鄧穎超と一緒に「婦女運動決議案」を丁寧に審査し、大会に提案、通過させたが、この議案は、「女性たちは、急ぎ起って国民革命に参加しよう！」とアピールしていた。もはや女権を争うのでなく、国民の一人として革命を担うことが求められていた。また、この大会で、宋慶齢は、有効投票総数249票中245票を獲得して国民党第2期中央執行委員に当選した。この時、新たに当選した中央執行委員・候補中央執行委員の中には、李大釗、林伯渠、毛沢東、鄧穎超ら14名の共産党員がいた。

　宋慶齢は、その後、中央執行委員会で惲代英、詹大悲とともに特派駐上海の中央執行委員に選出された。中央執行委員会常務委員会の下に組織された八部の中の一つであった婦女部部長には、何香凝が就いた。また、宋慶齢は、招聘されて、黄埔軍校の特別講師となり、ボロディンと一緒に対外宣伝活動を担当し、当時の東アジアの革命の震源地を訪れるソ連顧問、国際活動家、ジャーナリストに応対した。

　宋慶齢は、台頭する女性群衆の中でも、最も人気のある一人であった。彼女は、自らの哲学と思想をもち、広い視野と体験を通して、起ち上がり始めた同胞に語りかけることができた。

　宋慶齢が広州に着いてまもなく、中国国民党婦女部、広東婦女解放協会など広州各界の女性たちが歓迎会を催した。宋慶齢は、その舞台で、「私は、数年前、

二、革命の高潮と挫折　133

広東で出征軍人慰労会と紅十字会を皆さんと一緒に組織した時のことを思い出します。今また、ここに一堂に会して……」無上の喜びを感じると述べ、次いで、第一回の全国代表大会の時の女性代表は、たった三名で、それも総理の指名によるものだったが、このたびの大会の女性代表の数は幾倍にもなっていると指摘した。「三民主義を理解し、国民革命は我が国が帝国主義の圧迫からの脱離を図ることだということも知り、さらに党の綱領第12条において〝法律上経済上社会上の男女平等の原則を確認し、女権の発展を助成する方針〟を実現した」と語り、女性たちに「本党は、国家の自由と独立を求める以外に、我々自身をも解放できる」と明るいメッセージを送った[(32)]。

　彼女は、3月の初め、孫科らと広州を離れ、上海に戻った。

2. 武漢遷都：婦人政治訓練班を指導

　国民党第二回全国代表大会では、故孫総理遺嘱の堅持ということで、1年前の国共合作の方針——連ソ・容共・農工扶助——による三民主義の政策が辛うじて表向き継承されたかに見えたが、実際は、すでに半ば公然と党内分派、亀裂が深刻に進行していた。国共合作における相互矛盾と不信を内包したまま、国民革命の気運は高潮し、北伐を準備した。どのような理想、どのような野望にとっても、国家の統一と独立は、共通の巨大な一里塚であった。国民党中央政治委員会は、汪精衛を主席に任じ、国民政府軍事委員会は、蔣介石を国民革命軍総監とした。蔣介石は、さらに中央軍事政治学校（旧黄埔陸軍軍官学校）の校長となり、軍権を一身に集めた。

　こうした中、3月20日、蔣介石は、中山艦事件を策動し、何十人かの共産党員を逮捕し、同時に広州に戒厳令を布き、ソ連顧問の住宅を包囲し、広東省・香港の労働争議に武力介入した。一方、政権を託されていた汪精衛は、蔣介石の専権に対応し難く、密かに広州を離れ、病気治療を理由に渡仏した。汪精衛が退いた広州では、5月中旬の中央委員会で、蔣介石、譚延闓、孫科らが提出した「党務整理案」が通過した。この整理案では、国民党に加入する共産党員の執行委員の人数を各レベルで三分の一以下にすること、共産党員は、中央の

134　第四章　宋慶齢の独立

部長の職責に就けないことなど規定していた。そのため国民党中央の部長職に
あった共産党員は退任を余儀なくされ、国共合作の体制の骨格が壊された。蔣
介石が国民党中央軍事部長と組織部長を兼任し、彼の支持者張静江が中央常務
委員会主席となり、広州国民政府の最高権力を形成することになった。北方で
は、この時期、すでに段祺瑞が下野して天津に退き、臨時政府は瓦解し、無政
府状態にあった。

　1926年5月下旬、北伐先遣隊が発進し、三民主義による国家統一を目指す北
伐戦争の幕が上がった。中国は、南北の対立、軍閥の割拠を克服して近代的な
統一国家を建設しなければならなかった。

　宋慶齢は、何香凝らとともに、国民党立紅十字会の活動を通して北伐の国民
革命軍をバックアップした。人々に党立紅十字会への賛助と入会を呼びかけ、
「革命軍兵士、同志たち、貧窮にある民衆を救護するために力を尽しています。
革命軍は、我々民衆のために利益を図っています。革命軍は、国民党の主義の
ために我々の武力となっています」と説いた(33)。

　6月、蔣介石が国民革命総司令に就き、国民党中央婦女部は、従軍紅十字隊
を組織して、北伐前線に赴いた。

　7月、北伐宣言が発せられ、全国人民に北伐への支持、支援、参加が呼びか
けられた。蔣介石は、張静江に代わり常務委員会主席に就き、党・政・軍の大
権を掌握することになった。

　9月に入ると、北伐軍は、漢陽、漢口を攻略し、武昌を囲み、武漢に迫った。
蔣介石は、武漢に政治の拠点を置き、まずは大局に対処することを目論見、政
府委員及び中央委員数人の先遣隊の武漢入りを促した。

　この頃、馮玉祥がソ連より帰国し、国民軍聯軍総司令に就任、国民党の主義
の受容を宣言し、全軍を率いて国民党に入ることを宣言した。

　宋慶齢は、同じ頃、妹宋美齢と一緒に広州を訪れ、党立紅十字会で募金部部
長に就き、北伐により推進される所謂大革命の潮流に繊細な身を置くことにな
る。

　11月16日、広州の政府、党の要人の一部が先遣隊として新しい政治の中心

と想定された武漢に向かうことになった。宋慶齢、交通部長孫科、司法部長徐謙、外交部長陳友仁、ソ連顧問ボロディン等に随員 60 余人が同伴した。彼らは、専用列車で広州を出発したが、駅では万余の各界の人々が「奮闘！」、「前進」と声を張り上げて見送った。宋慶齢は、灰色の絨袍を身に着け、贈られた花篭などを抱え、にこやかに謝意を表していた[34]。蔣介石は、これら先遣隊の北上を知り、大変喜んだ。

　一行は、武漢に赴く途上、鉄道は韶関まで、あとは広東南雄まで 5 日間徒歩であった。宋慶齢と部長級の政治家は、座椅子で担がれて運ばれたが、その他の人たちは、曲がりくねり、雑草の茂った狭い道を歩き進むほかなかった。南雄から当時の政治と商工業の中心地武漢に至る時も同様のコースが多かった[35]。宋慶齢たちは、担ぎ手たちの負担を慮って、輿から降り、みんなと一緒に歩いた。宋慶齢にとっては生涯初めての経験で、疲労し、苦労したが、却って意気軒昂のところもあったに違いない。武漢では、1 万余の民衆が彼らを歓迎した。11 月 26 日国民党中央政治会議は、武漢遷都を正式に決定した。

　宋慶齢は、ここでも早々新しい女性指導者として歓迎され、徐謙夫人とともに招かれた漢口婦女協会では、「女性解放を図ろうとするならば、まず女子教育を提唱すべきです」と講演した。徐謙夫人は、「まず不良習慣から解放し、同時に一切の平等を図りましょう」と語った。

　この年末、宋慶齢の母親が藹齢と美齢を伴って武漢を訪れ、宋子文の住居に滞在し、宋家は、久しぶりで一家団欒の年越しをした。宋子文は、武漢では、漢口ロシア道勝銀行の建物の中に住んでいた。

3. 反革命の嵐

　1927 年 1 月 1 日、国民政府は、武漢を首都と定め、武昌、漢口、漢陽の三鎮を京兆区とし、この日、正式に武漢に政権を樹立した。宋慶齢にとって武漢遷都は、夫孫文の願望でもあった。ところが 2 日後思いがけないことが起こった。蔣介石が前年 11 月 26 日の中央政治会議の武漢遷都の決定と彼自身の主張を忘れたかのように、南昌で中央政治会議第 6 次臨時会議を召集、公然と国民党中

136 第四章 宋慶齢の独立

央党部と国民政府が暫時南昌に留まることを決めてしまい、翌日南昌に中央党部臨時事務所を開設したのである。

こうした中、宋慶齢は、中国国民党婦女党務訓練班主任に推挙された。革命軍の勢いは日を追って進展し、長江流域にまで達した頃には、党務、政務も日に日に拡大増大かつ複雑化し、中央は勿論、各省各地においては対応する人材が不足してきた。特に党務における女性の人材不足は深刻だった。この急務に応えるために、武漢臨時中央党政聯席会議は、婦女党務訓練班の設立を急遽決定したのである。

九江埠頭の労働者が英国水兵と衝突し、英国艦隊が威嚇するという情況の中で、宋慶齢は陳友仁・蔣作賓と連名で、蔣介石、張静江、譚延闓に対して、国民政府をどこに置くかの問題は、中央執行委員会全体会議をもって決定すべきで、それまでは、武漢当局がその機能を維持すべきであると打電した。これとは別に、彼女は、蔣介石に「南昌で徘徊して前進しないのは、革命を誤らせます」と電文で伝えた[36]。

結局、蔣介石は自ら促した武漢遷都をないがしろにした。彼は南昌に留まり、独り軍・党・政の全権を動かそうとした。彼にどのような思惑が働いたのか？

1927年春、北伐軍は、順次主要都市を抑え、革命の機運は日一日と高まり、労働者、農民も広く組織され、教化され、意識も高まった。3月21日には、上海の労働者が3回目の武装蜂起に起ち上がり、軍閥部隊との30時間に及ぶ激戦の後、上海を占領した。蔣介石の軍隊も機に乗じて上海に入城、蔣介石本人も追って軍艦で上海に至り合流した。24日には北伐軍が南京を占領し、その夜米英軍が居留民の保護を口実に南京市街を砲撃し、南京事件を引き起こした。

4月1日武漢政府の指導者汪精衛が帰国した。汪精衛は、前年5月、蔣介石専権に抵抗し、病気治療を理由に広州を離れ、フランスに赴いていたが、政局と革命の逡巡に触発されてなのか、どうか？ ベルリン、モスクワを経て帰国した。武漢の国民党中央執行委員等の多くは、彼の帰国を歓迎した。漢口に着いた汪精衛は、早速、国民党中央主席及び国民政府主席の職務に就いた。しかし、彼が武漢で期待されていたのが、何だったのか？ 彼自身どのようなスタ

ンスでその地位に臨んだのか？　解らない。宋慶齢、何香凝、鄧演達のような
国民党左派（三大政策を堅持）は、この時点の汪精衛をどう見ていただろうか？

　4月12日、蔣介石は、上海で反革命クーデターを発動した。労働者糾察隊の
武装を解除し、労働者と共産党員を逮捕し、殺害した。ついで、広東、江蘇、
浙江の各省でも同様の弾圧を繰り広げ、革命の前途を断った。

　武漢では、国民党中央政治委員会等が連日開かれ、四一二反革命クーデター
及びその波及への対応が討論された。蔣介石ほか関係者に対する譴責処分が打
ち出された。宋慶齢も当然国民党左派の人たちや共産党人とともに蔣介石らを
激しく責めた。「蔣介石は、民衆を殺戮し、党と国家に背いた。罪状は極めて明
らかである」と。

　これに対して、蔣介石は、南京で別に国民政府を組織し、「清党（主として共
産党員の排除）」など、これまでの革命路線の基本に背反する決議により、武漢
国民政府に対抗した。ここに、武漢政府と南京政府の対立という局面が生じ、
北伐は頓挫し、国共合作を基盤に三民主義による国家の統一を目指していた革
命は前途を見失うことになる。宋慶齢は、当初の武漢政府の立場に強く立ち、
蔣介石の行動を激しく譴責するが、蔣介石側からは、彼女が武漢を離れ、南京
に向うようにと、頻りに促してきた。

　このような時、北京から悲しい知らせがもたらされた。中国共産党の創設者
の一人、晩年の孫文とも度々対話し、従って宋慶齢にも影響を与えたと見られ
る李大釗が、北京で張作霖に殺害されたのである。彼は、4月6日に捕えられ
たが、その前に、宋慶齢は、李大釗に依頼して、彼が推薦してくれたブハーリ
ン [37] の『歴史唯物主義』（英文版）を彼から送ってもらっていた [38]。彼女は、
李大釗から、あるいはブハーリンからどのような影響を受けたのか、定かでな
いが、この時から間もなくのモスクワ訪問の際に、私の推察と想像の範囲を出
ない話であるが、彼女がブハーリンの父親の住まいを訪問した形跡がある [39]。

　総司令の率いる北伐革命軍の主体が革命に叛旗を翻したことは、想像を絶す

る事態であった。武漢政府を支持する北伐革命軍は、叛軍との激突で多くの死傷者を出すことにもなった。宋慶齢は何香凝とともに、北伐傷兵救護会を組織して、それぞれ委員長と財政委員を務めた。宋慶齢は、当時の兵士たちが生活も貧しく、医薬も整わない中で革命事業を支えていることを思い、彼らを少しでも助け、支えることこそ大事と認識していたのである。人民大衆に支えられる革命闘争であることを認識し、彼らの傍らに在ることを大切にした。このような宋慶齢に対して、南京側は、彼女を傷つける様々な流言蜚語をもって牽制したが、彼女は、たじろぐことなく、自らの立ち位置を明確に選び、果敢に対応した。どんな場合も、孫文が遺した主義と政策を堅持することを原則とした。また、当時、周恩来も上海から危険を冒して武漢に入り、中央政府の立て直しに参画し、宋慶齢らの救護事業にも関心を寄せ、趣旨を支持した[40]。宋・周の福利事業におけるある種のコンビは、この時に始まるのかも知れない。

　同じ頃、5月、米国の作家でジャーナリスト、アンナ＝ルイス＝ストロング[41]が上海に上陸したので、宋慶齢は彼女に打電し、漢口に招いた。ストロングにとっては、二度目の中国取材であった。彼女は、1年半ほど前の1925年末、モスクワからバンクーバーに赴く途中、初めて中国を訪問していた。その折、彼女は偶々北京で、すでにモスクワで知り合っていたボロディン夫人に出会ったのである。同夫人は、ストロングに、ぜひ広州を訪問するようにと勧め、そこは、「まさに現代中国を象徴しています」と話したが、省港ストライキのため、香港—広州間の交通は断たれているとも伝えた。ストロングは、北京から上海に行き、宋慶齢を訪ね、彼女が中国革命の中心地、反帝国主義の火の手が燃え上がり、大罷工が進行していた広州を取材したいと伝えると、宋慶齢は、これを熱く受けとめ、当時広東省財政庁長の職にあった宋子文をも動員して彼女の広州訪問を援助した[42]。

　このたびのストロングは、漢口に着くと、宋慶齢が居住していた中央銀行最上階に居候することになった。彼女は、武漢滞在期間、宋慶齢を間近に見聞きして、「孫逸仙夫人宋慶齢は、私の知る限りでは、世界で一番温厚で、高雅な人

二、革命の高潮と挫折　139

物」と称賛し、他方彼女の革命に対する限りない忠誠を感じ取り、「この若い未亡人は、彼女の夫の畢生の理想を実現するために、闘い、献身している」と書くことになる[43]。

　宋慶齢もまた、ストロングと一緒に暮らし、度々長時間語り合った日々のことを忘れ難いものとしていた。彼女は、晩年「ストロングの熱情と知恵は、私の邪悪と闘う力量を強め、さらに、私が中国革命のために私自身歩むべき道を行く決心を堅くしてくれた」と述べることになる[44]。

　ストロングが宋慶齢のもとに来た頃から、武漢は、反革命の逆風に曝されるようになり、叛旗が相継いで翻った。武漢国民政府主席の汪精衛の立ち位置もまたこの頃から揺らぎ始めた。宋慶齢の彼らに対する激しい怒りと譴責は、他のだれよりも厳しかったが、他方、彼女は、自ら率いる傷兵救護会の活動では、資金募集のためにダンスパーティー、演芸会やバザーなどを催すなど創意を尽くして努力した[45]。

　1927年7月上旬、妹美齢が上海から武漢を訪れ、慶齢に上海に戻るようにと働きかけた。しかし、慶齢は拒絶し、妹は独りで上海に帰った。同じ頃、彼女たちの母親も上海の家族のもとに帰ってくるようにと慶齢に手紙を書いた。しかし、慶齢の思いを占めていたのは、自身の私生活の前途ではなく、亡夫孫文が遺嘱した革命事業の前途についてであった。同月12日、今度は、弟子文が蒋介石の親書を持って、武漢を訪れた。蒋介石は、「孫夫人が上海に来られることを切に待っています。子文と孔祥熙兄とともに即日上海に戻って下さい。党内が紛糾していますが、孫夫人がお戻りになれば、解決策も見えましょう！」と訴えていた[46]。宋子文は、蒋介石の圧力と牽制のもとで苦渋していた[47]。鄧演達は、汪精衛たちの反共への転変に憤り、孫文の三民主義と三大政策への背反を責め「辞職宣言」を公開で発表し、密かに武漢を離れ、同じく武漢を離れたボロディンらソ連顧問団の帰国列車に合流し、8月15日、モスクワに到達した。

　7月14日、汪精衛は、武漢国民党中央政治委員会主席団を召集し、共産党員の排除を即刻実行することを画策していた。宋慶齢は自ら出席することを拒み、

陳友仁が代理で出席した。陳友仁は、彼女に代わって発言した。「孫夫人は、共産党員の排除には反対しています。何故なら、聯ソ・聯共と農工扶助の三大政策は、総理が自ら決めたもので、三大政策が有って初めて革命が今日の発展を見ることができたのです。三大政策を放棄すれば、必ず帝国主義と蔣介石に屈服することになります」[48]。ところが、孫文の息子、孫科でさえ陳友仁の発言に同調できなかった。武漢の大勢は、もはや宋慶齢の主張に耳を傾けなかった。三大政策を掲げる〝左派〟の砦は崩れ、宋慶齢らは孤立した。

　同日、宋慶齢は、国民党中央執行委員の身分で、「孫中山の革命原則と政策への違反に抗議する声明」を発表し、蔣介石、汪精衛の革命に対する背反を激しく責めた。この声明は、蔣介石・王精衛ら反革命グループに対する彼女の一種の宣戦布告であり、闘争宣言でもあった。まず英文で漢口の『ピューピルズトリビューン（国民論壇報）』誌上に発表された。この雑誌は、宋慶齢の親友で、米国の新聞記者レイナ＝ブロームが責任編集した最後の1期であったが、没収されてしまった。その後また、上海の『蜜勒氏評論（China Weekly Review）』に掲載された。中国語によるものは、チラシの形式で広範囲に散布された。のち、『晨報』紙上にも登載された。これに対して、反革命派の嫌がらせなどもあり、声明発表の3日後、宋慶齢は密かに漢口を離れ、船で上海に戻り、モリエール路29号に帰宅した。

　宋慶齢が漢口を発って10日ばかり後、ボロディンを首とするソ連顧問団が漢口から列車で北上、鄭州から陝西に道を選び、甘粛、寧夏、蒙古を経てソ連に帰国した。この一行には、アンナ＝ルイス＝ストロングや陳友仁の息子陳丕士が同行していた[49]。

　8月1日早朝、中国共産党員の周恩来、賀龍、葉挺、朱徳らが国民革命軍2万余人を率いて、南昌で武装蜂起した。反革命に踏み出した国民党右派に対する最初の反抗の烽火であった。蜂起軍は、数時間の激戦の末、南昌に駐屯していた3000余人の国民党軍を打破、南昌を占領した。その日、旧江西省政府所在地で、共産党にも在籍する者を含む国民党左派が「国民党中央委員及各省区特別市と海外各党部代表の聯席会議」を開き、「中国革命委員会」が成立した。

宋慶齢、鄧演達、何香凝、陳友仁、譚平山、周恩来、賀龍、郭沫若ら 25 人が委員に推挙され、宋慶齢、鄧演達、郭沫若ら 7 名が主席団を構成した。形は国共合作の再生を擬するものであったが、実は、中国共産党の指導によるものであり、国民党の実体はなく、宋慶齢、何香凝、鄧演達、陳友仁らがその聯席会議に出席したかどうかは、明らかでない。しかし、上海の宋慶齢には、様々な影響が及んだ。まず、革命委員会の名簿から彼女の氏名を外させようと恫喝や諫言が繰り返され、武漢政府の主席だった汪精衛などは、彼女宛の書簡で共産党員と手を切るようにと迫り、あからさまに圧力をかけてきた[50]。

結果的には、蜂起は挫折し、失敗した。しかし、このことが中国共産党が独自に指導する軍隊創設の契機となり、革命推進への道を開いた。現在では、8 月 1 日は、中国人民解放軍の記念日になっている。

8 月 22 日、宋慶齢は、陳友仁と一緒に、レイナ＝プロームらに伴われ、密かに船で上海を離れ、モスクワに向かった。これに先立ち、ソ連共産党中央政治局は、宋慶齢と陳友仁のソ連訪問に旅費 1 万ルーブルを発給することを決めていた[51]。

注

（ 1 ）1924 年 11 月 28 日の所謂「大アジア主義講演」、それに先立つ宋慶齢の講話

（ 2 ）盛永華主編『宋慶齢年譜』上冊、広東人民出版社、2006 年 8 月、p.267

（ 3 ）同上、pp.208–209

（ 4 ）同上、p.274

（ 5 ）武田清子「アジアの革新におけるキリスト教」、『国際基督教大学学報 I － A ／教育研究 17』、1974 年 3 月、pp.11–12

（ 6 ）同上

（ 7 ）前掲『宋慶齢年譜』上冊、p.276

（ 8 ）同上、p.279

（ 9 ）Sharman, Lyon, "*SUN YAT-SEN, His Life and Its Meaning*", STANFORD UNIVERSITY PRESS, STANFORD CALIFORNIA, 1934, p.220

（10）張磊主編『宋慶齢』辞典、広東時民出版社、1996 年 10 月　pp.67–68

142　第四章　宋慶齢の独立

(11)　前掲『宋慶齢年譜』上冊、p.282

(12)　久保田博子「宋慶齢・一九二五年」、『辛亥革命研究』第6号、辛亥革命研究
　　　会、1986年10月、p.57

(13)　「為〝五三〇〟惨案対上海『民国日報』記者的談話」、『宋慶齢選集』上巻、人
　　　民出版社、1992年10月、pp.25–27

(14)　前掲『宋慶齢年譜』上冊、p.285

(15)　同上

(16)　楊杏仏遺跡録『啼痕』「前言」、中華人民共和国名誉主席宋慶齢陵園管理処編、
　　　上海辞書出版社、2008年2月

(17)　呉景平『宋子文評伝』、福建人民出版社、1992年9月、p.3

(18)　前掲『啼痕』「前言」

(19)　前掲『宋慶齢年譜』上冊、p.283

(20)　同上、p.282

(21)　久保田博子「宋慶齢における思想の形成と発展」、『辛亥革命研究』第4号、辛
　　　亥革命研究会、1984年5月、pp.38–40

(22)　陳徳仁・安井三吉編『孫文講演「大アジア主義」資料集──1924年11月日本
　　　と中国の岐路』、孫中山記念会研究叢書、法律文化社、1989年9月

(23)　久保田博子「宋慶齢と女性解放運動」、『一橋情報』、一橋出版、1996年、pp.4–5

(24)　前掲『宋慶齢年譜』上冊、p.288

(25)　『宋慶齢選集』上巻、人民出版社、1992年12月、pp.28–31

(26)　蒙光励『廖家両代人──廖仲愷・何香凝・廖夢醒・廖承志』、曁南大学出版社、
　　　2001年4月、p.128

(27)　狭間直樹「〝三大政策〟と黄埔軍校」、『東洋史研究』第四六巻第2号、昭和62
　　　年9月、pp.126–151

(28)　「孫中山和他同中国共産党的合作」、前掲『宋慶齢選集』下巻、pp.394–395

(29)　前掲『宋慶齢年譜』上冊、p.293

(30)　同上、p.296

(31)　同上、pp.297–299

(32)　同上、p.303

(33)　同上、p.310

(34)　同上、pp.314–315

注 143

(35) Vera Vladimirovna, Vishnyakova-Akinova, *Two Years In Revolutionary China 1925–1927*, Translated by Steven I.Levine, Harvard East Asian Monographs 1971

(36) 前掲『宋慶齢年譜』上冊、p.324

(37) Nikolai Ivanovich Bukharin（1888–1938）、ロシアの革命家、ソヴィエト連邦の政治家

(38) 前掲『宋慶齢年譜』上冊、p.343

(39) 宮本百合子『道標』第一部、新日本文庫、1977 年 1 月、pp.87–109

(40) 前掲『宋慶齢年譜』上冊、pp.345–346

(41) Anna Louise Strong（1885–1970）、米国ネブラスカ州で出生。1908 年シカゴ大学で哲学博士の学位を取得。女権獲得運動及び労働運動に従事。1921 年、革命の真実を追求するためにモスクワを訪問。1925 年、中国を初めて訪問し、省港大ストライキを取材報道

(42) 前掲『宋慶齢年譜』上冊、pp.294–295

(43) 前掲『宋慶齢年譜』上冊、p.348

(44)「斯特朗的名字永遠留在中国人民心里（一九八一年二月）」、『宋慶齢選集』下巻、人民出版社、pp.615–616

(45) Ｉ＝エプシュタイン著・久保田博子訳『宋慶齢—中国の良心・その全生涯—』上、サイマル出版会、1995 年、pp.251–262

(46) 前掲『宋慶齢年譜』上冊、p.357

(47) 呉景平『宋子文評伝』、福建人民出版社、1992 年 9 月、pp.51–63 ／前掲『宋慶齢年譜』上冊、p.357 脚注

(48) 前掲『宋慶齢年譜』上冊、p.358

(49) Vera Vladimirovna, Vishnyakova-Akimova, *Two Years in Revolutionary China 1925–1927*, Harvard East Asian Monographs, Distributed by Harvard University Press, Cambridge, Mass. 1971

(50) 前掲『宋慶齢—中国の良心・その全生涯—』上、p.277

(51) 前掲『宋慶齢年譜』上冊、p.366

第五章　宋慶齢、模索への旅

一、モスクワ訪問

　モスクワ訪問は、宋慶齢にとって孫文との死別後の生涯を画する一大選択であり、決断であった。孫文の思想と政策——新三民主義と三大政策——を堅持し、発展的に継承し、その実現に尽力する道を行くか、母親や兄弟姉妹、その配偶者——蔣介石、孔祥煕——の度重なる誘いに応えて、宋家一族のもとに戻るか。もし、後者を選べば、彼女は上海のフランス租界の孫文との思い出深い館で静かに安楽に暮らすことができたし、家族も安堵したに違いない。

　彼女がこだわった新三民主義は、国共合作期に三大政策「連ソ・容共・扶助農工」を踏まえて見直されたものである。「民族主義」は「帝国主義反対・不平等条約廃棄」を強調し、「民生主義」では「耕者要有其田」と農民の土地所有を強調、「節制資本」で独占資本家の横暴抑止、国家主導の工業化、国家資本と民間資本の共存を目指した。以降、中国共産党も孫文の三民主義を新三民主義として評価することになる。

　宋慶齢がソ連訪問を選んだのは、直接的には、ボロディンや陳友仁、鄧演達との相談の結果であったかも知れないが、彼女には孫文生前の希望を体して、彼に代わってソ連を訪問したいという思いがあり、さらに積極的に、中国の根底からの変革、近代国家を目指す革命事業には、国民党と中国共産党との協力、ソ連との同盟、労働者・農民との連帯と彼らへの支援、この三大政策が不可欠であるとした孫文の到達点を受けとめ確認するためにも、ソ連訪問は特別の意味があった。蔣介石の南京政府と妥協し、共産党員を排除し、弾圧に踏み切り、三大政策を裏切った武漢政府から逃げるためのものではなかった。三大政策の堅持を明らかにし、孫文が企図した革命事業再建の道筋を探る旅立ちであった。

一、モスクワ訪問　145

　1927年8月22日、宋慶齢は、「モスクワに赴くに当たっての声明」を発表
し、宣言した[1]。「もし中国が独立国家として現代の諸国家の中で生き残ろう
とするならば……封建的な生活状況を根本的に変え、新しい近代国家を建設し
て、一千年以上も続いた中世的体制にとって代わらなければなりません。……
この事業は、革命的方法により、初めて成し遂げることができます。国家が内
部から軍閥に食い荒らされ、外から外国の帝国主義によって侵略されるという
状況では、時間をかけて徐々に改革していく漸進的方法を採用することはでき
ません」と述べ、彼女は、中国の発展の目標を「近代化」に置くこと、そのた
めには、革命的方法を採用することが必須であるとの認識を示した。宋慶齢34
歳の旅立ちの志は、世界の現実の中で祖国の前途の課題——革命の発展——に
思いを致すものであった。

　この日、宋慶齢は李燕娥を伴い、陳友仁と彼の二人の娘、及び嘗ての武漢政
府外交部秘書、呉之椿と宋の信頼する米国人記者レイナ＝プロームの5人と一
緒に、黄浦江沿岸の別々の場所から二艘のモーターボートに分乗し、ソ連貨物
船に横付けし、それに乗り継ぎ、ウラジオストックに向かった。これらの準備
は、レイナによって整えられた。宋慶齢は、武漢から上海に戻って3日目に、
彼女にソ連総領事館に行き、必要な手続きと情報の収集を進めてくれるように
頼んでいたのである。レイナは、8月中旬頃、ソ連の貨物船の到来と乗船の方
法を教えてもらい、この時を迎えたのである。

　船は小さく、古く、その上、天候が荒れたので、一週間の船旅は、船酔いも
あって、辛かった。しかし、ウラジオストック到着後は、情況が一変した。モ
スクワに向かうシベリア鉄道の11日間の旅は、帝政時代以来の金ピカの豪華寝
台車の中で、ソ連高級下士官の行き届いたサービスを受けて過ごすことになっ
た。その上、駅を通過するたびに、群衆が彼らを中国革命の英雄として歓迎し
たのである。

　9月7日、宋慶齢一行は、モスクワに到着した[2]。一行が降り立ったプラッ
トホームは、労働者、農民、各界の活動家、留学生らの歓迎陣でごった返した。

146 第五章 宋慶齢、模索への旅

ソ連政府を代表して、副外交人民委員（外務次官）マキシム＝リトヴィノフ、教育人民委員（文部大臣）アレクサンドラ＝コロンタイが出迎えた。コロンタイは、貴族出身のオールドボルシェヴィキで、当時最も有名な女性革命家であり、ソ連の女性政策の基盤を整えたことで知られる。彼女は、一行とソ連当局との連絡を担当し、宋慶齢の宿泊先に同宿した。つまり、コロンタイが宋慶齢の直接の接待に当たったのである。彼女たちはともに欧米の言語に通じ、互いの国について、また、世界情勢について好んで話し合うことができた、という[3]。

　モスクワに到着後、宋慶齢は、声明を発表し、訪問の目的と祖国の革命が混迷に陥っている情況について述べた[4]。

　　私は、ソ連人民が中国革命に寄せて下さった援助に感謝を表明するために訪れました。中国では反動の時代が始まりました。革命のための統一戦線は、破壊されました。ある人は裏切り、ある人は脱落し、また、ある人は、国民革命運動の意義を完全に歪曲してしまいました。

　　幾百万もの組織された農民が、国民党の教えに従って「耕す者が、その田をもつ」のスローガンを実現するために闘争に参加しました。土地革命なくしては、封建制度を打ち破ることは、不可能です。……土地革命に反対する者はすべて、幾千万もの農民の経済的解放に反対する者であって、反革命の陣営に属する人です。

　　新しい封建軍閥が、革命の旗を掲げながら、それを裏切って、突然姿を現しました。……表面的には混乱が見られますが、地下深くでは圧し潰されることのない強固に組織された革命勢力が存在しており、やがて、その声が世界に響き渡ることになるでしょう。

　彼女は、現実を直視して、厳しさ、困難を認識しながらも、大勢の赴くべきところを遠望し、信じていた。未来を明るく発展的に見通す姿勢は、彼女の生来の楽観性とか思想信条に由来するというより、「必ず、そうなるはずだ」という、一種真理への直観のようなものであった。

一、モスクワ訪問　147

　モスクワでは、宋慶齢一行は、「砂糖御殿」と呼ばれる、ロシアの嘗ての大製
糖業者の屋敷の中の豪華な住居にまずは落ち着いた。この屋敷には、国賓用の
住居の他に高級幹部用の住居もあり、リトヴィノフ夫妻やコロンタイ女史もこ
こに住んでいた。宋慶齢と陳友仁のための歓迎宴は、外交人民委員（外務大臣）
ゲオルギー＝チチェーリンにより主催された。チチェーリンは孫文が亡命時代
に知り合った人物でもあった。同席者の中には、反戦小説『戦火の中で』の著
者アンリ＝バルビュスがいた。彼は、やがて、反帝国主義、反ファシズム、反
戦の国際活動を通して宋慶齢と密接に連携することになる。

　レイナ＝プロームの親友で米国の作家・ジャーナリストのヴィンセント＝シー
アンは、宋慶齢一行より少し遅れてモスクワに到着した。彼の宋慶齢取材記は、
宋慶齢の素顔の一面を伝えるものとしてよく知られている。「私は、孫文夫人に
割り当てられた部屋に案内された。この巨大な建物の他の部屋と同様その部屋
もとてつもなく広かった。その中で宋慶齢はまるで子どものように見えた。彼
女は、ここ何年も身に着けなかった洋装をしていたので、スカートが短いのを
具合悪く感じているようだった。短いスカートの洋装は、実際、彼女を15歳
ぐらいの娘に見せた。彼女の外貌と使命の間のコントラストは、どんな場合で
も強烈なものであったが、あの晩以上のことはなかった」と、描写している。
また、ボリショイ劇場での観劇に出かけた折、予告もなく、宋慶齢のモスクワ
到着のニュースが放映され、観衆の注目を浴びた時、彼女は大いに動揺し、本
番を待たずに退場してしまったというエピソードも伝えられている[5]。彼女は、
シャイで、極めて控え目な立ち居振る舞いを常としていた。

　慶齢は、声明の中で、中国革命の挫折を語りながら「表面的には、混乱が見
られますが、地下深くでは、強固に組織された革命勢力が存在しており……」
と言及したが、確かに、その通りであった。同じ頃、祖国では、湖南省湘贛辺
では、毛沢東らによって指導された秋収蜂起が発動し、1ヶ月ほど後には、井
崗山に革命根拠地が創建された。孫文が遺嘱した、国民党による国共合作の下
での革命は頓挫したが、中国共産党に結集した若い世代、宋慶齢と同世代を主

148 第五章 宋慶齢、模索への旅

とする革命家たちは、五四期以来の新思潮の洗礼を浴びながら、独自の思想と
実践の開拓に挑戦していた。

　宋慶齢の初めての外遊は、質素というより貧しかった。熱い歓迎、丁重なも
てなし、豪華な宿舎で迎えられ、陳友仁とともに、ソ連政府によって旅費も滞
在費も支給されたが[6]、個人的には豊かでなかった。孫文も生前固有の資産は
なく、支援された財は革命のために殆どすべてを費やし、自ら財を蓄えること
がなかったので、財となるものは何も遺さなかった。宋慶齢は有力で豊かな家
族の反対を押し切って、祖国を離れたために、彼らの援助を頼むことも容易で
はなかったに違いない。11月7日の十月革命10周年記念式典に陳友仁と一緒
に招かれた時も、雪の舞うモスクワ赤の広場は肌を刺す寒さであったが、彼女
は底の薄い革靴で凍えそうな脚の痛みに耐えながら盛大な観閲式に臨み、長蛇
のパレードに威儀を正さなければならなかった。同月24日、やはり酷寒のモ
スクワの街道を行く葬列の中に、防寒コートに覆われることもなく、薄い革底
の靴で雪道をひっそりと歩き続ける宋慶齢を見ることになる[7]。同じ隊列の中
で、彼女をじっと見つめていたのは、故人と親しかったヴィンセント＝シーア
ンである。このたびのモスクワ訪問で、宋慶齢の傍らで彼女を支えていたレイ
ナ＝プロームが、三日前に、脳炎を発病し急逝したのであった。
　このような窮状の中にあっても、宋慶齢は、翌年の3月、この米国の女性新聞
記者、レイナ＝プロームを記念するために、モスクワで教育基金を設立し、募
金を呼びかけた。この教育基金は、後日シカゴに住むプロームの父親のもとに
届けられ、一つの大学の奨学金となった。プロームは、大学卒業後、中国に渡
り、まず北京で『国民新報』の記者となったが、のち、広州に移り、ボロディ
ンの活動に協力した。国民政府が武漢に遷ってからは、宋慶齢の活動を積極的
に助け、他方『ピューピルズトリビューン（国民論壇報）』を主編していたが、
それは宋慶齢の言論発表の場ともなっていた。

　モスクワ訪問は、宋慶齢の心身にとって決して安易なものではなかったが、

他面、彼女を鼓舞することも多かった。彼女は、自身の中国に対する責務を覚え、祖国の将来のために、革命の先輩に学び、その成果を熱心に観察し、世界の動向にも意欲的に対応した。そうした中、国際的に活動し、影響力のある人士との出会いや交流の機会を得て彼女自身革命中国の孫逸仙夫人として注目され、同時に自らも言論を通じて発信し、国際社会で存在感を増すようになってきた。

　後年、1957年11月25日付でジャワハルラル＝ネルーが宋慶齢に短い便りを書き送っている。「貴女のモスクワからのお便りを大変うれしく拝見いたしました。私の記憶によると、30年前のある日、私と私の父親は、貴女が滞在されていた（モスクワの）ホテルに貴女をお訪ねいたしました。詳しいことは忘れてしまいましたが、その日は、11月10日か11日だったと思います」[8]。30年前、つまり1927年11月10日か11日に、モスクワで、宋慶齢がJ＝ネルーとその父親の訪問を受けたとすれば、ネルー父子は、その直前にモスクワで開催され、宋慶齢も出席し、スピーチした東方国家代表団会議に出席していたのかも知れない。

　J＝ネルーは、1889年、インド北部のバラモン階級の裕福な家庭に生まれ、英国のケンブリッジ大学トリニティ・カレッジで自然科学を専攻するが、卒業後弁護士の資格を取得して帰国、まもなくインド独立運動に投じることになる。父、モティラル＝ネルーは、ガンディーのもとで国民会議派の議長を務めたが、その地位は、1929年に息子のネルーに引き継がれる。宋慶齢が初めて出会ったJ＝ネルーは、インド国民会議議長としての父親に同伴したネルーだった。後年、両者は、中国の抗日戦争において、また、発展途上の中印両大国の指導者として友好の絆を深めることになる。

　同時期、宋慶齢とJ＝ネルーは、世界反帝大同盟でも何らかの連携があった可能性がある。この反帝大同盟は、宋慶齢、アルバート＝アインシュタイン（Albert Einstein、1897–1955／ユダヤ人の物理学者、ドイツ生まれ、のちスイス籍）、マクシム＝ゴーリキー（1868–1936／ロシアの作家）、ロマン＝ロラン（Romann Rolland、1866–1944／フランスの作家）、アンリ＝バルビュス（Henri Barbusse、

150 第五章 宋慶齢、模索への旅

1873-1935）らが発起したと伝えられるもので、この年の 12 月にベルギーのブリュッセルで結成大会が開催された。宋慶齢は、その名誉議長に推挙されたが、大会には参加できなかった。彼女は、自らの不参加に遺憾の意を伝え、祝賀のメッセージに添えて、中国革命への支持を訴えた。彼女は、今や、世界の中で祖国の前途を考え、連帯を求めたのである。

　同月、宋慶齢を愕然とさせるニュースが届いた。妹美齢が蔣介石と上海で結婚式を挙げたと伝えられたのだ。早くも孫文存命中から蔣介石は宋美齢との結婚を願い、孫文を通して宋慶齢にも働きかけていたが、宋慶齢だけでなく母親までも賛成できなかった。当時彼は複数の愛人を公然と抱えていること一つをとっても到底考えられないことであった。しかも今や上海クーデターで孫文遺嘱の革命事業を挫折させたばかりである。宋慶齢には、信じ難い事態であった。それに母倪珪貞までもが蔣介石の再三の働きかけに屈し、同意を与えてしまった。家族全員が彼女からさらに遠ざかってしまったのである。

　一層許せないのは、蔣介石であった。その 14 日に南京政府がソ連との断交を発布し、ソ連領事に一週間以内に国外退去を求めたのである。宋慶齢は、この情報を知ると、即刻蔣介石に打電した。「私は丁度帰国の準備をしていた矢先、貴方がソ連と断交し、ソ連領事館の撤収を求めたことを知りました。この一件は、まさに自殺行為です。中国を孤立させ、その発展を遅滞させます。このため、歴史は、このことに対する責任を貴方に要求するでしょう」と伝え、彼女は、蔣介石に、ソ連との合作を進行するようにという孫文臨終における遺嘱を遵守することを求めた (9)。また、この電報は、宋慶齢が当初、モスクワ訪問後帰国する予定であったことを物語ると同時に、蔣介石のソ連との断交が契機となり、宋慶齢をモスクワに留まらせ、やがてベルリンに赴かせ、そこに長期滞在させることになり、彼女を欧州の舞台で反ファシズム、反帝国主義の国際活動に関わらせることになった。

　折り返し、蔣介石より電報が届き、「最近ソ連と一切の外交関係を絶ったことなどについて、我々は一切の責任を負います。ただ、私は、貴女が帰国して、自ら情況を見て判断されることを求めます。……ソ連こそ、我々の尊敬する領

一、モスクワ訪問　151

袖が制定した原則と策略を次々と破壊してきました」と述べ、また、宋慶齢の言動について、「当方の一致する見方では、……貴女の電報と貴女が継続してロシアに滞在するという決定は、みな貴女本人の自由意志によるものでないと思っています。もし、貴女が強いられることなく、貴女自身の見解を表明されることができたら、貴女は、党のためにさらに多くの貢献をされることになるでしょう」と [10]。

　何たる侮辱！　宋慶齢の言葉は彼女のものではなく、誰かの教唆を受け、強いられたものではないか、という。これまでも、宋慶齢に対する誹謗、中傷にはこの類が多かった。誰かに操られているというのである。若い未亡人が理路整然と世界情勢を語り、時局を論じ、国家の在り方に関心を示すなどあり得ないと多くの人々が思っていた時代である。政敵になると、悪意が加わるから、なおさらである。想像力の乏しい男たちの偏狭な偏見を裏切る女たちが当時でもいくらでもいた。宋慶齢は、常に自分自身で考え、決意し、行動することができた。武漢で暫時彼女と同居していたアンナ＝ルイス＝ストロング記者がそのことを証言している [11]。孫文亡き後、彼女がその遺嘱に忠実であろうとすればするほど、若く美しい彼女を傷つける捏造された噂が後を絶たず、彼女の神経を逆なでし、悩ました。このモスクワ訪問の頃も、〝陳友仁とのロマンス〟がまことしやかに流布した。こんな噂の只中に在った宋慶齢について、アキモーヴァは、こんな消息を伝えている。

　　私が宋慶齢に最後に会ったのは、彼女がモスクワを離れる少し前のメトロポリタンホテルに滞在中のことだった。彼女は、ボロディン一家の隣室に泊っていた。1928年の早春だった。ボロディンは、宋慶齢をモスクワ見物に案内するようにと私に頼んだ。私は一度彼女を迎えに行ったが、彼女は背を向けて涙にむせびながら、私の厚意にお礼を言ったが、別の機会にしてほしいと頼んだ。後になって、私の訪問した日が、孫文の命日3月12日であったことを知った [12]。

152 第五章 宋慶齢、模索への旅

アキモーヴァは、ボロディンが宋慶齢に、ロシア語の学習を手伝ってもらってはどうかと、推挙した若い女性であったが、そのことは実らなかったようである。

この早春3月、結局、宋慶齢はコロンタイ夫人らに見送られて、モスクワからベルリンに向かうことになる。

「結局」というのは、蔣介石がソ連との断交を決めた時、彼女自身はソ連に背を向けるわけにはいかないと考えた。彼女は、中国にとってソ連以上の友好国はないという孫文の観点を大切にし、革命大衆の姿にも心打たれるものがあったからである。しかし、同じ頃、宋慶齢は、陳友仁と一緒にスターリンと会見する機会を得たが、その後、何故か、モスクワ滞在延長の思いを取り消してしまった。彼女は、最晩年、1981年1月12日に、Ⅰ＝エプスタインの問いに応えて、この時のことを回想して手紙に書いている。「私は、スターリンは、引き続き我々を援助したいとは思っていない。むしろ蔣介石にやらせたいと思っていると感受したのです。私は、もうこれ以上モスクワに滞在することはない、と思ったのです」それで、「私は、母に頼んで、お金を少し送ってもらい、欧州に赴いたのです」と (13)。これより先に、スターリンとも単独会見し、ソ連やコミンテルンの幹部と話し合っていた鄧演達も初めはある種の期待感を抱いていたが、彼の中国革命の独自性についての観点から、彼らと相容れることができず、一足先にモスクワを離れ、ベルリンに落ち着いていた。

宋慶齢にとって、スターリンの彼女への対応が「早日帰国して、中国の革命運動を引き続き指導することを希望する」だけでは、納得がいかなかった。国民党の右派が権力を握り、孫文の三大政策を破棄した問題やコミンテルンやソ連政府がどのようにして中国革命を引き続き援助してくれるのかの問題については、避けて談ぜずに終わってしまったからである (14)。彼女は、期待が大きかったことを悔やんだに違いない。自分たちの祖国の救済と改革と建設については、自分たち自身が考究し、祖国の人民に依拠し、自分たち自身の手で実現しなければならない、と認識したのだろうか。手探りの模索の旅が始まった。

二、ベルリンを拠点に、祖国と世界を見つめる

　1928年5月1日、宋慶齢は、所謂ワイマール共和制末期のドイツ国ベルリンに列車で到着した。彼女は、鄧演達によって準備されたリーツェンブルガー街7号の借家でごく普通の華人として生活することになった。ところが実際には、ごく普通の華人ではなかった。公式の待遇は何もなかったが、ドイツ政府は、彼女の入国許可を出す際に、彼女の「共産党と中国の国民運動における役割」及び「モスクワの共産党関係者との関係」さらにまた、彼女が「国際労働者救援組織の中枢メンバーであること」などを考慮して、彼女を厳重な監視のもとに置くように指示していた。手続き上の宋慶齢のドイツ入国の目的は、眼疾の治療であった。

　宋慶齢のベルリンでの日常生活を助けたのは、章克青年だった。彼は、当時モスクワ中山大学東方研究所で翻訳の仕事に携わっていた。レイナ＝プロームの急逝後、彼は鄧演達と陳友仁から特に頼まれ、ベルリンで宋慶齢の住居の近くに住み、彼女の日常の事務を手伝うことになった。このことは、中国の革命のためであり、国家のためでもある、と彼は言い含められたと回想している。章克は、燕京大学卒業後、武漢国民政府の時期に陳友仁の私的秘書を担当していたが、汪精衛の蔣介石に対する妥協、合流に納得できず、武漢から逃れてモスクワに来ていたのである。彼は、鄧演達、陳友仁を大変敬重し、宋慶齢にも深い尊敬の念を抱き、また、英語を流暢に話した。

　章は、午前中は概ねベルリン大学の図書館で過ごし、宋慶齢と鄧演達のために農業に関する資料、特にアジア地域の農村についての資料を探した。午前11時30分になると、家事を手伝うために、宋慶齢の処に行き、午後1時に二人は、簡単な昼食——肉とポテトまたはライスと野菜の盛り合わせ——をとるために外出した。買い物を兼ねて少し散歩してから、彼女は帰宅したが、章は大学に行き、外国人のためのドイツ語講座を受講した。彼は、文書関係の仕事を手伝うために再び彼女のもとに戻り、夕食を供されて後、宿舎に帰った。

154 第五章 宋慶齢、模索への旅

　鄧演達は、ほとんど毎日、宋慶齢と2時間ほど話し合い、彼女の処で仕事を
した。政治関係の話や研究の他に、彼女に頼まれて、彼女の中国語の作文力を
高める学習を指導した。彼が用意したテキストの中には、陳独秀や李大釗、惲
代英らの文章が含まれていた。章克が感銘を受けるほどに、彼女は勤勉に学習
したという(15)。

　宋慶齢は、祖国の改革と建設の在り方を追求し、革命の核になるグループを
育てることを望んでいた。従って、彼女のベルリンでの日常の中心は学習であ
り、研究であった。

　鄧演達は、1895年3月、広東省恵陽県の農村で生まれた。一族は代々農業
を営み、農閑期には湖の水運を副業としていたが、清貧であった。父、鄧鏡仁
は、「秀才」の資格を取得し、教育事業に取り組み、村に小学校を創設するほ
どであった。他方、彼は、孫文の革命事業にも関心を傾け、息子演達が革命事
業に献身するのを支持することになる。母、葉氏は、人々から「秀才娘」と褒
められ、慈しみ深い、勤勉な農婦であった。演達は、兄一人（鄧演存）、姉二人
の末っ子として育った。鄧演達の妻、鄭立貞は、演達の故郷の近隣の村の出身
で、鄧演達との結婚は、伝統的な礼教のしきたりのもとで行われたが、彼らの
結婚生活は旧式にとらわれることなく、演達の開明的な考えが反映されていた。
彼は努めて彼女に学習の機会を与え、自立を助けた。彼は、中国の革命は幾重
もの抑圧下にある女性を救済し、解放しなければならないと思っていた。それ
で、彼女は北伐戦争の時も演達と一緒に武漢に赴き、従軍して救護活動に従事
し、大革命挫折後は広州に帰り、助産学校に学び、自立の道を切り開いていっ
た(16)。

　鄧演達は、専ら革命の戦士になるべく教育を受け、革命軍の指導者の一人と
して活躍するが、目指すべきは、祖国の近代化をいかに推進し、人民を貧窮か
ら救い、幸せにするかであると早くから認識していた。彼の誕生の4ヶ月前す
でに、孫文はハワイで興中会を創立していた。翌年10月、孫文は広州蜂起を組
織し、武装闘争を開始したのである。演達5歳の時には、彼の故郷恵州で蜂起

を組織し、彼が 10 歳の時に孫文は最初の全国規模の革命政党、中国同盟会を日本・東京に創立していた。相継ぐ不屈の革命蜂起の中でも 1907 年 6 月の恵州七女湖の蜂起は、12 歳の農村少年鄧演達に非常に大きな影響を与えた。彼は孫文を敬慕し、革命のために闘う戦士に憧れた。

　また、彼が農村の子として育ったことは、農民の生活の辛苦を彼に深く理解させることになった。彼の育った鹿頸村は、地主と佃戸が区域を分けて居住し、階級対立がはっきりしていて、生活の有様にも互いに隔たりがあった。地主の横暴、農民の貧困は、彼の脳裏に焼き付き、彼の農民革命と土地革命思想の根っこになり、孫文と共有するところとなったのかも知れない。

　鄧演達は、14 歳で広州黄埔の広東陸軍小学に合格し、軍人となるべく第一歩を踏み出した。これは、清末、新軍建立のために各省に設立された軍事幹部養成学校であり、その目的は、専制権力強化にあったが、中国同盟会等革命勢力側では、それを革命の種をまき、育てる苗床と見做していた。鄧演達は、最年少で入学したが、文武ともに衆目を集める成長を示す一方、孫文指導の民族・民主革命運動に共鳴し、秘密裏に中国同盟会員になった[17]。

　辛亥革命勃発により、鄧演達は、革命軍に参加し、その後も武昌第二予備学校で学び、保定軍校に進学し、卒業後は西北辺境の防衛に派遣されていたが、1921 年から孫文に従い、革命活動に従事するようになり、黄埔軍官学校の設立にも携わり、学生の指導にも当たるようになる。しかし、蒋介石に疎まれ、辞職を強いられ、欧州に旅することになった。孫文他界の翌年帰国し、第二次全国代表大会で候補中央委員に当選し、同時に黄埔軍校の教育長を任職するなど、国民革命運動の第一線に復帰した。特に武漢遷都以後は宋慶齢にとっては、孫文の三民主義と三大政策をともに堅持することのできる国民党左派の頼もしい戦友であった。

　前述のように、国民党左派の国民革命への再挑戦が、嘗ての孫文のように、ソ連政府の支持を期待できないと認識した宋慶齢、スターリンから中国共産党の指導者になることを求められたが、それを拒絶した鄧演達、及び陳友仁の三人は、ベルリンに移り、新しい革命機構を作り、同志を糾合し、孫文の革命主

156 第五章 宋慶齢、模索への旅

張の実現を目指すことになった。こうした中で、「第三党」構想も浮上してきたのである。

　また、この時期における鄧演達のスタンスであるが、「中国革命の推進については、ソ連と親密な同盟関係を保持すべきであるが、それは従属関係ではない。中華民族は、自らの手で解放を求める」[18]と公開の場で述べている。このスタンスについては、当時宋慶齢も共有していた。

　国賓待遇で迎えられたモスクワとは違って、宋慶齢にとってベルリンは、多分に気楽な旅先であった。米国の新聞が彼女の西欧歴訪を伝えたが、注目を浴びることもなく、彼女がどの国に赴いたのかにも特に関心が払われなかった。彼女は、林太太とか、林夫人とか呼ばれ、林泰と宛名された手紙を受け取った（郵便物は別の場所のメールボックスで受け取った）[19]。

　この時期における「林夫人」とか「林泰」とかの別称から、唐突であるが、宮本百合子著『道標』のある部分[20]を思い出す。そして、1928年春、「伸子」がモスクワのメトロポリタンホテルで会った「リン博士」は、実は、宋慶齢がモデルであったのではと類推する。勿論、伸子のモデルは、宮本百合子自身である。そのホテルの部屋は、ブハーリンの父親の居室と設定され、ボロディンにも言及される。因みに、宮本百合子は、この時期、1927年12月初旬、ロシア文学の翻訳者湯浅芳子と一緒にソ連訪問の旅に出発し、12月15日、モスクワに到着している。そして、翌28年には、ヴォルガ河を下り、コーカサス、バクー油田などを巡り、29年には、ベルリン、ウィーン、パリ、ロンドンなどを見学している。もし、この想定が事実の裏付けをもつものであれば、1949年の中華人民共和国成立時に、宮本百合子から宋慶齢に寄せられた祝意のメッセージ、及び宋慶齢の返礼メッセージがよりよく理解できる。後段で再度話題にしたい。

　話をベルリンに戻す。そこでの宋慶齢の生活は、気楽に外出してカフェテリアで軽食をとるといったものであったが、彼女の住居には、それとなく人々が

二、ベルリンを拠点に、祖国と世界を見つめる　157

出入りし、時には集会することもあった。

　5月下旬には、ヴィンセント＝シーアンが米国からベルリンの宋慶齢を訪ねてきた。彼は、米国コロンビアの放送局の委託を受け、彼女が米国の大衆に向け、電波に乗せて、あるいは彼らの面前で講演する企画を持ちかけた。謝礼として、5万ドルを受け取ることもできる、と伝えた。米国での講演と言えば、モスクワでもソ連共産党の会議で、宋慶齢が訪米して、中国とソ連に関する講演―宣伝活動をすることについて議論があった[21]。モスクワでの議論は、コミンテルン執行委員会東方書記処副主任ミフからカラハンに宛てた宋慶齢問題に関する建議書に見られるように、彼女をどう利用するかに関わるものであったが[22]、実際にはそれ以上の進展がなかった。このたびのシーアンの提案は、米国の人々に中国の真相を伝え、その報酬が彼女の政治活動の資金になるということで、彼女に対する彼の厚意に起因するものであった。しかし、彼女は、謝絶した。彼女は、蔣介石と彼を支持する米国の政策に利用されるかも知れないと用心したのである[23]。

　このように、宋慶齢は、どんな場合も、自身が選んだ道、堅持する原則をあいまいにするような情況に自らを追い込まないように細心の注意を払って、多様な事態に対応していた。モスクワ滞在中もコミンテルンやソ連共産党内部における激しい対立抗争に巻き込まれないようにしてきたし、ベルリンに落ち着いてからも、蔣介石側に移った汪精衛や孫科（5月26日ベルリン着）が彼女を訪ねようとしたが、会おうとしなかった。彼女は、慎重に人を選んで、迎えた。宋慶齢は、上海・同済大学の鄭太朴教授や進歩的な仏教大師太虚らがベルリンに講演のため来訪した時には、鄧演達とともに熱烈に歓待した。様々な来訪者の中でも、彼女が一番喜んで迎えたのは、末弟宋子安であった。

　子安は、この6月、米国ハーバード大学を卒業し、帰国途上欧州を巡り、4年ぶりに慶齢を訪ねて来たのである。彼は、ベルリン滞在中は、毎日、慶齢と一緒に外出、散歩した。ベルリン大学やその図書館を見学し、ある時は、あちこちと景勝地を訪ね歩いた。その後、姉弟は、パリに旅行し、そこで慶齢は、米国系医院を訪ね、懸案のX線治療を受けた。其処からウィーンに赴き、眼疾

158　第五章　宋慶齢、模索への旅

の治療を受けることも考えていたようであるが、実現できたかどうかはわからない[24]。パリでは、ヴェルサイユ宮殿、凱旋門などの見物を楽しむこともできた。二人は、さらにスイス、オーストリア、チェコを遊歴して、8月21日にベルリンに戻ってきた。1ヶ月を超える、お気に入りの末弟子安との欧州旅行は、慶齢にとって、孫文没後の激動の日々を忘れ、革命と反革命の混沌、政治思想と権力の対立抗争の坩堝から心身ともに解放される得難い時間であった。ここ3年ほどの苦闘の傷痕を少しは癒すことができたに違いない。

　欧州旅行の後、宋慶齢は、学習と健康上を考え、住居をシャーロッテンブルク区ヴィーランデル街18番地のコーンライヒ博士夫人の家に移した。警察に登記された身分は、大学生であった[25]。

　宋慶齢は、旅の途中でも訪れた国の様子をはがきで楊杏仏に書き送っていたが、ベルリンに戻った日に、改めて彼に手紙を書き、その中で「貴方もついに国民党は最早革命組織ではないと認識された由、国民党とできるだけ早く関係を断つ方が良いと思います。共産党員は正しい——彼らの党だけが孫博士の主義を実行することができます」と述べている。「孫文の主義を実現できる道」を彼女は旅の中でも探し求めていたのであろうか。彼女の目指す道の選択、選択の基準になる原則は、そこにあった。手紙では、また、「私は、貴方が何とかして家族を連れてドイツに来られることをお勧めします。まずドイツの政治と経済から中国の建設に適用できることを沢山学ぶことができます。次に生活費がとても安価で済むこと、ドイツ人は、外国人に対して差別がなく、友好的なことがその理由です。……ベルリンは、これまで私が経験した中で一番居心地のいい処だと感じています」とも述べている[26]。

　同じ頃、宋慶齢の新しい住居に葉挺と黄琪翔（国民党系の軍人、後第三党の首脳、親中国に参加）が訪れ、彼女は、鄧演達と一緒に会い、中国革命の諸問題について議論した。葉挺は、1922年広州における軍閥陳炯明の叛乱の際、総統府の護衛兵大隊長として孫文と宋慶齢を保護し、救出した。中国共産党入党後は、北伐において連隊長として武漢占領をはじめ数々の戦役で鄧演達と同様大きな功績を挙げた。蔣介石の反革命以後は、南昌蜂起の指導者の一人であり、広州

三、一時帰国：孫文の国葬に参加　159

コミューンの蜂起でも闘った。後者の失敗後、彼はモスクワに赴いたが、コミンテルン内では「敗北主義」の批判も出て、彼は苦渋を舐めることになり、ドイツに赴いたのである。宋慶齢と鄧演達は彼を温かく受け入れ、中国革命の前途を議論する仲間にした [27]。

　当時の共産党員の革命運動を巡る理論闘争には、国際的にも各国内においても熾烈なものがあり、様々な場面で個人も、集団も、本人たちにとっては故なく、批判あるいは攻撃に曝されることが多かった。宋慶齢もまた例外ではなかった。

　1928 年 12 月、国際反帝同盟がベルリンで開催された。宋慶齢は名誉議長であったが、招待されなかった。モスクワの第三インターナショナル（コミンテルン）に中共が派遣していた黄平と余飛が中国代表として参加し、黄平は演説の中で、帝国主義とその同盟者、南京の右派国民政府を攻撃したばかりでなく、いかなる左派国民党党員をも、より欺瞞的であるという理由で、右派よりもさらに危険であると責め立てたのである。黄平はレストランで宋慶齢と出会ったが、彼女を無視した。しかし、後年、彼は当時の自らの言動を恥ずべきものとして回想した [28]。

　この初冬、宋慶齢にとっては、家族同様のうれしい来訪者があった。廖仲愷・何香凝の息子、廖承志である。彼は中共中央から派遣されてベルリンに到着、ドイツ共産党党員となり、ドイツ国際海員組合執行委員に任ぜられたが、その中国支部でも活動することになった。その頃、彼の妹、廖夢醒がパリに留学していたので、廖は彼女にも会いに行った [29]。

三、一時帰国：孫文の国葬に参加

　1929 年 5 月 6 日、宋慶齢は、黄琪翔を秘書として同伴し、ベルリンからシベリア鉄道を経由する帰国の途についた。彼女は出発前に、公開で声明を発表

160 第五章 宋慶齢、模索への旅

し[30]、「私は、いま、帰国の準備をしています。孫逸仙博士の遺体を紫金山に移し正式に埋葬する儀式に参加するためです。紫金山は、彼が埋骨を希望した処です。如何なる誤解をも避けるために、私は表明しなければなりません。私は、1927年7月14日に発表した声明を堅持します。即ち、国民党中央執行委員会の反革命政策と行動に鑑み、私は最早国民党の活動に積極的に参加いたしません」と宣布した。これより先、3月下旬、国民党は、第3回全国代表大会で、宋慶齢が不在にもかかわらず、彼女を中央執行委員に選出していたのである。そのため、彼女は政略の罠にかからないように、自らの立場を鮮明にして、孫文の遺志に照らして、国民党の非を糺しておく必要があったのである。

宋慶齢が乗車した列車は、9日後に中国本土に入り、満州里で専用車に乗り換えたが、それからは駅ごとに歓迎陣が待ち構えていた。ハルビン駅などでは文字通り熱烈歓迎だった。しかし、宋慶齢は、冷静に現実を見つめ、このたびの孫文国葬の儀式は盛大であればあるほど、蔣介石にとっては非常に大きな宣伝になる。自身の在り方もそのことに関わってくると感じ、用心していた。

瀋陽では、宋子良と宋子安が代表して出迎え、また、張学良も于鳳至夫人を出迎えに出し、自らも私邸に宋慶齢を招き、談論する機会を作った。

張学良は、東北軍閥張作霖の長男である。1928年6月、張作霖が日本軍の策謀により爆死した後、東三省保安総司令などを後継するが、その年末、「東北易幟」に踏み切り、国民政府に帰属し、結果的には蔣介石の中国統一を完成させることになった。この時の二人の長談義の中味は何だったのだろうか？　後年、張学良・于鳳至夫妻は、上海で宋宅の近隣に住むことになり、両家は親しい間柄となる。

宋慶齢を出迎え、同行することになった次弟宋子良が彼女に向かって、反政府的な声明の公開発表は控えた方がよいと勧めたところ、彼女が「宋家は中国のためにあるのであって、中国は宋家のためにあるのではない」と応えたという話はよく知られている。

5月18日夕刻、宋慶齢が専用列車で北平に到着すると、国民党・政府の指導者や各界の人々が熱烈歓迎した。宋慶齢は、孫科夫人陳淑英、孫文の兄孫眉の

三、一時帰国：孫文の国葬に参加　161

孫、孫満に助けられ下車したが、満面泪の面持ちだった。グレイの洋服に白い
靴、黒いフェルトの帽子で小柄のスリムな姿を装っていた。ほとんど話すこと
もなく、歓迎陣に対して談話を発表することもなく、来訪の客人との面会も謝
絶した。孫科・陳淑英夫妻、戴恩賽・孫婉（孫文の次女）夫妻、宋子良、宋子
安らと一緒に乗用車で孫文の遺体を安置していた西山碧雲寺に赴き、彼女は孫
文の霊前に拝礼、涙ながらに献花した。北平（北京）では、東半壁街鮑貴卿旧
宅が宋慶齢の仮の住居とされた。彼女は、数日間、孫文の霊を南京に移すため
のいくつかの儀式に参加した後、孫文遺体護送の特別列車に同乗し、南京に向
かった。彼女は、黒い長袍に身を包んでいた。

　南京紫金山に埋葬することは、孫文生前の希望によるものであり、彼の没後
1ヶ月目とその10日後に、宋慶齢、孫科らは紫金山に赴き、場所の選定や調査
を行っていた。陵墓は、建築士呂彦直の設計により、山により構築され、〝自由
の鐘〟を象っていた[31]。

　6月1日、孫文の奉安大典が挙行された。奉安総幹事孔祥熙が先導し、宋慶
齢、孫科、蔣介石、陳少白、胡漢民が孫文の霊を守護して、国民党中央党部礼
堂を出て、馬車で徐行して、陵墓に向かった。その間、獅子山砲台で101発の
号砲が轟き、敬意を表した。奉安大典は、蔣介石が主祭した。

　大典後、宋慶齢は、母倪珪貞、弟子良・子安と南京を汽車で離れ、翌朝上海
西摩路の宋家に帰宅したが、翌日宋子文宅での午餐の後、孫文との思い出深い
モリエール路29号の住居に戻った。彼女は疲れていた。身内以外は、ほとんど
誰とも会わず、取材があっても応ぜず、自ら敢えて発信することもなく、静養
を求めた。

　しかし、南京政府は、帰国した宋慶齢をそっとしておくはずがなかった。時
日を措かず、宋美齢が訪れ、南京に赴き国民党第三期第二次中央委員会全体会
議に参加するよう宋慶齢に要請した。彼女は不在のまま中央委員に選出されて
いたからである。彼女は参加を断り、美齢は南京に戻った。

四、戴季陶との対話：国民党との深刻な齟齬

　2ヶ月ほど経て、蔣介石の意を受けた戴季陶が夫人同伴で、宋慶齢の許を訪れた。二人は繰り返し彼女に南京に赴くようにと要請した。「南京の邸宅には、貴女が快適に暮らせるように、何もかも揃っています。……貴女が現地で政府に助言するのに便利です」と夫人が語りかけると、「政治屋は、私の肌に合いません。それに私には、上海でさえ言論の自由がありません。南京でそれを期待するなど、途方もないことです」と慶齢は応えた。そのあと、戴は、折りたたんだ一枚の紙を取り出した。それは、宋慶齢が8月1日の国際反戦デーに国際反帝大同盟に打電したが、南京政府に発表を抑えられたものだった。ところが、実際は、ある人によりコピーされ、宣伝チラシのように南京路の会社の屋上から撒かれ、大衆の知る処となった。その電文には、

　　　反動的南京政府は、まさに帝国主義勢力と結び、中国人民大衆を残酷に鎮圧しています。反革命の国民党の指導者は、信に背き、義を棄てた本質を、これまであり得なかったほど無恥に世人の面前に暴露しています。国民革命に背反してから、彼らはすでに許されることのできないほど堕落し、帝国主義の道具となり、ロシアに対する挑戦を企んでいます。

とあり、反動的恐怖政治は、広大な民衆をさらに逞しい反体制者と化し、やがては、彼らを勝利させると述べていた[32]。彼女は、久しぶりに本音を爆発させ、留飲を下げたことだろう。

　ところで、この電文を取り出した戴と宋の間で、問答が延々と続くことになり、結果的には、当時の彼女の様々な問題に対する原則的な立場、考え方、態度を明らかにすることになった。宋慶齢は自ら、それを記録に残したが、それは、後年、北京の燕京大学の学生が発行していた英字新聞『チャイナ・トゥモロー』に掲載されることになった[33]。

四、戴季陶との対話：国民党との深刻な齟齬　163

戴　貴女のような地位にある方がこのような態度をとるなど信じられません。ほんとうに、これは非常に重大な問題です！

宋　ただ正直な態度をとっただけです。孫博士が同じような環境に置かれたら、同じ対応をしたことでしょう。私の電報が共産党による偽造文書という噂を貴方がたが広めることは、実に馬鹿げています。というのは、その言葉の一字一句が私の書いたものであるということを、私の力で証明することができるからです。

戴　……共産党が、すべてモスクワの指示の下に、国内至る処で殺人、掠奪、放火の大破壊をしているこんな時期に、貴女はどうして政府を攻撃するこんな電報を発表することができるのですか。貴女個人については、特別の配慮をしなければなりません。とはいうものの、政府にとっては見逃すことのできない重要な罪です。たとえ政府が過ちを犯していたとしても、貴女にはそれを公然と話す権利はありません。貴女は、党の規律に従わねばなりません。

　　それに、最も悪いのは、その電報が外国人宛のものであることです！政府や国民の面目を失わせることになるのです。貴女自身の国民の……ですよ！

宋　党の規律について言いますと、私は、貴方がたの「党」には所属していません。貴方がたの作為で、中央執行委員会の名簿に私の氏名がありますが、私にはものを言う権利がないと言われるとは、貴方はどんな神経の持ち主なのでしょう。貴方がたは、世間を欺く看板として、党委員会に私の氏名を並べたのですか？　貴方の言っていることは、当てこすりで、人を侮辱しています。確かなことは、南京政府が中国人民を代表するものと見做している人はいないということです！　私は、圧迫されている中国民衆に代わって発言します。貴方もご存知の通りです。全世界の人々は、私が電報を送った「外国の団体」が中国及び中国人民の利益にとって友好的なのか、敵対的なのかを容易に明らかにすることがで

164 第五章 宋慶齢、模索への旅

きます。貴方が愛国的義憤をもって指弾する反帝国主義大同盟は、現在、中国の主権と民族の独立のために働いています。私の電報は、中国人民の名誉を守るものです！

　貴方がたの日本及び外国の帝国主義に対する卑しむべき屈服、革命的ロシアに対する挑発は、貴方がたが帝国主義の手先であることを証明し、国家と人民を辱めました。それに、貴方がたの代理人楊虎は、フランス租界の警察に、私が秘密の無線電信機を取り付けたと告発しました。これは、恥ずかしいことではないのですか？　私に対して外国人のスパイを使うのは、恥ずかしいことではないのですか？　貴方がたは、中国の革命史を汚しました。人民大衆は、いつの日か、貴方がたにそれを清算してもらうことになるでしょう！

戴　孫夫人、貴女は、あまりにも気が短すぎます。革命は一日では成し遂げられません。政府やその指導者たちを攻撃するという破壊的なことに精力を浪費しないで、我々と協力するのが、貴女の義務です。貴女の憤慨や気持ちは理解できます。それは、ここ数年来の痛々しい経験によるものです。しかし、孫博士は普通の人間ではありません。博士は、すべての人より卓越した存在でした。天は、博士に並はずれた賢明さと才能を賦与していました。博士の理想は、時代を何世紀も先取りしています。三民主義は、数世紀の内に完成されるべきと、簡単に考えてはいけません。それには、300年、あるいは400年かかるかも知れません。誰がそれを断言できましょうか。

宋　明らかなことは、貴方がいま依拠している三民主義は、貴方がたが勝手に改竄したものです。もし、国民党員がその主義を真剣に堅持するなら、2、30年以内に革命を成功させることができるだろう、と孫博士は自ら宣言しています。事実、博士が「建国大綱」を起草した時、自分が生きている間にそれらが達成されると想定していたのです。さもなければ、「天与の賢明さを具えた人」が自身の党内の軍閥にたびたび裏切られたあとで、軍政期（革命期の軍事的独裁の段階）に、将来の憲法体制への

四、戴季陶との対話：国民党との深刻な齟齬　165

第一段階を主唱することになると思いますか。戴さん、貴方の議論は、明らかに病的です。貴方の健康がすぐれないので、悲観的になっているのです。貴方は、最早、革命や正義や変革に情熱を燃やしていた青年時代の戴季陶ではありませんね。しかし、私は、貴方に警告しなければなりません。孫博士を偶像にしてはいけません。もう一人の孔子や聖人に見立ててはいけません。それは孫博士を侮辱しています。博士は、思想においても、行動においても革命家でしたから！　残念なことに、貴方の心は堕落してしまっています。

戴　全く反対です。私の思想は進歩してきました。社会の状態をより良くし、人々の生活を改善するのが革命ではないのですか。

宋　国民党は、革命組織として創立されました。改良的団体を意味していませんでした。そうでなければ、進歩党と称してもよかったのです。

戴　それでは、お尋ねいたしますが、革命家というのは、どういうものと、貴女はお考えでしょうか。

宋　革命家というのは、現在の社会の仕組みに満足せず、社会の広範囲な人々に利する新しい社会秩序を創り出すために活動している人たちのことです。それでは、貴方がたがどのような革命の実績を挙げてこられたか、お尋ねしたいと思います。

戴季陶は、新しい建物、鉄道、南京の新中山大路など数々の建設事業の成果を列挙して、人民のためのものだと説明した。

宋　腐敗した官僚にいつの日か取って代わるはずであった数万の革命青年たちが、いわれなき殺され方をしたということ以外、何も気付いていません。希望を失った悲惨な人民のこと以外何も知りません。利己的な軍閥の権力争い以外何も知りません。飢餓状態にある大衆に対する搾取の強要以外何も知りません。実際、反革命の残虐な行為以外何も知らないのです。

貴方がたの他の功績、あの中山大路について言いますと、それで、誰が得をしたのでしょう？　乗用車や高級車に乗る貴方がただけに便利になったのです。貴方がた自身の快適さを追求するために、唯一の住み家であるあばら家を強制的に取り壊された可哀そうな幾万もの人々のことを、貴方がたは考えたことがありますか。

戴　理不尽な非難ですよ。古くなったあばら家を取り壊さないで、どうすれば道路を建設できるのでしょうか、教えて頂きたいものです。

宋　誰の利益のためなのかが問題なのです。孫博士は、金持ちがより一層豊かになるために、また中国の何百万もの飢餓に苦しむ人民の血を絞り取る道具として国民党を組織したのでしょうか。彼が40年間たゆまず働いたのは、このためだったのでしょうか。ちょっと考えてみませんか。

戴　じゃあ、貴女は、みんなが進歩を諦めて、昔に後戻りすればいいというのですね。自動車になど乗らないで歩けばいいと、そういうことなのですね。

宋　私は、何も無理なことを要求しているのではありません。貴方がたが自分たちの生活水準だけをこれ以上高めるのをやめるようにと言っているのです。貴方がたの暮らし向きはすでに贅沢過ぎます。普通の人の百万倍もの高水準にあるでしょう。数年前には貧しかったのを、私も知っている軍人や官僚たちが急に立派な高級車を乗り回し、新たに囲った妾のために、租界内に高級住宅を購入しています。

　私は、貴方にお尋ねしたいのですが、彼らのお金の出所は、一体どこなのでしょう？　もし孫博士が生きておられたら、このような事態をよいと認められると思いますか？　もし、貴方に良心が残っているならば、国民党がその革命的意義をすっかり失ってしまっていることを認めざるを得ないでしょう。

宋慶齢は現状の具体例を示して、国民党政治のあるべき姿との差異を突いた。

四、戴季陶との対話：国民党との深刻な齟齬　167

戴　貴女は帰国した時に、なぜ、まず貴女の意見を発表しなかったのです
　　か。

宋　私の意見が封じられないで済んだことがありましたか。それでも、貴
　　方がたの蔣委員長に率直に意志を表示する機会はありました。もし、委
　　員長が私の意見を握りつぶしているとしたら、その責任は彼にあります。

戴　介石は、孫博士の建国大綱を実現するために、全力を尽くしています。
　　彼の双肩にはとても大きな責任がかかっていますし、彼が乗り越えなけ
　　ればならない障害も非常に大きなものです。忠実な同志はみな、彼を助
　　けなければなりません。しかし、情況は非常に難しく、複雑です。実際、
　　たとえ蔣介石が貴女や汪精衛に政府を譲ったとしても、事態は悪くなら
　　なくとも、少しもよくはならない、と断言しますよ。

宋　蔣介石氏に取って代わろうなど思ってもいませんからご安心下さい！
　　　それにしても、蔣の手によらなければ、事態が良くならないというの
　　は、全く貴方の偏見です。国の福利というのは、いかなる個人の独占物
　　でもなければ、私的財産でもありません。そこに貴方の根本的な間違い
　　があります！　孫博士の建国大綱の実行についておっしゃいますが、蔣
　　と彼の幕僚たちが一体どの部分を実現しつつあると言われるのですか。
　　貴方がたが毎日唱えている博士の遺嘱をさえ、貴方がたは裏切りました。
　　言論を弾圧し、集会を弾圧し、出版を弾圧し、結社を弾圧することによっ
　　て、貴方がたは人民大衆を目覚めさせるとでもいうのでしょうか。

　宋慶齢は、孫文主義による政治の根幹は人民大衆の福利、民生の安定にある
と認識し確信していた。民権もまたそのために保障されねばならなかった。そ
れらは、孫文からの継承というより二人が出会った当初より互いに共感し共有
し、そのために学習したことである。従って、これら思想信条を社会の発展、
変化に即して深化させ、実践的課題として絶えず追求していくことになる。
　戴との対話は続く。

168　第五章　宋慶齢、模索への旅

戴　大衆運動が進展していた頃、湖南や広東で何が発生していたか、貴女
　はお忘れになったのですか。きっと、あの恐怖は、まだ、貴女の記憶に
　生々しいでしょう！　自由がどのように濫用されたか、ご覧になったで
　しょう。あのような集会がもたらすものは、混乱と不安だけです。この
　点では、中国人民は、何世紀も遅れています。かなり訓練を受けてきた
　国民党員の間でさえ、集会で、時々無秩序や喧嘩を引き起こします。孫
　博士が絶望して、「会議通則」を書かれたのは、このためです。

　　貴女は、どうしてこの無知文盲の大衆が集会を催すことを期待される
　のですか。彼らが自分たちを組織するなど考えられないことですよ。彼
　らには、まず訓政（軍政から憲政に移行する過渡段階／党や政府が地方自治
　などで国民を教育する）時期が必要なのです。

宋　貴方がたはご存知ですか。帝国主義者が不平等条約の撤廃と領事裁判
　権の廃止を求める私たちに対して用いたのと全く同じ武器を、貴方がた
　は、自国の人に対して使っていることを。

　　帝国主義者は、こう主張します。私たち中国人は、何世紀も遅れてい
　て、法律や秩序に無知である、だから自らを統治することができない、
　それ故に、「適当な期間、監督下で訓練」されなければならない、と。貴
　方がたが前述の孫博士の（会議通則）を実践する機会を人民に与えないで
　おいて、どのようにして人民が集会を開いたり、組織したりできるよう
　になることを期待なさるのですか。水の中に入らないで水泳を習うこと
　ができるでしょうか。戴さん、貴方は矛盾していませんか。

　後年、事業における科学的考察、モデル性、実験性を説いた宋慶齢の論法の
片鱗がすでに見える。

戴　矛盾しているのは、貴女の方だと思います。貴女は、人民の福利を増
　進し、その苦痛を救いたいと願っておられるが、その一方で、人民の敵
　──広西派とその他の軍閥、馮玉祥や閻錫山との戦争に反対しています。

四、戴季陶との対話：国民党との深刻な齟齬　169

　　これらの軍閥は、革命途上の障害物ですよ。

宋　軍閥間の戦争で、人民は増税、抑圧や生命の損失を被るばかりで、ど
　　んな利益を得てきたでしょう！

戴　それじゃあ、貴女は、明らかに平和を願っておられますね。ところが、
　　国家や人民のために努力している人々と仲違いし、彼らを攻撃していま
　　す！　もう、お互いの意見を尊重し合いましょう。私たちは貴女のご意
　　見を拝聴いたしましょう。ですから、貴女も多数の意見に耳を傾けて下
　　さい。

宋　墓場だけにしかない平和にも、時間の無駄遣いになる私への説得にも、
　　私は何の幻想も抱いておりません。

　1926年から27年にかけての大革命の高潮の中での孫文の政策に対する裏切
りと革命軍主力の反革命への転向は、宋慶齢を限りなく傷つけ、蔣介石率いる
国民党との間に生じた深淵は暗く、測り知れないものだった。嘗て孫文の傍ら
で親しく過ごした戴季陶であったが、彼もまた心を開ける相手ではなかった。
彼は、いまや南京国民党政権のイデオローグであった。

戴　なぜ、貴女は、暫くの間でも南京に滞在することができなかったので
　　すか。南京でなら、貴女の親族と楽しく過ごせたでしょう。あの環境の
　　中でなら、もっと幸せになれたでしょう。私たちは皆人間です。それぞ
　　れ温かい善意と思いやりを持っている人間なんですよ。

宋　もし、快適さが私の目的でしたら、苦痛に満ちた場所に戻って、希望
　　と犠牲の埋葬式に参列するようなことはしませんよ。私は、個人よりも、
　　むしろ大衆に同情します。

戴　孫夫人、もうこれ以上声明を出さないよう、お願いします。

宋　戴さん、私を黙らせる方法が一つだけありますよ。私を銃殺するか、
　　牢獄に繋ぐか、です。貴方がそうしないと、貴方が受けた批判が正当で
　　あったと認めることになりますよ。しかし、何をするにしても、私同様、

公明正大にして下さい。卑劣な戦術に訴えたり、二度と私をスパイで取り巻いたりしないで下さい。

戴　南京から戻りましたら、また、お訪ねいたしましょう。

宋　もう、これ以上のお話合いは無用と思います。私たちの間の相異は大き過ぎます。

　宋慶齢は、戴季陶の裏に、彼を派遣した蒋介石を意識して、言葉を選び、話していたが、戴との間にもはっきりと乖離を覚えていた。それは、どこからきたのか。

　いずれにしても、宋慶齢を南京政権に抱きこもうという企みは、失敗に終わった。彼女は、9月にドイツ・フランクフルトで開催された反帝国主義大同盟第二回国際大会では名誉議長に再選されていた。また、この頃、宋慶齢は、アグネス゠スメドレーから彼女の自伝的小説『大地の娘』を受け取ったが、スメドレーは、その扉のページに、「宋慶齢同志、この敬愛する正真正銘の革命家に捧げる」と記していた[34]。

五、再び、ベルリンへ

　1929年9月下旬、宋慶齢は上海を離れ、フランス船でマルセイユに向かった。埠頭には、孔祥熙・宋藹齢夫妻、宋子文、宋美齢、宋子良ら、親族の見送る姿があった。こたびは、孫文銅像の制作注文に関わる訪仏ということでもあったからである。しばらくパリに滞在した宋慶齢は、留学中の廖夢醒を訪ねるなど、久しぶりでゆとりのある時間を過ごした。こうした時、米国ニューヨークで株価が大暴落し、世界が恐慌の波に呑まれることになった。

　宋慶齢はドイツに戻り、再びベルリンに住み、鄧演達と連絡を取りながら中国革命の諸問題の研究を継続することになった。鄧演達は、ヨーロッパあるいはアジアの各地を精力的に巡り、主として農民問題、土地問題について視察し

た。

　1930年4月、宋慶齢は、ベルリンで再度転居したが、その折、現金・重要書類・ネックレスなど貴重品を収納していた手提げ箱を紛失し、当時の駐ドイツ中国公使蔣作賓に連絡した。彼がドイツ外交部に訴え、併せて、孫宋慶齢夫人は身分を秘してドイツに滞在していることを考慮してほしいと、当局に伝える一幕があった[35]。その事件は、宋慶齢がタクシーで転居先に到着後、客室のテーブルにその手提げ箱を置き、別室に行って、戻ったら見えなくなっていたということで、ベルリンの警察当局に捜査を依頼したばかりでなく、著名な刑事専門の弁護士を法律顧問とし、さらに私立探偵まで動員することになった。警察当局としては、手を尽くしたが手掛かりが見つからないので、宋女史は、実は、タクシーの中に置き忘れてきたのでは、とも疑っていたようである。果たして、見失ってから8ヶ月以上を経た同年12月クリスマス・イブ前日に、ドイツ外交部から中華民国駐ドイツ公使館に口頭で、「宋嬢の手提げ箱は、種々調査の結果、彼女は、該住宅に入る前にすでに、それを遺失していた」と伝えてきた。そして、翌年3月中旬に入り、ついに貴重品収納の手提げ箱が持ち主の手に戻ったのである。宋慶齢は、ドイツ警察局に精緻な銀器を贈り、謝意を表した。

　宋慶齢は、時々ベルリンを離れ、西ヨーロッパ各地を旅行した。この6月、何香凝が廖承志に伴われ、パリからベルリンに来た折、ドイツ留学中の胡蘭畦と公的宿舎で同宿することになった。間もなく廖承志は、東方大学で勉学するためモスクワに赴いたが、何香凝はそのまま9月までベルリンに滞在した。そんな訳で、宋慶齢、何香凝と胡蘭畦の三人は、しばしば連れだって、図書館に行き、また、ベルリンの名勝を遊覧した。ある時は、中国革命の諸問題を議論し合った。何香凝の帰国後も宋慶齢と胡蘭畦は、互いに往来した。胡は回想録の中で「宋先生は、非常によく人の面倒をみる方でした。……当時私は、経済的には困難な生活をしていました。彼女は、毎週、魚や肉や野菜などを買って、私の住居を訪れ、中国料理をご馳走して下さいました。彼女が持ってきて下さるものは、私の一週間の需要に相当するものでした」[36]と述べているが、宋慶

172 第五章 宋慶齢、模索への旅

齢のさりげない心遣いがよく見える例である。

胡蘭畦は、四川省成都の出身で、1926 年に中国国民党に入党した。1929 年にドイツに留学し、翌年、廖承志の紹介でドイツ共産党に入党し、中国語グループに所属した。こうしたプロセスで何香凝と出会い、ベルリン滞在中の宋慶齢の身辺で活動し、彼女の活動を手伝うことにもなった。

その頃、宋慶齢は、国際労働者援助委員会中央執行委員の資格で民主主義者の多様なグループ、特に作家たちや芸術家たちとつながりをもった。ドイツ人共産主義者エルウィン＝ホッペは、その中の一人で、彼らは、密かに連絡をとりあっていたと言われている。ホッペは、国際労働者援助委員会の書記長で、赤色闘争戦線のメンバーでもあった。彼は、また、ベルリンでは、クラブ「赤い星」を主宰し、他方ロシアの石油製品のドイツ販売会社の会長でもあった[37]。

宋慶齢は、客人をとても厚くもてなし、とりわけ、同国人に対しては、親切で、援助を惜しまなかった。ベルリン滞在中は、中国革命についての研究のほかに、ドイツ革命史の基本理解にも努力した。就中、目前で崩壊に向かいつつあった共和体制やその基軸となっていたワイマール憲法〔1919 年 8 月 11 日の（社会民主主義）憲法〕の理想にも啓発されることが多かったに違いない。宋慶齢にとって、祖国の未来、近代国家、人民、社会のあり方を考える上で、米国留学時代に次いで欧米諸国家に学ぶいい機会となった。世界の中で祖国を見つめ、考える機会となった。

嘗ての孫文と同じように宋慶齢もドイツに好意を抱き、ベルリンは居心地が良かったが、ドイツ国民にとってこの 10 年余は、苦難の道程であった。第一次世界大戦での敗北、賠償、復興の重荷……、ワイマール共和国の理想を光とすることができたけれど、それも、いま、苦境にあり、恐慌の追い打ちに曝されていた。失業者が日を追って増加し、人々が日々の暮らしに不安を覚えていた。他方、ナチスの勢力が日々強大となり、ファシズム旋風がドイツを震撼させるかもしれない……、そんな空気が感じられた。宋慶齢は、このようなドイ

ツの情況を楊杏仏宛の書中 [38] で語っている。傍ら「私が貴方に伝えねばならないことがあります。子文と孫科のために働いているグスタフ＝アマン (Gustav Amaun)、は極めて反動的な人です。彼はここのファシズム党では高位に就き、同党の財務に関わっています。私は中国にいた時に彼のことをよく知りませんでしたが、とんだ食わせ者かも知れません！」と伝えるほか、陳友仁の張静江を介しての南京政府への接近について述べ、さらに何香凝の息子廖承志が共産党員になり、娘廖夢醒がすでに帰国して共産党員の青年と結婚したことを述べた後で、「興味をそそるのは、南京政府の官員の次世代の半分が共産主義の懐に抱かれていることです。ドイツ人の言うように偶然なのか、それとも、なるべくしてそうなのか、知る由もありませんが……！」と書いている。彼女はベルリンで生活しながらも、その耳目は祖国に通じ、その動向に注意を怠らなかった。

注

（1）「赴莫斯科前的声明　1927 年 8 月 22 日」、『宋慶齢選集』上巻、人民出版社、
　　　1992 年 10 月、pp.49–52

（2）前掲『宋慶齢年譜』上冊、p.370 脚注

（3）Ｉ＝エプシュタイン著、久保田博子訳『宋慶齢─中国の良心・その全生涯─』
　　　上、サイマル出版会、1995 年、p.283

（4）「在莫斯科発表的声明──1927 年 9 月 6 日」、前掲『宋慶齢選集』上巻、pp.55–57

（5）前掲『宋慶齢─中国の良心・その全生涯─』上、pp.385–386

（6）前掲『宋慶齢年譜』上冊、p.375

（7）同上、pp.393–394

（8）『上海宋慶齢故居紀念館館蔵／宋慶齢来往書信集』、上海宋慶齢故居紀念館編
　　　訳、上海人民出版社、p.429

（9）前掲『宋慶齢年譜』上冊、pp.386–387

（10）同上、p.387

（11）同上、pp.347–348

（12）Vera Vladirovna, Vishnyakova-Akimova, *Two Years in Revolutionary China 1926–1927*

174 第五章　宋慶齢、模索への旅

Translated by Steven I.Levine, Harvard East Asian Monographs 1971, p.284

(13)『摯友情深——宋慶齢与愛潑斯坦、邱茉莉往来書信』1941–1981、中国宋慶齢基金会研究中心訳編　中央文献出版社、2012 年 5 月、p.370

(14) 劉家泉著『宋慶齢　流亡海外歳月』、中共文献出版社、1994 年 4 月、pp.43–44

(15) 前掲『宋慶齢—中国の良心・その全生涯—』上、pp.313–314

(16) 丘挺・郭暁俊『鄧演達生平与思想』甘粛人民出版社、1985 年 2 月、pp.1–3

(17) 前掲『鄧演達生平与思想』、pp.7–9

(18) 同上、pp.141–145 参照

(19) 前掲『宋慶齢流亡海外歳月』、p.57

(20) 宮本百合子『道標』第一部、新日本文庫、1976 年 9 月、pp.100–109

(21) 前掲『宋慶齢年譜』上冊、p.395

(22) 前掲『宋慶齢年譜』上冊、pp.395–396

(23) 前掲『宋慶齢—中国の良心・その全生涯—』上、p.317

(24) Roland Felber und Ralf Hubner, *Chinesische Demokraten und Revolutionare in Berlin 1925–1933*, Wissenschaftliche Zeitschrift, der Humboldt-Universitat zu Berlin 1988

(25) 注 20 に同じ／前掲『宋慶齢年譜』上冊、p.409

(26) 前掲『宋慶齢年譜』上冊、pp.409–410

(27) 前掲『宋慶齢—中国の良心・その全生涯—』上、pp.324–325

(28) 前掲『宋慶齢—中国の良心・その全生涯—』上、pp.323–324

(29) 前掲『宋慶齢年譜』上冊、p.413

(30) 同上、pp.417–418

(31) 同上、p.426

(32) 同上、pp.431–432

(33)「与戴傳賢談話筆記　1929 年 8 月 10 日」、前掲『宋慶齢選集』上巻、pp.73–80

(34) 前掲『宋慶齢年譜』上冊、p.435

(35) 同上、pp.430–440

(36)『胡蘭畦回憶録　1901–1936』、四川人民出版社、1985 年 7 月、pp.228–229

(37) 前掲、Roland Felber und Ralf Hubner, *Chinesische Demokraten und Revolutionare in Berlin*

(38)「致楊杏仏　1931 年 2 月 17 日」、前掲『宋慶齢書信集』上冊、pp.68–69

第六章　宋慶齢之宣言

一、母の死、帰国：鄧演達の逮捕／ヌーラン夫妻救援

1931 年 7 月 23 日、宋慶齢の母、倪珪貞が療養中の青島で死去した。享年 63 歳。宋慶齢は 38 歳になっていた。彼女は、親族からの訃報を受け取るや、上海の宋宅に「7 月 31 日にベルリンからシベリア鉄道で満州里を経て北平に至り、陸路または海路で上海に急ぎ戻る」と返電した。彼女は、これまでも母親の病状を知らされるたびに、即刻帰国を思ったが、もしや自分を帰国させるための企みではないかと、最愛の母に思いを馳せながらも躊躇してきたことを悔やんだ。

予定通り、慶齢は母の喪に服するため胡蘭畦に伴われてベルリンを離れ、帰国の途に就いた。8 月 9 日慶齢たちは、満州里駅で黒竜江省の国民党の党・政・軍の高級幹部の出迎えを受け、そこからは、黒竜江省政府が準備した専用列車に乗り換え、南下した。彼女は、途上駅で丁重な出迎えを受けながら、臨終の母親の様子を聞き及んでは涙にくれ、また兄弟姉妹の近況にもひたすら耳を傾けた。8 月 13 日夕刻大連丸から上海埠頭に降り立った喪服姿の慶齢は、宋子良、孔祥熙らに迎えられ、乗用車でシーモア（西摩）路の宋宅に至り、母親の亡骸に額ずいた [1]。

その 5 日後の 18 日、母倪珪貞の葬儀が基督教の儀式により行われ、宋藹齢・宋慶齢・宋子文・宋美齢・宋子良・宋子安・孔祥熙・蔣介石及び于鳳至（張学良夫人）が参列した。種々の儀式の後、倪珪貞の亡骸は、万国公墓の夫、宋嘉樹の墓の側に葬られた。

宋慶齢を上海で待ち受けていたのは、最愛の母の死だけではなかった。亡母

176　第六章　宋慶齢之宣言

を偲び悲嘆にくれる暇もなく、劇的に様々な事が起こり、彼女を突き動かした。

　まず、母親の葬儀の前日、ベルリンで中国革命の前途について一緒に研究し、同志的友情で結ばれていた鄧演達が叛徒として密告され、たまたま立ち戻っていた上海で逮捕され、南京に拘禁されたのである。彼女は、その事実を知るや、即刻救援のため動き始めた。

　葬儀の日には、米国の作家セオドア゠ドライサー、弁護士クラレンス゠ダロー及び三名の上院議員──ウィリアム゠Ｅ゠ボラー（共和党／外交委員長を経歴）・ロバート゠ラ゠フォレット（農民労働党）・ヘンリック゠シプステッド──ら31名の署名のある電報が届いた。電文には、汎太平洋産業同盟秘書ヌーラン（ポール゠ルーグ）とその夫人ゲルトルード゠ルーグが共産党の嫌疑で、上海公共租界の英国警察に逮捕され、国民党軍事当局に引き渡されたので、彼ら夫妻の釈放に協力してほしいと、援助を求めてきたのである。その翌日には、ドイツの社会主義女性解放運動の指導者クララ゠ツェトキンから「貴女は、偉大な孫逸仙の理想の真実の継承者だから、私は貴女が汎太平洋産業同盟の秘書の救援に熱心に努力してくれることを希望する」旨の電文が寄せられた。

　ツェトキンは、当時すでに74歳、この2年後ドイツにヒットラー政権が誕生し、共産党が非合法化されると、ソ連に亡命、モスクワで客死した。

　この後、ヌーラン夫妻救援に連帯を求める署名は、洪水のように宋慶齢の住居に届いた──ドイツからは、さらにアルベルト゠アインシュタイン（科学者）、リオン゠フォイヒトヴァンガー（作家）、アーノルド゠ツヴァイク、エゴン゠エルヴィンキッシュ、ルードヴィッヒ゠レン、エルヴィン゠ビスカトール、ウォルター゠クロビゥス（建築家）、ケーテ゠コルヴィッツ（版画家）らの名があり、フランスからのものには、ロマン゠ロラン（作家）、アンリ゠バルビュス（作家）の名があり、イギリスからのものには、フェナー゠ブロックウエイ（独立労働党党首）、レイモンド゠ポストゲイト、コンラッドー゠ノエルらの名が見られた。

　また、ニカラグアからは、民族革命の指導者セザール゠アウグスト゠サンディノの電報が届いた。

　5年後の1936年9月のパリ国際反ファシズム委員会拡大会議でのことである

が、ロマン゠ロラン議長が欠席した名誉議長宋慶齢について「彼女は、世界に
芳しい香りを放つ一輪の優美な花であるばかりでなく、あらゆる桎梏を噛み切
ろうとする、恐れを知らぬ獅子である」と言及したことから察すると、宋慶齢
は、ここ数年の間に、ただ〝孫逸仙夫人〟として注目され、尊敬されただけで
なく、すでに彼女自身独自の声望と信頼を集めていたことが窺える。ヌーラン
夫妻救援要請の署名電報の洪水もそのことを裏付けていた。また、ベルリン滞
在を主とする欧州での彼女の交友、活動の様子を垣間見るものである。

　1931 年の同じ頃、米国籍の女流作家で、当時ドイツの新聞『フランクフル
ト　ツァイトゥング』の極東特派記者をしていたアグネス゠スメドレーが、ソ
連から中国東北地区に入り、日本軍の同地区侵略を取材して上海に至り、早々
宋慶齢に会見を申し込み、8 月 24 日に実現した。スメドレーは、宋慶齢の政治
的スタンス、見解について、単刀直入に質問し、宋慶齢は、それらに明確に応
えた [2]。

　　問：貴女は、広州政府（1931 年夏汪精衛、孫科等反蔣介石派が広州に「国民政
　　　　府」を樹立し南京に対抗した。陳友仁は外交部長に就任）への参加を要請さ
　　　　れましたか？
　　答：はい、要請されました。
　　問：貴女は、参加されるつもりですか？
　　答：私は、いかなる政府への参加も考えていません。
　　問：貴女は、南京政府と広州政府の間の調停をお引き受けになりました
　　　　か？
　　答：その報道は、全くのでたらめです。
　　問：聞くところによりますと、第三党と広州政府には連携があるとのこと
　　　　ですが、貴女は、どう思われますか？
　　答：私の知る限りでは、第三党と広州政府の間には、政治上の連携はあり
　　　　ません。

178　第六章　宋慶齢之宣言

　問：貴女は、第三党の一員ですか？

　答：いいえ。

　問：目下の政治情況に対する貴女の観点は、いかがですか？

　答：私の政治的立場は、1927年に私が述べたものと同じです。嘗て私が武
　　　漢を離れる前に発表した声明のことです。

　このスメドレーの取材記事を通して、宋慶齢の帰国直後の中国における政治
的スタンスの概要を知ることができる。

　9月に入り、宋慶齢は、漸く、夫、孫文の墓参のため南京に赴くことができ
たが、その後10日も経たない内に、東北、瀋陽の北郊、柳条湖付近で日本の関
東軍の策謀に起因する事件が発生した。満州事変、「九一八」である。彼女の帰
国から1ヶ月余のことであった。母親の葬儀を挟んで鄧演達の逮捕、ヌーラン
夫妻拘留に対する救援要請の署名電報の洪水を受けての活動が始まり、南京・
広州政府の対立を背景に、彼女に対する取り込み、牽制、数々の流言誹謗の攻
勢に彼女は体調を損なうほどであった。そんな中での「九一八」発生だった。

二、「九一八」事件と鄧演達の暗殺

　9月19日、南京国民政府は国際連盟に「九一八」事件を報告し、その非道を
訴えた。これに対して国連理事会は、日中両国に対する撤兵勧告を決議した。
また、中共中央は、日本帝国主義の暴挙・侵略に反対して武装決起することを
大衆に呼びかけた。

　これに対して、国民政府は、「全国の国民に告げる書」を発表し、このたびの
事件については、国連による公理の解決に委ねるとし、全国の軍隊に、日本軍
との衝突を避けるよう命令した、と伝えた。

　しかし、学生を主とする大衆は、政府の方針に納得しなかった。事件発生か
ら10日後、北平では20万人の抗日救国大会が挙行され、対日宣戦、失地回復

二、「九一八」事件と鄧演達の暗殺　179

が要求された。南京では、学生たちが外交部に押しかけ、外交部長王正廷に傷を負わせた。蔣介石はその後、学生が集団で南京に請願に訪れることを許さなかった。こうして、抗日救国運動が始まった。

　この年の 12 月、上海にも抗日救国の連合団体が生まれた。上海民衆反日救国連合会（「民反会」）の成立である。日本留学を中断して帰国した学生会、上海労働者連合会、中国左翼作家連盟等 54 団体が四川路の青年会に結集、団結した。そのような民衆の怒濤の中、宋慶齢は鄧演達がすでに殺害されたと知らされ、即刻、蔣介石に会うために南京に向かった。二人は会った。そして、こんな場面になった [3]。

　　宋：いまや国難の最中にあります。私は、貴方と鄧演達の矛盾の調停に来
　　　　ました。貴方が鄧を呼び出して下さい。私たち三人で面談いたしましょ
　　　　う。
　　蔣：（黙然として、語らず）
　　宋：もし、貴方がここで話すのが不都合なら、私に人を同伴させ、鄧演達
　　　　に会いに行かせて下さい。私は、まず彼と話します。その後で、三人で
　　　　話しましょう。
　　蔣：（黙して語らず）
　　宋：鄧演達に何が何でも会わなければなりません。
　　蔣：貴女は、もう彼に会うことができません。

　宋慶齢は、悲憤に堪え難く、茶碗を手で払いのけた。蔣介石は、そそくさとその場から退散した。
　鄧演達は、8 月に逮捕された後、蔣介石から硬軟交えた扱いを受けた。彼が自己の政治主張を棄て、組織を解散することを求められ、そうすれば、中央党部秘書長あるいは総参謀長等の高官厚遇を約束すると言われ、また、蔣介石が総司令に任じ、鄧演達が副総司令ではどうかとの提案もされた。江西省の共産

180　第六章　宋慶齢之宣言

党軍の掃討に手間がかかるので、南京・広州両政府の調停に手を貸してほしいとか、海外視察に派遣したいなど、様々な誘いがあったが、いずれも鄧演達によって一蹴された。「私は、本気で中華民族を守りたいんだ！」と [4]。

　11月になると、中国国内の政治情況は、複雑に激しく動いた。中華ソビエト共和国臨時中央政府が江西省瑞金に成立、毛沢東が主席に任じ、朱徳が軍事委員会主席に就き、紅軍総司令を兼務した。一方、蒋介石は、日本の東北侵略には「攘外必先安内」〔外敵を退けるためには、先ず国内の安寧を図らねばならない〕策で対応するために、江西省で共産軍包囲殲滅作戦を展開し、政府の改組によって広州政府との対立を解消し、それを吸収しようとしていた。同月下旬、両政府の会議が開かれ、蒋が下野を強いられる破目になった。彼が下野した後、彼に取って代わる最有力候補の一人は鄧演達である可能性もあった。鄧演達は、文武に優れ、黄埔軍官学校歴代の卒業生の中でも敬愛され、彼らから鄧演達〝教育長〟の釈放を求める声も上がっていた。それは、蒋介石にとって由々しきことであり、蒋には、猶予の時はなかった。彼は、11月29日、配下を派遣して鄧演達を南京城麒麟門外に拉致し、銃殺させた。鄧演達は、享年僅か36歳だった [5]。

　その後、鄧演達創設の中国国民党臨時行動委員会を代表する謝樹英が楊杏仏に伴われて、上海の宋慶齢宅を訪れ、彼女と会見した。この後、彼女は「宋慶齢之宣言」を発表した。

三、「宋慶齢之宣言」[6]

　1931年12月19日、宋慶齢は、鄧演達殺害に抗議するために、「国民党は、最早一つの政治勢力ではない」を書き、翌日、上海『申報』に発表した。紙上では、「宋慶齢之宣言」と題して掲載された。

　「宋慶齢之宣言」は述べる。

　　政治勢力としての観点では、国民党はすでに存在していません。これは、

覆うべくもない事実であります。国民党の滅亡を促しているのは、党外の反対者ではなく、党内自らの指導者であります。1925年、孫中山が北京で病逝し、国民革命は、突然、指導者を失い、進捗が中断されました。幸いにして、当時広州の党内同志は、厳格に彼の遺教を遵守し、民衆を革命の基礎となし、北伐を短期間の内に長江流域まで推し進め、勝利に導きました。しかし、まもなく、蔣介石の個人独裁と軍閥・政客の間の争いが寧漢（南京・武漢）分裂を引き起こし、党と人民の間の溝を益々深めています。

　残酷な大虐殺と恐怖は、革命を地下に潜らせてしまいました。国民党は、反共の名で革命に対する背反を誤魔化し、継続して反動的な活動を進めています。中央政府においては、国民党員は、高位と蓄財に力を注ぎ、私的な派閥を形成し、彼らの地位を強固にしています。地方でも同様に民衆から収奪し、個人の貪欲を満たしています。……しかし、忠実にして真正な革命者は、策謀により痛めつけられ、死に至らしめられています。鄧演達が殺害されたことは、最近の残酷な例です。

　5年以来、内戦と陰謀が繰り返され、革命政策が廃棄されることにより、どの敵対する派も帝国主義者に投降し、かつ武力と最も低級な手段で事を進めるようになっています。これまでに北洋軍閥の政客でさえ敢えて為さなかった事を〝党治〟の名目の下に平然とやっています。これにより、国民党は、今や、すでに名誉地に落ち、全国の倦厭と痛恨を受けても、何の不思議がありましょうか？　孫中山の遺嘱は、ただの一日も真正に実行されていません。……

　日本が公然とわが東北に侵入してからも、広州と南京のこの二つの集団〔政府〕は、目前の国難と世論の譴責により、公開の戦争を暫時停止せざるを得ず、所謂〝和平統一会議〟を開催したのです。陰謀が駆け巡る中、会議は、三ヶ月の長きに亘りましたが、争論の中心問題は、党中央委員会や政府内の職位に関わることです。全国の大勢を構成する農民・労働者の苦難と彼らに対する至急の対策に関しては、この会議で一言の言及もありませんでした。……

182　第六章　宋慶齢之宣言

　労農政策を基礎とする党であって初めて社会主義の基礎を築き、軍閥の勢力を粉砕し、帝国主義の足枷から脱却することができるのです。……

　私たちは、現在すでに南京でこの種の統一〔南京政府と広州政府の統一〕の第一の果実を見ることができます。僅か三日前のことですが、帝国主義国家の命令の下にこの〝統一政府〟は、力を尽くして愛国的学生運動を鎮圧しました。12時間も経たない内に、兵士と不埒な輩が学生を包囲し、棒で殴り、刃物で刺し、畜生を扱うが如く、城外に放り出したのです。多くの学生が死傷し、報道によると、行方不明になりました。……

　これにより、私は、率直に宣布せざるを得ません。国民党を組織した目的は、それを革命の機器と為すためでありましたが、それが創設された時の任務を遂行できていません。私たちは、国民党の滅亡を惜しんでいるのではありません。私は堅く信じています、只民衆を基礎と為し、民衆のために服務する革命だけが、軍閥や政客の権力を粉砕し、帝国主義の足枷を打ち砕き、社会主義を真正に実行することができるのです。私は深く信じます。今日権力を握る反動勢力が恐怖政治を進めていますが、中国の千百万の革命者は、決して自身の責任を放棄しません。却って、彼らは、国家目前の形勢の危急に応じて懸命に活動し、革命の目指す目標に向かって、勝利の前進をするのです。

　この宣言を通して、彼女が向き合っている時局と主張の原点が見えてくる。「民衆を基礎と為し、民衆のために服務する革命だけが、……社会主義を真正に実行することができる」、この観点は、宋慶齢にとって、終生変わらぬものであった。また、文末の「勝利の前進……」という希望の光を添えた文章の閉じ方は、彼女の人柄を表し、特徴となる。彼女の文章は、この時も英文で書かれ、中国国民党臨時行動委員会の謝樹英により中国語に翻訳され、彼と陳翰笙が『申報』館に送った[7]。宋慶齢は、日常的に英語でよく話し、英文で文章を発表したばかりでなく、その他の外国語にも通じていたので海外のジャーナリストとの交流も多かったが、同時に、その特殊な経歴から国内のメディアから

四、抗日と人権擁護　183

も注目されることが多く、片や熱心な支持者もいれば、片や故意の誹謗中傷に
さらされることもあった。宋慶齢は、良心的なジャーナリストには、惜しみな
く協力した。彼女と国内外のジャーナリストとの巧みな関係と交流は、常に彼
女をより広い世界の中に置き、その〝人間力〟を陶冶し、豊かにした。

　宋慶齢之宣言の新聞発表を巡って、上海日報公会会長史量才は、緊急会議を
開き、宋慶齢之宣言として全文掲載を各紙に求めたところ、上海『民国日報』
の代表は、国民党の検閲を理由に、掲載はできないと応じた。それに対して、
史量才は、「宋慶齢は、国父孫中山夫人である。彼女の宣言を我々各紙が何故掲
載できないのか」と迫ると、各紙がそれぞれ掲載に同意し、20日、上海の多数
の新聞が国民党の検査令を顧みず、宋慶齢之宣言を掲載した[8]。

　史量才は、辛亥革命後、江蘇省議会議員、松江塩務局監事などを歴任後、『申
報』の総経理となり、1932年、『申報月刊』を創刊、『申報年鑑』・『新聞報』を
刊行、当時国内最大のメディア企業家となった。「九一八」後は、団結抗日を主
張し、国民党政府の対日妥協政策を痛烈に批判し、上海における民衆運動の指
導者の一人になった。しかし、彼は、宋慶齢之宣言から3年を経ない内に、滬
杭公路上で暗殺された[9]。

四、抗日と人権擁護

　1932年1月28日、日本軍が上海に進攻した。第一次上海事変（一・二八事件）
の発生である。上海に駐屯していた第十九路軍が国民政府の抑制も顧みず、抵
抗作戦に起ち上がり、これを、中国共産党の指導下に上海の日本紡績工場の労
働者たちがストライキで応援し、各界も民衆を組織して、十九路軍の抵抗作戦
を支援した。2日後宋慶齢は何香凝とともに冷たい風雪の中、真如の十九路軍
作戦本部に赴き、慰問、激励を行なった。その後も彼女は、宋子文夫人張楽怡
を伴い、大量の慰問品を真如に届けるなどの活動を展開し、時には戦場に踏み
込むこともあったという。他方、反日ストライキで闘う労働者の生活に心を配
り、募金活動で資金を集め、彼らを支える一助とした。また、宋慶齢はソ連の

184　第六章　宋慶齢之宣言

作家マキシム゠ゴーリキーに打電するなど、国際的に中国人民の抗日の闘いを
アピールし、支援を求めた。電報を受けたゴーリキーは、「孫中山夫人宋慶齢
の呼びかけに応える」をソ連の政府機関紙『イズベスチヤ』上に発表、「中国
を援助することは世界の無産階級の団結を表す。これは一つの偉大な事業であ
る」と応えた(10)。

　まず起ち上がった闘いの当事者のもとに駆けつけ、次いで支援する人民大衆
に寄り添い、さらに国際的に闘いの正義の如何を問い、支援をアッピールする
という、宋慶齢の闘いのパターンがすでに見られる。同時に、必要に応じて躊
躇なく実践し行動する姿も見えてくる。

　事変勃発から1ヶ月余で、彼女は抗戦で傷ついた兵士たちのために、取り敢
えずの需要に耐える規模と医療設備を備えた国民傷兵病院を創設し、理事を担
任し、事務を主管することになった。病院の経費は、彼女が各界に呼びかけ、
寄せられた資金で賄われた。当然この国民傷兵病院の発足に当たっては、彼女
は、何香凝、楊杏仏ら有力な友人の積極的な協力を得て奔走した。まず、上海
交通大学校の黎照寰校長より、一方の入り口が戦場に面し、他方の入り口がフ
ランス租界に面した最適な立地の校舎の一部を借用し、約300床、500人から
600人ほどの傷兵を収容できる施設を準備し、北平、香港より名医を招き、香
港、上海の看護師を募り、医療体制を整えた。その中には、彼女自身の母方の
従兄弟で第一流の外科医牛恵霖博士と第一流の内科医牛恵生博士も含まれてい
た。因みに黎照寰校長もまた、嘗て孫文の身辺で活動した経歴の持ち主であっ
た(11)。

　黎照寰は、十九路軍の多くの兵士と同じように広東出身で、宋慶齢より5年
ほど年長であるが、彼女と同時期、米国に留学、いくつかの大学を遍歴した。
在米中に孫文と出会い、孫文の身辺で活動した。1919年に帰国してからは、中
山文化館総幹事、広東航政局局長等要職を歴任、1930年～44年の間には上海
交通大学校長の職に就いていた。国民傷兵病院開設では、宋慶齢に大きな援助
を惜しまなかったばかりでなく、終生、夫人蔡慕蓮とともに宋慶齢と私事に亘

四、抗日と人権擁護　185

る親密な交流を続けた。そのことは、同夫妻に宛てた 70 余通の宋慶齢の英文
書簡でも読み取れる⁽¹²⁾。中華人民共和国では、全国政治協商会議委員、上海市
政治協商会議副主席に任じたが、文化大革命の中で迫害を受け、1968 年死去し
た。

　上海事変勃発から 1 ヶ月余を経て、宋慶齢は国民傷兵病院で記者の取材に応
じることになった。

　　問：国民傷兵病院の組織は、どうなっていますか？
　　答：私の少数の友人が十九路軍の祖国防衛の勇敢な戦いを見て、これこそ
　　　　真正の民衆の武力だと思ったのです。私たちは、その持てる力に応じて、
　　　　その傷兵の救護に当たりたいのです。同時に上海における現存の傷兵病
　　　　院について見ますと、数は多いですが、ばらばらです。継続的集中的な
　　　　組織が必要です。それで、国民傷兵病院を設立しました。廖何香凝夫人、
　　　　陳朱光珍夫人らと私が理事に推挙され、マックスウエル博士が副院長に
　　　　任じ、このほか多数の中医、西医の専門家が医療に従事して下さってい
　　　　ます。病院の全職員がそれぞれ義務を果たし、いかなる報酬も受け取っ
　　　　てはいません。私たちが病院を設立した目的を端的に言えば、このたび
　　　　中国のために苦戦した傷兵を救護、治療し、併せて精神上の慰めと励ま
　　　　しを与えるためです。同じ考えを持って下さる方々は、こぞって参加し、
　　　　援助して下さい。
　　問　孫夫人の最近の抗戦と政治に対するお考えは、如何ですか？
　　答　私個人の政治主張は、すでに表明してきました。抗日戦については、
　　　　当然、徹底抗戦を主張します。人類は奮闘の中でこそ生存を求めること
　　　　ができますが、革命者はただことの是非を問い、目前の利害を顧みるこ
　　　　とはありません。十九路軍は、武器も財力も日本軍に及ばないことを
　　　　よく知っていますが、器械財力は、〝人〟には及びません。彼らは、一
　　　　切を顧みず、彼らは、血肉をもって中国の生存のために戦い、世界に

186　第六章　宋慶齢之宣言

中国の侮るべからざる軍隊と意気軒昂な民衆の存在を知らしめていま
す。まさに軍隊の模範、実に革命の武力であり、反帝国主義の先鋒で
あります (13)。

　真っ先に意気軒昂であったのは、宋慶齢であったかも知れない。新たな事態
への大局を踏まえた読み、どう対処すべきかの立ち位置とブレのない判断、機
敏な対応、組織力、行動力には、驚くべきものがある。宋慶齢の情報網、人脈
……、そして、何よりも、彼女自身の〝人間力〟を感じる。

　宋慶齢が上海で抗日の兵士たちを国民傷兵病院の活動を通して励まし、支え
ていた頃、3月9日、日本の画策で清朝最後の皇帝溥儀が執政として再登場し、
長春に満州国が成立した。蔣介石は、祖国の危急に思い及ばなかったのか、対
外には手をこまねき、国内の抵抗勢力——抗日民主運動や共産党を主とする対
政府批判勢力——の拡大と動向に血眼になっていた。彼は、反対勢力を抑える
ために中華復興社など様々な組織を作り、ファシズムの恐怖を呼び起こした。

　前年、ベルリンから帰国直後の宋慶齢に対して欧米諸国の90余名の著名人か
ら救援要請のあった汎太平洋産業同盟上海事務所秘書ヌーラン夫妻が上海で逮
捕された事件について、彼女は釈放要求を繰り返していたが、未だ何らの見通
しも得られていなかった。4月下旬、宋慶齢は、ヌーラン夫妻救援のために蔡
元培、楊杏仏と連名で南京国民政府宛に電報を打ち、「ヌーラン夫妻と中国共産
党との間には連絡があり、彼らが国家転覆の陰謀に関係したとのことで、死罪
に処すべき云々と聞いている……ヌーランの事案は、国際的注目を浴びて久し
く、デユーイ、アインシュタイン、ロランのような各国知名人が思想の自由、
人権保障を根拠に夫妻の釈放を求めてきている……」、さらに「中国は、暴虐日
本の蹂躙の下にあり、いま国際社会に向けて公道を求めている。まず自ら公道
をもって人に対すべきである。中国は治外法権回収を謀るに当たっても、まず
法治精神を人に示すべきである……」と説き、被告人に自ら招聘した弁護人に

よる弁護の機会を与えよ、と求めた。つまり近代法治国家における手続と人権保障を踏まえた裁判をもってヌーラン夫妻に臨むようにと南京国民政府に求めたのである[14]。

　ヌーラン夫妻救援活動を通して、宋慶齢の国際的連携は深まった。日常的にも英語を流暢に話し、まず英文でタイプを打つ彼女の周りには、海外通信社の記者たちも度々足を運び、同国人でも話題を共有する海外生活の経験者が多かった。そのことがまた、海外に彼女の消息を伝えることになった。勿論、嘗て世界中を駆け巡り、多くの発信をしてきた中華民国建国者・孫文の夫人であることも世界の注視を受けるに十分だった。しかし、何よりも、彼女自身、内面から湧き出る魅力を具えていた。

　世界の多くの人々は、日本の中国侵略を注視していた。同時に帝国主義と複雑に絡んだファシズムの台頭と広がりをあちこちで感知していた。

　1932年4月27日、宋慶齢のもとにジュネーブで開催予定の国際非戦及び日本の中国侵略に反対する大会への参加を要請する電文が届いた。電文には、「宋慶齢は、すでに該大会の準備委員と執行委員に当選しています。7月28日に開催される大会に中国を代表して出席して下さい」とあった。

　翌月23日には、宋慶齢は、アインシュタイン、ロマン＝ロランと連携して、「世界人民に告げる書」を発表し、8月1日にジュネーブで国際反戦大会を開催することを決定したと伝えた[15]。

　7月に入り、宋慶齢のヌーラン救援は一歩進んだ。彼女は、二人の弁護士と一人の親族を伴って、上海から南京に出かけ、江寧地方法院看守所にヌーラン夫妻を見舞い、彼らに絶食を止めるように説得した。また、彼女は、楊杏仏、Ｅ＝スノーほか知名人と一緒に、ヌーラン夫妻救援委員会を組織し、さらに国際ヌーラン夫妻救援委員会とも合作し、その主席に就いた。

　同救援委員会で宋慶齢主席の傍らで書記として彼女を助けたのは、Ａ＝スメドレーだった。中共との連絡には、潘漢年が当たっていた。救援委員会の成立

188　第六章　宋慶齢之宣言

に際して、宋慶齢は宣言を発表した。その中で、「凡そ、ヌーラン夫妻の事案に
関心を寄せるものは、人道主義及び侵すべからざる自由権のためにヌーラン夫
妻の請求に応じ、事案を上海に移すか、さもなければ釈放して頂きたい。……
ヌーラン夫妻は、南京で絶食して今日で10日になります。世界最高の思想に関
わる二人の生命に対して国民政府の対応は、まるで児戯です。ヌーラン夫妻は
絶食により、死を待つばかりです」と述べた。

　その後、宋慶齢は、自ら、汪精衛と国民党政府司法行政部長羅文幹らと交渉
し、蔡元培と二人で保証人となり、ヌーラン夫妻を上海に移し、医師に診せる
ことができた。

　蔡元培は、孫文とほぼ同世代に属し、清朝治下の進歩派として立身するが、
1898年の戊戌の変法の失敗を機に清朝政治の改良に見切りをつけ、教育に身を
投じることになった。愛国女校、愛国学社などを創設し、中国教育学会を創設
し、会長に任じた。1912年の中華民国発足時には、南京臨時政府教育総長に就
任した。1917年からは、北京大学校長に就き、1927年以降は、南京国民政府の
もとで、中央研究院院長等々の要職を歴任していた。楊杏仏は、その中央研究
院の副院長を務めていた。

　1932年8月27日から同月31日まで、帝国主義戦争に反対する世界大会（略
称：世界反戦大会）がオランダの首都アムステルダムで開催された。参加者は、
35ヶ国の代表1500名、大会は、フランスの作家ロマン＝ロランを議長に、同
じくフランスの作家アンリ＝バルビュスを副議長に推挙した。参加できなかっ
た宋慶齢は名誉議長に選ばれた。大会は世界反戦大会の成立を宣言し、本部を
パリに置き、活動を継続することにした。また、大会は、宋慶齢を該大会委員
に選出し、第二回大会を上海で開催することを決定した[16]。

　この上海における第二回世界反戦大会は、翌1933年9月30日に上海で開催
されることになった。これは、極東における最初の平和のための国際集会であ
る。宋慶齢は、後年、この大会のことを回想して語っている。即ち、建国後間
もない1952年10月、中華人民共和国の首都北京の懐仁堂の大ホールで開催さ

四、抗日と人権擁護　189

れた国際会議——アジア太平洋地域平和会議——の開幕の挨拶として宋慶齢議
長が行ったスピーチ「動員せよ！　アジア及び太平洋地域並びに全世界の平和
のために闘おう」[17] の中で、彼女は 19 年前の上海における世界反戦会議のこ
とを回想した。

　この会議は、中国で行われた第二回目の平和のための国際会議でありま
す。このたびの会議は前回の会議に比べますと、著しい相異があります。
……私は、1933 年 9 月、私たちが上海で平和のために闘った情況を皆さん
に簡単にお話したいと思います。その時、日本はすでに中国の東北を強奪
し、其処を基地として、我々に向かって全面進攻し、その後アジア及び太
平洋区域に進攻しようとしていました。この海賊のような掠奪と暴行は、
世界平和に対して一種極めて重大な脅威でした。このため、それは全世界
の政治家、国際団体、労働組合と一般の人々の憤怒と指弾を浴びることに
なりました。当時の平和組織、反帝大同盟は、特にそれを非難しました。
反帝大同盟は、非常に広範な人々により構成され、当時それは全力を尽く
して闘争を進め、侵略者が 30 年代に明らかに世界人民に向かって準備して
いた空前の大進攻を食い止めようとしていました。日本の中国侵略は、ア
ジア及び太平洋区域の人民に対する進攻の開始でした。反帝大同盟は、正
確にその重大さを認識し、このため、代表団の中国派遣を決定したのです。
　当時の中国の情況は、極めて緊張していましたが、反帝大同盟中国支部
は、却って熱意を以ってこの決定を歓迎いたしました。当時私たちは、日
本の侵略者に抵抗するだけでなく、国内の敵とも闘わねばなりませんでし
た。反動政府は、帝国主義国家の支持の下に、実際は侵略者をそそのかし
ていました。同時にそれは、すでに中国南部の人民解放区に対して内戦を
発動し、併せてその他全地区の人民に対して白色恐怖を及ぼしていました。
　その当時は、国内の団結を図り、一致して外敵に抵抗し、中国人民内部
の平和と世界平和を求めようとする者は、誰でも実際上生命の危険に晒さ
れていたということは貴方がたにも想像できるでしょう。しかし、この種

190 第六章 宋慶齢之宣言

の危険に直面しても、私たちは依然私たちの計画に沿って活動を進め、代
表団を迎え、与論を動員して侵略を食い止めようとしました。反動当局は、
最初から私たちをひどく憎み、各方面から私たちを迫害し、恫喝し、妨害
し、誹謗しました。私たちに協力して頂くために来て頂いた方々も、多く
は皆脅かされて去ってしまいました。私たちに敢えて会場を貸して下さる
方はいませんでした。

　宋慶齢は、19 年前の有様を目前に描くように語り続けた。当局は反帝大同盟
の代表団の上陸を許さなかったので、彼女は、やむを得ず禁を冒して自ら船上
まで足を運び、ヨーロッパから到来の平和の戦士を出迎えた。友人たちがはる
ばる中国まで訪れたことを無駄にはできないと、彼女は秘密裏にでも会議を開
くことを決心した。宋慶齢は「私たちは、厳密な監視を受けておりましたので、
秘密を厳格に守らなければなりません。私自身でさえ、何処で会議をするのか、
解らなかったのです。ある日の夜明け頃、私は上海の工場地区の薄暗い部屋に
案内されました。代表たちは別々に一人ずつ行かねばなりません。一部の人た
ちは、深夜こっそり其処に行きました。私が着いた時には、外来のお客様も含
めて皆床の上に座っていました。部屋の中にあった唯一の家具は、小さな椅子
で、それは秘書の机代わりに使われました。私たちは、低い囁き声で報告し、
討論しました」と回想した。これが 1933 年の上海反戦会議の情景だった。

　ところで、この会議の様子を具体的に見ると、参加者は、英国のジェネラル
＝ハミルトンを除く極東調査団一行、宋慶齢、中国各地の代表者、東北義勇軍、
十九路軍の兵士など約 60 名であった。会議は午前 8 時から始まり、マレー卿
（極東調査団団長、英国独立労働党の国会議員、陸軍次官を経歴）、クーチェリェ（仏
国作家）、中国ソビエト地区代表、宋慶齢、東北代表、チャハル代表、上海の男
女労働者各一名を議長団とし、毛沢東、朱徳、茅盾、アンリ＝バルビュス、ロマ
ン＝ロランを名誉議長に推挙した。次いで安南その他各地の代表からの祝辞が
朗読され、議長としてのマレー卿から世界の一般情勢、各地の反戦闘争に関す

る報告が行われ、さらに各代表からも報告が相次いだ。議事の中では、世界大戦、ドイツのファッショ化、蒋介石の第五次反共包囲殲滅作戦、白色テロ等々について反対決議及び抗議を可決した[18]。

この会議における海外からの主要参加団体である極東調査団は、1932年8月29日にアムステルダムで開催された第二回国際反戦会議の結果常設されることになった国際反戦委員会事務局の総会（同年12月23日、パリ）で派遣が確定されたものである。その目的は日中戦争の危機の調査とこれを防ぐための平和集会の開催であった。因みに、国際反戦委員会の委員には、フランスのロマン＝ロラン・アンリ＝バルビュス・カシアン、ドイツのアインシュタイン・クララ＝ツェトキン・ハインリッヒ＝マン、イギリスのトーマス＝マン・ブリッジ＝マン、アメリカのテオドル＝ドライザー・ダナ教授、中国の宋慶齢、日本の片山潜らが名を連ねていたが、中心人物はロマン＝ロランとアンリ＝バルビュスであった[19]。

極東調査団の一行は英国のマレー卿を団長として8名で構成され、翌1933年7月14日フランス船アンドレ・ルボン号でマルセイユを出港した。この知らせを受けた宋慶齢は、直後の8月6日極東会議上海準備委員会議長の名によって「帝国主義戦争に反対する—世界反帝国主義戦争委員会中国代表の声明—」[20]を発表し、上海における世界反戦会議の統一戦線的性格を明らかにし、併せて多くの人々の参加を求めたのである。

上海反戦会議に日本代表が参加したかどうかについては、はっきりしないが、同会議支持の運動については、同年春から夏にかけて上海反戦会議支持全国委員の結成、秋田雨雀・江口渙・木村毅・蔵原惟郭・加藤勘十らによる「極東平和の友の会発起人準備会」発足、上海反戦会議無産団体協議会の成立があった。こうした中でアンリ＝バルビュスから藤森成吉・加藤勘十・平和の友の会主催者に上海反戦会議への代表派遣を要請する電報が届いている。しかし、当時の日本ではそのような活動が看過されることはあり得なかった[21]。

192　第六章　宋慶齢之宣言

　中国共産党の対応は、どうだったか。江西省瑞金の中華ソビエト共和国臨時
中央政府は、上海反戦会議開催に先立つ 8 月、毛沢東主席が項英、張国燾ととも
に同政府を代表して、世界反戦会議極東会議宛祝電を寄せ、「現在中国は、二つ
の道──植民地への道とソビエトへの道──の激烈な戦いの中にあります。……
我々は大会が完全に我々と思いを一つにするものと信じます。このため、大会の
成功は即ち我々の成功であり、大会の勝利は即ち我々の勝利であります。我々
は、全国の労働者・農民と紅軍を指導し、一致して大会の順調な進行を擁護し、
大会の偉大な前途のために、熱誠な祝意を表します」と伝えた [22]。

　上海反戦会議は、特定の政党あるいは団体の方針によって組織されたもので
はなかった。それは、世界的な帝国主義戦争とそれに関わる暴力・虐殺の防止
に対する援助と協力を望むすべての人々の参加を歓迎した。平和のための最初
の国際的統一戦線を目指した活動であった [23]。宋慶齢は、そこで主要な位置を
占めていた。

　帝国主義戦争に反対する世界大会〔世界反戦会議〕第一回大会（1932 年 8 月）
と第二回大会（1933 年 9 月）の間、即ち宋慶齢の 39 歳から 40 歳にかけての一
年間は、彼女にとっては、まさに心身ともに死に物狂いの過酷な闘いの日々で
あった。一つには、前述のように、上海反戦会議の主催者として極度の緊張を
余儀なくされる情況下での準備活動があり、もう一つはファシズム化した蔣介
石政権下での人権、民権を守る闘い、中国民権保障同盟の活動があった。しか
も、この民権保障を求める闘いの中で、彼女の長年の親友、最も信頼する同志、
楊杏仏を失った。彼は、凶弾で倒されたのだ。

五、中国民権保障同盟と楊杏仏の暗殺

　中国民権保障同盟（略称：保盟）は、蔣介石政権の反共作戦と抗日運動に対す
る弾圧により拘束された人々に対する救援活動の中で準備され、1932 年 12 月、

五、中国民権保障同盟と楊杏仏の暗殺　193

宋慶齢が蔡元培、楊杏仏、黎照寰、林語堂らとともに上海で発起、組織したものであり、彼女が主席に、蔡元培が副主席、楊杏仏が総幹事に就いた[24]。

宋慶齢は、保盟成立後、宣言を発表し、「中国民衆が革命の大きな犠牲を払って求めた民権が今に至るも未だ実現していないことは、実に最も心の痛むことであります。……公開の裁判と言いましても、社会正義に依拠して自ら民権擁護を求める最低限度の人権もまた剥奪されています。私は、この状態に対して有効かつ充分な改革をしたいと思います」[25]と述べ、先進諸国家のアインシュタイン、ロラン、デューイらのような知識人が民権保障の世界組織を作って活動していることも紹介し、保盟の設立を提案した。中国民権保障同盟の発足は、この時期の国内の横暴な独裁政治への対応に併せて国際的な反帝国主義、反戦、やがて顕著になる反ファシズム運動を踏まえて、また、それらと連携していたのである。

保盟の具体的な目的は、

（一）国内政治犯の釈放と不法拘禁、酷刑及び殺戮の排除のために奮闘する。本同盟は、まず、大多数の無名の、社会の注意を引かない入獄者のために力を尽くす。

（二）国内政治犯に法律及びその他の援助を与える。併せて監獄の情況を調査し、国内の民権圧迫の事実を公にし、世論を喚起する。

（三）結社集会の自由、言論の自由、出版の自由など諸民権のために努力する一切の奮闘に協力し、援助する。

と定められた。保盟の本部は上海に置かれ、最高執行機構は、臨時全国執行委員会で、分会が国内の主要都市に設けられた。

中国民権保障同盟は、数々の事案に関わることになる。地下活動している革命家たち、日々侵略を拡大し進攻する日本軍に抵抗して起ち上がる学生や教師たち、日仏等外国租界の帝国主義的弾圧に抗する労働者・民衆の生命を守り、救援した。そんな中、翌年1月には、魯迅も蔡元培の要請で保盟に参加し、上海分会も成立し、宋慶齢、蔡元培、楊杏仏、林語堂、H＝アイザックス[26]、鄒韜奮、胡愈之、魯迅等が執行委員に選出された。

194 第六章 宋慶齢之宣言

　この 1933 年 1 月、ドイツでは、アドルフ゠ヒトラーが政権を掌握し、欧州に
もファシズムの脅威が頭を擡げはじめた。宋慶齢は、ベルリン時代の様々な事
を思い出したに違いない。国境を越えた個性的な人々との出会いと交流を思い
浮かべ、彼らが追い求めていた人間社会、国家、世界の在り様について反芻し
ていたかもしれない。そのベルリンで新しい時代について議論を重ね合った鄧
演達は、いま彼女が保盟の活動を通して抵抗している蔣介石によって、すでに
抹殺されているという現実は、彼女にとって極めて重苦しいものであった。

　こんな時、2 月 17 日に世界漫遊途上にあった英国のノーベル文学賞受賞劇作
家で、フェビアン協会の指導者でもあったジョージ゠バーナード゠ショーが、
偶々、上海に立ち寄ることになった。宋慶齢は、早朝 6 時、楊杏仏等とともに、
呉淞港まで出向いて歓迎したが、逆に招かれて、彼と船上で朝食をともにした。
その後、宋慶齢は、ショーの上陸に付き添い、彼の中央研究院蔡元培院長表敬
訪問にも同行し、次いでモリエール路の彼女の住居に案内し、中華風の午餐会
を催した。そのテーブルには、ショーと宋慶齢のほか、蔡元培、魯迅、楊杏仏、
林語堂、H゠アイザックス、A゠スメドレーらが陪席した。昼食時の歓談のほ
か、送迎移動の途中もショーと宋慶齢は、中国内外の諸情勢について時間を惜
しんで話し込んだ。特に、船上での朝食時の二人の対話は、後日発表されるこ
とになる [27]。

　　ショー：中国は、日本の侵略に対してどんな備えをしていますか？
　　孫夫人：ほとんど何もしていません。北方の軍隊には、古い武器と弾薬が
　　　　　あるだけです。南京政府は、最新の軍隊、最新の武器弾薬を中国の農民
　　　　　労働者に対して使用し、日本に抵抗するためには使用していません。
　　ショー：南京政府軍と紅軍は、一種の聯合戦線を結成し、日本に抵抗でき
　　　　　ないのですか。
　　孫夫人：昨年 12 月、中国中部のソビエト政府は宣言を発表し、もし、南京
　　　　　政府がソビエト区域への進攻を停止させるなら、如何なる軍隊とも攻守

五、中国民権保障同盟と楊杏仏の暗殺　195

　同盟を結び、日本の侵略に抵抗すると宣告しました。

ショー：これは、公平な提議です。

孫夫人：この提議は、まだ受け入れられていません。南京の軍隊は相変ら
　　ずソビエト区域に（殲滅のため）進攻を続けています。

　　……（中略）……

ショー：満州国は、どのような政府ですか？

孫夫人：所謂「満州国」は、日本政府の傀儡政府に過ぎません。

　　……（中略）……

ショー：中国人民のリットン報告書に対する態度は、どうなのか、私に教
　　えて下さいませんか。

孫夫人：人民は反対しています。しかし、政府は、すでに受け入れました。
　　貴方もご存知のように、欧州の反戦会議では、極東調査団を組織し、本
　　年3月、中国に訪れ、満州の状態を調査し、そのあと上海で会議を致し
　　ます。この調査団のリーダーは、バルビュスらです。

ショー：バルビュスとロランは、かつて私にこの会議への賛助を求めまし
　　た。しかし、これは会議であって、戦争を停止することはできません。
　　戦争で戦争を停止することもこの問題の解決にはなりません。ただ各国
　　が真に平和の下に共存する決心をして、初めて戦争を停止することがで
　　きます。人民自身はともに戦争を求めていないのです。

孫夫人：上海での会議の主要な目的は、宣伝にあります――戦争に反対する
　　宣伝です。真に戦争を消滅させることのできる唯一の方法は、戦争を生
　　み出す制度―資本制度を消滅させることです。

ショー：しかし、我々は皆資本家ではないですか？　私は、幾分そうだと
　　自認していますが……、まさか貴女は、そうではないと？

孫夫人：いいえ、完全にそうではありません。

　このあと、ショーは、彼のソ連訪問の感想を述べ、また、スターリンやレー
ニン夫人と会見した時のことを話したが、話題を変えて尋ねた。

196　第六章　宋慶齢之宣言

　　ショー：南京政府は、嘗て貴女の孫中山夫人としての身分を取り消そうと
　　　していましたか？　教えて下さい。
　　孫夫人：（笑いながら）まだ取り消されていません。しかし、彼らは、そう
　　　したいと思っています。

　話題は、ショーの戯曲にも及び、また中国の情況が繰り返し語られ、さらに女
性問題や婚姻についてという風に縦横に展開し、様々な見解が交換された[28]。
　この二人は、初対面だったのだろうか？　バーナード゠ショーは、1856 年ア
イルランドに生まれ、ロンドンで教育を受け、20 世紀初頭に劇作家として頭角
を現し、妻シャーロットと共に英国の社会主義団体フェビアン協会で活動して
いた。嘗てロンドン遊歴中の孫文に直接あるいは間接的に出会うことがあった
かどうか、興味のあるところである。彼がノーベル文学賞を受賞したのは、孫
文没年の 1925 年である。
　このように、宋慶齢は、国際社会の動向と声をキャッチするアンテナを高く
掲げ、世界を見つめながら、祖国の未来を模索し、人々の日常生活の改善を図
り、人間の尊厳を保持できる権利を追求することに努めていた。現状がどんな
に惨憺たるもので、困難に満ちていても、それらを人々とともに担って前に進
まねばならないと覚悟していた。だから、その心意気を共有することのできる
人たちが途絶えることなく、彼女の周りに集まり、彼女を支えた。
　同年 5 月、宋慶齢は、ドイツ政権がファシズム的手法により、同国の進歩的
な人々とユダヤ人を迫害していることに抗議するために、蔡元培、楊杏仏、魯
迅、林語堂、スメドレー、アイザックスらと駐上海ドイツ領事館を訪ね、副領
事に抗議書を手渡した。抗議書では、冒頭で「中国民権保障同盟は、中国の恐
怖政治に反抗し、中国人民の公民権と人権を闘いとり、併せて世界の進歩の勢
力とともに現在全ドイツを支配している恐怖と反動に対して強力な抗議を呈せ
ざるを得ないと感じています」と訴え、様々な迫害と弾圧の事例を挙げて、抗
議した[29]。

六、新しい友人との出会い：エドガー＝スノー・ルイ＝アレー・馬海徳ら　197

　国内外のファシズムの恐怖政治に対峙し、救援活動に奔走する宋慶齢の身辺にも白色テロの魔手が動き始めた。ドイツ領事館に抗議に出向いて1ヶ月余の6月16日、楊杏仏が宋慶齢宅を訪れ、友人からの警告を伝えた。国民党の特務が宋慶齢と彼を彼らのブラックリストに入れたらしい、よく注意して安全に心がけるようにというものであった。彼女は、自身もまた、すでに脅迫状を受け取っていた。楊杏仏こそ気をつけてほしいということになった。その二日後、中国民権保障同盟総幹事、楊杏仏は、上海フランス租界の中央研究院の門前で特務の凶弾に倒れた。宋慶齢は、右腕ともいえる同志、孫文在世中からの同世代の親友をもぎ取られた。人力車で被弾した彼の膝には、小さな息子楊小仏が抱かれていた。

　その翌日宋慶齢は、「殺害された楊銓（号：杏仏）のために発表する声明」を発表した。「先週の金曜日に、楊杏仏は私に会いに来て、彼が最近の幾週間かに受け取った多くの脅迫状を私に見せ、彼が耳にした、彼に対する暗殺の陰謀があるとの警告について話しました。……彼が金曜日に特に私に警告しに来たのは、彼が受け取った脅迫状の狙撃対象のリストの中に私の名前もあったからです。……しかし、私たちはひるむようなことはありません。楊杏仏が自由を大切にするために支払った代価は、却って到達すべき目的に到達するまで、私たちをさらに頑強に闘わせることになります」[30]。

＊私は、1983年に訪中した折、当時上海社会科学院世界経済研究所でご活躍の楊小仏氏から二度に亘り、彼の慈父楊杏仏についてお聞きすることができた。

六、新しい友人との出会い：エドガー＝スノー・ルイ＝アレー・馬海徳ら

　1931年夏、母の喪に服するためベルリンから急ぎ帰国した宋慶齢であったが、以後2年余は、鄧演達、ヌーラン夫妻の救援を皮切りに、南京国民政府の強権から、発言し行動する人々の人権を擁護し、救援するために日夜奔走することになった。また、彼女は、それらの過程で組織された中国民権保障同盟の

198　第六章　宋慶齢之宣言

先頭にも立っていた。蔣介石の反共殲滅作戦、反共嫌疑等による弾圧は数多くの犠牲者を出し、ヌーラン夫妻も死刑は減じられたが、終身刑のまま獄中闘争を続け、彼らの一人息子ジミーは宋慶齢宅に預けられていた。そして、抵抗する者を抹殺せんとするテロは彼女の間近に及び、彼女が最も頼りとしていた楊杏仏までもが凶弾で奪われてしまった。次は誰かと脅かされる中で、仲間たちが一人二人と去り、同盟の活動は足踏みせざるを得なくなった。いつまでも、彼女を悲憤に陥れたのは、中国の最も偉大な作家として尊敬する魯迅が指導していた左翼作家連盟の青年作家たち（柔石、胡也頻ら）を救えなかったことである。上海の外国人警察は同連盟の 24 名の若い会員を逮捕し、龍華の国民政府の兵舎に送り込み、この内最も著名な 5 名は、自分自身の墓穴を掘らされ、縄をかけられたまま穴に放り込まれ、生き埋めにされたのである[31]。

　宋慶齢にとって、このような苦渋に満ちた時期、1933 年の上海で、彼女は二人の若者と出会うことになる。エドガー＝スノーとルイ＝アレーである。

　米国ミズーリ州出身の 23 歳のスノーは、1928 年、世界一周の旅に出かけるが、太平洋を渡った上海でその足が止まってしまったという。その翌年、1929 年、彼は、偶然のことから上海の『China Weekly Review（ミューラー氏評論）』の記者になり[32]、アジア各地を取材して回ることになる。その間 1932 年には、ジャーナリスト志望の米国人ヘレン＝フォスター（ニム＝ウエールズ）と東京で結婚し、翌 1933 年北京に戻り、上海に移動し宋慶齢を訪ねることになる。この時の彼の当面の仕事は、満州事変とその後の日本の侵略を報道することであった[33]。

　宋慶齢との出会いは、スノーのこの時期の取材と報道にとって重要な意味をもった。「中国革命は、抽象ではなく、民族的現実であり、多くの人々の心の中に生きている情熱であることを最初に私に納得させたのは、宋慶齢女史であった」と彼は書いている。さらに彼は当時の彼女の印象を述べる。「ヘラルド・トリビューン週刊誌の編集長ウイリアム＝ブラオン＝メロニイ夫人が宋慶齢女史の横顔を私に書くようにと言ってきたのである。彼女が孫博士の〝若い妻〟で

六、新しい友人との出会い：エドガー＝スノー・ルイ＝アレー・馬海德ら　199

あることは知っていたが、あのような若さと美しさを私は期待していなかった。慶齢夫人は当時 30 歳代半ばであったが（実際は 40 歳）10 年は若く見えた。ジミー＝シーン（James Vincent Sheean）がそれより数年前に書いたように、細くひ弱な〝人類の美しい一片〟であった。シーンと同様に〝彼女の外見と運命の対照〟は強烈であることを発見した。孫夫人は、〝まだ終わらぬ革命〟の良心であったのだ」と [(34)]。

　また、スノーは、宋慶齢の人となりについて、「謙虚で、でしゃばったところが全くない人であった。……彼女は気取ってはいなかった。誠実な人々に対しては、誠に淡白であったが、偽善者に対しては、メスのように鋭かった。彼女が優れた役者であることを知らなかった人たちは、彼女の頭脳の鋭敏さと柔軟さを見逃し、そらとぼける彼女の技能を素朴さと誤解していた。彼女は、流暢な英語と若干のフランス語とドイツ語を話した」 [(35)] と付け加えている。

　ニュージーランド出身の作家ルイ＝アレーは、90 年の生涯の大半を激動の中国で過ごし、特に抗日戦の後方で中国工業合作社〔工合〕を組織し、推進したことで知られる。彼は、自伝の中で宋慶齢との出会いについて書いている [(36)]。

　　私は、彼女が武漢政府で活躍していた時のこと、またモスクワ滞在時のことは、ヴィンセント＝シーアンやアンナ＝ルイス＝ストロングの記事で知っていたが、彼女を初めて見たのは、1929 年の孫逸仙博士の遺骸を北京から南京に移した儀式でのことであった。私は上海ボーイスカウトの一団と通路脇に立って、彼女が義弟の蔣介石と並んで、しかし幾分距離を保って、静かに歩いているのを見ていた。私にとって、彼女は、その場の主役そのものであった。しかし、私は、1933 年にアグネス＝スメドレーが私を上海の宋慶齢宅に連れて行ってくれるまでは、宋慶齢との間に面識がなかった。

　アレーは、この出会いの時に、宋慶齢から 1922 年の陳炯明の謀反における

200　第六章　宋慶齢之宣言

「広州脱険」の話を聞くが、この後、彼は、抗日活動の中で彼女の強力な相棒の一人となり、度々危急の中で彼女を助けることになる。

＊私は、宋慶齢没後 2 年目の夏に、彼女の事蹟を取材するため、初めて訪中し、北戴河でイスラエル＝エプシュタインの紹介により、初めてルイ＝アレーにお目にかかった。その座談会で、アレーは宋慶齢を語る前に、黙想するように、合掌し、「スージー（宋慶齢の愛称）……」と発せられた。今尚耳に残っている。

　1983 年夏の北戴河での、この座談会で、私は、もう一人の重要人物に出会った。Dr. 馬海徳（George Hatem）である。彼は、性病やハンセン病の撲滅に必死で取り組んだ医師として世界的にも知られるが、彼もまた、1930 年代初期に上海に上陸し、中国革命を深く受けとめ、その中での自らの使命を見出すことになる [(37)] が、そのプロセスで宋慶齢と出会い、彼女の力強い協力者となる。

　馬海徳の両親は、レバノンのカトリックの一派の伝統のある村の出身であったが、結婚後すぐ米国のニューヨーク州バッファローに移住したので、馬海徳は、1910 年 9 月にそこで生まれ、米国人として育った。父親は生活の安定を求めて、大きな負担を覚悟の上で息子に医学の道を勧めた。彼は、まずノースカロライナ大学に入学し、誠実な学究の傍ら世界に対する旺盛な好奇心に誘われてベイルートへ、ジュネーブへと遊学し、中国に至り、そこに生涯の活動の舞台を見出したようである。1934 年、彼は二人の医師仲間と一緒に上海に最初の診療所を開設することになり、やがて宋慶齢と出会う。

　Dr. 馬海徳は、後年、新中国の衛生事業で指導的役割を果たすが、宋慶齢逝去後、彼女の平和のための活動と少年児童育成事業を記念して設立された宋慶齢基金会のためにも尽力し、そのために米国で募金行脚をしたことも知られている。また、1981 年の宋慶齢日本基金会の開幕式には、中国宋慶齢基金会康克清主席（朱徳夫人）の代理として臨席の上、祝辞を述べた。その後も彼は度々来日されたが、その都度、当時日本基金会の事務局長を務めていた私は、宋慶齢の事蹟についても多くの教示を頂いた。

エドガー＝スノー、ルイ＝アレー及び馬海徳との出会いは、この時期以降の宋慶齢の活動、とりわけ抗日活動において大きな意味をもつことになり、また、彼らの働きは中国の抗日戦遂行にもそれぞれ重要な役割を果たすことになる。

注

（1）前掲『宋慶齢年譜』上冊、p.448

（2）『宋慶齢選集』上巻、人民出版社、1992 年 10 月、pp.81–82

（3）前掲『宋慶齢年譜』上冊、pp.455–456

（4）丘挺・郭暁春『鄧演達生平与思想』、甘粛人民出版社、1985 年 3 月、pp.162–164

（5）前掲『鄧演達生平与思想』、pp.162–164

（6）「国民党已不再是一個政治力量」、前掲『宋慶齢選集』上巻、pp.83–86

（7）前掲『宋慶齢年譜』上冊、p.456

（8）同上、pp.456–458

（9）同上、p.456　脚注

（10）前掲『宋慶齢─中国の良心・その全生涯─』上、p.370

（11）同上、pp.368–369

（12）「上海交通大学档案館蔵宋慶齢致黎照寰夫婦函」、『孫中山宋慶齢／文献与研究』①上海市孫中山宋慶齢文物管理委員会編、上海書店出版社、pp.193–276

（13）「在国民傷兵医院答記者問」、前掲『宋慶齢選集』上巻、pp.87–88

（14）前掲『宋慶齢年譜』上冊、pp.465–466

（15）同上、p.467

（16）同上、pp.471–472

（17）前掲『宋慶齢選集』上巻、pp.717–725／『宋慶齢選集─新中国のための闘い─』、中国研究所訳編、ハト書房、1953 年 12 月、pp.291–293

（18）幼方直吉「回想の国際会議──上海反戦会議（一九三三年）について」、『中国研究所紀要第一号』、社団法人中国研究所、1961 年 3 月、pp.168–169

（19）同上、pp.159–161

（20）「反対帝国主義戦争──世界反対帝国主義戦争委員会中国代表的声明　1933 年 8 月 6 日」、前掲『宋慶齢選集』上巻、pp.126–129

202 第六章 宋慶齢之宣言

(21) 前掲、幼方直吉「回想の国際会議——上海反戦会議（一九三三年）について」
pp.164–165

(22) 前掲『宋慶齢年譜』上冊、p.513

(23) 前掲、幼方直吉「回想の国際会議—上海反戦会議（一九三三年）について」、
p.161

(24) 陳漱渝『中国民権保障同盟』、北京出版社、1985 年 8 月／『中国民権保障同
盟』、中華民国史資料叢稿、中国社会科学出版社、1979 年 12 月

(25) 前掲『宋慶齢年譜』上冊、p.475

(26) Harold Robert Isaacs（伊羅生）1910–1986、米国新聞記者、作家。著書に鹿島宗
二郎訳『中国革命の悲劇』、至誠堂、昭和 46 年 9 月。ニューヨークの米籍ユダ
ヤ人家庭に出生、コロンビア大学卒、1928 年に『ニューヨークタイムズ』記
者、1930 年に上海に、1931 年「九一八」事変後、中共地下党の支持と宋慶齢
の援助の下にスメドレーらと上海で『China Forum』を創刊

(27)「蕭伯納過滬談話記」、『論語』第 12 期、1933 年 3 月 1 日

(28)「与尚伯納的談話」（一九三三年二月十七日）前掲『宋慶齢選集』上巻、pp.93–97

(29) 前掲『宋慶齢年譜』上冊、pp.503–504 ／「対徳国迫害進歩人士与犹太人民的
抗議書（1933 年 5 月 13 日）」、前掲『宋慶齢選集』上巻、pp.120–123

(30)「為楊銓被害而発表的声明」、前掲『宋慶齢選集』上巻、pp.124–125

(31) 王観『魯迅年譜』、黒竜江人民出版社、1979 年 8 月、p.118 ／ E ＝スノー著、松
岡洋子訳『目覚めへの旅』、紀伊国屋書店、1963 年、pp.77–78

(32) 約翰・漢密爾頓著、柯為民・蕭耀先訳『埃徳加・斯諾伝』、遼寧大学出版社、
1990 年 10 月、pp.6–7

(33) 前掲『目覚めへの旅』、p.72

(34) 同上、p.73

(35) 同上

(36) *Rewi Alley—An Autobiography—*、NEW WORLD PRESS、北京、1997 年、pp.89–93

(37) エドガー＝ポーター著、菅田絢・福島有子・鈴木恭子訳『毛沢東の同志　馬
海徳先生』、海竜社、2010 年 9 月

第七章　抗日戦争と宋慶齢

一、抗日・救国のために

　1934年夏、宋慶齢は、中共上海局書記盛忠亮と上海仏租界の公館で会った。会談は五時間にも及んだ。彼は、江西省ソビエト区が五回目の大規模な蔣介石軍による包囲攻撃を受け、紅軍が危急にある情況を伝え、蔣介石側の圧力を削ぐ方策について援助を求めに来たのである。彼女は彼らの苦境に同情し、全力を尽くして中国共産党を援助すると約束した[1]。

　宋慶齢にとっての急務は、「九一八」以来、日本軍によって中国が侵略され、脅かされ続けていることへの対策であった。日本帝国主義の浸蝕を食い止め、失地回復を図るために、挙国一致で団結することが必要であった。国内で対立、戦闘している時ではなかった。祖国や人民にとって何が大事かを考えなければならなかった。

　7月12日、宋慶齢は、「中国民族武装自衛会宣言」を発表、抗日を呼びかけ、各界代表で構成される抗日指導機関の設立を提案した。宣言では「我々には二つの道がある。一つは、帝国主義国に国土を分かち、国際共同管理の下に置かれ、以後帝国主義の奴隷となる道、一つは、帝国主義を覆し、中国の独立と自由を全うする道である。この二つの道の間に在って、我々は起き上がって、敵人と生死を決するか、さもなければ、満州同胞の後塵を拝するか」と問いかけ、さらに、「見よ！　満州では、中国同胞の生命財産が全く保障されず、10万の基本工業と企業はみな没収され、中国農民所有の肥沃な田畑は武装した日本の農民によって占拠されている。最近の依蘭7県の農民について言えば、日本の武装移民のために駆逐されたものは数十万に及び、70有余の村落が血で洗われた」と述べ、最後に、「この時に臨んで、中国人民には、最早、抗日以外に出路

なし」と訴え、労働者・農民・商工業者・学生・教師・兵士等が選出する反日運動の指導機関としての中華人民武装自衛委員会の設立を提起した。抗日民族統一戦線結成の呼びかけであった。この宣言の署名者は、三千人に達した [2]。

このあと、8月1日に中国民族武装自衛委員会（略称：武自会）が正式に成立し、宋慶齢は推薦されて主席に就いた。

他方、蔣介石の反共作戦で苦境にあった中国共産党中央と中国工農紅軍は、10月16日、江西省瑞金ほか各根拠地を別々に離れ、長征を開始した。それから1年後の1935年10月19日、中央紅軍が陝西省北部（陝北）保安に到達し、陝北紅軍等各地区の紅軍と合流した。長途の行軍は、雨中あり、渡河あり、また様々な苦闘に遭遇したが、途上の民衆の多くに支持され歓迎された。紅軍の兵士たちは充分鍛錬され教育された。その意味でこの長征は成功に終わり、新しい根拠地を獲得した。また、長征途上の1935年1月に開催された遵義会議において、毛沢東が中国共産党中央の指導権を実質的に掌握したことは、抗日と革命とが相関する画期となった。長征途上の同年8月1日、新体制の中華ソビエト政府と中国共産党中央は、「抗日救国のために全国同胞に告ぐ書」（八一宣言）を発表し、内戦の停止、一致抗日を呼びかけた。「各党各派間の過去と現在の如何なる意見と利害の違い、各界同胞間の如何なる意見と利害の差異を論ずることなく、各軍隊間の過去と現在の如何なる敵対行為を論ずることなく、〝兄弟は内で争っていても、外からの侮りには協力して当たる〟精神に立ち返って団結し、内戦を停止し、一致抗日すべきである」と。これは、もとより宋慶齢ら良識ある人々の思いでもあった。

この八一宣言に宋慶齢は何香凝、柳亜子、経亨頤、陳樹人及び于右任、孫科らと呼応して、率先して署名した。このことが抗日統一戦線を旗印とする大衆運動を促進する大きな契機となった。

紅軍が陝北に到着し、長征が勝利したというニュースは、宋慶齢を喜ばせた。彼女は、その晩、シャンペンとブランデーを携えてルイ＝アレー宅に行き、幾人かの彼の友人も交えて喜び合い、人民の勝利に乾杯した [3]。

この頃の宋慶齢は、彼女の意志とは関係なく、実際的には彼女自身参加を拒絶し、疎外され、圧迫さえ受けていたけれども、公式には中国国民党に所属し、1935 年 11 月の国民党第五次全国代表大会で中央執行委員会候補執行委員に選出されていた。反共掃討作戦で中国共産党中央と紅軍を江西省瑞金の根拠地から長征に追い込んだ蔣介石の独裁権力下の国民党に属していた。しかし、日常活動における宋慶齢は、中国共産党の政治的方針の多くに共感し、その党員たちとも様々な点で信頼関係を保っていた。彼女の立場で言えば、人民大衆の一人として自身の原則に忠実に柔軟な選択を行い、対応していた。

同じ頃、宋慶齢を取材した E ＝スノーが当時の彼女について「彼女が中国の共産主義者を支持したのは、彼女が彼らの短所について敏感でなかったからではなく、彼らが自己の利益のためにではなく、〝人民の幸せのために〟活動していると考えたからであった」と記している。また、スノーは、「（宋慶齢は、ある時）孫文博士のほかに私は中国の政治家の誰一人信用したことはありません。彼は中国的頭脳をもった人ではなく、世界的視野をもった人でした。（と述べ、スノーが今日の政治家を誰一人信用しないのですかと問い返すと）他の政治家よりは毛沢東を信用しています。（と、応えた）」とも伝えている [4]。宋慶齢が孫文に忠実であろうとしたことは各処で見られるが、所謂孫文の三大政策に含まれる国共合作とソ連との連携を堅持することもまた彼女のスタンスに関わることであったに違いない。

二、全国救国連合会の成立と魯迅との惜別

1935 年 11 月 6 日、宋慶齢は、上海ソ連領事館の十月革命 18 周年記念会に招待され、参加した。ともに招かれた人々の中に魯迅、茅盾、何香凝、黎烈文、鄭振鐸、スメドレーの姿があり、ともに映画を鑑賞し、歓談したが、宋慶齢はこの日を最後に再び魯迅に会うことができなかった。

その折、スメドレーは、魯迅の健康状態が良くないことに気が付き、友人たちと一緒に、魯迅に、ソ連を遊歴し傍ら療養するようにと勧めた。また、その

206 第七章 抗日戦争と宋慶齢

後も幾度か、療養のことを彼に勧めた。ところが魯迅は、「いま、もし、ソ連に赴けば、敵は一層恣にデマを飛ばして問題を起こすと思いませんか？」「私はここで闘い続けなければなりません」と応じた。一刻一刻国土が侵され、それに対する国論が分かれ争っている祖国危急の時に療養に出かけてなどおられない。決死で此処に留まり、ともに闘う、ということであった[5]。

蔣介石政権の反共弾圧は、左翼作家連盟に対して行われただけでなく、魯迅の周辺の文学者、芸術家に及び、とりわけ彼が親しんだ木刻家たちにもその矛先が向けられた。また、魯迅も宋慶齢と同じように中国共産党の政策の多くに共鳴し、彼らの地下活動にも協力し、彼らを擁護することもあった。彼は、祖国を侵略する者を駆逐し、民族の独立を確保し、真に人民のための国家を生み出すことを使命と感じていた。だから、死を賭しても祖国でペンを武器として同胞とともに闘わねばならなかった。

宋慶齢は、魯迅の病状を大変案じていた。彼女は、翌 1936 年春、日本に抵抗する様々な活動——特に全国救国連合会設立に係わる多忙な中で、魯迅のために、度々馬海徳博士に肺結核治療の新薬や方策について相談し、時には滋養のある食物などを届けた[6]。

このような中で、同年 4 月中旬、宋慶齢自身も体調を崩し、虹橋サナトリウムに入院せざるを得なくなった。手遅れ寸前の虫垂炎手術で、病院生活が長引き、大いに悔やんだようである。その間、見舞いに訪れた妹の宋美齢や姉宋藹齢の子どもに久しぶりで会うことになるが、気持ちも頭の中も魯迅の病気や救国会のことで一杯であった。

5 月 31 日から 6 月 1 日の間、全国各界救国連合会（略称：救国会）成立大会が上海で開催され、華北、華南、華中及び長江流域 20 余の省市の 60 以上の救亡団体の代表 70 余人が集結した。宋慶齢はまだ入院中であったが、何香凝、馬相伯、鄒韜奮ら 40 余人とともに執行委員に選出され、沈鈞儒、章乃器、李公朴、史良、沙千里等 14 人が常務委員になった[7]。まもなく、宋慶齢は、救国会が抗日救亡運動を促進するための内部連絡の本部として、モリエール路 29 号の自宅を提供することになる[8]。

二、全国救国連合会の成立と魯迅との惜別　207

　救国会は、上海を中心に組織された、広汎な民衆を基礎とする全国的な抗日
救亡団体であった。なぜ「上海を中心に……」だったか？

　中国共産党の「八一宣言」が民族の危急を告げ、一致抗日の統一戦線を呼び
かけて以来、上海文化界の一部の知識人たちが敏感に呼応し、以来一年間ほど、
日本の侵略を巡り様々な形の座談会、報告会あるいは読書会などを催し、祖国
の危急を救い、民族の未来を切り開く方策を探り続け、傍ら、言論、文筆、美
術、芸術等、彼らの得意とする処で闘い始めた。国民党政府が短編「閑話皇帝」
を掲載した週刊誌『新生』編集長の杜重遠を懲役刑に処した時、米国でこれを
知った鄒韜奮が憤怒と悲痛に耐えきれず、帰国を急いだという話も当時の雰囲
気を伝えるものである。天皇を傀儡視している「皇帝閑話」は〝不敬〟である
と日本側が中国側に抗議したところ、中国側がこれを受け入れて、編集責任者
に罪ありとしたのである。南京政府は、これを機に言論統制をより強化し、他
方、抗日の民衆は、屈辱と怒りを覚えた。これらの動きは、やがて抗日救亡の
運動として大衆的な波となり広がった(9)。

　そのプロセスを管見すると、1935 年 12 月 12 日に馬相伯、沈鈞儒、鄒韜奮、
章乃器、陶行知、李公朴、金仲華、銭俊瑞ら 280 余人が「上海文化界救国運動宣
言」に署名し、国事を憂慮し、救国に奮起する決心を表明し、上海各界救国連
合会が成立すると、彼らは、その宣伝のために『上海文化界救国会刊』と『救
亡情報』を創刊した。「三八」や「五三〇」の記念活動では、大々的な反日集会
やデモ行進により民衆の覚醒を図った。こうした中で、宋慶齢、何香凝、馮玉
祥らも救国運動を強力に支持することになる(10)。

　最初、救国運動の発起者や参加者は、主として正義感や愛国心の強い一部の
知識人たちであったが、まもなく各階層各党派の人々が参加するようになっ
た。また、当時の上海の中国共産党の地下組織は、国民党の徹底した弾圧と白
色恐怖により、あるいは王明の極左路線のために徹底的に破壊され、胡喬木、
周揚、金仲華ら多くの共産党員は、各界の救国会に参加していた。このことは、
該党の再生のためには有効であった(11)。

　救国会成立大会直後の 6 月 5 日、宋慶齢は、入院先から、その指導者たちに

208 第七章 抗日戦争と宋慶齢

書簡を送った。

　　1ヶ月半も入院していたために、当局がまた救国会の勢力を破壊しよう
　と企み、不断に威嚇し、救国陣営の指導者たちを逮捕しようとしているこ
　とを初めて知りました。私の聞いたところでは、あなた方は、宣言を否認
　することを拒絶し、宣言の一字一句に忠実に、牢に座すことになっても売
　国に肯んじないとはっきりおっしゃったそうですね。当局は、一面では、
　「密かに日本帝国主義に対する抵抗を準備するように」と鼓吹しながら、一
　面では我々救国会の同志たちを逮捕すると言っていますが、どこに本心が
　あるのでしょうか？
　　この種のやり方は、人をだますためだけのものです。しかし、彼らは却っ
　て迅速に広大な大衆を救国革命に呼び覚まし、辱めを受けている我々の祖
　国のために仇を返すことになるのです。当局が帝国主義に抵抗できないこ
　とは、すでに十分明らかです。一つの帝国主義者と結託して、その他の帝
　国主義に反抗するというのは、帝国主義の矛盾の中でもっともよくある例
　です。
　　我々の反日の最良の方法は、わが民族の革命の力量をさらに強化するこ
　とに尽きると思います。それで、私は、あなた方が徹底的な努力を傾けて
　下さることに敢えて期待します。我々の道は長く、大変苦しいものです。
　しかし、偉大な闘争があって初めて勝利を得ることができるのです。もし
　我々が力を尽くすことができれば、この種の勝利が保証されます。我々は
　非常に喜んでこの救国会の綱領と宣言に署名し、私は、この綱領と宣言を
　充分に支持いたします [12]。

同日、病に耐えて活動を続けている戦友、魯迅に向け、ペンを執った。

　周同志（魯迅の本名は周樹人）
　　貴方が難病にあると聞き及び、貴方の病状がとても心配です！　残念な

二、全国救国連合会の成立と魯迅との惜別　209

ことに、私は今すぐお見舞いすることができません。私は、盲腸を手術し
た傷口が今尚回復せず、起きて出かけることができません。止むを得ず、
この手紙を貴方に書いています。

　私は、貴方が今すぐ入院して治療を受けられるようにと願います！　な
ぜなら、貴方が一日それを遅らせれば、貴方の生命に一日の危険が増すか
らです‼　貴方の生命は貴方個人のものではなく、中国と中国革命のもの
です‼　中国と革命の前途のために、貴方は、生命を保ち、貴方の身体を
大切にする必要があります。何故なら、中国は貴方を必要とし、革命は貴
方を必要としています‼

　病人は、往々にして自らの病状を知らないものです。私が盲腸炎を患っ
た時、私が入院するのを嫌ったため、結局は、治療が数カ月の長きに及び、
手術をせざるを得なくなり、入院しましたが、すでに非常に危険な段階に
なっていました。しかもこのため、6週間も多く入院しました。もし私が
早く入院していたら、二週間早く治癒し退院していたのです。このため、
私は、貴方の病状を憂慮し極度に不安を覚えている友人たちの願いを受け
入れ、速やかに入院し、治療を受けられますようにと切望します。もし貴
方が病院では情報が得られないと不安をお感じになるなら、ご夫人が院内
で貴方に付き添い、絶え間なく貴方に外界の動向等々を伝えることができ
ます。私は、貴方が友人たちの憂慮を蔑ろにして、我々の願いを拒絶しな
い事を希望します‼ [13]

　魯迅の病状は、宋慶齢からの入院を懇請する見舞い状を受け取った日も、か
なり悪かった。その翌日は、20年以上も途絶えることのなかった日記が中断し、
以後時々中断することになる。病状が重い時には、かかりつけの須藤五百三医
院に出かけ、診てもらっていた。5月15日の診断は〝胃病〟であった。他方、
宋慶齢は入院中であったが、上海在住の米国の肺疾患の専門医 Dr.Thomas Dunn
に魯迅の診察治療を依頼し、スメドレーに同医師を魯迅宅に案内してもらい、
魯迅を診察・検査してもらったところ、「末期の肺結核」ということであった。

210 第七章 抗日戦争と宋慶齢

その後、須藤医師が Dr.Dunn と連携して治療することになったが、入院することはなかった。6月に入って、魯迅は臥床する日が続き、日記を中断しても仕事は続け、抗日救亡運動や文化界の問題の取材にも応えている[14]。

　1936年10月19日早朝、魯迅は、上海市北四川路スコット路大陸新村9号の自宅で死去した。友人の馮雪峰、黄源、蕭軍、内山完造、鹿地亘夫妻、次いで宋慶齢も知らせを聞いて周宅に駆けつけた。宋慶齢の参加のもとで、葬儀委員会の構成が決められた。最初の委員会メンバーは、蔡元培、馬相伯、宋慶齢、毛沢東、内山完造、Ａ＝スメドレー、沈鈞儒、茅盾、蕭参の9人であったが、のち胡愈之、胡風等6人が加わり15人になった[15]。

　魯迅の葬儀は、上海各界救国連合会によって行われた。胡子嬰の回想によると、魯迅死去の日の午前、史良宅で婦女救国会の理事会が開催されていた。そこへ宋慶齢から電話があり、「魯迅が亡くなった。魯迅の葬儀は救国会により行う。彼の葬儀を通じて民衆を動員し、大衆的な一大運動にしたい」という連絡と提案だった。電話を受けた胡子嬰は、これを史良はじめ同席の仲間に伝えた。その後、各界救国会連合会の幹事会、理事会で宋慶齢の提案が検討され、具体案が議論され、決定されたという。即ち「一、民衆を組織して葬儀を行う。棺を覆うのは、国旗ではなく、"民族魂"の三字を染め抜いた旗にする。二、魯迅の遺体は、万国儀館に安置し、三日間、民衆が遺体を拝し、告別する」等詳細に準備された[16]。

　当日、葬送の隊伍は五、六千人に及び、沿道では挽歌が唱和され、「魯迅先生は死なず！」、「魯迅先生を記念して日本帝国主義を打倒しよう！」等々が叫ばれ、また十分に悲壮感も漂った。最も胡子嬰を感動させたのは、宋慶齢と沈鈞儒らの多くの老人たちが葬送する民衆の隊伍の最前列に並び、万国殯儀館から万国公墓まで歩き切ったことである。彼らには、魯迅をシンボルとして掲げ、抗日救国の決意を表示するだけでなく、民衆によるこの隊伍を国内の権力から守ろうとする気概もあったに違いない。

　この日、魯迅の墓前で救国会の責任者宋慶齢、沈鈞儒、章乃器、鄒韜奮、胡

愈之、王造時らが簡単なスピーチを行った。宋慶齢は

　　魯迅先生は革命の戦士であります。私たちは、彼の戦士の精神を継承し
　　て、彼の革命の任務を継続します！　私たちは、彼の道を守り従い、彼の
　　帝国主義打倒を継続し、一切の漢奸を消滅し、民族解放運動を完成しま
　　す！[17]

と、追悼した。

三、西安事変

　1936 年は、魯迅の〝民族魂〟に促されるかのように、中国人民が互いに国内
の敵対者への怨念を抑え、乗り越えて、日本の帝国主義的侵略に抗し起ち上が
る時機となった。しかし、その時に至る道程には、大きな曲折があった。
　宋慶齢は、孫文が追求した、あるいは孫文とともに共有した政治路線を堅持
していた。次々と生起する様々な情況に対応するために色調は変わるが、基軸
は変わるところがなかった。対外的には、民族の独立——国家の独立のために
帝国主義に反対し、挙国一致団結して日本の侵略に立ち向かい、救国のために
闘うことが急務であった。彼女は、そのために国際的な反帝国主義、反ファシ
ズム運動とも連携した。
　7 月、宋慶齢は、パリに本部を置く国際反ファシズム委員会より 9 月 10 日
パリで開催予定の同委員会拡大会議に同委員会副議長の資格で出席することを
要請された。同会議は、スペインのフランコ独裁政権樹立に反対し、共和制擁
護を援助し、併せて諸国の反ファシズム運動を支援する問題を討議するもので
あった。宋慶齢は、スメドレーを通して中共地下党と連絡をとり、文化界救国
会の活動に参加していた銭俊瑞（中国共産党員／文化工作担当）と自宅で会い、
彼女の代理で国際反ファシズム委員会拡大会議に出席することを委託した。当
時、彼女は、国民党の厳しい監視の下にあって、行動の自由が阻まれていたか

らである。宋慶齢は、銭俊瑞に、世界の人々に「全世界の人民が団結し、ヒットラー、ムッソリーニのファシズムに反対するだけでなく、日本の軍閥・財閥と残虐な蔣介石のファシズムに反対しなければならない」と訴えてほしいと頼んだ [18]。前述のように、この国際会議で議長席に就いたフランスの作家ロマン = ロランは、欠席した宋慶齢について、「宋慶齢は、世界に芳香を放つ一輪の優美な花であるばかりでなく、あらゆる桎梏を噛み切ろうとする恐れを知らぬ獅子である」と称賛した [19] のである。

＊私は、1983年の訪中の折、北京の中国社会科学院世界経済研究所に銭俊瑞を表敬訪問し、これらの歴史的体験をお聞きした。李薇女史（現：中国社会科学院日本研究所所長）のご案内で、凌星光氏（現：日中科学技術センター理事長）に通訳をして頂いた [20]。

宋慶齢は、国内的には南京政府のファシズム的圧政──主として反共の恐怖政治──から人権と民権を守るために闘わねばならなかった。彼女は、蔣介石が反共作戦のために対日宥和策をとることを許せなかった。彼女は、救国運動の仲間たちとともに、国内一致団結して抗日、救国のために闘い、民族の誇りを取り戻し、中国の独立を勝ち取ることをまず目指した。それは、中国共産党の方針とも一致することになる。

宋慶齢は、1936年1月、自宅で秘密中共党員であり、牧師でもある董健吾と密かに会い、彼に陝北の革命根拠地に赴き、毛沢東と周恩来に重要書簡を届けることを委託した。これは、国民党中央が宋子文を通して彼女に委託してきたものであり、国民党が中共中央に向け、中共との談判を求め、国共合作関係の再構築を模索する重要書簡であった。宋慶齢は、宋子文により董健吾を中国西北の経済視察官に任命してもらい、彼の身の安全を確保した上で、重ね重ね「これは国家の一大事に係わること、必ずうまくやって下さい」と彼に言い含めたという。

董健吾は、上海の中共地下党を代表する張子華を伴い、同年2月27日に中共中央の所在地瓦窯堡に辿りついたが、あいにく、張聞天、毛沢東、周恩来らは他所に出かけていたので、董健吾らは、直接会見できた秦邦憲、林伯渠から張・毛・周らに手渡してもらうことにした。その後、張・毛らは、董健吾を通して、南京政府側に電文で「私たちは、南京当局の覚悟と叡智ある表明を十分に歓迎する。全国の力を連合し、抗日救国のために、私たちは、南京当局と具体的実際的な話し合いを始めたいと思う」と伝え、併せて（一）一切の内戦を停止し、武装する者はすべて、紅白を問わず、一致抗日する、（二）国防政府と抗日連合軍を組織する、（三）……、（四）政治犯を釈放し、人民の政治的自由を容認する、（五）……、の5項目を提案した[21]。

水面下で抗日救国を目指して第二次国共合作が模索され始めた頃、1月21日日本の広田弘毅外相は、貴族院で外交方針を発表し、対華関係では、三原則「一、中国は一切の排日運動を取り締まること、二、日・中・満の経済合作、三、中日共同の防共政策」を提示した。これに対して、南京政府スポークスマンは、「三原則に同意せず」の談話を発表した。しかし、他面、国民党中央宣伝部は、公開で抗日救国運動を「（ある勢力に）利用されている」と誹謗するなど、実際は複雑な様相を呈していた。他方、ある一隅からは、国共両党間の歩み寄りも始まっていた。

4月下旬、周恩来が李克農を伴い、張学良と延安で密かに会談し、紅軍と東北軍が互いに侵犯しないこと、相互援助、互いに常駐代表を派遣すること、東北軍を援助して抗日教育を進める等具体策を話し合った。これより1ヶ月ほどして、中共は、それまでの抗日反蔣の政策を変えて「抗日を蔣介石に迫る政策」に切り替えたことを公にした。また、中共中央は、馮雪峰を上海に派遣し、破壊されていた上海地下党と中央との連絡網を修復した。馮雪峰は、魯迅宅に身を寄せ、魯迅の紹介により宋慶齢に会い、中共中央の抗日民族統一戦線結成の政策を彼女に伝えた。また、宋慶齢の要求に基づき、中共は宋慶齢との連絡員として李雲を彼女のもとに派遣した。

214 第七章 抗日戦争と宋慶齢

このような情況下で、6月、宋慶齢は米国人の馬海徳（ジョージ＝ハテム）医師とエドガー＝スノー記者を中国共産党の根拠地、陝北区に送り出すことになる。長征で中央紅軍が陝北に到達した頃より、馬海徳は度々陝北区への旅を希望していたが、宋慶齢は種々の観点から時機尚早と伝えてきた。スノーもまた陝北視察を渇望して彼女に援助を求めて来ていた[22]。

宋慶齢は、中共上海党組織を通じて陝北中共中央と連絡を取り、中共中央の同意を取り付けることができた。「中立かつ公平な一人の外国人記者と一人の医師が陝北に来て実地に辺区の情況を視察し、中共の抗日の主張を理解することを歓迎する」というものであった。その後、宋慶齢の手配で、董健吾が王牧師に扮して、馬海徳とスノーを西安で迎え、陝北まで護送することになる[23]。

反共が先か、抗日が先か……、南京政権は、まだ迷っていた。しかし、国共合作への道は見え始めた。実現までに紆余曲折、摩擦は避けがたいが、蔣介石は一面では抗日に比重を移しつつ、なお、抗日積極分子の弾圧を続けた。

宋慶齢は、11月10日、孫文生誕70周年の「記念詞」[24]を書いた。「全国同胞は、中山先生を記念し、先生の遺志を継ぎ、中華民族の解放を勝ち取らねばなりません」「我々は全世界の平和を愛するすべての国家と連合して反侵略の国際戦線に参加し、英・米・仏・ソ連を連合し、太平洋集団安全制度を建立し、共同で日本帝国主義を制裁しなければなりません」。彼女は、国際舞台での反侵略のより幅広い統一戦線を志向している。

孫文生誕記念日の当日、11月12日には、全国各界救国連合会が上海で孫中山生誕70周年記念大会を開催し、沈鈞儒が主宰し、李公朴が講話を発表した。李公朴は講話の中で、南京政府の抗日より反共作戦を優先する政策を厳しく批判し、一致団結して抗日に立ち向かおう！ と呼びかけた。他方、宋慶齢、何香凝らは、この時機に合わせて、孫文の遺嘱を踏まえ、第二次国共合作を訴え、馮玉祥らもこれに呼応して動いていた[25]。

三、西安事変　215

　このような時、1936 年 11 月 23 日、上海国民党当局は、全国各界救国連合会
（全救連）の指導者沈鈞儒、章乃器、鄒韜奮、李公朴、王造時、沙千里、史良ら
7 人を逮捕した。所謂〝七君子事件〟が発生した。これは、前年 12 月 9 日に北
京の学生たちが「内戦停止・一致抗日」を要求し弾圧された事件（一二・九運動）
に呼応して全救連が成立したことに関わるものであった。宋慶齢は即刻救出に
動いた。彼女は、南京国民政府軍事委員会副委員長馮玉祥に書簡を送り、訴え
た。「昨夜夜半、全国救国連合会委員章乃器、沈鈞儒、王造時、李公朴、史良、
鄒韜奮、沙千里先生らの住宅が上海市公安局と同租界巡捕房によって捜索され、
章乃器先生ら 7 人が逮捕され、共産党嫌疑で巡捕房に拘禁されています。慶齢
はこの事を聞き憤慨に堪えません」「国難がこれほどまでに厳しくなり、国民が
奮起して急ぎ救国に当たるべきときに……救国は全国民の責任であります。ど
うして救国者が共産党なのでしょうか？　先生が公道を主張し、蔣介石先生に
電報を打ち、彼が即刻章先生ら 7 人を釈放するように計らって下されば、民族
解放の前途にとって、どんなにか幸いなことでしょう！」[26] と。以後、宋慶齢
は、七君子救出のため奔走し、救国会の仲間たちと抗議の論陣を張った。翌年
6 月には、何香凝と連名で救国入獄宣言を発表し、七君子の釈放を要求し、自
らも彼らと同じく〝愛国罪〟に服すと宣布したが、それも功を奏さず、彼らの
拘留は、日中全面戦争勃発後の 7 月 31 日まで続いた。

　救国会運動の 7 人の指導者が上海の国民党当局により拘禁されて 10 日後の
12 月 4 日、今度は、南京国民党政権を率いる蔣介石が洛陽から西安に入り、張
学良、楊虎城に共産党討伐を督促したところ、張学良らにそれを制止され、拘
束された。西安事件の発生である。
　張学良は、華清池に滞在する蔣介石を訪ね、強く諫めた。「共産党の現在の政
策は、民族一致の抗日が第一です。紅軍の問題は政治的手段で解決するのが良
いでしょう」。張学良の唯一の目的は、内戦を停止し、統一戦線を打ち建て、日
本の侵略を防御する体制を作ることに、蔣介石の同意を取り付けることであっ
た。

216 第七章 抗日戦争と宋慶齢

その後、張学良と楊虎城は、蔣介石に抗日を迫り、蔣及び国民党軍政大員蔣鼎文、陳誠ら十余人を拘禁し、八項目の救国主張〔内戦停止・一致抗日等〕を提示した。

宋慶齢は、章乃器夫人胡子嬰に自宅に来てもらい、西安事変への対応を相談し、「張学良に蔣介石を釈放し、事変の平和的解決を図ることを勧めたい」と語り、彼女に西安に同行してもらえるかどうかと問い、また、一緒に何香凝のもとに行き、彼女にも西安への同行を頼みたいなどと話した。他方、孫科に飛行機の手配を依頼したが、便がなく、西安には飛べなかった[27]。

それでも、宋慶齢は、南京と西安の間、国共両党の間の連絡を図り、西安事変の平和的解決に尽力した。中共中央は、張学良、楊虎城の要請に応えて周恩来、秦邦憲、葉剣英を代表として西安に送り、併せて南京国民党政府に打電して、張・楊の主張を呑むようにと促し、事変は一致抗日の方向に動いた。

12月22日には、宋美齢、宋子文と蔣介石のオーストラリア人顧問ドナルドらが飛行機で西安に着いた。翌日、中共と紅軍を代表する周恩来、東北軍を代表する張学良、十七路軍を代表する楊虎城と蔣介石側を代表する宋子文・宋美齢が向き合い、談判になった。周恩来は、双方の停戦、南京政府の改組、政治犯の釈放、反共作戦の停止、国共両軍の連合による抗日、共産党の合法化、また、各党派各界各軍の救国会を開催し、国を挙げてともに抗日に取り組むことなどを提起した。翌24日、蔣介石は、已む無くこれらの条件を受け入れ、西安事変は落着を見た。中国は、一致団結して侵略者日本に立ち向かうことになった。その立役者張学良は、談判決着後、蔣介石、宋美齢、宋子文らと一緒に飛行機で西安を離れ、洛陽を経て南京に到着後、拘留されることになり、翌1937年1月、反逆罪により逮捕され、さらに軍法会議にかけられ、懲役10年の刑に処せられたが、その後もほとんど軟禁状態に置かれ、1975年の蔣介石死去後ようやく行動の自由が得られるようになった。ともに行動した楊虎城は、日中全面戦争突入後、重慶の監獄に移され、まもなく銃殺されたと伝えられている。

嘗て中国東北を支配した張作霖が関東軍により爆殺された後、子息の青年将校張学良は、東北軍を率いて蔣介石軍事委員長のもとに帰属することになった。

当時東北軍は、日本軍に中国東北から追われ、中共討伐を命ぜられていた。しかし、自身も部下の将兵も中国人同士で戦うよりも日本軍と戦うことを望んでいた。楊虎城は馮玉祥の十七路軍の一員で西北軍を率いていたが、やはり抗日優先を切望していた。張・楊両者の主張には、総理孫文の遺嘱（この場合は国共合作）を遵守するという一項も含まれていた。

　1929年の孫文国葬の折、ベルリンから臨時帰国した宋慶齢が列車で瀋陽に着いた時、出迎えた宋子良、宋子安らとともに張学良夫人于鳳至の姿があった。宋慶齢は、張学良の私邸に迎えられ、晩餐に与り、彼と長時間会談したと伝えられている[28]。また、その後も上海の宋慶齢宅の近くに別邸をもっていた張学良夫妻は、宋慶齢とは、英語で話せる友人同士としてこの時期まで親しく交流していたと思われる。

　宋慶齢は、西安事変に際し表面上は目立った動きを見せたわけではなかったが、大局に抗日のための一致団結を見据えて、蒋介石の釈放による平和的解決を密かに目論むなど重要な役割を果たしていたと推し量られる。

四、第二次国共合作と抗日統一戦線の形成

　宋慶齢にとって、孫文が生涯をかけて練り上げ、構想し、自らもその最終段階の構想に参加した三民主義の実現こそが中国の近代化の目標であるということには何ら変わりはなかった。その方策としても、孫文が提示し、実現に踏み切った「連ソ・容共・農工扶助」の所謂三大政策を堅持するのが最良と認識していた。ただ、孫文没後はっきり表面化し始めた国共両党間の矛盾と対立抗争から、国民党における「容共〔共産党員が国民党に入り、二重党籍を持つ〕」はあり得ないことであり、合作は日本の侵略に抗するための両党の対等な協力関係を意味した。また、合作の相手は、共産党だけでなく、各党各派でなければならなかった。「連ソ」については、これまでの彼女自身の国際活動に照らして、「連ソ・仏・英・米」と拡大構想し、労働者・農民に対する援助は、様々な業種に亘る生活者もその対象として配慮されねばならなかった[29]。

218 第七章 抗日戦争と宋慶齢

　宋慶齢は、基本的には孫文の政治思想とその政策を忠実に継承しながら、実際の局面では、情況の変化に対応し、目標に沿った必要に即応した対策を講じ、行動した。どんな時でも、「いま何が大事か」を真剣に見つめ、具体化した。

　1937年2月10日、中共中央は、国民党第五期第三次中央委員会に国共合作を速やかに実現するための五項目の要求を提出した。内戦の停止、民主自由の実行、国民大会の開催、対日抗戦の迅速な準備、人民生活の改良であった。また同時に四項目の保証——国共両政権の敵対関係の解消、ソビエト政府と紅軍の名称を改変すること、革命根拠地で新民主制度を実行すること、地主からの土地の没収を停止すること——を伝えた。

　二日後、宋慶齢は何香凝と一緒に蔣介石を訪ね、「中山先生の連ソ、連共、扶助農工の三大政策を恢復しよう」というアピールを彼に直接手渡した。この文書は、宋慶齢、何香凝、馮玉祥らによって作成され、さらに張静江、孫科、李烈鈞ら国民党中央執行委員、中央監察委員11名の署名を得たものだった。文書は「総理が民国13年に本党を改組し、連ソ、連共、労農援助の三大政策を確立してから革命陣容は一新し、革命は一日千里の勢いで進展した。不幸にして16年以後、内部抗争が生じ、陣容は分裂崩壊し、三大政策は壊れ果てた。革命は失敗に帰し、絶え間なく外部から侮られてきた。最近の五年間で失地は六省に及び亡国は眉睫の間に迫っている。……本党の同志は、革命の成敗、民族の興亡の大任を負う者であれば、どうすれば天上のわが総理に向き合えましょうか？　どうすれば、先輩諸烈士の不死の英霊を慰めることができましょうか？……ここ半年来、中国共産党は、わが党の中央委員会に書簡、電報でたびたび国共合作、連合抗日を提議しています。……団結して国を守ろうということは、すでに国人一致の要求になっています」と訴えていた [30]。

　この後、西安で、3、4ヶ月間かけて、国共両党間で抗日のための連合について談判が重ねられた。国民党側から蔣介石、顧祝同、張冲、賀衷寒ら、共産党側からは周恩来、葉剣英、林伯渠らがそれぞれの党を代表して参加した [31]。

四、第二次国共合作と抗日統一戦線の形成　219

　同時期、救国運動は、「日寇の侵略は、中国を存亡の危機に追い詰めている」
と叫び、日々高まっていたが、その怒りの声は、やがて抗日を躊躇し、救国運
動の指導者「七君子」を牢獄に繋ぐ南京政府にも向けられた。6月には、上海
市民4800余人が請願書により沈鈞儒らの釈放を要求し、次いで、宋慶齢、何
香凝ら十数人が「もし愛国に罪があるのであれば、沈鈞儒らと一緒に処罰を受
けたい」と、江蘇高等法院に申し出た。さらに、宋慶齢と何香凝らは、連名で
「救国入獄運動宣言」を発表し、沈鈞儒ら七君子の釈放を要求した。

　「救国入獄運動宣言」は述べた。「我々には監獄に入る準備ができている！
我々は救国のために入獄を願っている。これは、我々にとって光栄なことであ
り、我々の責任であると信じている！」「沈鈞儒ら7名の先生は牢に座してす
でに7ヶ月になる」「沈先生らは、どんな罪を犯したのか？　ただ救国罪を犯
したのである。救国に罪があるならば、罪のない人は誰か？」「我々は皆中国
人であり、この危急存亡にある中国を救いたい。我々は罪を恐れて、国を愛さ
ず、救わずというわけにはいかない」「我々は入獄の準備をした。沈先生らを救
い出すためだけではない。我々は、全世界に、中国人は、決して生を貪り、死
を畏れる軟弱な人間でないこと、愛国的中国人は沈先生ら7人だけでないこと
を知ってもらいたいのである。中国人の心は死なず、中国は永久に滅びること
はない！」「我々は皆救国のために入獄しよう！　中国人には皆救国のために入
獄する勇気があり、もはや敵を怖れず、もはや日本帝国主義の侵略を怖れるこ
ともない！」[32]

　こうした中、7月7日、盧溝橋事件が勃発、日本と中国は全面戦争に突入し
た。翌8日、中共中央は、「平津危急！　華北危急！　中華民族危急！　ただ全
民族の抗戦があって、はじめて出路がある」と、日本軍の盧溝橋進攻を各報道
機関、団体、軍隊、国民党、国民政府、軍事委員会ほか全国同胞に打電、伝達
した。他方、南京中央政府に対して、即刻全国民衆の愛国運動を開放し、海陸
空軍を動員し、応戦に備えることを求めた。さらに一週間後には、国民党中央

220 第七章 抗日戦争と宋慶齢

に「中国共産党為公布国共合作宣言」を伝え、二日後には、中国共産党周恩来、秦邦憲、林伯渠と国民党代表蒋介石、張冲、邵力子が蘆山で会談を行った[33]。

このような動きの傍らで、宋慶齢や何香凝らは、中国婦女抗敵後援会を立ち上げ、女性たちを動員、組織して戦う準備を始めた。婦女団体の抗敵における役割は、「戦時の救護・慰労・救済」を担うこととした。同会が発表した「全国の婦女に告げる書」では、"九一八"以来、敵は狼のように、虎のようにわが東北四省を占領し、また我らの華北を侵犯し、かき乱した。このたびの蘆溝橋の挑戦と暴行は、我ら全国民を憤慨させた」、そして「現在、すでに我ら民族は、生存をかけた最後の瀬戸際にある」と訴え、特に「中国婦女抗敵後援会は、男子同胞とともに国難に赴く」とアピールし、「力の有るものは力を出し、銭の有るものは銭を出し、戦場に赴ける者は戦場に赴き、救護慰労を為せる者は救護慰労の活動に従事しよう」と多くの女性たちに働きかけた。この抗敵後援会は、何香凝宅で結成大会を開催し、何香凝を会長に選び、宋慶齢、宋藹齢、蔡元培夫人らが理事となった[34]。

日本軍が7月29日に北平（北京）、翌日天津を占領、この局面に至って、31日、南京国民党政府は、沈鈞儒ら救国会の七君子を無罪で釈放した。このことは、また、第二次国共合作が見通しを得た証でもあった。

江西省蘆山での国共両党代表の談判を終えた中共代表の周恩来、博古、林伯渠らは、7月下旬、上海に立ち寄り、李雲を介して宋慶齢と連絡を取り、彼女を訪ねた。周恩来は宋慶齢に対して「夫人、我々は今日、貴女にお会いする機会を得て非常にうれしい。貴女の最近の体調は良いですか？　毛沢東をはじめ他の同志たちも皆、貴女によろしくとのことです」と挨拶した後、中共中央の抗日民族統一戦線結成の方針と方策を紹介し、彼らの国共合作に係わる宣言を見せた。宋慶齢は、中国共産党が提起した国共合作共同抗日宣言に対して、きっぱりと支持を表示したと伝えられている。宋慶齢は、このたびの周恩来らの訪問に大いに興奮し、喜んだ[35]。

この頃の宋慶齢は、日本の侵略と中国の抗日の前途をどう見ていたか？
彼女は、「中国を征服することはできない」の一文をニューヨークの雑誌『論壇

四、第二次国共合作と抗日統一戦線の形成　221

と世紀』上に発表した[36]。

　これまで、多くの書物、多くの文章が中日戦争の問題を談じてきた。私の見るところでは、大多数の著者がみな、日本の力量を高く評価し、中国の抗戦力量を低く見ている。中国政府の過去10年間をみると……中国政府は侵略者日本に対して譲歩に次ぐ譲歩で、日本政府は中国政府をただ一喝すれば、たちどころに目的を達することができた。……蔣介石政府は、〝攘外必先安内（外敵に当たるには必ず先に国内の敵を片付ける）〟の方針を実行したが、この不幸な政策は、日本軍閥に利用されることになった。しかし、過去1年における形勢は変化した。人民の抗日運動は高まり、侵略者日本は最早怒鳴って脅かすという類の手段でその目的を達することはできない。中国人民は、自らの手に抵抗する手段があることに気付いた。彼らは、もう、この〝友邦〟を怖れない。

　中国に関して、現在伝えられている、多くの真実でない見方によれば、中国は、あまりにも弱く、日本には抵抗しない、というものである。しかし、私は、中国は日本の如何なる侵略にも抵抗するばかりでなく、必ず失地を回復することができる、また、その準備をせねばならないと堅く信じている。中国最大の力量は、中国人民大衆がすでに覚醒したことにある。……日本の新たな侵略行動に対して、中国は抵抗をさらに強めるだけである。

宋慶齢は、社会的、政治的問題に直面すると、常に、まず孫文ならどう考えるかに思いを致し、そこから現実への対応について考察した。その視線も目前から必ず世界に転じた。彼女は、続けた。

　孫中山は、中国の外交政策について、中国は世界でわが民族を対等に遇する国と連合すべきであると説いた。疑いなく、日本の侵略はすでに全世界の中国に対する同情を引き起こし、同時にその他各国の日本帝国主義に

対する極めて大きな不満を引き起こしている。日本はすでに孤立している。日本の「独日協定」中に出路を求める企図も完全に失敗した。

宋慶齢の論点は、侵略者日本の国力の分析に移った。

　　我々が一つの国家の力量を理解するには、その経済の潜在力とその社会機構がもたらす力量を分析するのが一番良い方法である。経済面から見ると、日本は弱国である。その主要な弱点は、鉄鉱・綿花・石油・非鉄金属・金・プラチナ等の原料所蔵の欠乏にある。従って、日本は、これらを毎年国外より大量に輸入している。原料不足は、戦時にあっては致命的弱点である。……また、日本は資本の欠乏により、平時にこれらの原料を大量に貯蔵することも不可能である。……ここに、いくつかの統計上の数字を簡単に挙げてみると、日本は現在、冶金工業の必要な原料を輸入するのに、毎年二億円から二億五千万円を支出している。戦時の日本がこの方面にどれほど多額の資金を支出しなければならないか、推して知るべしである。その時にはこれら原料の需要はさらに幾倍にも増加するからである。しかも、日本の金準備総額は、六億円に過ぎない。

宋慶齢は、当時の日本の農業生産総額が下降線を辿っていること、農村の疲弊情況にも触れ、日本軍の兵士の約70％が農村出身者だから、日本軍閥自身もこの情況を憂慮していると指摘し、「（日本の）農村社会の不安定は、すでに表面化している。これは日本帝国主義最大の弱点の一つである」と指摘した。

彼女は、中国の対日抗戦の行方について、次のように締め括った。

　　中国人民はみな、自発的に動員を希望し、起ち上がった。中国の土地は広大で、資源は豊富、人口は四億七千五百万である。この情勢の下では、日本の武力は、張り子のトラに成ってしまう。日本の社会と経済の情況で

は、中国人民との長期の戦争を持ちこたえることができない。即ち、中国は単独で日本と戦わざるを得なくなっても、打破されることはない。しかし、中国は孤立することはない。なぜなら、中国は全世界の同情を得ているからである。

1937 年の宋慶齢の言論は、国内外において活発であった。彼女は、現実の事態をしっかりと見据えて、客観的に、論理的に語りながら、必然性を読み取り、それ故に、自信を以って明るい見通しを示すことを忘れなかった。他方、彼女は、多くの同志とともに、また有力な人脈に支えられて、ブレルことなく、目標に向かって尽力した。

五、日中戦争を巡る宋家三姉妹：日本における報道から

宋慶齢が立ち向かい、抵抗したのは、彼女が孫文と再会し、祖国の近代化のために革命活動への第一歩を刻んだ日本であった。その日本で、この頃民間の話題になったのは、蔣介石であり、その夫人宋美齢であったが、宋慶齢もまた宋家の三姉妹の一人としてという視点だけではなく、見過ごせない存在として注目されていた[37]。

盧溝橋事件から日中全面戦争開始前後の 1937 年に限ってみると、1 月の『日本評論』に「支那現代女性」として 8 人の女性を列挙した記事が見られる[38]。著者は、北平芸術専門学校教授莞女史の話から「日本の現代女性の各方面への進出は最近驚くほどです。各会社、各工場に肉体労働をする日本女性の数も非常に多く、その他あらゆる職業戦線に日本婦人は進出して活躍しています。これは到底現代支那の職業婦人の比ではないが、第一流の女性は全然なく、この点支那婦人には多い」を引用し、「この第一流の女性とは、社会的、実力的に、あるいは地位、名声の上でも政治的にも男子と伍して少しも劣らず、国家的にも第一線に立っている婦人」ということであれば、「そんな女性は、日本にはほとんど見当たらず、支那側に軍配があがる」と前置きした後、第一人に挙げ

224　第七章　抗日戦争と宋慶齢

たのが宋美齢である。孫文創設の黄埔軍官学校校長を経歴して、軍権を一身に掌握した蔣介石は、孫文の腹心であり、彼を引き立ててくれた恩人、陳其美の姪、陳潔如を第二夫人に迎えていたが、彼女と敢えて離婚し、10年前上海反共クーデターの後、米国留学より帰国して10年目になる宋美齢と結婚したのである。いまや、巷では「蔣を射んとせば、宋美齢を」と囁かれ、また、「宋美齢を亡くせば、蔣介石も挫折する」と言われるほどに「宋美齢女士こそは現代支那を動かす女性」と評している。宋美齢は、前立法院委員、革命軍遺族学校長という肩書をもち、蔣介石に常に同行し、蔣介石が共産軍の討伐に奥地に出動する時も、政治軍事会議で広東、杭州、西安、洛陽等に行く時もほとんど同席して……、「こういう型の女性は現代世界に例を知らない特異の女性である」と評した。

　二番目に挙げられているのが宋慶齢である。しかし、抗日の最前列で活動していた彼女に対する当時の日本人の目は複雑で、冷やかであった。そのこと自体、彼女の存在感を示唆する。記事は語る。「国民党支那の記念的総理であった故孫文の未亡人で本年四七歳（実際は四四歳）、宋美齢女士の姉である。孫文います頃は名実ともに支那女性のナンバー・ワンであったが、今はその声名を妹美齢に譲り、上海に引込んで三民主義をいじり回して排日運動の原動力になったり、蔣介石政権に厭味を言ったりしている。どういうものか、蔣介石夫妻とよくなく、彼らにとっては、意地の悪い姑的存在が宋慶齢女士だ」と、姉妹の位置関係を斜めに読み、「宋慶齢は米国ウェルズレー大学（実際は、ウエスレアン・カレッジ）出身の女流欧米派の巨頭で、この点故廖仲愷夫人だった東京女子美術（女子美術学校、現在の女子美術大学）出身の何香凝夫人の女流日本派と好対照だが、両女士とも思想的には排日で女だてらに国民党極左派で現役の中央執行委員、中央政府委員の重要な椅子を占めている。何女士は広東に留まり、往年の意気失せているが、宋慶齢はいまも反蔣運動、国民党清党運動の声のあるところ必ず宋慶齢の名が飛び出し、最近は抗日国民戦線運動の資金者であり、リーダーとして活躍を続け、孫文未亡人として支那の老女傑たるに恥じない存在ではある」と好意的ではないが、かなり事実に近い情報を踏まえている。少なく

五、日中戦争を巡る宋家三姉妹：日本における報道から　225

とも彼女の立ち位置と担っているものの大きさと難しさは伝えられている。詳細には間違いも多いが、日本での孫文との出会い、結婚にも言及し、「よきにしろ悪しきにしろ日本とも相当縁の深い女性である」と結んでいる。

　三番目に宋靄齢が挙げられている。ベスト・スリーが宋家の三姉妹なのである。宋靄齢は三姉妹の長女であり、南京政府財政部長の孔祥煕夫人である。「支那の経済危機とかその救済防衛策などの重要政策が行なわれる場合の裏面には、この宋靄齢女士がしばしば登場する。支那の幣制改革、復興公債発行、新幣制策等々財政経済変革のある度毎に何故か宋靄齢女士はうんと儲け、いよいよお金持になっているという噂である」といった具合である。このあとには汪兆銘（汪精衛）夫人の陳璧君が続く。

　日中全面戦争開始後の『文芸春秋』に興味を引く記事が見られる。「支那を害ふ三人女―宋靄齢・宋慶齢・宋美齢―」である(39)。
　「彼女達は頭脳の女性だ。その聡明さ、その動き方では、現代女性中まさに世界的であろう。宋慶齢は孫文に頭が上がらなかったにせよ、宋美齢の脳味噌は蒋介石より上等にできているし、宋靄齢に至っては孔祥煕よりはるかに品質がいい。だから、支那の政治と軍事の独裁は宋美齢であり、財政独裁は宋靄齢であり、蒋介石をはじめ孔祥煕、宋子文その他大勢の南京要人は、単に彼女たちを取り巻く男性に過ぎない観がある」と、三姉妹の存在感の大きさを言い、なかんずく「宋慶齢と何香凝（故廖仲愷夫人）の二人は支那革命に忘れるべからざる女性だ」と指摘し、「宋慶齢は……義弟蒋介石が共産主義と絶縁して以来、上海で悶々の生活をおくっていたが、今度の連露容共政策で、俄然、この世の花と返り咲いた。……支那としては、うるさい人物の登場だ」と、三姉妹を清末の西太后になぞらえ揶揄し、中華民国を混乱させ、滅ぼすことになるなどと「雌鶏歌えば家滅ぶ」の類の話題を大袈裟に語り、実は彼女たちの抗日は日本にとって無視できないと示唆しているのである。

　同年、『日本評論』に宋慶齢の小論「支那は何をなすべきか」が掲載された。

226 第七章 抗日戦争と宋慶齢

これは、4月に米国・ニューヨークの『ASIA』1937年4月号に発表されたもの
が邦訳転載されたものである[40]。この邦訳によって紹介された宋慶齢のこの
時期の見解を辿ってみる。まず、彼女は「近代生活に於いて孔子の教義がその
まま適用され得るか否かに就いては各方面に随分と種々な意見があるようであ
る。永年に亘る我が国の社会的無秩序とそれに続く災害、外国の侵略等の不安
時代にあっては、歴史が屢実証せる如く儒教こそ国家建設の大業を強化し、安
泰にする唯一の精神的要素であるとなし、一部の学者政治家達は孔子の儒教精
神を振興するに非常に努力をなしつつあるが、また一方では我国の教科書から
儒教という文学は一切抹殺すべきであると強硬に主張する一群の学者教育家も
あるようである」と前置きした後、まず、「両三年前より提唱来たった所謂『新
生活運動』なるものは、この儒教の精神に一滴の香料を注ぎ加えたものに過ぎ
ない」と、述べる。

　新生活運動は、1934年2月、蔣介石が反共大作戦の遠征途上、南昌で発足さ
せたもので、7月には、さらに新生活運動促進会を組織し、自ら会長に就いた。
主として国民党統治区において推進されたが、マルクス主義・共産主義の波及
に対抗するためと考察されている。しかし、統治者としては抜き差しならない
動機も語られている。当時夫蔣介石の軍事指揮・視察に随行していた宋美齢は、
新生活運動二周年記念に述べている。「過去数年来、私は国内の多くの地方を
巡遊し、人民の生活状況を視てきました。人々は、困苦艱難し、生活は原始的
と言えるほどに簡素で、絶大な危機に満ちて、社会は無感覚で死んでいるが如
く、人民は慣習に胡坐して、言うべき希望もありません。中国の人心の麻痺は
十数世代を経てすでに根が深く凝り固まっています。なお、精神をもう一度奮
起させるには、愛国人士の誠心合作を頼みとし、ともに改良を図るばかりでな
く、また一種の刺激が必要です。我々の活動を推進しなければなりません。こ
こに、新生活運動を発起したのです」と[41]。この運動について、宋美齢は「そ
れで新生活運動は、礼儀廉恥の四種の旧道徳を復興させることに力を入れ、こ
れを国民生活の規範とします。国民に公正で合理的な道を歩ませ、誠実で優れ

た習慣を身に付けさせるのです」と説明している[42]。

　宋慶齢は、これら蒋介石・宋美齢の観点には馴染めず、異を唱え、儒教が何故現代社会に適合しないかを説き、これまでの彼女の人民、社会、政治のあり方に対する考えを踏まえた見解を発表した。彼女は、「支那は何をなすべきか」の中で続けて説いた。「過去数千年間、儒教が国家の学として民衆の上を覆い、支配層の利益と理想を最もよく代表してきた。その封建君主政体の支那は、1912年をもってその最後の幕を閉じた。そして現在の中華民国が生まれた。民国はその名の示す通り民主であって、儒教が培養してきた君主の政体ではない。それ故に現代の支那はそれと全然異なる新しいイデオロギーを必要としている」「故総理孫逸仙博士は、結果的には、それが細目に亘らなかったけれど、支那が必要とする新しいイデオロギーを敷衍し演繹することこそ、支那における最緊要の課題であると信じていた。過去十年間に我が国が当面した多くの難関も、もしこの孫総理の教義が各方面によく徹底されていたら、あるいは遂に突破し得たことと思う。彼の教理は所謂三民主義即ち民族、民主、民生の三原則の中に十分に尽くされている。今日の危局に際し、支那を真に救うものはこの三民主義の顕現以外にない。儒教が専制政治と民衆に対する圧政と彼らの不幸を代表するが如く、孫逸仙主義は民主政治と民衆の福祉とを代表するからである」

六、「中国を助けよ！」——保衛中国同盟と中国工業合作社——

　1937年11月12日中国軍は全面的に上海から撤退し、日本軍が南市に進攻、上海は陥落し、租界地区は、日本軍に包囲された孤島となった。8日後、国民政府は重慶遷都を公にした。こうした中、仏租界に住む宋慶齢は、一切の政治活動を停止し、外出は姉の住い（財政部長孔祥熙邸）を訪ねるほどにした。12月に入ると日本軍は南京に進攻し、13日には、所謂「大虐殺事件」が発生した。
　早くから中共中央の毛沢東、周恩来らは、潘漢年を通して宋慶齢の安全に配慮していたが、日本軍の上海占領後は、李雲を通じて上海を離れ、香港に赴く

ことを督促していた。宋慶齢はついに彼らの配慮を受け入れ、12月23日早朝ルイ＝アレーの庇護の下、李雲に伴われ、フランスの郵船で香港に向かい、3日後到着した。香港では暫時宋子良の洋館に住み、弟の方は他所に転居した[43]。

　宋慶齢は、上海を発つ前に、E＝スノーに一筆書いた。「中国の民衆が今日のように団結したことはありません。彼らは、世界平和、社会・経済秩序のためにファシズムと戦争に反対して、ともに闘っているのです」[44]。

　香港では、翌38年1月早々宋慶齢を待っていたかのように、廖承志が孫文の同志であり、国民党左派として宋慶齢とも様々な行動をともにしてきた経亨頤の娘経普椿と結婚式を挙げた。宋慶齢は、廖・何の家族とは東京在住の時以来家族同然の間柄であったので、そこにともにいるのはごく自然であった。彼女は、花嫁にも心からの贈り物をした。花嫁の父経亨頤は、嘗て東京高等師範学校に留学し、その間に同盟会に参加した日本通の政治家であったが、書画を嗜む文人でもあった。ところが、このあと9月、抗日に心を残して上海で病逝した。

　1月16日、日本の近衛文麿内閣は、対華政策について「日本政府は、今後、国民政府を交渉の相手としない。真に日本と提携できる新政府の成立を待ってその新政府との間で両国の国交の調整をする」旨の声明を発表した。次いで、日本はドイツを通じて、「中国政府が共産党と連携して日本及び満州国の政策に抵抗するのを止めること、中・日・満の合作など」の宥和策を蔣介石に提示、打診した。

　宋慶齢は、目前の情勢を見つめながら、同時に目を世界の大勢に転じ、現実的対応を考え、行動していた。これまで見てきたように、彼女には、身辺にも、海外にも、彼女と視点やスタンスを共有できる友人たちがいて、その上、彼女は筆まめで情報交換が巧みであったので、彼女は常に複眼で物事を見据え、多様に動くことができた。

六、「中国を助けよ！」──保衛中国同盟と中国工業合作社──　229

　日本軍の上海占領後、香港に着いた彼女は、まず国際的なネットに身を置き、発信し、活動することになる。国際反侵略運動では、毛沢東、何香凝、蔡元培、宋子文らとともに漢口に成立した中国分会の名誉主席団の一人になった。この国際反侵略運動大会がロンドンで開催した反日援華特別会議には22ヶ国から800余人の代表が参加し、中国からは顧維鈞（宋慶齢を代表／顧は中国屈指の外交官、外交総長・国務総理を歴任、当時は駐仏大使）、蔡元培ら19人が出席したが、宋慶齢は保衛中国同盟設立準備に忙殺され、出席できなかった[(45)]。

　宋慶齢は、何香凝らとともに海外で活躍する同胞─華僑たちに「祖国のために戦う抗日の軍隊に物心両面からの援助」を求め、訴えた。欧米、シンガポール、フィリピン、ベトナム、タイ、インドでは相継いで華僑の救国団体が組織され、祖国の反侵略の闘いを支援するため起ち上がった。同じ頃、香港では、八路軍駐香港事務所の責任者廖承志と廖夢醒及び鄧文釗がベチューン医師を支援するグループを組織し、海外の援助を受けるようになっていた。宋慶齢と廖承志らは、いかにして救援活動を展開し、発展させるかについて度々話し合い、研究した。その結果、中国人民の抗戦事業が最後の勝利を得るためには、一つの救援団体を組織する必要があり、「それは蒋介石政府の干渉を突破できる民間組織でなければならない。即ちそれは国際友人、華僑、及びその救援機構と連携し、交流し、さらに支援者と中国における抗戦の最前線の軍民との間の架け橋にならねばならない」と考えられた。そんな時、偶々ジェームス＝バートラムが香港に来て、宋慶齢に周恩来からのメッセージを伝えた。それは、抗日将兵支援では、特に八路軍と抗日根拠地を援助してほしいというものだった。その後、ジェームス＝バートラムは、廖承志召集の第一回会議に参加したが、そこでは国際的な救援機構の結成、国内外の適当な人材を招請して、その活動を担当してもらうことなどが話し合われた。宋慶齢には主席就任を要請し、彼女に寄せられる信頼により、広く海外に戦時の必需物資の拠出を求め、海外の援華救済団体と連携することを考えたのである。宋慶齢は、抗日民族統一戦線の発足を踏まえ、宋子文〔当時中国銀行董事長、中央銀行常務理事〕にこの機構の会長に就いてもらうことを提案し、併せて、この機構の名称を保衛中国同盟

（略称：保盟）とすることを提言した。さらに国民政府立法院院長孫科等の支持を取り付け、保盟設立を実現させたのである。また、ジェームス＝バートラムは、二人の英国人友人、ヒルダ＝セルウィン＝クラークを保盟の名誉秘書に、ノーマン＝フランスを保盟の名誉司庫（財務管理人）にそれぞれ推薦した。ヒルダ＝セルウィン＝クラークは、香港の医務総監司徒永覚の夫人であり、ノーマン＝フランスは、香港大学の高級講師であった。こうして、1938年6月14日、保衛中国同盟は香港で正式に成立した。宋慶齢が主席となり、宋子文が会長となり、香港在住の宋慶齢の国際友人の多くが前述のように保盟の重要な職務を彼女から依頼され、担当することになった。嘗てのUSP記者イスラエル＝エプシュタインは宣伝工作を担当することになった。当然のことながら、廖夢醒、王アンナ、鄧文釗、鄒韜奮、金仲華、陳君葆、許乃波等も相継いで保盟に参加した [46]。この後、宋慶齢は、ジェームス＝バートラムに、世界各地で保盟の活動を紹介し、海外の救援機構に中国の抗戦に対する援助を訴え、知名人士の支持を取り付けてくれるようにと頼んだ [47]。

　ジェームス＝バートラムは、宋慶齢の委託に応えて、太平洋沿岸各地を巡り、さらに英国を訪問し、各国の救援団体に保盟の活動を伝え、支援を要請し、知名人士の支持を獲得、宣伝の責務を果たし、1939年4月、1年ぶりで香港に戻った。ニュージランド出身の彼は、記者、作家として知られるが、英国オックスフォード大学に留学、次いで1936年、北京の燕京大学に入り、極東問題を研究し、盧溝橋事件の後は、密かに延安に入り、毛沢東を訪ね、1938年2月に武漢で周恩来に会い、宋慶齢への書信を託されたのである [48]。香港に着いたバートラムは、宋慶齢を訪ね、彼女に周恩来の書状を届け、他方抗日前線の医師不在、薬剤不足の情況を伝えた。このあと、宋慶齢は、何香凝と連名で「海外同胞への書」を発表し、海外に住む同胞に、継続して祖国のために戦う軍隊に激励と援助を寄せてほしいと訴えた。

　同じ頃、上海で中国工業合作促進委員会が成立した。浙江興業銀行総経理徐新之が主席に就任、主な委員にルイ＝アレー、スノー夫妻、梁士純、胡愈之ら

六、「中国を助けよ！」——保衛中国同盟と中国工業合作社——　231

が名を連ねていた。

　中国工業合作社運動（略称：工合運動）は、最初、エドガー＝スノー・ニム＝ウェールズ夫妻とルイ＝アレーにより発起され、抗日戦の後衛に生産根拠地を開発し、生産システムを構築することを目指した。多くの経験を組織し、大規模な動員を積み重ね、実現にこぎつけた一大事業であった。彼らは、それらのプロセスで常に情況を宋慶齢に伝え、彼女及び彼女に連帯する有力者の支持を獲得して、推進した。

　即ち、盧溝橋事件勃発の直後の8月、日本海軍陸戦隊が上海閘北一帯に侵攻し、第二次上海事変が発生、日中全面戦争の展開となった。中国軍も奮起、淞滬抗戦となった。この激戦の10月に上海に戻ったアレーとスノー夫妻が目撃したのが中国最大の工業都市が破壊され、廃墟となった有様と大量の失業難民だった。こんな状況の中で工業合作社を組織することを思いついたという。特にアレーは上海の幾百もの工場を熟知していた。彼は公共租界の安全検査員であったが、当時彼の影響力は、上海市政府の管轄する工場にまで及んでいたので、彼の手許には様々な資料があり、手蔓があった（49）。

　スノーは、彼の著作を通じて親しくしていた胡愈之に彼らの工業合作社の構想を話すと、胡は、大変有意義であるから、多くの人たちと話し合ってみてはどうかと提案した。スノーは第二次上海事変後上海各界の救国運動の有志が集う週一回の夕食会に参加し、工業合作社について提起することにした。当時のスノーの公開の身分は燕京大学教授であったが、北京陥落により上海に来て、記者として英米の新聞等に記事を書いていた。

　1937年11月の夕食会にスノー、ニム＝ウェールズとルイ＝アレーが参加し、工業合作社を組織する重要性を説明した。参会者たちは、各種各様の問題を提出した。それらは、三人の発起者にさらに様々な問題を認識させた。中国抗日戦争は長期に及ぶ。中国沿海一帯の工業区はすでに陥落あるいは陥落することになる。後方の工業製品は十分欠乏している。抗戦を支えるためには合作社の方式を採用し、小型手工業あるいは半手工業的機械工業を発展させ、大後方の豊富な資源と労働者難民を利用して、需要の切迫した各種日用工業製品の生産

232 第七章　抗日戦争と宋慶齢

に当たらせ、軍需民需に供すべきである等々。これらの認識が参会者に共有さ
れ、彼らは、中国工業合作運動設計委員会を発足させ、徐新六を主席に推挙し、
アレーを組織者とし、他に三名の専門家に企画立案を依頼し、工業合作運動（工
合）はスタートした。アレーは、工合発足の経緯を、1937 年 12 月末即ち上海
陥落を目前にして、宋慶齢が上海を離れる際の車の中で、彼女に話した。当然、
彼女は大いに感激し、工業合作は、孫中山先生の三民主義の中で最も重要な部
分を補充することができると見做し、「これが彼の説く〝民生〟の意義です」と
話したという(50)。

　宋慶齢はこの工合運動推進のために、無数の救国の同志たちとともに、時に
はその第一線に並んで、心を尽くし、創意を凝らし、力を尽くして世界に支援
を呼びかけ、国内外の同胞を動員し、日本軍の暴虐と侵略に抵抗し、祖国の独
立自尊のために奮闘した。
　この時期の宋慶齢の活動拠点は香港にあったが、いつもそこにいたわけでは
なく、1938 年 10 月に広州が日本軍の手に落ちるまでは、彼女はそこに度々赴
いた。広州は、中国革命の歴史と深い関わりがあるばかりでなく、彼女自身の
経歴においても重要な地点であった。陥落する 2 ヶ月前の 8 月 20 日には、香港
から船で広州に至り、広東省政府主席呉鉄城、広州市長、婦人団体代表ら 200
人以上に出迎えられ、写真でよく知られた黒地に白い花模様の旗袍姿で颯爽と
上陸し、空襲警報の鳴る中を、戦火による被災地域を視察し、連日医院などを
巡り、抗戦で受傷した将兵を慰問した。彼女は、戦火で破壊された荒涼たるさ
ま、無辜な民が血にまみれ、放り出されているさまに憤り、その場を立ち去り
難い様子であった、と伝えられている(51)。
　翌 9 月中旬には、彼女は広州に出かけ、比較的長期滞在し、婦女運動を指導
し、併せて、華僑抗日動員総会第二回代表大会に出席した。この大会でも彼女
は講演し、「海外同胞の中華民族解放事業に対する援助」を熱烈に称賛し、抗日
戦を支えるために、最後の勝利を勝ち取るために同胞の総動員を進めてほしい
と呼びかけた。

六、「中国を助けよ！」——保衛中国同盟と中国工業合作社—— 233

　また、この時の広州で宋慶齢は、保衛中国同盟主席として「インド国民会議派遣医療使節団」一行5人を埠頭で出迎えることになった。当時、インドでは、マハートマ＝ガンディー、ジャワハルラル＝ネルー、スバース＝チャンドラ＝ボースらの指導のもとに反英民族独立運動を闘っていた。インドの人々は、日本軍の理不尽な中国侵略に怒りを共有した。ネルーは、日本軍と戦う中国・インドの連帯の証として、医療使節団を中国に送ることを決意し、中国救援委員会を組織し、国民に協力募金を呼びかけ、医薬品、医療器材を購入し、5人の医師からなる使節団を中国に派遣したのである[52]。同使節団の団長は、M＝アタル医師、副団長はM＝チョールカル医師であった。団員ドワルカナート＝S＝コートニス医師は、ノーマン＝ベチューンの後を継いで国際和平病院の指導者になったが、1942年12月、華北葛公村で活動中に死去した。彼は「帰らぬ一人」として書き残されることになるが、先輩のベチューン同様、中国民衆の中で敬愛され、記念されることになる。4人目の団員はD＝ムカージー医師、5人目はB＝K＝バスー医師である。バスー医師は、克明な日記と回想録を残すことによって、アジアにおける感動的な連帯の史実を伝えることになった。この医療使節団は、広州を出発した後、長沙、漢口、宜昌を経て重慶に到着した。当初は国民党統治下の諸都市で日本の爆撃による負傷者の治療に当たっていたが、やがて国民党政府の反対を押し切って延安に赴いた[53]。

＊バスー医師に、私は1983年夏の北戴河で、I＝エプシュタインのご紹介でお会いしたが、彼も宋慶齢女史との初対面の印象を深く心に留めておられた。

　いまやインド国民会議派を率いるジャワハルラル＝ネルーと宋慶齢はすでに10年余前、1927年のモスクワで最初の出会いをしていたが、両者の間で文通が始まるのは、この頃からである。宋慶齢からの第一信は、保盟の結成時からのスタッフである英国人青年ジョン＝リーニングがインドを経由して英国に帰国する際、彼に託された。宋慶齢は、その書状の中で「彼が目撃した日本軍侵略の第一波とその後の中国の抗戦の情況をインドの民族運動の指導者に説明する

234　第七章　抗日戦争と宋慶齢

ことができる」証人としてリーニングをネルーに紹介した。また、彼女は、「中国人民は、インドの皆さんが示して下さった同情と蓮帯に励まされ、感謝しています。私はこの機会を借り、私たちの感激と同志的友情を表したいと思います」と書いた。その後まもなく宋慶齢は、この医療使節団を迎えることになったのである[54]。

　やはり、この時の広州で宋慶齢は、鄧頴超（周恩来夫人）らと一緒に、広州の埠頭で、香港から訪れた英国援華委員会代表で、ロンドン『デイリー・ニュース』特約通信員ホートン（何東：香港最大の富豪）夫人を出迎えている。ホートン夫人は、婦女抗敵協進会主催の歓迎宴でのスピーチで、国際社会における女性たちの中国抗戦に対する同情と援助について詳細な報告を行なった。宋慶齢を先頭とする保盟の「日本ファシズムの侵略から中国を助けよ！」のアピールは世界各地に届き始めていたのである。

　この時、宋慶齢と行動をともにした鄧頴超は、1ヶ月ほど前に、すでに香港で宋慶齢と何香凝に会見していた。彼女は中共中央を代表して、中国共産党が抗日民族統一戦線を強化していること、また、中国共産党が時局をどう見ているかなどを丁寧に彼女たちに伝えていた。

　1938年9月の広州訪問での宋慶齢にとっての最大の収穫は、米国UP記者イスラエル＝エプシュタインとの出会いであったかも知れない。彼女は、訪ねてきた初対面のエプシュタインを保衛中国同盟の活動に誘い、成立したばかりの保盟広州分会の主要メンバーに彼を抱え込んでしまったのである。エプシュタインはエピーと愛称され、まもなくその責任者に任じた。しかしながら、1ヶ月も経たない10月21日、広州は日本軍の掌中に落ち、数日後には、中国の臨時首都武漢も陥落した。

　エピー〔エプシュタインは後年、私に彼のことをエピーと呼ぶようにと言われたので、以後彼のことをエピーと称したい〕は、宋慶齢と初めて出会った時のことを書いている。「私が宋慶齢に初めて出会ったのは、日本が中国東北に侵

六、「中国を助けよ！」——保衛中国同盟と中国工業合作社—— 235

攻してから7年目に当たる1938年9月18日の広州においてであった。彼女は
空襲の真只中、それに挑戦するかのように抵抗の松明をかざして歩く10万人の
行列に混じって行進していた。その時までに日本軍の飛行機が広州の住民の上
に投下した爆弾の総重量は、後方の民間人に対して投下したものとしては世界
最大のものであった。行進する群衆の士気の高揚ぶりは、……敵機が上空を通
過して海岸線の彼方に消え去るまでそれに気付かなかったという事実からもよ
くわかった。……このような時に宋慶齢は他の幾人かと一緒に私を招き、保衛
中国同盟の広州支部の活動に参加するようにと勧めた」[55]。

　エピーは、続けて、当時の宋慶齢の活動について述べている、「宋慶齢は、こ
の広州でも他の地方におけると同様、ひたすら女性たちに話しかけた。彼女の
呼びかけのもとに、街の多くの女性たちが、はるかに遠い地方で戦っている軍
隊のために綿入りの上着や軍服を一生懸命に縫製した。……彼女は、一人ひと
りの女性に各一着ずつ縫うか、あるいは寄付して頂きたいと頼んだ。彼女自身
もかなり乏しい貯えから幾十着分ものお金を寄付した」と [56]。宋慶齢は、女性
たちは国家を構成する公民であると説き、様々な実践を通じて、彼女たちにそ
のことを自覚させた。

　日本軍の侵略と向き合っていた時期の宋慶齢の活動は、上海における救国会
活動に始まり、上海陥落後香港に移ってからも広州にも広く足場をもちながら、
保衛中国同盟と中国工業合作社に力点を置いていた。前者では、世界に向かっ
て、中国人民の抗日の正義を訴え、同時に国際的な反ファシズム戦線の主要な
一角であるという位置づけを強調し、「中国を助けよ！」「中国と連帯せよ！」
と国際社会に訴えた。特に世界に散在する同胞—華僑に祖国への救援を要請し
た。世界の多くの国々、人々も多様な形で熱意をもって、これに応えた。宋慶
齢は、保盟の信頼される顔として真摯に対応した。彼女は『保衛中国同盟新聞
通訊』を通して、抗日戦の真実を伝え、保盟の活動を具体的に報告し、届けら
れた資金・物資の使途を明らかにし、成果を報告し、感謝を伝え続けた。他方、
前線を支える医療器械、医薬品等の不足も訴え続けた。こんな状況下で、ジャ

ワハルラル＝ネルーの率いる国民会議派のインドやカナダ等の各地から医療隊が派遣され、あるいは医師たちが個々に駆け付け、国際和平病院が次々と立ち上げられ、戦場や戦災で傷ついた兵士や大衆が手当てされていった。保盟を通して寄せられる資金は、工業合作社（工合）を発展させる後ろ盾にもなった。

工合活動における宋慶齢の立ち位置は、最有力の支持者であったというべきかも知れない。抗日戦を後方あるいは側面から支えるという意味で保盟の役割と対を為すものと認識していた。

七、三姉妹の統一戦線

保盟運動は、抗日統一戦線の活動としても実際的に重要な役割を果たすことになる。1938年8月5日、武漢で中国工業合作協会総会が成立を宣言し、宋美齢が名誉理事長に、孔祥熙が理事長に就任し、理事20人を擁した。ルイ＝アレーは特に「国民政府行政院総技術顧問」の称号を授与され、「管工合和工合運動」を兼任した。

こうした中、宋慶齢は、香港に成立した中国工業合作運動香港促進委員会の名誉主席に就いた。また、翌39年1月、工合の発展を促進し、さらに中国の抗戦に対する国際的な援助を効果的に獲得するために、国外の援助を最も必要な処に届けるために、かつ国民党官吏に貪られることのないように、宋慶齢は国内外の著名人士と連携し、香港に中国工合国際委員会を成立させ、香港英国教会主教ロナルド＝オウ＝ホールを主席に、陳乙明を司庫に、宋子文、エドガー＝スノー、ルイ＝アレー、ホートンら20人を委員に、自らは名誉主席に任じた[57]。

この年9月1日、ドイツ軍が大挙してポーランドに侵攻し、第二次世界大戦の引き金となった。翌々日宋慶齢は、友人のグレース＝グラニッチに香港における様々な情況を書き送った。「香港は非常に緊張しています。二週間前、日本人が私たちを包囲した時には、もっと緊張しました。人々は封鎖を避け、各地

七、三姉妹の統一戦線　237

に逃れようとしました。今日の情況はさらに悪くなり、……英国が宣戦をするのか、イタリアの調停を受け入れることにしたのか、分りません……」と不安な思いを語り、他方で、物価が上がり、生活が困難になってきたなど日常生活の逼迫ぶりにまで言及している[58]。このような香港で、宋慶齢は同時期、スペインからの援華医療隊を迎え入れ、彼らの迅速な内地入りを援助するなど、日夜保盟の活動に尽力していた[59]。

他方、同9月中国本土では、宋美齢が全国婦女慰労抗戦将士総会主席の名義で、兵士のための棉衣50万着を募集する運動を発起し、各省主席夫人、各地の婦女工作委員会、慰労分会、婦女団体及び海外同胞に協力を要請していた[60]。

1940年2月、宋美齢が重慶より飛行機で香港を訪れた。宋慶齢は、美齢と藹齢に誘われて、サスーン路の藹齢宅で過ごすことにした。久しぶりの三姉妹の同居、揃い踏みということになり、三八国際婦人デーには、香港各界で活躍する女性たちが集う記念茶話会に揃って出席した。ともに衆人の間で活動すれば、これまでの三人三様の歩みを知る人の目には、これぞ〝統一戦線〟と映ったかも知れない。本人たちにその自覚があったかどうかは兎に角、多くの人々にとっては、ときめく才媛三姉妹の華やかな統一戦線模様に見えたに違いない。

また、宋美齢が香港での傷兵之友運動をどのように展開するかを討論するため、各愛国団体の聯席会議を招集した時には、慶齢も藹齢と一緒に参加した。そういう場では、美齢は、慶齢が保衛中国同盟や工合を通して中国の戦役で苦難を負う同胞を助けるために行なっている活動を高く評価し、実妹ながらファーストレディの貫録を見せた。

3月末、美齢の誘いに応じ、慶齢は姉妹と一緒に飛行機で重慶に赴くことになった。同機には、蔣介石の私的顧問で、オーストラリア人のドナルドも同乗し、重慶の空港では、蔣介石の代理で侍従室主任の張冶中が出迎えた。宋慶齢にとってこの旅は、戦時首都重慶を中心とする大後方の抗戦情況と女性たちの活動を視察することを主な目的とするものであった。慶齢は重慶でも藹齢の上清寺庄の住居に身を寄せた[61]。

238　第七章　抗日戦争と宋慶齢

　重慶各紙は、それぞれ宋慶齢の当地訪問を伝え、短評した。1940 年 4 月 2 日の『大公報』は、「孫夫人歓迎」の記事で彼女の精神が反侵略で妥協的でないことを称賛し、「孫夫人のこのたびの重慶来訪は、任務の有無、大小を問わず、取りも直さず団結の有力な象徴である」と報じた。翌日の『中央日報』は、その日の午前中、宋慶齢が宋藹齢と一緒に宋美齢に同行して、新生活運動婦女指導委員会を視察、同会の婦女幹部訓練班学員と昼食を共にしたと伝え、『大公報』は、その日の午後やはり宋慶齢が美齢に伴われて、歌楽山第一児童保育院に被災児童を見舞い、子どもたちに語りかけ、「将来……汪精衛のような人にはなってはならない」と話した、と伝えている。また、重慶『新華日報』は、「孫夫人の重慶訪問を歓迎」を掲げ、彼女は孫中山先生の逝世後「いつもしっかりと孫中山先生の遺教を実現するために奮闘し、いつも広大な人民と同じ場所に立ち、婦女界を指導し、倦まず弛まず中華民族の解放のために努力してきた」と称賛し、さらに「団結抗戦の促進に当たっては、民権の実施を強く求め、顕著な成果を挙げてきた」と評した[62]。

　三姉妹は、連日揃って行動した。多くは、ファーストレディーの蔣介石夫人宋美齢に同行して……。重慶の郊外に足を延ばし、工合所属の様々な工場も参観して回った。軍隊用の毛布の製造工場、印刷工場等々を巡り、生産状況や労働者の賃金、労働時間、彼らの健康状態に関心を寄せた。

　宋美齢は、彼女の二人の姉に対する重慶各界婦女歓迎会での主催者挨拶の中で「孫夫人と孔夫人は、私の姉妹であるばかりでなく、全国姉妹の同志です。……抗戦以後、孫夫人は国外に対する宣伝活動に精力的に取り組み、孔夫人は上海で負傷兵と難民のために大いに活動し、最近では、彼女たちは香港で傷兵之友運動を推進しています。……今日、この場で、二人の姉たちに、長く重慶に留まり、婦女活動を指導して頂きたいとお願いしたいと思います」と述べた。宋慶齢も同会場で講話を行ない、少なからぬ処で敵機の爆撃の跡を目撃し、少なからぬ同胞の受難を目の当たりにしたが、同時に沢山の姉妹たちが活動している姿も見たと語り、「それらは私たちに驚きと興奮をもたらしました。全国の姉妹たちがさらに努力して女性たちの教育活動に注意を払うことを希望しま

す。文字に書かれた知識ではなく、実際的な活動が求められています」「国民大会にはより多く参加して下さい。何故なら、民主政治の実施と婦女解放は非常に重要な関係があるからです。憲政運動と婦女もまた不可分であります」と。この時期における国民的民族的運動の中での、女性の啓発と教育、政治的社会的解放に対する彼女の只ならぬ熱意が窺える。

　4月18日、彼女たち三姉妹はそれぞれ、重慶の中央放送局及び国際放送局の要請に応えて、米国 NBC 放送局経由で全米に向け、それぞれ流暢な英語でアピールを発信した。

　まず、宋慶齢が米国民衆に語りかけた。「親愛なる米国聴衆の皆様、私は、いまこの時の心情を皆様にどのようにお伝えすればいいのか、わかりません。私たちは、また野蛮な爆撃を経験いたしました。美しい山城重慶は、血腥い屠殺場と化しました。平和に過ごしていた千万を超える住民が彼らの財産を最後の一点まで失い、流浪して帰るべき家がありません。彼らの多くは、陥落した長江流域より四川に逃れ辿り着いたもので、最大の願望は、何とかして生きぬきたいということです。ところが、悪を重ねて恥じない日本帝国主義は、この最低限の権利を彼らに与えようとしないのです。……親愛なる米国聴衆の皆様、可能な範囲で私たちに有力な援助を与えて下さい。……米国政府は所謂「中立政策」をやめ、ファシズムに宣戦して下さい。何故なら、今日中国で発生している惨禍は、明日あるいは明後日、貴国の人民の頭上に降臨することになるからです」[63]。

　次いで、宋藹齢が温和な口調で話し始めた。「私が米国の皆様にお話しする時は中国に真に心を寄せて下さる友人の皆様にお話しいたします。私たちの最も必要としている救済金を寄せて下さる中で、私たちは、この種のお気持ちを感じ取っています。よって、私たちが日本帝国主義と生死存亡の戦闘を進めている中で、私たちは終始孤立感を免れています。友好的な米国国民が私たちの側に立っていて下さると思うと、私たちは、心強い、感謝の念でいっぱいになります」また、彼女は、特に女性たちの動向に言及し、「女性たちは、すでに社

会と隔絶した生活から解放され、種々の活動に参加しています。前線にあって
は、彼女たちは兵士と負傷者とともにあり、後方にあっては、戦争で受難の同
胞と共にあり、さらに、農村、医院、戦時孤児院、工業や公共事業にあっても
女性たちは皆、貢献しています」(64)。

　最後のスピーチは、宋美齢によって行なわれた。抗日の最高指揮を執る蔣介
石夫人である彼女の舌鋒は鋭かった。「すべての自由を愛好する人々に知って
頂きたい。中国が即刻正義の援助を得ることは、中国の権利であるということ
を。中国は正義のために、まさに三年近い流血と困苦の奮闘を経過し、私たち
は、貴方がた米国の法律を制定する国会議員に次の二つのことをお願いしたい
と思います。侵略に対する脅威を表明しないこと、侵略を後押しするかのよう
な行動を止めて下さい。即ち、ガソリンや石油、その他の軍需物資の対日輸出
を禁止して下さい」、さらに「私たちは……挫折を怖れず、自由のために継続し
て抗戦を継続しています。……万が一中国が日本軍閥によって武力征服される
ようなことがありましたら、どんな情況が生まれるでしょうか？　結果は明ら
かです」。彼女は、日本軍の侵略行為をこのまま放置した時、その魔手が東アジ
ア諸国に及ぶことを示唆し、「もし、全人類人口の五分の一を占める中国が日本
の植民地に陥るようなことがあったら、全世界の様相は一変して暗黒と化すで
しょう。……私たち中国は全力を尽くして徹底抗戦に赴きますが、問題は、み
なさんがどのように対応して下さるか？です。米国国民と国会議員の皆さまか
らご回答を頂きたいと思います」と問いかけた(65)。

　一見華やかにさえ見える三姉妹の統一戦線アピールの政治・社会活動である
が、宋慶齢にとっては、苦渋に満ちた裏面〔例えば、彼女は、インドの首相ネ
ルーと文通を重ねた間柄であったが、この時期には連絡を取り合うことができ
なかった〕が付いて回った。香港陥落後の重慶生活では、葛藤、苦闘を強いら
れるほか、あからさまに自由を奪われることもあった。

　それは、宋慶齢にとって 1927 年 7 月 14 日の「孫中山の革命原則と政策に違
反することに抗議する声明」以来の国民党との乖離によるものであった。彼女
は、孫文の三大政策における国共合作の遺教を未だ堅持し続けていたばかりで

なく、現実の推移の中で、中国共産党に対する認識を深め、当時における合作の意義もより一層重視していた。それ故、彼女における両党を巡る葛藤は深刻であった。

1941 年は、年末の日本の真珠湾奇襲攻撃による日米開戦により、世界の戦局が欧州においても、日中間においても大きく動き始め、第二次世界大戦に踏み込むことになる。しかし、中国国内においては、合作、団結、統一戦線への願いに反して、度々矛盾が火を噴いていた。

同年の元旦早々、宋慶齢は宋子文、クラーク夫人と連名で海外の友人たちに書簡を送り、中国の抗日闘争は世界の反ファシズム闘争の重要な一角であるとして、中国の抗日に対する支援を呼びかけた。ところが国内ではその直後に葉挺、項英の率いる新四軍の軍部・部隊 9000 余人が移動中の拠点で国民党軍の部隊 8 万余人に包囲攻撃され、新四軍の大半が犠牲になるという耳目を驚かす事件が発生した。皖南事件である。しかし、宋慶齢はこの事件を察知することなく、同時期に何香凝・柳亜子・彭澤民と連名で、蔣介石及び国民党中央に打電し、「共産党弾圧」の部署を廃止して「連共抗日」を実行するようにと要請していたが、この事件が明らかになると、即刻何香凝、陳友仁らと連名で蔣介石に打電し、抗戦を破壊し、反共を実行した倒錯逆行の行為だと厳しく責めた[66]。

同年 11 月、ワシントンに滞在していた宋子文はすでに日米開戦の予兆を察知していた。彼は妹美齢に姉慶齢を香港から離れさせるようにと連絡した。12 月に入ると、馬坤が宋慶齢を訪ね、香港を離れるように勧めたが、彼女は「もし、ここが打撃を受けたら、負傷者も出る。家を失う難民も出る、子どもたちも受難します。わが会は、彼らを助けねばなりません。私は残ります」と応じ、6 日には、姉藹齢と一緒にチャリティー・ダンスパーティーに出席した。8 日の太平洋戦争勃発後、宋子文は慶齢の安全確保に動いていたが、他方、周恩来もまた廖承志、潘漢年に「孫・廖両夫人及び柳亜子、鄒韜奮等の香港脱出のために人を派遣して援助するように」と連絡した[67]。

242 第七章 抗日戦争と宋慶齢

宋慶齢は、『South China Morning Post（南華早報）』に声明を発表し、「今日早朝、目を覚ました時、戦火が香港に及んだことを目の当りにしました。私は、九龍街道で爆弾が炸裂するのを見ました。私は、十何人かの男性と女性が被弾し、命を落とすのを見ました。私の眼前のことでした。……中国内地でこの事が発生してから5年になります。香港でも発生しました。……日本ファシズム主義者は、まず中国を征服し、さらに危険な計画を展開しようとしています。……私たちに必要なのは、国際反ファシズム統一戦線です」[68]と訴えた。

12月10日早朝、宋慶齢は、重慶に向け香港啓徳空港を飛び立った。翌日早朝、同空港は、日本軍の手中に落ちた。

この日、蔣介石は、重慶で「全国同胞に告げる書」を発表、友好国と協力して、共同の敵──日本帝国主義を滅亡させるとアピールした。

注

（1）盛永華主編『宋慶齢年譜』上冊、広東人民出版社、2006年、p.532

（2）同上、pp.532–533

（3）同上、p.541

（4）エドガー＝スノー著・松岡洋子訳『目覚めへの旅』、紀伊国屋書店、1963年9月、pp.85–86

（5）『魯迅年譜』（増訂本）第四巻、魯迅博物館魯迅研究室編、人民文学出版社、1980年2月、pp.274–275

（6）前掲『宋慶齢年譜』上冊、p.549

（7）中華民国史資料叢稿『救国会』、周天度編、中国社会科学院近代史研究所中華民国史研究室主編、中国社会科学出版社、1981年10月、pp.1–2

（8）前掲『宋慶齢年譜』上冊、p.552

（9）楊韜「新生事件をめぐる日中両国の報道及その背景に関する分析─差異と原因─」、『メディアと文化』第4号、pp.161–176

（10）前掲『救国会』

（11）同上、p.6

（12）「致救国陣線領袖」、『宋慶齢選集』上巻、人民出版社、1992年10月、pp.148–149

注　243

(13)「致魯迅」、前掲『宋慶齢選集』上冊、pp.146–147 ／『魯迅年譜』（増訂本）第
　　　四巻、1980 年 2 月、pp.350–351

(14)　前掲『魯迅年譜』pp.346–397 ／前掲『宋慶齢年譜』、p.551

(15)　前掲『魯迅年譜』、p.392

(16)　胡子嬰「関于救国会和〝七君子〟事件的一些回憶」、前掲『救国会』、pp.460–461

(17)「在魯迅追悼会場的講話」1936 年 10 月 22 日、前掲『宋慶齢選集』、p.153

(18)　前掲『宋慶齢年譜』上冊、p.556

(19)　銭俊瑞の回想：『China Reconstructs』、1981、北京

(20)「1930 年代の宋慶齢を取材して」、『現代中国』第 58 号、現代中国学会、1984
　　　年 4 月

(21)　前掲『宋慶齢年譜』上冊、pp.545–46

(22)　同上、p.554

(23)　前掲『目覚めへの旅』

(24)「孫中山誕辰紀念詞 1936 年 11 月 10 日」（救亡情報・孫中山誕辰紀念号外 1936
　　　年 11 月 12 日）、前掲『宋慶齢選集』上巻、p.154

(25)　前掲『宋慶齢年譜』上冊、pp.565–566

(26)　前掲「致馮玉祥　1936 年 11 月 23 日」『宋慶齢選集』上巻、p.155 ／前掲『宋
　　　慶齢書信集』上冊、p.96

(27)　前掲『宋慶齢年譜』上冊、p.572

(28)　同上、p.420

(29)　同上、p.580

(30)　前掲『宋慶齢選集』上巻、pp.163–164

(31)　前掲『宋慶齢年譜』上冊、p.583

(32)　前掲『宋慶齢選集』上巻、p.181

(33)　前掲『宋慶齢年譜』上冊、p.590

(34)　同上、p.591

(35)　金冲及著『周恩来伝』、中央文献出版社 1998 年、p.449 ／前掲、『宋慶齢年譜』
　　　上、p.592

(36)「中国是不可征服的　1937 年 8 月」、前掲『宋慶齢選集』上巻、pp.192–198

(37)　久保田博子「日本雑誌上的宋美齢像」、『蔣夫人宋美齢女士與近代中国国際学
　　　術討論会』、中華民国台北市、中華民国 88 年（2000 年）10 月 31 日 –11 月 3 日

244　第七章　抗日戦争と宋慶齢

(38) 市田健「支那現代女性　№1」、『日本評論』、1937 年 1 月、pp.360–368

(39) 竹内夏積「支那を害ふ三人女」、『文芸春秋』、昭和 12 年 10 月号、pp.270–277

(40) 前掲『宋慶齢選集』には、「儒教与現代中国」として収録されている。pp.171–180

(41) 「新生活運動（中華民国二十五年紀念作）」、『蔣夫人宋美齢女士言論選集』、近代中国出版社、中華民国 87 年 5 月、台北、p.22

(42) 同上、p.23

(43) 前掲『宋慶齢年譜』上冊、pp.604–605

(44) 同上、p.605

(45) 同上、p.608

(46) 朱健著『工合歴程』、金城出版社、1996 年　pp.45–46

(47) 前掲『宋慶齢年譜』上冊、pp.610–611

(48) 同上

(49) 前掲『工合歴程』、pp.18–23

(50) 同上、pp.25–26

(51) 前掲『宋慶齢年譜』上冊、pp.622–623

(52) 大形孝平編『日中戦争とインド医療使節団』、三省堂選書 91、1982 年 11 月、pp.2–7

(53) 前掲『日中戦争とインド医療使節団』、p.3

(54) 前掲『宋慶齢―中国の良心・その全生涯―』下、pp.38–39

(55) 同上、pp.10–11

(56) 同上

(57) 前掲『宋慶齢年譜』上冊、p.642–643

(58) 前掲『宋慶齢書信集』上冊、pp.150–155

(59) 前掲『宋慶齢年譜』上冊、p.660

(60) 同上、p.659

(61) 同上、p.672

(62) 同上、p.673

(63) 楊耀健著『宋氏姉妹在重慶』、人民日報出版社、1986 年 12 月、pp.15–18、及び前掲『宋慶齢年譜』上、pp.678–679

(64) 同上

(65) 「対美播講／中華民国二十九年四月十八日対美広播」、前掲『蔣夫人宋美齢女

士言論選集』、pp.326–327、及び注 61 参照

（66）前掲『宋慶齢年譜』上冊、pp.691–695

（67）同上、pp.716–717

（68）同上、pp.717–718

第八章　日中戦争終結：第二次世界大戦終わる

一、戦時首都重慶での保盟活動の再展開

宋慶齢が香港から逃れ着いて3日後、1941年12月13日、重慶では、各団体の発起による民主国家反侵略互援大会が開催された。宋慶齢、宋美齢、孫科、呉鉄城、陳訪先ら7名が議長団を構成した。英・米・ソの三国の大使も招かれて出席した。会議は、反侵略の国家が軍事同盟を結び、統一作戦を謀ることを求めた。

同月31日、米国大統領ルーズベルトは、蔣介石に打電、連合国軍中国戦区最高司令部の設置を提案し、蔣介石に中国戦区連合国軍最高司令官に就くことを求めた。

太平洋戦争の勃発は、日本の中国侵略と中国の抗戦の大局にも転機をもたらした。国共両党の確執は尾を引いていたとはいえ、抗日統一戦線が結束を強め、国際的にも反ファシズム、反侵略の戦線が形成され、米・英・ソと連合して日本に対抗することになった。宋慶齢が尽力した方向に時局が展開し、期待していた国際環境が見え始めたのである。また、中国にとっては、米・英・ソ等と連合して日本と対峙するという構図の中で、近代国家として国際社会にデビューする端緒をつかんだとも言える。

ところで、陥落直前に香港を飛び離れた宋慶齢であったが、そこに彼女が止むなく残して来た大切な仲間たちとその周辺の人々はどうなったか？　陥落直前に、中共中央南方局書記周恩来は、陥落を目前にして、香港の著名人・国際友人を救出するために、広東人民抗日遊撃隊を組織するようにと、電報で指示していた。指示を受けたのは、中共南方工作委員会副書記張文彬、粵南省委員

会書記梁広らであった。3ヶ月以上かけて、彼らは、何香凝、柳亜子、鄒韜奮、茅盾、鄧文釗、沈志遠、張友漁、胡縄、胡風、夏衍、田漢、金仲華らの人々を家族も含め800余人、及び国民党関係者10余人、国際友人100人近くを安全な地域に避難させた[1]。

　宋慶齢は、1942年2月22日のグレイス＝グラニッチ宛の手紙の中で、重慶では当初適当な住居が見つからなかったので、取り敢えず、国府路の宋藹齢の邸内の〝范荘〟に住むことになったと書いている。また、「実情は……（王）アンナが私の時々会える唯一の知人です。私は、友人たちと会っていません」と述べ、重慶の治安は混乱し、物資は欠乏し、物価は不安定だと伝え、併せて、沈鈞儒、史良、沈茲九、胡愈之、ルイ＝アレー、章乃器、何香凝らの消息を尋ねた。エピー（エプシュタイン）については、弾片で負傷し、死去したと聞いたが、宋慶齢自身は、彼は文化人グループと一緒に新四軍のもとに行き、助けられたと思っていた[2]。

　事実は、かなり違っていた。エピー自身の伝えるところによると[3]「香港陥落後、九龍と香港に前後して二つの主要な収容所を日本軍が設けた。九龍深水区にできた一つは、専ら武装した米・英・オランダ籍の俘虜に当てられた。香港赤柱に設けられたもう一つには、非武装の前述三国籍の老若男女と児童が収容された」。エピーは、赤柱半島の収容所に拘束されることになった。

　収容所から北面には赤柱村が臨まれ、その南面には赤柱小学校が展望された。拘留された者たちは、その狭い区画の中では自由行動ができたが、海辺に下りることは許されず、周囲は鉄条網で遮られていた。収容所内には看守はいなかったが、赤柱監獄は日本憲兵隊の所轄だった。

　エピーたちは、香港を離れたいと思っていたが、外界との往来は一切閉ざされていたので、友人たちが訪れる術もなく、ただ待っているだけだった。そんな時、中航公司のファン＝ナース（Van Nase）が海辺の草むらに一艘の長さ6尺ほどのボートを見つけた。帆も舵などもなかったが、艇身がしっかりしていたので、彼らは逃走を計画することにした。ファンが木片などを用いて必要な部

248 第八章 日中戦争終結：第二次世界大戦終わる

品を作り、何とか乗船可能にしたので、日程を決め、彼ら二人に、エルシー＝チョルマリー〔Elsa Fairfax Cholmeley ／工業合作社及び平準基金委員会のメンバー〕のほか二人を加え、総勢 5 人で夜の海に漕ぎ出し、まず小さな島に渡り、そこから澳門に辿り着いた。澳門では多くの友人たちと出会い、彼らに助けられ、中山に至り、まもなく、エピーとチョルマリーは重慶に到達、脱険は成功した。

　因みに、エピーには、当時すでに夫人がいたが、1943 年、彼は彼女と離婚し、やがてチョルマリーと再婚し、夫妻で宋慶齢の活動を支えることになる。この脱険の旅が縁であったかも知れない。

　チョルマリーは、英国ロンドンで生まれ、1937 年米国で中国抗戦支援募金委員会を発起し、孤児のために募金した。1939 年香港で保衛中国同盟の活動に参加し、工業合作社国際委員会の設立を助け、受け取った物資を延安等の工合組織に転送した。彼女は、このほか、中国の情況を海外に伝えるために英国系の新聞編集に携わるなどジャーナリストとしても惜しみなく活躍した [4]。

＊彼女は、私が北戴河でお会いした翌年の 1984 年、急逝された。

　宋慶齢は、重慶では、当初、孔祥煕・宋藹齢の国府路の邸内に住んでいたが、王アンナとの交流以外、たまたま周恩来夫人鄧頴超が訪ねてくるようなこともあったが、監視の目が感じられ、談論を楽しむこともできなかった [5]。友人たちも寄り付かず、半ば孤立状態になってしまった。時には体よく遠ざけられていると感じられることもあった。そこで、宋慶齢は、外交部長の宋子文の援助を得て、両路口新村 3 号に住宅を按配してもらい、保盟活動再開の拠点とすることにした。

　宋慶齢は、3 月 31 日に王アンナに手紙を書き頼んでいる。「その男の方にできるだけ早く新村 3 号に来て頂きたいのですが、お願いいたします。食事の準備だけでなく、日常の家事もお願いしたいと彼にお伝え下さい。私には二人の料理人がいます。当面私は姉の料理人を使っていますが、私が落ち着きました

一、戦時首都重慶での保盟活動の再展開　249

ら、彼は姉のもとに戻らねばなりません」と。彼女は、仲間たちとの活動や各
国大使や海外からの客人等の接待のために環境を整え始めたのである。

　王アンナ（Annaliese Wang）は、ドイツの西プロイセン出身で、ベルリンの大
学で歴史と語言を専攻して博士の学位を取得していた。1931 年より彼女はヒッ
トラーのファシズムに積極的に反対し、二度入獄した。1935 年ドイツで革命活
動に従事していた中国共産党員王炳南と結婚し、翌年中国を訪れ、延安で毛沢
東・朱徳・周恩来らと出会い、次いで上海で宋慶齢と知り合い、日中全面戦争
に突入してからは、香港で保盟の活動に参加し、以後宋慶齢の信頼を得て、彼
女の身辺で重要な役割を果たし続けることになる [6]。

　こうした中、1942 年 8 月、周恩来は、宋慶齢の求めに応えて、廖夢醒を澳門
から重慶に呼び寄せ、香港時代に引き続き廖夢醒を宋慶齢の秘書とした。また、
同時期に宋慶齢は、やがて彼女に大きな力を貸すことになるスティルウェル将
軍と初めて会見した。重慶での宋慶齢の抗日活動の新しい体制が見え始めた。

　スティルウェル（Josseph Warren Stilwell）は、米国フロリダ州の出身で、当時、
中国・インド・ビルマ戦区の米軍司令官、駐華空軍司令官、駐華米軍司令官等
の職（蔣介石の下位）に就いていた。彼は、積極的な対日作戦を主張し、中共指
導の八路軍、新四軍の戦闘能力を高く評価していた。彼が宋慶齢と初対面した
のは蔣介石招宴の席で、宋藹齢も宋美齢も同席していたが、彼は宋慶齢に殊の
ほか深い印象を抱いていた。宋慶齢の活動に関心を寄せた彼は、宋慶齢の要請
に応え、軍用機を利用して医療機器を延安に輸送するなど彼女に協力すること
になる。これらのことは、該戦区最高司令官蔣介石との間に矛盾を生じる一因
ともなり、後日、その職を解かれることになった。宋慶齢と出会って、僅か二
年余のことであった。

　スティルウェル将軍に出会ったことに言及した王アンナ宛書中で、宋慶齢は、
保盟委員会の改組を希望し [7]、8 日後の書状 [8] の中で、「エプシュタインは、手
紙を書く時、改組後の保衛中国同盟執行書記の名義で署名すべきです。貴女は
司庫（会計相当）となり、廖夢醒は弁公室中文秘書となります。これは、私の提

250 第八章 日中戦争終結：第二次世界大戦終わる

案です。貴方がたみなさんがこれらの職務を担任して下さるようにと希望します。……沢山の人々が秋には重慶を訪れることになるでしょう。私たちは、彼らと共同で私たちの救済活動のために第一次のパフォーマンスを行ない、保衛中国同盟を、ここでさらに旗幟鮮明にして、人々によく知られるようにしたいと思います」と述べた。この後同8月中旬、彼女は保衛中国同盟中央委員会を再発足させ、引き続き、同委員会主席となった。中央委員には、エプシュタイン、王アンナ、廖夢醒、許乃波、スージー＝陳、チョルマリー、金仲華等の顔ぶれが見られた。その他、何香凝、孫科、馮玉祥、茅盾、インド国民会議領袖ネルー、ドイツの作家トーマス＝マン、米国ジャーナリストのスノー、同じくヴィンセント＝シーアン等々の内外の知名人士が保盟の会員または名誉会員として名を連ねた。その事務機構も再建された。米国援華会はじめ国際援華団体との連携も恢復し、友好国家が不断に中国の対日抗戦を援助する環境を構築するために努力した。再建後の保盟の本部事務所は、両路口新村3号の宋慶齢の自宅内に置かれた。さらに、保盟は、効率的に事務を処理するために、別に重慶や延安に出張事務所を開設し、重慶では王アンナが、延安では馬海徳が保盟を代表した[9]。

このような中で宋慶齢は、米国の学友アリーに久しぶりに近況を書き送った。「貴女もご存知の私たち三姉妹は、この重慶に住んでいます。それぞれ反ファシズム戦争のために活動しています。姉と私は、香港で日本の爆撃に曝されました。……ここ数ヶ月をかけ、努力して以前の活動を一つ一つ積み上げるように再開にごぎつけ、国外に向かって募金し、傷兵を救済し、5000万の難民の生活再建を援助し、子どもたちのために訓練学校を開きました。私の二人の姉妹は、私よりも忙しく、彼女たちは多くの社会活動と公務を担っています」。

さらに続け、「もし、貴女が7月と8月の雑誌『アジア』をお読みになったら、私たち女性が戦時にあってどんな活動をしているかを理解して頂けるでしょう」。

また、三人の弟たちについても「現在ワシントンで彼らは私たちの活動のた

めに、抗戦物資を輸送する活動に従事しています」と伝えた[10]。

二、抗日戦の勝利

1943年3月10日、蔣介石は、著書『中国の命運』を出版し、「一つの政府、一つの党、一人の指導者の国家中心論」を提唱し、「中国の内政問題を両年内に解決する」と述べた[11]。

翌日、宋慶齢は、重慶で記者に談話を発表し、語った。「総理（孫文）の三大政策を実現すべきです。国民会議を開き、絶対民主的原則の下で、全国の民衆を動員し、彼らすべてに同等の機会を持たせ、抗戦建国工作に参加させねばなりません。各党各派に対しても同等の機会を与えるべきで、彼らは個人の能力を尽くして活動に参加し、最後の勝利を勝ち取るべきです」。このインタビュー記事は、2ヶ月程経た5月半ばの延安の『解放日報』に掲載された[12]。

5月下旬、コミンテルンの解散が伝えられた時、宋慶齢には、その中国革命への援助や影響について回想することも多かったに違いない。その複雑な推移と度々被った困惑についても忘れていなかった。情勢の変化の中で、その役割も終わったと認識し、その解散の決定には全く同意したという[13]。

太平洋戦争勃発以来、中国の対日抗戦を国家としても、民間においても強力にバックアップすることになった米国は、宋家の姉妹兄弟にとっては、第二の故郷とも感じられる友邦であった。三姉妹にも暖かいメッセージが届いた。

6月、宋慶齢と姉宋藹齢、妹宋美齢は、米国の母校ウエスレアン学院から揃って名誉法学博士の学位を授与されることになった。米国訪問中の美齢は、三人を代表して同学院を訪問し、学位を授かり、演説した。

美齢は、その中で姉慶齢の活躍に触れ、「孫夫人は、国府委員の地位にあって、中国軍民の抗戦の士気を継続できるよう、支え、励ましています。自腹を切って、女性たちに給与し、中国全土の女性たちの活動のために、彼女たちが

252　第八章　日中戦争終結：第二次世界大戦終わる

学生を訓練するのを激励しています」と語り、さらに「彼女はまた出征軍人の子女に対しても心を砕いています。これら出征軍人は中国のために戦っているばかりでなく、同盟国の共同の目標のために戦っているのです」と続けた[14]

　宋慶齢が、対日抗戦期間一貫して心の頼りにしていたアジアの友邦は、ネルーの指導する国民会議派で代表されるインドであった。宋慶齢はネルーに書いている。「貴方にお伝えしなければなりません。貴方が中国にいらした時、私がお出迎えできなかったことを、どんなにか悔やんだことでしょう。貴方に重慶で私のご挨拶状を受け取って頂けなかったことをムカージ医師から聞きました。私が飛行機で貴方にお会いしに行こうとした時に、残念なことに、貴方が帰国の途に就かれたことを報道で知りました。しかし、近い将来、私たちは会うことになると思っています。私たちは、自由、独立の中国で貴方を歓迎する日があると信じ、熱烈にその日を待望しています」[15]。ネルーの身辺には宋慶齢の肖像写真が飾られていたと伝えられる。1938年の広州で、宋慶齢が自ら桟橋にまで出て迎えたインド国民会議派派遣の医療使節団に、それまでの国際的支援者に対しても同様であったが、彼女は深い感謝の念に添えて、その一人一人の医師に熱い思いを注いでいた。

　故ベチューン医師の後継者として国際和平病院院長となったコートニス医師が、1942年12月急逝した時、彼女は、彼の親族に対する書簡の最後のくだりで書いた、「コートニス医師は、中国人の妻と一人の子どもを残しています。この子どもの体には、両国人民の血液が融け合っています。私は、貴方がたが彼らにお会いになる日のあることを願っています。私は、貴方がたがご自分の息子や兄弟を思う時、ただ悲しみにくれるのではなく、誇りに感じて下さることを希望します。彼は、彼の信じる事業に自身を完璧なまでに捧げました。彼は、自身の意志と願望に沿って生命を懸け活動したのです。貴国人民と我国人民が彼に思いを馳せるだけでなく、人類の自由と進歩を勝ち取らんとする傑出した戦士たちが、皆、彼に思いを馳せています」[16]。

　同じ医療使節団のバス一医師が同年7月14日、帰国の途上重慶に立ち寄り、

二、抗日戦の勝利　253

宋慶齢を訪問した。バスー医師は、延安国際和平病院外科主任の職責にあった。

　宋慶齢は、この時、バスー医師に、インド人民へのメッセージを託したが、それは、すべての勢力を団結させて、ファシズムを打倒しようというものであった。バスー医師は、彼女に、インド医療使節団第二陣と一緒に戻ってくると約束して、宋宅を辞した。

　宋慶齢にとって、中国の統一戦線による抗日の闘いは、世界の反ファシズムの統一戦線の一角を占めるものと位置づけられていた。現実に世界の形勢もそのような形をとって推移していた。

　1941年8月14日、米国大統領ルーズベルト、英国首相チャーチルは、共同で大西洋憲章を発表し、両国は「領土等の拡張を求めない」など八項目の原則を提起し、併せてモスクワでの米英ソ三国の会議を開催することを提案した。翌日、宋慶齢は、香港の自宅に孫科夫妻を主賓に友人たちを招宴し、席上、ジェームス＝バートラムから孫科に「中ソ英米大同盟運動を呼びかけて下さいませんか」と働きかけさせている。次いで、19日、中共中央が声明を出し、「14日にルーズベルト、チャーチル連合が発表した宣言は、英米がファシズム打倒の決心を表明したもの」と評価した[17]。

　こうした国際環境の中で同年10月中旬、日本の近衛内閣は総辞職し、東条英機内閣が成立した。東条新首相は、ラジオ演説で、「中国問題の解決及び東亜新秩序の建設の決意は不変である」と述べた。

　同月、宋慶齢は、ニューヨークの『アジア』誌上に「中国は、さらに多くの民主を必要としている」と題する一文を寄稿した。「国際情勢は、転じて中国にとって有利になりました。ドイツのソ連に対する苛酷な進攻は、中国との友好を共有する国家——英・米・ソ連——を世界大戦中に連合させました。現在、私たちは、分に応じて力を発揮し、各友好国家より得た援助により、私たち自身と民主勢力をさらに拡大して、勝利に近づこうとしています。……中国の戦線は、極東情勢の要所でありますが、それだけではありません。私たちの抗戦の継続は、太平洋西岸の人々、人類の四分の一の未来を保障することになりま

254　第八章　日中戦争終結：第二次世界大戦終わる

す」。また、統一戦線について述べている。「抗日民族統一戦線、この名称は、偶然叫ばれるようになったのではありません。それは、正確な、科学的な、歴史的な意義をもった名称です。〝民族〟は、全国の各階級、各政党と各個人が皆参加できることを意味します。その目的は、帝国主義侵略者に反抗し、私たちが共同で全民族の独立を守ることです。〝抗日〟、この二つの文字は、一つの事実を反映しています。即ち、日本は今日、中華民族生存の最大の脅威です。このため、私たちの民族統一戦線は、日本の侵略に反抗しない団体は、如何なるものでも仲間に入れることはできません。〝統一戦線〟は、合作する党派が必ず一致して敵に立ち向かい、団結し、互いに助け合って、外国からの侮りを退けることです」[18]。

　抗日運動、抗日戦では、民族統一戦線が社会各層の大衆的動員に大きな影響力を発揮し、抵抗の意識を波及し、盛り上げ、勝利を引き寄せた。

　抗戦を全体として軍事的に、政治的に主導したのは国民政府であり、軍事の最高指揮権をもったのは蔣介石であった。国民党は、1939 年 1 月に「容共、防共、限共、反共」を決定し、防共委員会を結成し、3 月には軍事委員会に精神総動員会を設け、「国家至上、民族至上」、「軍事第一、勝利第一」を打ち出し、個人の自由を犠牲にする国民精神総動員を発動した。次いで 1942 年 5 月には、国家総動員法により様々な統制を一方的に実施し、独裁的な総力戦体制で抗戦に臨もうとした。しかし、国民党政権を主とする第二次国共合作下にありながら、実際は、延安を拠点とする中国共産党及びその組織下にある軍隊は、抗戦の中で実績を重ね、存在感を増し、人民大衆の中で影響力を強大にした。国共合作そのものが統一戦線の基軸であったが、その両者の狭間に統一戦線の要ともなるべき第三の勢力が活躍するという構図が見られた。この第三の勢力を形成する人々は、自由主義的民主的志向が強く、発言力と活動力を持っていた [19]。彼らは、大衆的な抗日運動の組織者であり、推進者である場合が多く、統一戦線の呼びかけも、彼らの中から多く発せられた。宋慶齢がこれらの人々に属したとは言い難いが、彼らとの心情的距離は近かったと推察される。

　いずれにしても、中国は、抗日民族統一戦線の下で、全国民挙げて多様な戦

二、抗日戦の勝利　255

いを展開し、同時に反侵略反ファシズムで中国を支援する米英ソなどの諸国を連合させ、日本を敗戦に追い込んだ。

　1945 年 8 月 6 日、米軍は、広島に人類史上初めて原子爆弾を投下、3 日後再度長崎にも原子爆弾を投下した。国土と生命に及ぼした巨大な破壊力に日本人は、測り知れない衝撃を受け、昨日までの近隣諸国への独善的侵略的加害者が、自らの来歴を失念して、被害意識の虜になってしまう契機となった。

＊私事になるが、原爆投下の 3 ヶ月ほど前に、私は父と兄弟の家族 4 人で、病死した
　母の遺骨を抱いて、上海から引き揚げてきたが、博多から父の故郷・和歌山までの
　沿線の焼け野原が祖国内地の風景として目に焼きついた。その 2 ヶ月後、私たちは、
　B29 の焼夷弾に追い回され、落ち着き先の祖母の家も焼かれ、リュックと水筒だけ
　で帰国した身が、水筒だけの着の身着のままの姿になって、紀ノ川を遡り、遠縁の
　親類に身を寄せることになった。当時 8 歳であったが、私の日本人としての意識は、
　被災者で始まり、原爆被災の苛酷さを知った学生時代には「原爆許すまじ」と歌い、
　その非道を怒った。「何故そのような事態に至ったか」を〝是非〟を越えて認識す
　るまでに時間がかかった。また、何故自分が上海で育ち、……当然そこに居るべき
　であった宋慶齢さんが当時上海に居られなかったかを知るのも後年のことである。

　8 月 15 日、日本は、連合国に無条件降伏し、中国の対日抗戦は勝利した。これより先、10 日に日本降伏のニュースが伝わると、重慶市民、米軍、韓国光復軍等が街頭に繰り出し、喜びを爆発させて祝賀の集会を開き、全重慶が喜びに浸った。「孫夫人は国渝 2820（公用車）に乗って集会に参加した。人々は両路口から出発した車の窓から、彼女が満面に笑みをたたえているのを見ることができた」と、重慶『大公報』8 月 11 日号が伝えている[20]。

　〝抗日勝利〟を抗日運動の当初から確信して、国内はもとより世界に向かって団結してともに戦うことを訴えてきた宋慶齢にとって、まさに感無量の日であったに相違ない。

三、中国福利基金会の発足

　抗戦勝利の5日後、宋慶齢は、米国赤十字社中国支部のロバート＝Ｍ＝ドラモンドに書状をしたためた。「米国と昆明の貴会の委員会に向かって、私たちの謝意をお伝え下さい。貴方がたは、緊急必需の医薬物資を国際和平病院に輸送するために、最も良い路線と方法等を探し求め、非常に大きな援助を提供して下さいました。現在、軍事の需要は当然のことながら減少しています。人民のための医薬援助計画は、必然的に拡大しています。貴方がたが中国の広大な地域の人民の健康のために継続して協力して下さることを希望します」[21]。彼女の関心は、すでに戦後の人々の健康問題に寄せられ、対策に取り掛かっていた。9月3日のドラモンド宛の書信では、支援の医療物資を受け取り、迅速に必要としている地区に転送したこと、それらが有効に活用されていることを報告し、謝意を表した後、「平和が到来しましたので、一般の人々の要求が日増しに高まっています。このため、私たちは、この方面の活動を広く深く発展させていかねばならないと思っています。私たちは、米国の友人たちが過去の戦争の期間と同様に私たちの活動の回復と平和の維持の努力に格別の支持を与えて下さることを希望いたします」[22] と、彼らの支援の継続を求めている。宋慶齢にとって、それは、新たなる課題への挑戦の意志表明でもあった。彼女には、平時の人民大衆の医療、衛生問題、日常生活に関わる諸問題への関心が新しい国づくりを考える上で比重を大きくし始めていたのである。ドラモンド宛の書状を書いた5日後、宋慶齢は、中共中央主席毛沢東、周恩来らに招かれ、重慶の桂園で催された茶会に出席したが、その席上の講話でも「過去の救済の多くは戦時救済でした。今後は平和建設の時期に入りますので、建設方面で継続してご援助頂きたい」と述べている。その茶会には、重慶で活動する各国の援華救済団体の責任者が招待され、宋慶齢は、保盟を代表して出席していたのである。毛、周らは、その8月下旬に国民政府主席蔣介石の招請により重慶訪問中であった[23]。

三、中国福利基金会の発足　257

　その翌日、宋慶齢は、桂園に毛沢東、周恩来、王若飛を訪ねた。宋慶齢は自動車で桂園に到着すると、毛沢東らに玄関で出迎えられ、客室に通され、親しく歓談した。毛沢東、周恩来は、宋慶齢が孫文の三大政策を堅く信じて、蔣介石のファシズム統治と弛まず闘い、自身の安危を計らず、国家、民族の革命に献身していることに衷心からの敬意を表した。これに対し、彼女は、八路軍・新四軍の英雄的な戦いを高く称賛し、中国共産党の民主と自由のための闘い、反独裁、反内戦の政策を強く支持した[24]。

　1945年11月8日、宋慶齢は8年ぶりに上海に戻ってきた。住居は、国民政府により準備された靖江路45号。この時も弟宋子文が配慮したようである。彼女が新しい住居が「気に入りました」と電文を送ると、宋子文からすぐ電報で「新しい住居を気に入ってもらって大変うれしい。……もし、何か必要なことがあれば、私に伝えて下さい」と返信が来ている[25]。上海の旧住居は、宋慶齢の発案で孫中山故居として記念されることになったので、新たな彼女の住居が国民政府から提供されたのである。孫文を〝公〟として、私的関係と区別し、自ら身を退いたのである。宋慶齢らしい慮りであった。

　同年12月初め、宋慶齢は、「保衛中国同盟声明」を発表した。彼女は、「抗日戦争の勝利は、私たちに多くの新しい課題と任務をもたらしました。それらを解決し全うするには、私たちはさらに多くの努力を必要とします。この種の努力を継続するために、保衛中国同盟は、即日中国福利基金会と改名します」と述べ、中国福利基金会の発足を宣言した。そして続けた。「八年戦争における敵の中国に対する破壊は、凄まじいものでした。日本の侵入と蚕食、それに加えて、漢奸傀儡たちの圧迫と掠奪は、敵の占領区と戦区の人民に言語に絶する痛苦をもたらしました。内地の人民は、扼殺に似た封鎖と一連の狂暴な爆撃に遭遇しました」と戦時の苛酷な日々を想起させ、その渦中にあった兵士、人民を支え、惜しみなく援助を続けた内外の友人たちに感謝した。また、「これらの支持は、中国人民を覚醒し、彼らに孤立していないことを悟らせ、彼らを奮起

258 第八章 日中戦争終結：第二次世界大戦終わる

させました」とも述べた。声明は、最後に保盟が果たしてきた二つの役割、即ち、一つは、中国の国際友人たちに中国戦区と敵の占領地区の人民が真に何を必要としているかを知らせること、もう一つは、寄付や医療物資及びその他の支援物品を真に差し迫って必要としている人々に届け、有効に活用することであったことに言及し、声明はこれらを踏まえ「私たちは、継続して、このような活動を致します。私たちは、中国で援助を必要としている者と全世界の友人たちの間をつなぐ役割を果します」と締め括り、当分の間、中国福利基金会の本部は重慶に置くが、いずれ上海に移し、中国を援助し、保盟と合作してきた国際救済機構との連携を継続、保持したい、と付け加えた[26]。

　保盟が中国の抗戦に対する国際支援の受け皿として機能し続けたのは、保盟の代表者宋慶齢の世界に向けてのアピールの説得力にも大いに起因したが、「支援物資を真に必要とするところ、最も有効に活用できるところに優先して届ける」という原則を、彼女が徹底堅持することに努めたからでもあった。複雑な政治情況の中で八路軍、新四軍の戦区や後方、延安などにおける急需にも応える努力をした。そのこと自体、苦闘であったが、それを越えて、彼女は公正、公平な受け皿として国際的信頼を得ていた。同じスタンスで、今度は、中国福利基金会の名で、平和な新中国建設のために、国際社会に向かって応援を求めたのである。

　中国福利基金会は、12月12日、上海で第一次執行委員会を開催、年末に上海南京路外灘滙中飯店（現、和平飯店南楼）331号室を事務所として活動を始めた。宋慶齢にとって感慨深い52歳の年末であった。

　8年に亘る全人民の存亡をかけた抗日戦勝利の後、人々は皆、まず平和を渇望し、戦災の傷を癒し、破壊された国土を復興し、建設に向かうはずであった。しかし、国内の現実は極めて深刻であった。侵略者との抗戦のため合作し、統一を保持していた鎖が緩み、壊れ始めたのである。言わば同床異夢を内包した国共合作は、抗戦の初期にすでに確執を此処彼処で生じ、保盟の事業を阻害するだけでなく、様々な困難をもたらしていた。

三、中国福利基金会の発足　259

　例えば、1941 年 1 月の皖南事変であるが、国民党の軍隊に包囲攻撃された新
四軍（共産党系）は、華中地区に在って侵略者に対して最強有力な広汎な抵抗
を発動したと称えられ、「日本軍隊とその南京傀儡（汪精衛）政権の眼中の釘と
なっている」と語り伝えられていた中での事件であった[27]。

　この事変の真相を宋慶齢はいち早く『保衛中国同盟　新聞通迅』で世界に報
道し、世界の世論を震撼させ、同時に、中国の抗戦に加担する国際友人から蒋
介石に対して団結の堅持を強く求める声が次々と寄せられた。宋慶齢は、世界
の世論を動かして、蒋介石に抗議し、団結の堅持に釘を刺したのである。また、
『保盟通迅』でも、「中国の新四軍」、「長江流域の遊撃戦士の中にあって」の記
事で新四軍の活躍を紹介した[28]。

　ところが、思わぬ波紋が生じた。同年 5 月 30 日、突如、ワシントン滞在中の
保衛中国同盟会長の宋子文から該同盟秘書のシルダ＝セルウェン夫人に「会長
退任声明」が伝達されたのである。同時に、宋子文は、同声明を公表した。

　宋子文は述べた。「私が保衛中国同盟の会長職を受けた時には、同盟は、国内
外の友人に向け、力を尽くして援助物資を募集し、中国の抵抗力を高め、日本の
侵略、蹂躙を受けた平民を助けるためであると認識していた。私が思うに、同
盟は、国内政治の党派のために働くようになってはならない。すでに、同盟は、
私の同意を得ないで、その正式な『通訊』上に、この種の文章を載せたことに
ついて、私は非常に遺憾であり、同盟を退出せざるを得ない」[29]。当時、宋子文
は、蒋介石の私的代理人として、対華軍事援助の増額等を求め遊説中であった。
宋子文の会長辞職宣言を知った宋慶齢は憤慨した。この件について開催された
中央委員会で、宋慶齢は、彼は事前に少なくとも彼女に話すべきだったと言い、
会場では、宋子文には重慶の圧力の下でそうせざるを得ない面もあったのでは
などの意見も出た、ということである。この後、宋慶齢は、保衛中国同盟中央
委員会の名義で、「救済工作と政治――宋子文先生に答える」[30]を発表し、宋子
文の所謂「救済工作は決して政治に波及してはならず、保盟は党派性があると
の誹りを受けてはならない」の主張に対して答えた。「中国に在って私たちに

政治的立場があるとすれば、それは抗日統一戦線の立場です。……私たちが中国の統一戦線の立場を支持するのは、二つの理由があります。第一は、私たちの救済工作は、統一戦線の基礎の上に成り立っていますから、私たちは、自由中国の所有地区ではみな同等の救済待遇を得る権利を有していると認識しているからです。第二に、統一戦線と抗日勢力の合作は、中国が継続して有効に日本の侵略に抵抗する唯一の保証であるからです」。

宋慶齢と保盟の仲間たちは、「抗日統一戦線こそ自分たちの政治的立場である」と断言したのである。しかし、当初から「乖離と相克」を敢えて「抗日」で蓋してきた第二次国共合作は、深刻な破綻の淵に度々臨みながら、抗日の勝利を勝ち取ったのである。

四、重慶談判、再び、内戦

抗戦終結直後の8月28日、中共中央主席毛沢東が国民政府主席蔣介石の招請に応えて、周恩来、王若飛及び米国駐華大使パトリック＝ハーレー、張治中とともに延安より重慶に赴いた。国共談判に参加するためであった。その二日後、宋慶齢は自宅で、毛沢東と周恩来の訪問を受け、会見した。その直後から、宋慶齢は、中ソ友好同盟条約調印を祝う会やソ連大使館のティーパーティーなどで連日のように毛、周らと顔を合わせた。彼らが重慶で活動する各国の援華団体の責任者を桂園に招いて感謝のパーティーを開催した時には、宋慶齢は保盟を代表して講話を行なったが、その翌日にも、彼女は桂園に毛、周らを訪ねている。その日も、毛、周が玄関まで出迎え、親しく懇談した。毛沢東、周恩来は、宋慶齢が孫中山の三大政策を忠実に守り抜き、蔣介石のファシズム統治とたゆまず闘い、個人の安危を計らず、国家民族の革命に献身してきたことに対して、心からの敬意を表した。これに対して、宋慶齢は、八路軍、新四軍の英雄的な抗戦を称賛し、中国共産党が民主のために闘い、自由のために闘い、独裁に反対し、内戦に反対していることを堅く支持すると表明した、という[31]。

四、重慶談判、再び、内戦　261

　こうした中で 1945 年の中華民国双十節（10 月 10 日／国慶節）を迎えた。この日、国民党と共産党の代表は、桂園で「国民政府と中共代表会談紀要（双十協定）」を取り交わし調印した。

　双十協定では、まず、「和平建国の基本方針」を確定した。「再び内戦はあってはならず、中国は必ず平和建国の時期を迎えねばならない。中共は、この時期における蔣介石主席の指導と国民党の地位、長期合作の方針を承認する。政府は、この基本方針に同意し、党派は平等且つ合法であることを承認した」[(32)]。

　その夕刻、蔣介石が再び桂園に毛沢東を訪れ、蔣介石の車に毛沢東、周恩来、王若飛が同乗の上、国民政府礼堂に赴き、双十国慶節パーティーに参加した。

　同日、宋慶齢は、廖・何の家族と共に悲痛を分かち合う一日となった。前々日、廖夢醒の夫、李少石が国民党の兵士により誤って撃たれ、重傷を負い、手当の甲斐なく、重慶市民病院で死去したのである。李少石は、1926 年に中共に入党し、長期に亘り香港、上海等で地下活動に従事し、1943 年に八路軍の駐重慶事務所の秘書となったのである。丁度、毛沢東、周恩来らが重慶に滞在し、国共の間で重要な談判が行なわれ、彼自身大きな役割を担っていた最中のことであった。宋慶齢は、知らせを聞くや重慶市民医院に駆けつけ、この日も葬儀に参列し、廖夢醒の傍らにいた。

＊私は、嘗て廖夢醒・李少石夫妻の愛娘李湄女史を北京のお宅に訪ね、宋慶齢の私生活について貴重な取材をさせていただいた。

　双十節における明暗、しかし、前者の双十協定調印という本来の "明" は、人々の切望に応えることなく暗転の道を辿ることになる。見え隠れしていた国共両党の熾烈な対立抗争は内戦に突入して行ったのである。

　宋慶齢は、翌年、1946 年 7 月 23 日、「聯合政府促成について、併せて米国人民に、彼らの政府が軍事上国民党を援助することを停止するよう呼びかける声明」を発表した。「最近幾年来、私は戦時救済活動に従事し、中国の抗戦にささやかな力を添えてきました。私は政治方面の争論に加わりませんでしたので、

262 第八章 日中戦争終結：第二次世界大戦終わる

活動への影響を免れました。私の沈黙は、抗戦の勝利を勝ち取ることにすべての精力を集中するためでした」。彼女にとっての大事は、どんな場合も〝人が生きる〟こと、安全に生活することを助け、守ることであった。それ故、目前の救済活動がすべてに優先した。それが大局の大事に至る道でもあった。彼女は、常に、人権を保障するために自ら率先して行動してきた。彼女が激動の時期に、しばしば、政治の外にいるように見えるのは、そのためである。彼女は続ける。「今日、私たちの国土には、もう外来の敵の脅威はありません。但し、脅威は自国内から、即ち内戦から起こりました。反動分子は米国を我国の内戦に巻き込み、全世界をこの戦争に巻き込もうとしています。この内戦は、すでに宣戦することもなく始まっています」と述べ、彼女自身は救済の活動を妨げられたくないが、発言せざるを得なくなった、として、続けた。「目前の危機は、どちらか一方——国民党あるいは共産党——が勝利するかではなく、中国人民の問題、彼らの団結、自由と生活の問題です。……秤にかけるのは、党権の問題ではなく、人権の問題です」、「人民は、このたびの講和の談判が冗長しながらも何らかの答を出してくれるものと時を数えて渇望していました。ところが、毎回やっと漕ぎつけた休戦談判の後に新たな分裂、破綻が繰り返されるのです。国共談判では、最後の解答を得られません。最後の解答は、中国人民によって決定されるのです」。そして、彼女は、解決の方策を提起した。「解決の方法は困難ですが明瞭です。それは、即ち、孫中山の三民主義——民族主義、民権主義、民生主義を正確に理解し、併せて、今日にあって、それを正確に応用することです」。次いで、宋慶齢は、三民主義の今日的意義について、現実に照らし、さらに将来を展望しながら説いた[33]。

　宋慶齢は、かつて孫文とともに描いた建国の青写真を胸に、中国の人民大衆の傍らに身を寄せ、この歴史的分岐の行方と自らの選択について深く思い巡らしていたことだろう。

　ところで、宋慶齢のこの声明は、広汎な反響を呼んだ。まず、嘗て中国・インド・ビルマ戦区米軍司令官兼中国戦区参謀長スティルウエル将軍の部下として宋慶齢と知り合った日系米国人有吉幸治から彼女のもとに手紙が届き、彼は、

四、重慶談判、再び、内戦　263

「貴女の精彩な声明に接し、中国の直面している峻厳な情況をかなりはっきり
と理解しました。今後メディアが追々評論を掲載し、中国情勢に耳目を集める
ことでしょう」との感想が伝えられた。また翌日、宋慶齢は、上海の進歩的教
育家、工業家、新聞記者ら56人と連名で米国国務長官、上下両院議長、新聞
社主、労働組合の指導者等に電文を送り、彼らが「米国政府の蔣介石政府に対
する軍事援助を停止するよう米国政府に要請することを希望する」と申し入れ
た。UPは、「宋女史の声明について、国民党統制下の各紙は基本的には言及せ
ず、その他の新聞は、控え目にほんの一部を報じ、『大公報』だけがUP社の該
記事の一定部分を掲載し、上海の外国系新聞は、その全文を掲載した」と報じ
た。さらに、UPは、「孫夫人の聯合政府建立と米国の軍事物資供給停止の提起
は、中国共産党と中国民主同盟の立場を強くすることになるだろう。何故なら、
彼らが同様のことを強く要求し続けてきたからである。中国における孫夫人は、
非常に大きな影響力と地位を帯びることになった」とし、米国各紙は、孫文夫
人の声明を第一面に掲載、「中米反動派の意図は、中国内戦を通じて、米国とソ
連を新しい世界大戦に巻き込むことにある」と、彼女の声明の論点の重要な一
点を強調した[34]。

　国内でも、宋慶齢の今回の声明に対する支持、賛同、呼応する動きが熱く波
打ち、高まった。7月26日には、何香凝、李章達らが「孫逸仙（孫文）夫人の
上海における公開講話（声明）は……まさに全中国人民の意見と要求を代表し
ている」として内戦停止、民主的聯合政府の実現を全国的規模で呼びかけ、同
時に米国議会と米国人民に、米政府が直ちに駐華米軍を撤退させ、対華軍事援
助を停止するよう督促してほしいと呼びかけた。同月30日には、三民主義同
志聯合会上海分会スポークスマンが長文の談話を発表し、宋慶齢の声明に呼応
した。同時期、重慶婦女聯誼会は、宋慶齢に書簡で「貴女が本月上海で発表し
た国是に関する主張は、一字一句みな私たちの心の声を代表し、中国人民一人
一人の心の底からの願望を代表しています」と、熱烈に呼応し、支持を表明し
た。8月9日には、延安中国解放区婦女聯合会準備委員会から宋慶齢に彼女の
声明を支持する電文が届いた。「内戦を停止し、真正な三民主義を実行し、直ち

264　第八章　日中戦争終結：第二次世界大戦終わる

に聯合政府を建立して中国の危急存亡を救い、同時に中米反動派の狼狽を譴責する正義のアピールを、解放区の7000万の女性たちは心から支持し、その実現のために徹底奮闘することを願っています」というものであった。さらに2日後、重慶の工商、文化、学術、文芸、演劇、新聞、弁護士及び教育等の各界の人々、史良、鄭初民ら136人が宋慶齢の声明に呼応して、「全国同胞に寄せる書信」を連名で発表した。それにも、「孫夫人宋慶齢女史の……時局に対する主張は、完全に全国人民の意志と要求を代表しています。我々は、全国の人民に呼びかけ、一致団結し、孫夫人の主張を擁護し、誓ってその実現のために奮闘します」とあった。同じ頃、『ニューヨーク・タイムズ』誌上に、「孫夫人、中国の良心」という記事が掲載された[35]。いまや、宋慶齢は、国内外の信望を集め、将来の中国に欠くことのできない存在として、多くの人々に受容されるようになっていた。

注

（1）前掲『宋慶齢年譜』上冊、p.721

（2）同上、pp.726–727

（3）『愛溌斯坦新聞作品選』、今日中国出版社、1995年、pp.11–19

（4）前掲『宋慶齢年譜』上冊、p.737

（5）同上、pp.728–729

（6）同上、p.652

（7）前掲『宋慶齢書信集』上冊、pp.210–211

（8）同上、pp.212–213

（9）前掲『宋慶齢年譜』上冊、pp.736–737

（10）前掲『宋慶齢書信集』上冊、pp.214–215

（11）前掲『宋慶齢年譜』上冊、p.751／蔣介石著・波多野乾一訳『中国の命運』、日本評論社日華叢書、1946年

（12）前掲『宋慶齢選集』上巻、p.366

（13）前掲『宋慶齢年譜』上冊、p.756

（14）同上、p.758

注 265

(15)「致尼赫魯（1939 年 9 月 15 日）」、前掲『宋慶齡書信集』上、pp.157–158

(16)「致柯棣華親族　1943 年 2 月 7 日」、前掲『宋慶齡書信集』上、p.220–222

(17) 前掲『宋慶齡年譜』上冊 p.709

(18)「中国需要更多的民主——為紐約『亜細亜』雑誌作」、前掲『宋慶齡選集』上巻、pp.340–345

(19) 菊池一隆『中国抗日軍事史　1937–1945』、有志舎、2009 年 3 月、pp.334–343

(20) 尚明軒主編『宋慶齡年譜長編』（上）、社会科学文献出版社、2008 年、pp.480–481

(21)「致徳拉蒙徳　1945 年 8 月 20 日」、前掲『宋慶齡書信集』上、pp.300–301

(22)「致徳拉蒙徳　1945 年 9 月 3 日」、同上、p.302

(23) 前掲『宋慶齡年譜』上冊、pp.804–805

(24) 同上

(25) 同上、p.810

(26) 前掲『宋慶齡選集』上巻、pp.393–395

(27)『宋慶齡与·中国福利会』、中国福利会編、上海人民出版社、2000 年 1 月、pp.32–34

(28) 呉景平著『保衛中国同盟　新聞通迅』、宋慶齡基金会研究室編、中国和平出版社、1989 年 8 月、pp.263–264

(29) 前掲『宋慶齡年譜』上冊、pp.703–704

(30)「救済工作与政治——答宋子文先生　1941 年 6 月 15 日」、前掲『宋慶齡選集』上巻、pp.327–337／前掲『保衛中国同盟　新聞通迅』、pp.364–372

(31) 前掲『宋慶齡年譜』上冊、p.805

(32)「和平団結、民主統一的基礎——国民政府与中国共産党代表会談的結果　『新華日報』社論」、『重慶談判資料』、四川人民出版社、1980 年 11 月、pp.98–102

(33)「関于促成組織聯合政府並呼吁美国人民制止他們的政府在軍事上援助国民党的声明　1946 年 7 月 23 日」、前掲『宋慶齡選集』上巻、pp.415–419

(34) 前掲『宋慶齡年譜』上冊、pp.850–851

(35) 同上、pp.849–860

第九章　中華人民共和国建国に参加

一、人民解放軍の上海解放

　1949 年の中国は、張り詰めた緊張感のもとでスタートした。元旦、毛沢東が新華社を通じて、「革命を徹底的に進めよう」とのメッセージを掲げ、全国人民と各民主党派に、一層強固に一致団結し、反動派を消滅させようと、呼びかけた。2 年前に「中国人民解放軍」と改称した中国共産党指導下の軍隊は、国民党軍との対戦を主とする数々の戦役で勝利を収め、北平への平和入城を目指していた。

　一方、蔣介石率いる政権は、声明を発表し、現有体制温存の条件下での共産党との平和交渉を提案した。これに対し中共中央は、毛沢東の時局についての声明で「反動勢力を徹底的に消滅することを基礎とする八項目の平和交渉の条件を改めて提示」した。ところが、蔣介石は、その 1 週間後、引退を表明し、副総統李宗仁が総統職を代行することになった。

　宋慶齢の推進する事業関係では、内戦による救済活動の拡大・多様化の中で、前年、中国福利基金会が米国に設立した代表機構―米国援華聯合服務会が活動を継続しないことを決定したので、上海 YMCA の指導者で、中国福利基金会の執行委員でもあった米国人のタリタ＝ガーラック（耿麗淑）やエプシュタインらを主力に、新しい在米連携機構の設立に努力していた [1]。内戦が続く中、宋慶齢の中国福利基金会を拠点とする児童の保護育成を含む救済活動は、限りなく多岐に亘り、彼女の心身は連日休息を得る暇もなかった。その上、来るべき日を予期しての政治上の様々な画策が彼女を波のように追いかけた。彼女が知る多くの人々、中国人民の多くが大転換を余儀なくされる怒濤を感じていた。彼女の家族も当然その中にいた。

一、人民解放軍の上海解放　267

　宋慶齢は、すでに 56 歳になり、避難、相談に訪れる知人たちへの応対や同居する子どもたちの喧噪の中で、身体を横たえざるを得ない日々もあった⁽²⁾。

　そんな中、1 月 19 日、毛沢東、周恩来からの電文が香港の廖夢醒等を経由して届いた。それには、中国革命が勝利の形勢にあるが「上海の環境は如何かと気になっています。新しい政治協商会議が華北で開催されようとしています。中国人民革命は艱難辛苦を経て、（孫）中山先生の遺志が漸く実現しようとしています。先生が北上ご来駕の上、この人民の偉大な事業に参加し、同時に新中国を如何に建設するかについて予めご指導頂きたく願っています。どのようにして上海より北上するかについては、（廖）夢醒と（潘）漢年、（金）仲華が良く相談することになっています。安全を第一にして下さい」とあった⁽³⁾。

　宋慶齢は、しばらくして、周恩来に返信した。「偉大な主席と全党同志の私に対するご配慮には感激の至りです。長時間かけて考えさせて頂き、〝一動は一静に如かず（静かにしているのが一番いい）〟と、悟りました。私は、上海で解放の日を迎え、皆さまにお目にかかりたいと思います。私は、蔣介石は私をどうすることもできない、と思っています。ご心配なさらないで下さい」⁽⁴⁾。

　1 月 21 日に蔣介石が引退し、李宗仁が総統職を代行することになったのであるが、李総統代行は、即刻、宋慶齢、李済深、章伯鈞らに現状の平和的解決についての意見を求め、特に宋慶齢には南京政府への参加を勧めてきた。彼女は李宗仁に対しても、その他の民主人士に対しても、平和的解決を求める努力には、自分も全く同じ思いだと伝えた。

　蔣介石が総統を辞して 10 日も経たない 1 月 30 日、人民解放軍が北平（北京）に無血入城した。

　2 月 20 日、宋慶齢は、毛沢東、劉少奇、朱徳、周恩来への返信を書き、病気のため北上できないことを伝え、中国共産党の事業を支持すると意思表示した。「貴方がたのご厚意溢れる書状を拝受し、深く感謝申し上げます。大変申し訳ないことに、私は、いま炎症と高血圧の治療中です。……しかし、私の精神は、貴方がたの事業とともにあります。貴方がたの勇気ある、知恵豊かな指導のも

268　第九章　中華人民共和国建国に参加

とで、この歴史の第一章——それは早くもすでに始まりました。不幸にも 23 年前には阻まれましたが、光栄にも近日まさに完成されようとしています」[5]。

　この頃の宋慶齢の生活と心情は、米国留学時代以来の親友アリーへの手紙に映し出されている。「まず、素晴らしいクリスマス・プレゼント、ありがとうございます。もっと嬉しいことに、これらのプレゼントは、私の気持ちがとても落ち込んでいた時に送られてきたことです。私の血圧はまた高くなり、医師は、ベッドに横になって、仕事や活動をしないようにと言います。私の肩にはとても沢山の任務が懸り、医師の指示に従うことは容易ではありません。貴女の楽しい考えは、私を大いに元気づけてくれます。何故なら、私は、元気な時に貴女に手紙を書くことにしているからです」と、懐かしいアリーに慰められ、日常の彼女に立ち戻って、続けた。「きっと、貴女がご存知と思いますが、中国では、私たちは非常に困難な時期を過ごしてきました。私たちの中のある人々は徒に前途をあれこれと慮り、極力それらを免れようとしてきました。しかし、歴史は、この苦痛に満ちた代価を払う方法を選択しました。人々にできることは、この種の局面を増幅させないことを希望するだけです。平和が再び私たちの祖国に戻ってきた時、私たちは皆、一層の努力を重ね、犠牲を怖れることなく、長い間受難を強いられた人民のために、必ず幸福をもたらさなければなりません」[6]。

　アリーとの文通で元気を取り戻した宋慶齢は、その同じ日、2 月 24 日に、米国前大統領ルーズベルト夫人エレノアにもお礼状を書いている。「親愛なるルーズベルト夫人　私たちは、最近、貴女が中国福利基金会にご恵贈下さった二箱の嬰児用食品と一箱の医薬物資を受領しました。これらは、私たちが上海に設立した 3 ヶ所の児童福利ステーションで活用させて頂きます。これらの児童福利ステーションは、1948 年に 4 万 3 千余人の児童に無料で医療を行ないました。食品は、ステーションの識字クラスで学習している栄養失調の児童に配給いたします。貴女が（夫君を失い）悲傷の日々にありながら、私たちの求めているものをお忘れになることなく応じて下さる仁愛のお心に対して、私たちは心の底

一、人民解放軍の上海解放　269

からの感謝を申し上げます。……宋慶齢（孫逸仙夫人）」[7]。

　宋慶齢は上海を動こうとしなかった。北上を求められながら、上海に留まっていた。中国福利基金会の事業がますます重要性を増し、多忙になってきたことに加えて、彼女の健康状態にも心配があったためでもある。他方、多くの人々、各界の指導者たち、彼女の仲間たち、友人たちも、この時期の前後から、新しい方向に向かって、波のように動き出した。

　2月25日、李済深、沈鈞儒、馬叙倫、郭沫若、譚平山、章伯鈞ら各民主党派の指導者、著名な民主人士35人が中共中央代表林伯渠に迎えられて、北平に入り、中国共産党により、盛大な歓迎を受けた。

　こうした中で、その翌日、中共中央は、周恩来を首席代表、林伯渠等を平和交渉代表として、4月1日より張治中を首席代表とする国民党政府代表団と平和交渉を進めることを決定した。4月15日、中共代表団は、「国内和平協定」の最終修正案を提示し、南京国民党政府が20日以内に回答することを求めた。これに対して、4月20日、中国国民党中央常務委員会は、声明を発表し、「国内和平協定」の受容を拒絶、平和交渉は決裂した。この頃、すでに中共中央及び所属機関は、西柏坡とその周辺の村を離れ、北平に移っていた[8]。

　平和交渉決裂の翌日、毛沢東主席、朱徳総司令は、全国に進軍を発令、4月23日、人民解放軍は、首都南京を攻略、中国本土における国民党統治は実質的に崩壊した。しかし、内戦の決着はまだついていなかった。次の大舞台は上海である。人民解放軍の上海解放を待つ人々は、戦乱への対応と事後の対応に備えなければならなかった。宋慶齢は、中国福利基金会を率いて、その対策に追われた。勿論、彼女の同志たち、仲間たちも同様であった。この4月に入ってから、上海解放に備えて、戦災難民の救助、社会秩序の維持のために、上海の社会的公益活動家たちと救済・福利を目指す宗教団体が中共上海地下党の指導の下に上海臨時聯合救済委員会（略称、聯救会）を発足させ、顔恵慶が主任委員に、趙朴初が幹事に就いた。中国福利基金会は、聯救会の主要構成団体の一

270 第九章　中華人民共和国建国に参加

つとして、宋慶齢は、基金会の保有する物資を聯救会の使用に供することを申
し出た。宋慶齢は、さらに、救済物資、医薬、医療設備等も聯救会に提供し、
大量の人力も投入して、積極的に支持した。また、基金会と三つの児童ステー
ションの多くのメンバーが聯救会の主力軍になることもあった[9]。

　人民解放軍の上海攻略が間近に迫った5月19日、宋慶齢のもとに宋美齢、宋
子良から手紙が届いた。「貴女が慶怡（Ching Yee ／宋子文の娘）に書物を贈っ
て下さったことにとても感謝します。これらの書物には何らの損傷もなく、完
璧です。彼女は大変気に入り、貴女のことを、本当に良い伯母さまだと言って
います。……最近、私たちは皆、常々貴女のことを思っています。目前の情勢
を慮ると、貴女の中国での生活は、きっと苦痛に満ちたものになると察してい
ます。貴女が平安で順調であるようにと願っています。……もし、私たちがこ
こで貴女のために何かできることがあれば、――私たちにできることであれば、
私たちに知らせて下さい。私たち二人は、できる限りの手を尽くして貴女を助
けたいと願っています。でも、大変遠く隔たってしまいましたね。……どうか、
貴女の近況をお知らせ下さい」[10] 人生観、世界観、より直接的には、目前の政
治情況におけるスタンスに大きな隔たりがあっても、宋慶齢の姉妹、弟たちに
寄せる肉親の情には、この激動の中にあっても、ただならぬものがあったに違
いない。彼女は、これまでも度々そうであったように、私人としては、苦渋の
選択を迫られることになる。

　当時、宋美齢は主として米国在住の長姉宋藹齢のもとに滞在して米国政界、
援華団体、有力な知人らに向け、蔣介石政権に対する各種の援助を求めて活動
していた。
　宋美齢は、国民政府による再三の要請の末やっとマーシャル元帥（国務長官）
の私人の客として米国訪問が実現し、前年の12月1日にワシントンの空港に
降り立った。空港では従前の中華民国ファーストレディーとしての華やかな訪
米時とは異なり、米政府高官の歓迎はなく、入院中のマーシャル元帥に代わっ

一、人民解放軍の上海解放　271

て、彼の夫人が出迎えた。マーシャル元帥は第二次世界大戦後米政府から国共
内戦の調停のための大統領特使に任命され、一時重慶に赴任していた。彼はそ
れ以前の経歴でも中国との関わりが深く、中国通としてもトルーマン大統領の
信頼が厚かった。マーシャル夫妻の私的な接待の中にあっても彼女は、訪米直
前に蔣介石総統がトルーマン大統領に要請した緊急軍事援助に対する応諾を何
とかして得なければならなかった。ワシントン到着後10日目に漸く大統領との
会見の機会を得た。ホワイトハウスのティーパーティーに招待され、その間に
別室の書斎で大統領との会見が成ったのである。宋美齢は駐米中国大使顧維鈞
によって準備された希望援助項目について話した。これを受けた大統領は、こ
れまで約束した援助計画はあと少しで達成するので継続実施するが、それ以降
は無期限に中国政府を援助するという保証はできないと極めてクールに対応し
た。このあと1ヶ月余で米国政府は対中長期援助計画の中止を決定した[11]。こ
うした情況にあったが、宋美齢は米国の各地で多様な援助を求め、またそれら
を通して米国政府を動かそうと試み、期待していた。

　5月24日陳毅を司令官とする人民解放軍が上海浦東に突入、国民党軍の陣地
が逐次撃破され、この日早朝には、虹橋鎮を占領し、万国公墓にまで進攻し、
やがて、蘇州河以南全域を占領した。翌日には、この戦役に参加した人民解放
軍は、上海の国民党軍の本陣を突破し、この地域一帯を制圧した。上海の人民
の多くは、「解放」を受容し、人民解放軍を歓迎した。

　人々にとって、宋慶齢にとって、「解放」とは、何だったのか？　何から解放
されたのか、解放されたかったのか？　人民の目前で中国共産党を代行する人
民解放軍が国民政府の強大な正規軍に打ち勝ち、統治権力を奪取した。勝利の
プロセスには、多くの人民――労働者、農民らがその軍隊を自らと同質のもの
として支持し、その軍隊に参加していったという事実がある。軍隊そのものが
人民大衆に依拠し、彼らの生きるための諸問題を吸収していたのである。その
軍隊に参加することで、社会的閉塞感と抑圧感、生活上の苦闘から解放される

という期待があった。すでに 30 年代に、E＝スノーは、宋慶齢の取材を通して、「彼女が中国の共産主義者を支持したのは、彼女が彼らの短所について敏感でなかったからではなく、彼らは自己の利益のためにではなく、〝人民の幸せのために〞活動していると考えたからであった」[12] と書いているが、同じ感覚が、この時期の宋慶齢だけでなく、解放軍に接した多くの人々にも息づいていた。上海の全市解放が確実となった 5 月 26 日、宋慶齢は、王アンナに宛てた書状の中で、二週間ばかりの胃腸の不具合など体調不全を訴えた後、「しかし、晴れ渡った天空に感謝します。私たちは、いまや自由に呼吸できます！」と書き、解放されたと喜び、その心境を伝えている。

　5 月 27 日、上海全市が解放され、上海市軍事管理委員会が成立し、陳毅が軍事管理委員会主任に就いた。宋慶齢が率いる中国福利基金会は、秧歌隊（児童劇団舞踊合唱隊）を市の中心部に送り出し、人民解放軍を歓迎した。

　翌日、弁護士史良が宋慶齢を訪ね、彼女を見舞った。宋慶齢は史良と会うや彼女の両手を強く握りしめ、感激して言った。「解放されて良かった！　国民党の失敗は、私の予想した通りだった。何故なら、国民党は人民を敵視し、人民を圧迫した。共産党が勝利したのは、必然です。何故なら、共産党は、人民を代表し、人民を愛護し、人民のために福利を図ったからです。」と [13]。

　史良は、特に上海解放前の白色恐怖の蔓延する 2 ヶ月間ほど、当時の沪杭警備総司令湯恩泊による逮捕の密令の網の中で、親戚、知人の家を転々としていた。その間、彼女を庇った弁護士事務所の秘書、運転手、コック、親族の幾人かが捕えられ、拷問され、入牢した。史良は夫とともに幸運にも逮捕を免れ、上海解放の前夜、離散、逃亡する国民党軍を見送ることになったという [14]。

　人民解放軍の上海進駐の際、一寸したハプニングがあった。解放軍のある大隊の一部が林森中路に適当な宿営地を見出した時、そこが宋慶齢の住居だと誰も知らなかった。門を敲き入ろうとした時、門番の拒絶にあった。門番は宿営できない理由を軍人に説明もせず、素っ気なく「ここに宿営できませんよ」と言った。すると小隊長は反発して「聯隊長が我々にここに宿営するように命令

した。どうして宿営できないのか？」と問い返し、彼は命令調で、「もし、午後4時までに、この建物を明け渡さなければ、兵士に物を運び込ませる」と言い、双方が相譲らず押し問答している時、宋慶齢自身が階下に降りて来て、兵士たちに対して、「私は宋慶齢です。ここは私の住居ですから、貴方がたの部隊が宿営することはできません。宿営するのであれば、陳司令に私に電話をかけてもらって下さい」と話した。中隊長は、この思いがけない事情を知って、あたふたと事後処理に駆け回った。陳毅はこの件を知り、大変驚き、師団、連隊の幹部を叱責し、彼自ら宋慶齢に電話で申し訳をした。また、その直後、当時の中共華東局書記の鄧小平が陳毅、史良らとこの件を詫びるために宋慶齢を訪ねた[15]。

　その後、これらの件は、中共中央に報告されるが、その中で、宋慶齢の当時の情況が述べられている。「彼女は、病気をしていたので、会うのが3日遅れた。この3日の内に我々の部隊は宿営先を探すために、2度に亘り迷惑をかけ、彼女に誤解された。昨日、陳、鄧、史良らは一緒に彼女を訪ね、お詫びした。……我々はすでに衛兵を派遣し、その住宅を警衛している。また、史良の話すところによると、宋慶齢は現在経済的に困窮している由、潘漢年より、宋慶齢に一百万人民票を送らせることにし、以後引き続きこれを実施することを決定した」[16]。上海解放の頃の体調不順については、新政治協商会議に参加するために、陸続として新首都に向かい北上する各界の有力者である彼女の知人、友人からの書信――上海が解放され、全国解放を目前にして何彼と相談したい旨など――に対する返信の中でも、それを訴えながら、その内に自分も北上することになる、と述べているが、一面、彼女には上海を離れ難い様子も窺えた。

二、宋慶齢、北京へ：新中国の建設に参加するために

　上海全市解放後20日余の6月19日、毛沢東から宋慶齢に北上を再度要請する書簡が届いた。「慶齢先生　重慶でお別れして以来早や4年、お目にかかりたいと願いつつ日々を重ねてしまいました。全国の革命勝利は目前にあり、建設

274 第九章 中華人民共和国建国に参加

の大計が討議、準備されねばなりません。特に鄧穎超同志を派遣し、ご様子を伺い、先生の北上を歓迎申し上げます。北平にご来駕の上、ご教示を頂きたく存じます。待ちぼうけにさせないで下さい！　毛沢東」[17]。その翌々日、こんどは、周恩来から彼女のもとに書信が届いた。「宋慶齢先生　上海でお別れして以来早くも3年が経ちました。蒋賊肆虐の際にはいつも先生の安全を念じていました。いまや幸いにも解放が迅速に進み、これにより先生が永久に危険な環境から脱出されたことは、誠に人民の喜びとするところ、私もまた、大いに安堵しています。いまや全国の勝利は目前にあり、新中国建設では、先生の実際的なご指導を待つ者が本当に数多く、ここに、穎超に託して、先生を誠心誠意お出迎えし、先生の北上を渇望する気持ちをお伝え申し上げたく存じます。願わくは、早々にご出立をお伝え頂ければ幸甚に存じます。　周恩来」。毛沢東に続いての宋慶齢北上の催促であった[18]。

　毛沢東の再度の北上要請の10日後、6月29日、宋慶齢は、前述の毛沢東と周恩来の各書状を携えた鄧穎超と廖夢醒を自宅に迎えることになった。2人は一緒に北平より列車で上海に着いた。鄧穎超はまず廖夢醒に宋宅を見舞わせた。廖夢醒は後年、この時のことを語っている。「慶齢同志は言われました。『北京は私にとって最も心の痛む処です。私はそこに行くのが怖いのです』。私は言いました。『北京は新中国の首都になりました。鄧大姐は恩来同志に代わって貴女をお迎えに来ておられます』」。その後、鄧穎超が宋宅を正式に訪れ、宋慶齢と幾度か話し合い、鄧は宋の説得に成功し、3人は、8月末、列車で北上した[19]。

　鄧穎超の回想によると、この時、毛、周から託されていた宋慶齢に対する北上要請に、「彼女は果断に、喜んで同意した」[20]という。廖夢醒の努力に加えて、鄧が夫・周恩来とともに推進してきた統一戦線政策への長期に亘る尽力、その間培われた同夫妻と宋慶齢との信頼関係が効を奏したのであろう。

　同時期、6月30日、毛沢東は、「人民の民主専制を論ず」と題する文章を発表して、中国共産党指導の民主革命28年の経験を総括し、孫文の歴史的功績を

二、宋慶齢、北京へ：新中国の建設に参加するために　275

肯定し、新中国の性質、各階級の地位その内政外交の基本政策を闡明にした。

　同日、宋慶齢は、体調不良にもかかわらず、上海で開催された中国共産党成立28周年慶祝大会に出席し、「中国共産党に向かって敬意を表する」と題する談話を鄧穎超の代読で発表した。彼女はその中で「中国人民は、その歴史において最も偉大な時期を迎えています。私たちの完全な勝利はすでに目前にあります。人民の勝利に向かって敬意を表します！　このことは、私たちの祖国建設と前進の原動力であります。私たちの旗幟は〝生産であり、さらに多くの生産です。〟人民の力量に敬意を表します。このことは私たち祖国の新しい光明です。自由が誕生しました」と述べている。また、彼女は、人民革命を勝利に導いた中国共産党の足跡を振り返り、「彼らは、上海で誕生し、江西の山里で生長し、二万五千里の長征の艱難困苦の中で百煉成鋼を経て農村の泥土の中で成熟した指導者です。中国共産党に向かって敬意を表します！」[21] と、感慨深く讃えた。

　8月26日、宋慶齢は、鄧穎超、廖夢醒、上海市軍管会交際処処長管易文らに伴われ特別列車で上海を離れ、北平に向かった。中共中央は、宋の健康を慮り、鄧に連絡して、寝台車、食堂車など、また列車ダイヤの調整について検討させたようである[22]。いずれにしても、この北上に際しての中共側の宋に対する配慮には特別なものがあった。

　2日後の午後、宋慶齢一行は、北平駅に到着した。特別列車がホームに停車すると、毛沢東が車両に入り、宋慶齢と握手し、「よくいらっしゃいました。よくいらっしゃいました。お疲れ様でした」と迎えれば、宋慶齢は感激して「お招き頂き、ありがとうございます。お祝い申し上げます」と応えた。次いで、毛は「貴女が来て下さって、我々と一緒に新中国を建設する大業を準備するのです」と話せば、宋は「中国共産党が貴方の指導のもとで偉大な勝利を勝ち取られたことをお祝い申し上げます」と返した[23]。

　北平駅で宋慶齢を熱烈歓迎したのは、主な顔ぶれでも、毛沢東のほかに朱徳、周恩来、林伯渠、董必武、李済深、何香凝、沈鈞儒、郭沫若、柳亜子、廖承志

276 第九章 中華人民共和国建国に参加

ら 50 余人を数えた。また、かわいい歓迎陣も待ち構えていた。ロサンジェル
ス児童保育院の子どもたちが〝宋奶奶〔ナイナイ／おばあさんに対する敬称〕〟
と呼びかけ、色鮮やかな花束を捧げたのである。この保育院は 1942 年、保衛中
国同盟が米国・ロサンジェルスの華僑を主とする人々からの寄付によって延安
に創建した所謂ロサンジェルス託児所であり、宋慶齢とは縁の深いものであっ
た [24]。

　思えば、宋慶齢の指導した保衛中国同盟から中国福利基金会に至る活動は、
工業合作社運動とも連携して、すでに 10 年余に亘っていた。拠点としたのは、
香港、重慶、上海であったが、その活動の成果は、中国各地に及び、国家の独
立と再建への道の重要な一端を支えてきた。しかも、人権と民権、民主と民生
を現実の政治の葛藤の中で堅持しながら統一を模索しつつ進んできた。同時に、
彼女は、25 年前、初めて訪問した北京で孫文と死別した時のことを胸に、嘗て
二人で語り合い目指したものを各時期の言論と行動の中で継承し、陶冶してき
た三民主義の実現を期待して北平の土を踏んでいた。

　9 月 21 日から 31 日まで中国人民政治協商会議第一回全体会議が開催された。
この会議は、中国共産党、各民主党派、各人民団体、各地区、人民解放軍、各
少数民族、国外華僑、その他の愛国人士の代表によって構成され、全国人民代
表大会の職権を代行していた。会議は、まず、臨時憲法の役割を果たす「共同
綱領」、中国人民政協組織法、中央人民政府組織法を順次決議、採択した。次い
で国旗、国歌及び国都の所在地を決定した。また、会議は、中央人民政府委員
56 人、中国人民政治協商会議全国委員会委員 180 人を選出し、毛沢東を中央人
民政府主席に、朱徳・劉少奇・宋慶齢・李済深・張瀾・高崗を副主席に選出し
た後、「中国人民は自己の敵に戦勝し、中国を変貌し、中華人民共和国を建立し
た。……中国の歴史は、ここに新しい時代を開いた」と宣言した [25]。

　この中国人民政治協商会議第一回全体会議の初日、宋慶齢は、特に請われて

二、宋慶齢、北京へ：新中国の建設に参加するために　277

講話を行なった。彼女は語った。「今日、中国は社会発展の巨大な原動力を持つ
国になりました。中国の人民は前進し、革命を原動力として前進しています。
……私たちが今日の歴史的地位に到達したのは、中国共産党の指導によるもの
です。この政党は唯一、人民大衆の力量を吸収し、それによって支えられてい
る政党です。孫中山の民族、民権、民生の三大主義の実現が、これにより、最
も確かな保証を獲得しました」[26]。

　彼女は、孫文の三民主義を実現できる環境が整った、と一連の新しい情況を
受けとめた。これこそ、宋慶齢にとって、新中国誕生の最大の意義であった。
また、新中国は、そのような国家でなければならなかった。

　宋は続けた。「中共が農村で実行した耕者がその田を所有するという政策は、
すでにこの一点を証明しました。私たちの今日の成就は、この政策の正確さを
証明しました。現在中共は、彼らの都市における指導力を一歩一歩証明してい
ます。中国革命の第一段階の負担は農民の肩に懸っていました。現在中共はす
でに革命の主力を農民から労働者に移しています。生産を発展させることは、
当面の政策の基盤です。彼らは将に孫中山の起草した中国工業化計画の骨格に
具体的内容を与えようとしています」[27]。宋慶齢の感激は、実に此処にあった。

　10月1日、中央政府委員会第一次会議が正式に開催され、中華人民共和国中
央人民政府が正式に成立した。宋慶齢はこれに出席し、副主席の職務に就いた。
その後、午後3時、宋慶齢は、毛沢東、朱徳、劉少奇、周恩来等中国共産党と
国家の指導者とともに天安門城楼に登り、中華人民共和国開国大典に臨んだ。

　彼女は、開国大典に臨んだ時のことを後年回想した。「これは、非常に厳粛な
式典でした。しかし、私の心の中には、却って一種抑え難い歓びがありました。
回想が私の心の中に潮のように湧き起こってきました。私は、多くの同志たち
が自己の生命を犠牲にして今日の光栄をもたらしたことを想い起しました。連
年の偉大な奮闘と艱苦の事蹟がまた眼中に出現しました」。回想はやがて、彼女
にとって、とても大切な部分に言及する。「しかし、もう一つ別の思いが私の心
をとりこにしました。私は解っていました。これで私はもう振り返らない。も

278 第九章 中華人民共和国建国に参加

う後戻りはしない。これで、孫中山の努力は、ついに結実した。しかも、この果実は、実に素晴らしい」(28)。宋慶齢は、天安門城楼から遥か彼方に、孫文の姿を見ていたのであろうか。

　10月5日、宋慶齢は、朱徳、劉少奇らと一緒に中ソ友好協会の成立大会に出席し、大会議長団に選出され、大会議長を担当した。その後、彼女は第一副会長に選出された。当初、中共中央では、宋慶齢を会長に推す予定であったが、中ソ関係の複雑さを慮り、彼女の困難を軽減するために、劉少奇が会長に就任することになったという(29)。とはいえ、宋慶齢は、以後晩年に至るまで一貫して、中ソ友好協会のリーダーの重責を担い続けることになる。同協会成立大会での彼女の開会の挨拶には、現実の両国関係における様々な複雑な事情を乗り越えて、中ソの提携を大切にしていかねばならないという彼女の認識が見られた。彼女は、「孫中山がいち早く〝ロシア革命があったから、世界、人類が大きな希望をもつことができるようになった〟と指摘しました」と述べ、彼女の対ソ認識のベースを語り、次いで「30年前に生まれた、この大きな希望のおかげで、今日ついに私たちの祖国が輝かしい展開を見ることになりました」と述べている(30)。宋慶齢は、新たな発展のプロセスの中でも、事あるごとに、それに関わる孫文の言辞を想い起こし、嚙みしめるようになる。

　宋慶齢は、北京と改称した新首都で50日余を過ごした後、10月16日、上海に戻ることになったが、途中、南京で特別列車を一時下車した。孫中山陵に参詣するためであった。南京駅到着の際は、当地の多くの要人が出迎えたが、彼女に寄り添って行動をともにしたのは、彼女の執友ともいわれる羅叔章、沈粋縝（鄒韜奮夫人）らであった。彼女は、孫中山霊堂まで歩いて登り、献花した。孫文が端緒を開いた革命がひとまず成功した事、新しい人民共和国が誕生し、三民主義を実現する環境が整った事を報告したことであろう。翌日、宋慶齢は上海に戻り、上海での日常活動も再開したが、これからは、同時に国家の指導者、中央人民政府副主席等々としての重責と公務を担うことになる。

三、中国福利会の成立：〝子どもは未来〟

翌年、1950年の4月23日から29日にかけて、中国人民救済代表会議が北京で開催された。会議は、中央人民政府関係部門、関係人民団体、海外華僑、大行政区関係部門、中国解放区救済総会、中国福利基金会及び被救済者の代表等146人により構成された。会議では、まず、準備会代表熊瑾玎が準備経過報告を行ない、次いで宋慶齢、董必武、呉耀宗、李徳全、康克清ら31人を議長団に選出した。

この会議で、中国人民救済総会が正式に成立し、宋慶齢、董必武、呉耀宗、沈体蘭、陳維博、李徳全、康克清、趙僕初、劉清揚ら49人が中国人民救済総会執行委員会委員に選出され、引続き、中国解放区救済総会主席董必武の新中国の救済福利事業に関する報告があった。この報告について、出席者は熱心に討論し、彼の報告を支持し、今後の救済福利事業の基本方針と見做した[31]。宋慶齢もまた、会議の閉幕の挨拶の中で、董必武の報告を高く評価し、「中国解放区救済総会董必武主席は、病中にありながら、新中国の救済福利事業に関する報告を私たちに届けて下さいました。この報告はかくの如く完璧で、私たちがこれ以上何も付け加えることはありません」と述べている[32]。

董必武は、孫文在世中から宋慶齢とは旧知の間柄であり、革命活動における大先輩であった。彼は、孫文より20年ほど若く、辛亥革命では、武昌蜂起以後、湖北軍政府理財部秘書となり、同時に同盟会に加入した。やがて第二革命に参加、その失敗後、日本に留学、日本大学で法律を学び、1914年には中華革命党に入った。丁度、宋慶齢が東京・神田区猿楽町の亡命中の宋家に住んで姉宋靄齢とともに孫文の在日活動を手伝い始めた頃である。その後、1921年7月の中国共産党結成大会（一大）に参加し、湖北省の党関係職を歴任、他方1924年には、国民党湖北省党部を立ち上げ、1926年の国民党第二回全国代表大会では候補中央執行委員に選出されている。建国後のこの時期には、党政治局員、副総理の地位にあり、のち宋慶齢とともに共和国副主席となる。

280 第九章 中華人民共和国建国に参加

　このように、第一次国共合作時代に、三大政策を堅持する国民党左派の宋慶齢と連携する機会の多かった中国共産党の指導者たちの多くは、新中国建設の中で再度、宋慶齢と連係を深めることになる。救国の闘いの時と同じように、新中国の建設の場でも、統一戦線の要に宋慶齢の姿が見える。彼女と依拠するところが異なり、大陸を追われるように去った蒋介石政権と宋家の姉妹兄弟たちについては為す術もなかったが、彼女は自らの信条に忠実な選択をして、そこに立っていた。失ったものも大きかったが、最早、彼女は独りではなかった。彼女が心血を注いで踏み固めてきた足跡を今や多くの仲間たちがともに歩いていた。彼女と同じような活動に取り組んでいた人たちや団体も彼女の周りに集まり、連携するようになっていた。また、彼女が率いた中国福利基金会の事業も新中国全体の救済福利事業の中にしっかりと位置づけられることになる。

　中国人民救済代表会議のあと、その執行委員と監察委員の第一次全体会議で宋慶齢は推薦されて執行委員会主席になり、董必武、李徳全らは副主席になった。この 2 年ばかり後、宋慶齢は、中国人民救済総会主席の立場で嘗ての敵国日本の社会的苦渋あるいは自然災害に見舞われた人々のために救援の手を差し伸べることになる。1951 年 9 月、日本の松川事件で冤罪を被った無辜の被告及びその家族に対して同救済総会は約 300 万円の救援金を贈った [33]。また、この厚意に対する日本国民救援会及び無辜の被告（杉浦三郎・佐藤一三）からの感謝状に対して、宋慶齢は自らペンを執り、励ましている [34]。さらにその翌年 6 月下旬、日本の九州地方で大風水害が発生した。この時、日本国民救援会の布施辰治会長が中国人民救済総会宋慶齢主席に、水害被災者救援を求める書簡を送ったところ、これに対し、中国人民救済総会は募金活動を展開し、1 ヶ月も経たないうちに約 1800 万円を用意し、日本国民救援会に届けた [35]。この手早く、人道上必要な処に必要なものをという対応は、保衛中国同盟の事業における宋慶齢の作風を彷彿とさせる。当時の国際政治上のあれこれの意図を超えたところで受けとめたい。

三、中国福利会の成立：〝子どもは未来〟　281

　中国人民救済総会が成立し、自らがその執行委員会主席に就いてから、宋慶齢は中国福利基金会を全中国の救済福利事業の中にどう位置づけるか、これまでの経験をどう役立てるかについて考え続け、身辺の有力な仲間たちと相談し、討論し、周恩来総理らにも度々意見を求めてきた。彼女は、とりわけ保衛中国同盟以来の実績と経験を生かして、新中国建設の国際宣伝の一翼を担うことを重要な活動として織り込むことを改革構想の中で提示した[36]。また、彼女は中国福利基金会について、最早「基金」を募る必要がないから、「基金会」ではなく、「中国福利会」が適当だと考えた[37]。

　新しい情況に対応するための中国福利基金会の改革準備は、宋慶齢主導の執行委員会で積極的に進められ、同年即ち 1950 年 7 月 25 日の同会議で「中国福利会章程」を決め、同会を「中国福利会」と改名し、新指導機構を改選した。その晩、上海淮海中路 1843 号の宋慶齢宅で中国福利会第一次執行委員会が開催された[38]。

　「中国福利会章程」は、「本会の宗旨は、中国人民の需要に基づき、福利方面の実験的及びモデル的活動に従事し、併せて中国人民の建設事業のために国際宣伝を推し進める」と規定した。活動・事業範囲については、「(1) 婦女児童のための福利保健事業：婦幼保健・托児・医薬・衛生等の事業に従事する。(2) 少年児童のための文化事業：読書、課外活動、演劇活動及び読物の出版などを推進する事業を展開して少年児童を集団教育し、同時に経験を積ませ、モデルとした目的を達成させる。(3) 国際宣伝：中国人民の建設事業に関する宣伝資料を出版し、海外との連係を通じて国際宣伝を進める」と提示した。さらに、中国福利会の経費の来源について、「政府からの交付を主とし、併せて人民団体あるいは個人の拠出を得る。もし、国際友好の援助があれば、中国人民救済総会の批准を経て受け取ることができる」と規定している[39]。中国福利会は、民間団体ではなく、中国人民救済総会の一翼を担う公的組織となった。しかし、実際には、宋慶齢主席の創意に満ちた個性的で多分に直接的な「乳幼児・少年少女と母親のための福利・文化・教育」の一大拠点として展開することになる。

282 第九章 中華人民共和国建国に参加

　中国の危急存亡のかかった時期に、宋慶齢が内外の有力者の協力を得て組織し取り組んだ保衛中国同盟や中国福利基金会が人民解放の事業に大きな貢献をしたことが高く評価され、それが系譜的に継承され再編成された中国福利会は国家機構に組み入れられた。そうした中でも、宋慶齢が取分け終生深い関心を寄せ続けたのが〝子どものための〟福利、保健・衛生、教育・文化事業だった。

　宋慶齢は、抗日戦争の時期には、戦争の被害に遭った子どもたちのために度々国内外に訴えて救済に奔走し、共産党指導下の抗日根拠地の児童保育事業にも有力な支援をしていた。国共内戦、解放戦争時期にも国民党政権派の圧迫や妨害と闘いながら、彼女は「祖国の未来を守らなければの思いを切にして」上海で、中国福利基金会による児童事業の範囲を大幅に拡大していた経緯がある。

　中国福利会の方針・任務が明確になり、全体の改組が完了した後、これまでの事業の基礎の上に三つの児童福利ステーションが活動内容に照らして再編成された。即ち三つの児童福利ステーションに属する保健室が第一児童福利ステーションと合併し、婦幼保健ステーションが成立した。まもなく宋慶齢は、1951年に彼女が獲得したスターリン国際平和賞の賞金10万ルーブルを投じて、この婦幼保健ステーションを拡充し、国際和平婦幼保健院を創設した。また、第二児童福利ステーションは、改変して少年児童文化館とし、第三児童福利ステーションは、少年児童図書館となった。1953年、この二つの施設は合併し、少年宮を創設することになる (40)。

　また、解放前後の上海には、軍・政府の幹部が大挙して移動してきたので、大勢の女性たちもまた様々に活動する情況が生まれた。彼女たちの活動への参加と活躍を期待するには、彼女たちの子女を育成する環境を整えることが急務となった。宋慶齢は、この情況に応えるため、1949年7月、幼児園（幼稚園）を開設し、50年11月には、託児所を開設した。こうして、多くの女性たちの後顧の憂いが取り除かれたので、彼女たちは、安心して政府、工場、人民解放軍の活動に参加できるようになった (41)。

　この間、1950年3月、改組前の中国福利基金会が児童工作研究室を新設、翌月、宋慶齢の念願の雑誌『児童時代』を創刊した。この創刊号の巻頭で、彼女

三、中国福利会の成立：〝子どもは未来〟　283

は、「過去、半封建半植民地の社会に在って、多くの幼い友人は、暖かい保護や
十分な栄養や文化教育を得ることなく、彼らは悲惨な、暗黒の環境の中でもま
れ、もがいてきた。現在全国、大陸は基本的には、すでに解放され、太陽の光
は、すでに一人一人の上に照り輝き、民主の新鮮な空気が隅々まで充満し、幼
い友人たちを自由に、活発にして、新しい時代を創造させています。『児童時
代』の刊行は、児童に正確な道筋を指し、彼らの思想を啓発し、彼らをきらき
らと光り輝く境地に向かわせます」と述べている [42]。

　続いて、1952 年、宋慶齢は、やはり念願だった、新中国の建設を世界に知っ
てもらい、国際連携を図るための宣伝誌『中国建設』の刊行を中国福利会の事
業として実現した。周恩来総理とも相談を重ねてきたことでもあった。そこに
は、保衛中国同盟以来の〝世界の中の中国〟という捉え方、〝世界を見つめて〟
中国の現在と未来を考える彼女の姿勢が見られる。この視点は、多分に観念的
であったが、彼女の青年時代の論文にすでに読み取れた。宋慶齢には、常に世
界との一体感が作用していたかに見える。

　また、宋慶齢の出版物を通しての所信、情報の発信について、彼女の 40 年に
亘る友人で、特にこの面での協力者であった I ＝エプシュタインは次のように
語っている。「（彼女の）この種の事業は、1908–1912 年の期間に開始されたもの
で……彼女は大学の出版物の編集を担当し、常に文章を書いていた。彼女の最
も著名な文章は、〝二十世紀の最大事件〟で、1911 年の革命が君主の中国を共和
国に変革したことを歓呼するものであった。1927 年、革命が武漢を中心に新し
い段階に入った時、宋慶齢は、そこで英文雑誌『Peoples Forum（人民論壇）』を
育て、そこに文章を寄せた。30 年代には、彼女は、蔣介石軍事独裁政権下の不
断の弾圧の中、上海で進歩的な英文雑誌『China Forum（中国論壇）』(1931–1934)
と『Voice of China（中国呼声）』(1936–1937) の出版を支えた。後年の彼女の出版
活動に対する指導は、こうした彼女自身の早期の経験に根ざしている」[43]。宋
慶齢は、どんな時も積極的に世界に「真実」を発信し、より広い世界との連係
の中で、現在を見つめ、より発展した未来を考えようとした。彼女は、真実を
共有すること、それらを踏まえて、真理の行方を探すことにこだわった。

284 第九章　中華人民共和国建国に参加

『中国建設』創刊号に寄せた彼女の文章「福利事業と世界平和」[44] にもその一端が窺える。「世界平和と福利事業には、直接的な関係があります。両者は互いに補い合い、同様の条件の下で発展することもできれば、同様の条件により危害も受けます。平和を建立すると福利が増進し、平和を破壊すると福利が湮滅します。これにより、一国の政府の戦争と平和に対する態度は、政府が人民のために立案し、実施する福利のプログラムを決定することになります。」

　人民大衆が幸福で豊かであるためには、世界が平和でなければならない。宋慶齢がやがて新中国の平和外交の有力な担い手の一人として国外に踏み出すのも必然の成り行きであった。

四、アジア諸国を歴訪──平和友好外交を担って──

　1952 年 2 月 23 日、周恩来総理から宋慶齢に「北京での〝アジア及び太平洋地域平和会議〟の開催をインド平和理事会が提案してきた。中国は、この提案を受け入れることにした。ついては、この会議の中国の発起委員の代表者になって頂きたい」という電話があった[45]。彼女は、これを受けて、郭沫若、彭真、馬寅初、蔡暢、茅盾、廖承志ら 11 名の連名で、アジア及び太平洋沿岸各国の平和のための活動で知られる人々に、同会議の共同開催の発起を呼びかけた。彼女は、そのアピールで、「目前の国際情勢では、アジア及び太平洋区域の平和を守ることは、すでに世界平和を守る重要な要因となっています」と前置きして、「平和は待っているわけにはいきません。平和は、平和を愛好する人民が団結して勝ち取るべきものです。……私たちの目前の厳粛な任務は、緊密に団結して米国が日本を再軍備させることに反対し、アジア及び太平洋区域の安全を守ることです。如何なる国家も他国の内政に干渉することに反対し、国家主権の独立と保全、制度が同じでない国家の平和的共存を保証すること、現存の衝突の平和的解決の主張を堅持し、各国間の正常な貿易関係と文化交流を恢復し、発展させることです」と述べ、また、「私たちは、近い将来、適当な時期にアジア及び太平洋地域平和会議を開催し、平和による利益を守る問題について、広汎

四、アジア諸国を歴訪——平和友好外交を担って——　285

に意見を交換し、共同で解決する適当な方策を追求することは、重大な意義が
あると思います」と呼びかけた[46]。それは、当時の国際環境での中国の立場を
色濃く反映するものでもあった。

　1950 年 6 月に朝鮮戦争が勃発し、国連安全保障理事会は、北朝鮮の攻撃を侵
略と認め、敵対行為の即時中止を要求する米国提出の決議案を採択した。ソ連
は欠席で対応した。直後に、トルーマン米国大統領は、海・空軍に出撃命令を
出し、第七艦隊を台湾海峡に派遣、フィリピン、インドネシアに軍事援助を行
うなど、対アジア政策に積極姿勢を見せた。これに対して、周恩来は、外交部
長として「米国の台湾侵略を非難する」声明を出し、厳しく対応した。やがて、
国連軍が仁川に上陸、反撃を開始した。こうした情況下、毛沢東がスターリン
宛電報で中国人民義勇軍の朝鮮派遣を表明、義勇軍に朝鮮への出動、作戦を命
令した[47]。1 年余を経て朝鮮戦争は休戦会談をもつようになるが、中国にとっ
て、この参戦は、名実ともに深刻な犠牲を余儀なくされることになった。傍ら、
中国とインドとの間では所謂チベット問題が浮上していた。また、前年 9 月に
は、サンフランシスコ平和条約と日米安保条約が締結されていた。その対日講
和会議には、52 ヶ国が参加したが、中国を代表したのは台湾の国民党「中華民
国」であった。戦争の惨禍を蒙った大陸を統治しているにもかかわらず、人民
共和国は招待されなかった。周恩来外交部長は、中国不参加の対日平和条約は
非合法であり、無効であると声明した[48]。これより前、周恩来外交部長は、英
米の対日平和条約草案及びサンフランシスコ講和会議について次のような声明
を発表していた。「英米の対日講和条約草案は、国際協定を完全に破壊し、対日
同盟国の利益を完全に損害し、中ソ両国を敵視し、アジアの人民を威嚇し、世
界平和の安全を破壊し、同時に日本人民を不利にするものである。このため、
この平和条約草案は、中国人民及び嘗て日本に侵略された人民が絶対に受け入
れることのできないものである」と[49]。

　アジア及び太平洋地域平和会議は、こうした東西対立の複雑な環境の中で発
起され、8 ヶ月余の準備を経て、10 月 2 日から 13 日の期間、北京で開催され
た。同会議に出席したのは、アジア、オーストラリア、米大陸太平洋沿岸の

286　第九章　中華人民共和国建国に参加

37ヶ国の正式代表 344 人、その他の列席者 34 人であった。宋慶齢は、中国代表団を率いて出席し、会議では議長を務め、開幕の辞を述べた。彼女は、その中で「人類は必ず平和を創造することができます。世界各地の人民は皆、熱い思いをもって、私たちが進める平和事業の計画に期待を寄せています」と、会議の目指すところについて語った後、日本の侵略と国民党政権の抑圧下にあった 30 年代上海における反帝大同盟の極東反戦会議を回顧し、この 20 年の中国と世界の人民の苦闘と努力の結果としての平和的発展に言及した。さらに、女性が戦争から受ける災害は最も深刻で、彼女たちは子どもを守るために、全世界の平和を愛する人たちと一緒に懸命に平和を守ろうとしてきた、と述べた。最後に彼女は、進行中の一切の戦争の停止を要求し、併せて、真に誠実な話し合いにより平和的解決を図ること、また、一切の集団虐殺の武器の使用禁止を要求し、これらの武器を非法とし、目前の戦争で嘗てこの種の武器を使用した人民に対して国際公法に照らして審判を下さねばならないことなどを人民大衆とともに訴えていかねばならない、と繰り返し、具体的に呼びかけた[50]。

　アジア及び太平洋地域平和会議は、宋慶齢ほかの主催者及び参加者にとって、平和運動の国際的連係の端緒を開くものとなった。その閉会の二日後、アジア及び太平洋地域平和連絡委員会が発足し、アジア、オーストラリア、米州太平洋沿岸の 37ヶ国が参加し、宋慶齢が会議を主導した。この会議では同年 12 月にウィーンで開催予定の「世界人民平和大会」の準備についても議論された[51]。

　宋慶齢の平和を訴える発信と行動は続いたが、彼女自身は疲れていた。彼女のいくつかの持病も、事あるごとに彼女を悩ませていた。北京での平和会議を経て 1ヶ月余の 11 月 20 日、彼女は友人の潘漢年に贈り物へのお礼状を書き、加筆して「以前、貴方は私が海外に出かけるようになると言われましたが、果たして、貴方の予見が現実のものとなりました。このたびの世界人民平和大会は、多くの友人たちが皆、私に出席を促しています。このため私は体調不良ですが、皆さんの意見に添うために、最近やっと出かけることに決めました。……私の出国のことは未発表情報ですが、ここにお伝えいたします」と書いた。そ

四、アジア諸国を歴訪——平和友好外交を担って——　287

の5日後、彼女は、「平和のためにウィーンに行きます」と題した文章を発表し、「アジア及び太平洋地区平和会議は、ウィーン世界人民平和大会開催の条件を整えました」と、平和への取り組みが拡大、発展していることを強調した。

　同年12月11日、宋慶齢は、中国代表団（郭沫若副団長ら総勢59人）を率いて（第二次大戦後分割占領下の）オーストリアの首都ウィーンに到着、熱烈な歓迎を受けた。その翌日世界人民平和大会は開幕した。宋慶齢が最初に会場に足を踏み入れた時、会場の参加者が総立ちになり、「スン・チン・リン……と唱和する手拍子がしばらく鳴り止まなかった」と、当時その大会に日本から参加していた西園寺公一が後年回想したこと[52]を私は印象深く記憶している。

　また、オーストリアの首都ウィーンは、1920年代末から30年代初めにかけてベルリンに滞在していた宋慶齢にとって懐かしい処であった。当時のオーストリアは第二次世界大戦の敗戦国としてドイツと同様、英・仏・ソ・米によって分割占領され、ウィーンはソ連占領区となり、ソ連軍の承認を受けたカール＝レンナーが社会民主主義者と共産主義者による臨時政権を樹立していた。

　東西冷戦の影響もあって、オーストリアが独立を取り戻したのは、1955年5月であった。同年10月、同国は永世中立を宣言した。因みに、このたびの世界人民平和大会は、ソ連占領下のウィーンで開催されたのである。

　宋慶齢は、東西の対立の影が色濃く射す、この時期の、この地、ウィーンで、それらの片側に立っていることを意識しながら、この情況を変えなければならないと考えた。彼女は、大会の初日に推薦されて、会議の議長となり、翌日、「人民は情勢を敢えて転換できる」と題して演説した。彼女は、その中で、「この集会に集う人々は、世界人民の中の極めて大多数を代表しています。私たちはこの極めて多数の人々の委託を受け、この開会に臨んでいます。私たちがここに来たのは、情勢を敢えて転換するためであり、平和を守るためです」[53]とこの平和大会の趣旨を語った後、冷戦下の様々な問題について中国を代表する立場で具体的に話し、後段で、共有して解決を図りたい問題をいくつか列挙し

288　第九章　中華人民共和国建国に参加

た。それらは、「私たちは、一切の戦争準備の停止を要求します。即刻かつ適切に軍備を削減し、即刻西ドイツと日本の軍国主義化の再現を停止し、所有の金銭と物資を用いて各国の急迫している需要、特に人民の福利の需要を解決しなければなりません」、「私たちは、原子兵器、細菌兵器、化学兵器及びその他一切の大規模な人類滅亡をもたらす兵器の厳格な禁止を要求します」[54]等々であった。

宋慶齢はウィーン滞在中に、国際民主婦人聯合会（国際民婦聯）理事会の会議にも出席し、演説を行なった。国際民婦聯は、1945年11月、ソ・仏・英・米等41ヶ国の婦人代表がパリで国際婦人代表大会を開催し、12月1日、国際民主婦人聯合会を成立させた。趣旨は、婦人が国際的に団結して、世界のファシズムを粛清し、世界平和と民主のために奮闘することにあった。本部は、ベルリンに置かれ、季刊誌『THE WORLD WOMEN』を発行した。国際民婦聯は、内戦時期の解放区の婦女聯合会に正式理事2人、候補理事1人を出すようにと要請してきたので、1946年4月中国解放区は、蔡暢、鄧穎超を理事に選出、丁玲を候補理事に選出し、同年6月パリで開かれた理事会に参加させた。宋慶齢が第二次大戦後の平和活動に中国政府を代表して積極的に乗り出した1952年には、国際民婦聯は、4月にウィーンで「子どもを守る国際会議」を開催し、宋慶齢も会議に向けて〝子どもを守ろう〟というアピールを発している[55]。

宋慶齢一行は、10日余のウィーン滞在の後、帰国の途に就いたが、途上ブルガリアの首都ブタベストに立ち寄り、モスクワで1953年の元旦を迎えた。1月には、ソ連対外文化協会のパーティーと音楽会に招待されたが、そこでは、世界人民平和大会に参加していた朝鮮、蒙古、インド、ビルマ、オーストラリア、東南アジア及び太平洋地域のその他の国の代表団と同席することになった[56]。

また、宋慶齢は、郭沫若と一緒にクレムリン宮殿で最晩年のスターリンと会見することにもなった。スターリンは、栗色のレーニン服を装い、親しげに宋慶齢、郭沫若と握手を交わし、彼らと寛いで語り合った。スターリンは、解放後の中国人民の生活情況や女性たちの活動の様子、初級教育と高等教育の発展

四、アジア諸国を歴訪——平和友好外交を担って—— 289

程度、漢字改革等々、様々な分野における改革、変化について質問し、耳を傾けた [57]。宋慶齢にとって、このたびの欧州訪問も然ることながら、スターリンとの再会も25年前の出会いとは全く異なるものであった。スターリンは、この後2ヶ月も経たないで病死した。彼女も60歳になっていた。

　宋慶齢らは、厳寒の中、約1ヶ月半の活動と旅を終え、1月24日北京に戻り、周総理、彭真北京市市長、先に帰国していた郭沫若らの出迎えを受けた。

　このあと、宋慶齢は、上海の私宅に帰り、春節を過ごし、休養を取り、しばらく上海に身を置き、ホームグランドのような中国福利会の事業の指導に当たった。宋慶齢は、その後例年通り、晩春を過ぎる頃北京の生活に戻った。従って、この3月5日にスターリンが死去した時、彼女は、上海でスターリンを哀悼する諸行事に参加し、『人民日報』に追悼文「偉大なスターリン同志を悼む」[58]を寄せた。その文章はソ連『イズベスチヤ』に全文登載された。

　新中国は、宋慶齢に希望を与えた。彼女は、音を立てて進展するその姿を誇らしく思っていた。彼女は、新国家の内外において、彼女の経歴に鑑み、重要な指導者の一人として大事に待遇された。理想を目指した革命の結果であったとしても、毛沢東の言う「銃弾から生まれた政権」にとって、その闘いの統一戦線の象徴であり続けた彼女は貴重な存在だった。彼女がいる処ならと安心し、彼女の姿勢に習って同じように立つ人々も多かったからである。しかし、中国共産党が確実に権力を掌握し、強力に組織を拡大して、一党支配をより強固に、より集中していく中で、実質的には、現実の政治の中枢から疎外されていくのが当然の成り行きであった。彼女は、中国共産党党員ではなかったからである。日々変容する激流に大船に乗って進むか、掉さす小船に乗るか、大船の客となり、時に下船して流れの傍らに独り佇むことになるか……、流れに乗れない時は、従来通り、彼女本来の活動に戻り、人民大衆のために、その子どもたちのために黙々と働くことになる。宋慶齢だけではない。中国共産党の権力を受け入れ、その指導下に参集した民主諸党派、各種政治団体、各分野の指導者たちや各層人民代表も政治協商会議に参加し、あるいは役職について積極的に重要

290　第九章　中華人民共和国建国に参加

な役割を果たしながら、他方、宋とよく似た体験、思いを共有することになる。

　宋慶齢について言えば、「政治協商会議と全国人民代表大会の常務委員会（日常的には最高権力機構として機能していた）の会議で重大議案が討論される時には、彼女は多忙を極めていた。1954 年に憲法草案が準備されつつあった時は、彼女は骨折を患っていたが、毎日長時間をかけて多くの文献資料を調査研究した。しかし、残念なことに、関係資料が調査研究に供されるために公開されていないので、彼女の提案と研究を跡付けるのは難しい」と I=エプシュタインが述べている。さらに、彼の伝えるところによると、「宋慶齢は、1950 年代と 60 年代の初期にかけて、時々開催された最高国務会議（国家や国務院の最高指導者の合同会議）にも参加した。また、1956 年には、8 月のインドネシア友好訪問で大成功を収めた後、翌月 15 日から 27 日まで開催された中国共産党第八次全国代表大会に特別に招待され、閉幕前日にスピーチをした[59]。彼女はその大会で発言した唯一人の非共産党員だった。在籍の代表たちは全員起立して彼女を迎え、しばし拍手が止まなかった」という[60]。宋慶齢は、まず、中国共産党が過去の各段階の革命闘争の中で取得した輝かしい成果について祝意を表し、次いで「私は非共産党員ですが、このたびの歴史的に有意義な大会に列席できたことは、私の生涯で最も光栄で、うれしいことであります」と語った後、「中国人民が幾十年も重ねた惨苦の経験と教訓が、ついに中国共産党の正確な指導の下で速やかに帝国主義の束縛を脱し、封建主義を消滅し、社会主義革命の決定的な勝利を取得しました。二度の革命を経て、私たちは、人が人を食う搾取制度を覆して起ち上がりました。……私たちは不断に人類の解放事業のために奮闘した共産党に感謝しなければなりません」と、中国共産党への敬意と信頼を明確に表明した。

　その翌日中国共産党八全大会の最終日、大会の政治報告に関する決議案は、「わが国のプロレタリア階級とブルジョア階級の間の矛盾は、すでに基本的に解決され、社会主義の社会制度が基本的に打ち建てられた」と述べ、採択された[61]。

四、アジア諸国を歴訪——平和友好外交を担って—— 291

「毛沢東は、1957 年の初め、宋慶齢も参加[62]した最高国家会議で人民内部の矛盾を正確に処理する問題についての報告を行ない、〝百家斉放、百家争鳴〟の方針を明らかにした。……1950 年から 65 年には毎年の国慶節に、宋慶齢は毛沢東ら指導者と共に天安門楼上に立ち、祝賀パレードを観閲した。……このような機会に、指導者たちはいつもより多くの時間をともに過ごし、非公式に意見を交換することができた」という[63]。また、彼女の秘書あるいは連絡役などを務めていた李雲の回想によると、周恩来が個人的に彼女を訪問して、重要事項について説明し、彼女もまたそれらを了解していたということである[64]。

毛沢東は、中共中央政治局拡大会議における講演「十大関係論」[65]や最高国務会議[66]の中で、共産党と民主諸党派との長期共存、相互監督を強調し、文化、学術面では前述のように、〝百家斉放、百家争鳴〟を提唱した。宋慶齢は、この方針には喜んだ。しかし、翌 57 年にかけて、百家争鳴によって党内外に異論が噴出すると、右派分子の攻撃に反撃せよと、毛沢東は党内に反右派闘争の指示を出した。この成り行きには、宋慶齢は不安を表明したという。……要するに、彼女は、1956 年までに実施された中国の経済と社会を社会主義の軌道に乗せるための政策——耕す者に田畑を与え、中国の最も基本的な社会問題を解決すること、過去における人民に対する圧迫者を取り締まること、中国に対する隣接地域からの侵略者を排除すること等々——に完全に賛同した。しかし、その後に起こった老革命家や旧盟友を無差別に攻撃する極左運動は、彼女にとって心配の種だった[67]。ただ、ほぼ同時期における大躍進運動〔集団力で工業の急速な発展を目指す政策〕と人民公社による農業の集団化と共産主義化を促す政策には、当初、宋慶齢は大いに鼓舞された。このことは、彼女自身が北京の住居の裏庭に小さな溶鉱炉を作り、屑鉄を溶かす作業を試みたことからも窺える[68]。

宋慶齢は、人民大衆と彼らの未来である子どもたちの当然与えられるべき権利と配慮されるべき福利のため闘い、多くの同志とともに革命の成功を喜び、建国に尽力することになった。有力な指導者たちの多くが、「何のための革命

292　第九章　中華人民共和国建国に参加

だったか」を常に思い起すことができていたら、宋慶齢はじめ革命に関わった
人々は、この建国をどんなに誇らしく思い続けることができたことか。ところ
が、嘗て偉大で、賢明だった指導者が、掌握した権力に溺れ、それが誰に託さ
れたものか、何のための権力かが解らなくなる時、人民大衆は、彼と、あるい
は彼らとどのように向き合えばいいのか……、困惑することになる。「人民大
衆に依拠する」ことを大事にしてきた宋慶齢もまた、同様の思いを度々経験す
ることになる。

五、中国共産党と宋慶齢──希望と困惑──

嵐は突然やってきたのではない。

宋慶齢にとって、中華人民共和国樹立による社会主義国家のスタートは、人
民大衆に安らぎと豊かさをもたらすものであり、人民大衆に依拠する理想的な
未来を切り開くものであり、国際社会において世界平和の推進者となる条件を
備えたことであった。当初のほぼ 6 年間は、彼女はこのような高揚感に包まれ、
国家指導者の一人として、上海に中国福利会の新規展開を抱えながら、体調不
良の時も耐えて努力し続けてきた。

1957 年 2 月、最高国務会議で毛沢東が「人民内部の矛盾を正しく処理する問
題について」の講話を行ない、次いで、知識分子の改造の必要性を説き、併せ
て「百家斉放、百家争鳴」政策の徹底を呼びかけた。異議異論の許容、開放に
見えて、実は、それらの排除を目指すものであった。6 月には、『人民日報』が
社説で反右派闘争を呼びかけ、さらに翌月、毛沢東が反右派闘争を政治戦線と
思想戦線における社会主義革命と規定した [69]。他方、前年の 7 月、李冨春国務
院副総理兼国家計画委員会主任は、第一次五ヶ年計画に関する報告で、農業・
手工業に対する社会主義改造、資本主義工商業の社会主義改造の構想を明らか
にしていた [70]。

こうした中、香港の雑誌『争鳴』の羅冰記者の伝えるところによると、宋慶
齢は、全国人民代表大会常務委員会副委員長の立場で、李冨春の報告に先立つ

五、中国共産党と宋慶齢——希望と困惑—— 293

1955 年 11 月、毛沢東宛の書簡で「中共中央の資本主義工商業改造問題に関する決定」について、自らの見解を表明したと言われている。それは、「共産党は、嘗て工商業界に長期共存を許可し、工商業界の利益を保障しました。約束には責任を持って下さい。工商業資本家や実業家は、共産党に対してすでに懐疑と怖れをもっています」と訴えていた。これに対して、毛沢東は、「宋副委員長は資本家を代弁している」と書き添えて、政治局委員に回覧したとのことである ⁽⁷¹⁾。

また、反右派闘争についても、羅冰記者は、宋慶齢が 1957 年 11 月の中共中央宛の書簡で、「党中央は大鳴大放を号令しながら、他方どうして言論を抑えるのですか？　共産党は、国民党八百万の大軍を怖れず、米帝国主義を怖れなかったのに、どうして人民が共産党の指導を覆すかも知れないと心配するのですか？　人民政府、共産党は各界の人たちの批評を聴くべきです。批評する人たちの大多数は愛国的かつ愛党的です。……私にはこの運動が理解できません」と訴えたが、この書簡に対する回答はなかった、と伝えている ⁽⁷²⁾。

さらに、同記者の伝えるところによると、1958 年 8 月頃より、宋と毛・中共中央との間に深い溝ができ、彼女は病気を理由に人民代表大会常務委員の会議に参加しなくなったので、中共中央は劉少奇、周恩来、董必武を宋慶齢のもとに派遣し、彼女の同会議への出席を回復させたという。また、1959 年 4 月、第二期全国人民代表大会で宋慶齢は国家副主席に推挙されたが、彼女はこれを二度辞退した。この宋慶齢国家副主席案は、劉少奇、董必武、林伯渠、李冨春の提案によるもので、政治局での表決の時、参加者 21 名中、18 名が賛成し、3 名が反対した。反対者は、毛沢東、林彪、康生であったという。その時の毛沢東の発言は、「宋とは民主主義革命時期に道を同じくしたが、社会主義革命の時期には一緒ではない。我々の方針、路線に賛成しない。我々と彼女は階級が同じでない」⁽⁷³⁾ というものであった。

1990 年代末、私は、この記事の信憑性について、中共党史研究関係者に尋ねてみたところ、信憑性はない、とのことであった。しかし、最近では、この記事が依拠している史料は本物との見方が見聞され、研究者の文中でも引用され

294 第九章 中華人民共和国建国に参加

ている[74]。私も、いかにも宋慶齢らしい勇気ある発言であり、対応であると、納得させられている。

新中国建国後30年間余の宋慶齢の事蹟についての史料が入手困難なことについて、彼女の代表的な伝記 "WOMAN IN WORLD HISTORY, Soong Ching Ling (Mme.Sun Yatsen)" の著者I＝エプシュタインも、文中で、あるいは会話の中で度々その件に言及し、宋慶齢の伝記は書き直されねばならない、と話していた。『争鳴』の羅冰記者も「中共中央文献資料室、中共中央党史編纂委員会の話では、中共政権における宋慶齢の経歴、資料に関する整理作業は同時期の党と国家の物故指導者の中で最も困難で最も複雑な二件の内に数えられ、他の一件は毛沢東のものである」[75]と伝えている。総じて、こうした事情があったとすれば、表舞台での言動では察し難い葛藤が、彼女と中共中央または毛沢東周辺との間にあったのではないかと察せられる。

こうした宋慶齢に葛藤があったであろう時期に、彼女の入党希望があったと伝える証言がある。

当時、第一期全国人民代表大会（1954年9月–1959年4月）常務委員会委員長劉少奇と副委員長宋慶齢は、よく連絡を取り合い、やがて家族挙げて相知る付き合いとなった。劉少奇夫人王光美の回想は[76]

　　1957年4月、上海を訪問した時、少奇同志は彼女と丁度党が展開していた整風運動のことを話し始めました。彼が『孫中山先生は才華と意志の力に非常に富んだ方で、革命に献身すること幾十年一日の如くでしたが、成功しなかったのは、党が良くなかったからです』と話すと、慶齢同志はすぐに頷き、彼の見解に全面的に賛同しました。少奇同志はまた『我々の党はこの教訓を取り入れて、革命を指導し、成功しました。現在、我々は大衆に我々の整風に協力するよう、呼びかけています。目的は、我々の党をさらに良くすることです』と話しました。すると、慶齢同志は興奮して『党中央のこの方策はとてもいいです。私は、党が必ずだんだんと良くなっていくと信じます』と云い、しばらくしてから、改まった趣で丁寧に『私は

共産党に参加することを希望します』と申し出た。少奇同志は大変喜びましたが、慎重に応じました。『この件は大事なことです。私は党中央と毛主席に報告します』と。その後間もなく、また上海で少奇同志と周総理が慶齢同志をお訪ねしました。少奇同志は彼女に対して『党中央は、真剣に貴女の入党要求について討論いたしました。現在の情況から見ますと、貴女はしばらく党外に留まって下さる方が革命にとってはより大きな作用を得ることになります。貴女は入党なさらなくても、我々の党の一切の大事は我々がすべて随時貴女にお伝えします』と、丁寧に話しました。慶齢同志は頷き、理解を示しました。しかし、私は、彼女の気持ちがあまり平静でなく眼中に涙を浮かべていることに気付きました。

と伝えている。当時の宋慶齢と中国共産党との微妙な関わり方が窺える。

　この時期になぜ宋慶齢は入党を希望したのか？　基本的には、毛沢東の指導する中国共産党がなかったら、新中国の誕生はあり得なかったと確信し、中共に対する信頼には確かなものがあった。しかし、当時の宋慶齢の心情に複雑な何かを察してしまうのも避け難い。政権の中枢にあるようで、実は疎外されている。その地位に相応しい直接的かつ日常的な発言の場がない。とすれば、中共中央や指導者毛沢東に書簡をもって訴えるのも必然の成り行きであったかも知れない。嘗て、彼女は蔣介石や国民党政権に対しても勇気ある直言を度々行なったのは周知のことであるが、その時の彼女は名目上でも国民党員であり、その幹部であった。彼女の立ち位置に、もどかしさと孤独感が感じられる。

　1965 年 12 月 31 日、73 歳を目前にした宋慶齢は、『人民日報』に「解放十六年」と題して、長文の一編を発表した [77]。「16 年前毛沢東主席は、中華民族悠久の文化と打ち砕くことのできない力量を象徴する天安門上において宣布した。『中国人民は彼らを縛りつけていた鉄鎖を打ち砕き、起ち上がり、彼らの命運を自己の掌中のものにした』と。時間の経過に従い、この事件の意義が重大であることがだんだん明らかになってきている。……私たちが勝利を手にしたのは、まずは毛沢東主席のお陰であり、マルクス・レーニン主義の真理と中国革

296　第九章　中華人民共和国建国に参加

命の具体的実践を相結合させた中国共産党のお陰である」と前置きした後、宋慶齢は「この16年間にあって、私たち中国人民は、人民民主革命の勝利から社会主義革命の勝利に向かった。人民民主革命の中で私たちは、帝国主義、封建主義と官僚資本主義の統治を覆した。社会主義革命の中で私たちは、全民所有制を基礎とする社会主義経済を建立した。次いでまた、農業と私営工商業に対して社会主義改造を進めた。労働人民が政権を掌握した条件の下で、この改造が平和的方式で実現したのである。但し、これは先鋭的な階級闘争がなかったという意味ではない。ただ、資本主義的経済の根がすでに抜き去られることにより、わが国における資産階級の影響が目下主として政治と思想領域に限られることになったということである。これらの領域では、反復して進められる社会主義教育運動を通して、社会主義革命もまた決定的な勝利をもたらした」と説いた。また、彼女は、社会主義経済発展の実績を列挙していく中で農村の急激な変化について、「1958年に全国の農村に人民公社が成立した。これは一種高級農業生産合作社の基礎の上に発展したもので、新型の社会組織である。それは、工、農、商、学、兵の結合を実行し、すでに生産を組織し、また社員の生活を按排した。公社の行政管理機構と農村の基層政権は合して一つとなった。人民公社は社会主義集団所有制を実行するものとなった」と社会主義体制による面目一新の様相を語り、さらに「ある地域では科学的耕作方法を採用し、機械化と水利化と電気化も実現しつつある」とも述べた。彼女は、さらに共産党の総路線を踏まえた諸政策及び社会主義社会における二種類の矛盾〔人民と敵人との矛盾及び人民内部の矛盾〕に言及した後、新中国における民主と自由について論じることになる。

　しかし、それは、宋慶齢が建国前の旧体制に抗議した言論の主要テーマであった「人権を踏まえた〝民主〟と〝自由〟」ではなかった。彼女は毛沢東の言葉を介して説いた。「毛主席は、民主と集中の関係をこのように明らかにした。『この自由は指導された自由であり、この民主は集中指導下の民主であって、無政府状態ではない。無政府状態は、人民の利益と願望に符合しない』と説明した上で、『人民内部において、民主は集中に対して言い、自由は紀律に対して言

う。これらは全て統一体の二つの矛盾する側面であって、それらは矛盾するものでありながら、統一されているものである。我々は、片面的に一つの側面を強調し、別の一面を否定すべきではない。……この種の民主と集中の統一、自由と紀律の統一が我々の民主集中制である。この制度の下に人民は広汎な民主と自由を享受する。同時に社会主義の紀律を以て自己を制約する。これらの道理は広大な人民大衆が理解している』と精確に、明晰に説明している」と。

　自由は指導され、民主は集中され、最終的には特定の指導者の手に帰するというのだろうか。とすれば、頂点に立つ指導者は無謬の人で、且つ人々を幸福に導く人物でなくてはならない。また、人々の幸せは、よく言われるようにパンだけによるのではない。宋慶齢は、これら自由と民主の在り方をどのように受容したのであろうか。

　この文章の「社会主義社会における矛盾への対応、権力と人民、民主と自由への言及」は、まるで宋慶齢自身が自問自答して己を納得させているかのように聞こえる。

　また、宋慶齢が国内外向けに発表する文章は、当然のことながら、少なからず中国共産党、中央政府の意志と意図を投影するものであった。いま尚、彼女の存在は重く、ばらばらになりがちの人民の心情を引き寄せる作用をもち、統一戦線の要であり、強いて言えば、党外人民大衆向けの効果抜群のプロパガンダの役割を我知らず担っていた。この時のそれは、何かが始まる前触れであったかも知れない。

注
（１）前掲『宋慶齢年譜』上冊、pp.1009–1010
（２）同上、p.1013
（３）同上、pp.1015–1016
（４）同上、p.1023
（５）「致毛沢東、劉少奇、朱徳、周恩来　1949 年 2 月 20 日」、前掲『宋慶齢選集』
　　　上巻、p.458

（6）「致阿莉　1949 年 2 月 24 日」、『宋慶齢書信集』下、人民出版社、1997 年 11 月、pp.66–68

（7）「致羅斯福夫人　1949 年 2 月 24 日」、前掲『宋慶齢書信集』下、p.69

（8）前掲『宋慶齢年譜』上冊、p.1037–1055

（9）同上、pp.1056–1057

（10）「宋美齢、宋子良致宋慶齢　1949 年 5 月 19 日」、『宋慶齢来往書信集』、上海宋慶齢故居紀念館編訳、上海人民出版社、1994 年 10 月、p.199

（11）寿韶峰編著『宋美齢全記録　1897–2003』下、華文出版社、pp.851–857 ／安藤正士・岡部達味編著『原典中国現代史』、岩波書店、1996 年 7 月

（12）E ＝スノー著、松岡洋子訳『目覚めへの旅』、紀伊国屋書店、1963 年 9 月、p.85

（13）前掲『宋慶齢年譜』上冊、p.1063

（14）「三十　解放前夕」、『史良自述』、中国文史出版社、1987 年 3 月、pp.72–73

（15）前掲『宋慶齢年譜』上冊、pp.1064–1065

（16）同上、p.1065

（17）「毛沢東致宋慶齢　1949 年 6 月 19 日」、前掲『宋慶齢来往書信選集』、p.203

（18）「周恩来致宋慶齢　1949 年 6 月 21 日」、前掲『宋慶齢来往書信選集』、p.206

（19）廖夢醒「我認識的宋慶齢同志」、『宋慶齢記念集』、人民出版社、1982 年、pp.139–140

（20）鄧穎超「向宋慶齢同志致崇高的敬礼！」、前掲『宋慶齢紀念集』、p.60

（21）「向中国共産党致敬——慶祝中国共産党成立 28 周年　1949 年 7 月 1 日」、前掲『宋慶齢選集』上巻、pp.461–462

（22）前掲『宋慶齢年譜』上冊、p.1072

（23）同上、p.1080

（24）中国福利会研究室「滙合在人民革命闘争的洪流中——中国福利会 50 年」、『中国福利会五十年　1938–1988』、中国福利会、p.26

（25）前掲『宋慶齢年譜』上冊、p.1083

（26）「在中国人民政治協商会議第一届全体会議上的講話　1949 年 9 月」、前掲『宋慶齢選集』上巻、pp.468–471

（27）同上

（28）前掲『宋慶齢年譜』下冊、p.1119

（29）同上、p.1093 脚注

（30）「在中蘇友好協会総会成立大会上的開幕詞　1949 年 10 月 6 日」、前掲『宋慶齢選集』上巻、p.472

（31）前掲『宋慶齢年譜』下冊、pp.1139–1140

（32）張磊主編『宋慶齢辞典』、広東人民出版社、1996 年 10 月、p.558

（33）前掲『宋慶齢年譜』下冊、p.1243

（34）「写給〝松川事件〟無辜被告的信　1951 年 11 月 9 日」、『宋慶齢選集』中華書局印行、香港、1967 年 3 月、p.296

（35）前掲『宋慶齢年譜』下冊、pp.1320–1321

（36）「致周恩来　1950 年 6 月 17 日」、『宋慶齢書信集』下、人民出版社、1997 年 11 月、pp.304–305

（37）「致顧錦心　1950 年 6 月 20 日」、前掲『宋慶齢書信集』下、pp.306–307

（38）前掲『宋慶齢年譜』下冊、p.1171

（39）同上、pp.1171–1172

（40）前掲『中国福利会五十年　1938–1988』、pp.54–55

（41）同上、p.55

（42）「『児童時代』創刊題詞　1950 年 5 月 1 日」、前掲『宋慶齢選集』、p.518

（43）愛潑斯坦「為了国際友誼和了解」、前掲『中国福利会五十年』、pp.98–112

（44）「福利事業与世界和平　1951 年 10 月」、前掲『宋慶齢選集』上巻、pp.673–676

（45）前掲『宋慶齢年譜』下冊、pp.1262–1263

（46）同上、p.1265

（47）前掲『原典中国現代史』、pp.248–250

（48）同上、p.254

（49）前掲『宋慶齢年譜』下冊、p.1238

（50）「動員起来！　為亜洲、太平洋区域与全世界的和平而闘争！──亜洲及太平洋区域和平会議開幕詞　1952 年 10 月 2 日」、前掲『宋慶齢選集』上巻、pp.717–726

（51）前掲『宋慶齢年譜』下冊、pp.1288–1289

（52）DVD『ドキュメンタリー　宋慶齢―激動の中国を生きた女性』、中国宋慶齢基金会、1993 年

（53）「人民能够扭転局勢──世界人民和平大会上的発言　1952 年 12 月 13 日」、前掲『宋慶齢選集』上巻、pp.727–735

（54）同上

(55) 「保衛児童　1952 年 4 月 14 日」、前掲『宋慶齢選集』上冊、pp.688–695

(56) 前掲『宋慶齢年譜』上冊、p.1303

(57) 同上、p.1304

(58) 「悼偉大的斯大林同志　1953 年 3 月 9 日」、『宋慶齢選集』、中華書局、香港、1967 年 3 月、pp.322–325 ／前掲人民出版社 1992 年版『宋慶齢選集』には、登載されていない。

(59) 「在中国共産党第八次全国代表大会上的致詞　1956 年 9 月 26 日」、前掲『宋慶齢選集』下巻、pp.235–237

(60) 前掲『宋慶齢年譜』下冊、p.1465

(61) 安藤正士・岡部達美編著『原典中国現代史』、岩波書店、1996 年 7 月、p.270

(62) 前掲『宋慶齢―中国の良心・その全生涯―』下、p.219

(63) 前掲『宋慶齢―中国の良心・その全生涯―』下、p.219

(64) 同上、pp.221–222

(65) 1956 年 4 月 25 日、前掲『原典中国現代史』、p.268

(66) 1956 年 5 月 2 日、同上、p.268

(67) 前掲『宋慶齢―中国の良心・その全生涯―』下、p.221

(68) 北京の宋慶齢故居に当時の写真が保存されている。

(69) 前掲『原典中国現代史』、pp.272–274

(70) 同上、p.266

(71) 久保田博子「宋慶齢と毛沢東」、中国女性史研究会編『論集　中国女性史』、吉川弘文館、1999 年 10 月、pp.205–224 ／羅冰「宋慶齢和毛的恩恩怨怨」、『争鳴』1995 年 1 月号

(72) 同上

(73) 同上

(74) 例えば、李鋭序・胡甫臣著『毛沢東怎様操作政治運動』、新東方出版（香港）有限公司、2009 年 5 月、p36

(75) 注 67 参照

(76) 王光美「永恒的紀念」、『回憶宋慶齢』、上海市孫中山宋慶齢文物管理委員会・上海宋慶齢研究会編、中国出版集団　東方出版中心、2013 年 1 月、pp.119–126

(77) 前掲『宋慶齢選集』下巻、pp.461–479

301

第十章　晩年の宋慶齢

一、文化大革命と孫文生誕百周年

　1966年、宋慶齢が肉親と決別して選択した社会主義中国は、建国以来最大の激動あるいは混乱とも言える時期に突入した。革命の深化を求める変革の風波に見えて、実は、故なく数知れない人々を戸惑わせ、傷つけ、生産と建設を滞らせた一種の疾風怒濤であった。当然、権力闘争も内包していた。宋慶齢が政治的選択の原則とした〝人民に依拠し、人民に服務する〟スタンス、普遍的な人間愛を踏まえた、あるべき社会の追求からは測り難かった。孫文に出会って以来数十年に亘る経験と苦闘を重ねた宋慶齢にはかなりの許容力と認識力が備わっていたが、このたび見聞する過激な情況には戸惑いを隠せず、理解が難しかった [1]。

　宋慶齢は73歳になっていた。1959年4月から劉少奇国家主席のもとに董必武とともに国家副主席の地位にあった。建国の指導者毛沢東は宋と同年齢で、建国当初は中央人民政府主席に就任し、まもなく国家主席となり、この時期には、それを退き、中国唯一の指導政党である中国共産党の主席に留まり、副主席に劉少奇、周恩来、朱徳、陳雲、林彪を配していた。やがて、劉少奇が失脚し、林彪が単独でその地位を占め、毛沢東が皇帝の如く聳え立ち、赤い表紙の『毛沢東語録』を掲げ歓声を挙げる紅衛兵らに囲まれることになる。

　国家副主席としての宋慶齢の公的日常は、国家の重要会議、行事への参加と海外からの賓客を国家主席に代わって接待することが主たるもので、傍ら主として上海で展開する中国福利会の事業を指導していた。私的には、公私に亘る知人、友人らとの文通、国内外からの来客への対応などの交流、それも相手

の社会的立場、私生活にまで思いやり、手を差し伸べることも多いそれであった。彼女は、いつも公私の別なく、真剣かつ誠実に、さりげなく気配りを行き届かせた。必ずしもそのためとは言い切れないが、彼女は疲れ果てることもしばしばで、その挙句、眼疾、皮膚炎、風邪ひき、腰痛、骨折等々を患うことが多かった。宋慶齢は体調を崩すと、北京の気候は自分には適さないと感じ、上海で休養したいと願い、少なくとも毎年一回は上海に戻っていたが、この1966年と67年には上海に戻っていない[2]。

　宋慶齢の警衛秘書杜述周の記録によると、1969年1月13日、蕁麻疹が再発して、侍医に「ここ（北京）の水は私には合いませんし、気候なども病を騒がせるようですから、2、3ヶ月上海に帰りたい」と訴えたという。その後も彼女の体調は優れず、2月になっても変わらず、3月下旬には、日頃から往来の多い鄧穎超が見舞いに訪ねたいと連絡してきたが、「休息したいから、来ないで」と断り、「貴女こそ休息するように」と伝える有様だった。5月中旬にはまた、上海に帰るために周恩来に手紙を書き、杜述周に届けさせている。

　プロレタリア文化大革命の兆しは、1965年の後半にすでに見られた。同年11月、姚文元が上海の『文滙報』に「新編歴史劇『海瑞の免官』を評す」を発表した。『海瑞の免官』は、当時の北京市副市長・清華大学教授（明代史研究者）呉晗が1961年に発表した京劇の戯曲である。明朝の巡撫海瑞が地方官僚の冤罪による土地の没収から民衆を救い、没収した土地を民衆に返したため、悪徳官僚の逆恨みをかい官職を罷免されたという筋書きである。姚文元は、この冤罪取り消し、土地の返還を問題視し、プロレタリア独裁と土地の集団化に反対するものとし、そうした展開の中で毛沢東の大躍進政策に反対した彭徳懐を称賛した作品であると、北京市副市長の呉晗を非難し、毛沢東の思想と指導における絶対性、無謬性を強調した。また、林彪が毛沢東思想の「活学活用」を強調した「政治突出の五原則」を提唱し、これに反対した羅瑞卿を批判、失脚させた。翌66年になると、この勢いはさらに強まり、4月には、『人民日報』社説

に「政治突出は一切の工作の根本である」を掲げた。次いで、4月10日、中共中央は林彪が江青に召集を委託した「部隊文芸工作座談会」の紀要を批准したが、その中では「文学・芸術界では、建国以来毛沢東思想と対立する反党・反社会主義の黒い線が我々に独裁を行なってきた。この黒い線を徹底的に取り除かねばならない」と主張され、文化大革命の基調となった。次いで、『解放軍報』も「毛沢東思想の偉大な赤旗を高く掲げ社会主義の文化大革命に積極的に参加しよう」を社説に掲げた。また、5月に入ると、中共中央は、中央文化革命小組を設置し、文化領域におけるブルジョア反動路線を批判し、党、政、軍内のブルジョアジーの代表の一掃を宣言した。プロレタリア文化大革命の開始を告げるものだった[3]。

　こうした政治環境の中、宋慶齢にとって、1966年は孫文生誕100周年記念活動の準備で始まった。2月下旬、彼女はエピー（エプシュタイン）に手紙を書き、「どうか私の多忙に手を貸して下さい！　……私は、ただひたすら孫中山を記念する文章『孫中山──堅定不移、百折不撓的革命家』を書いていますが、貴方の大きな援助が必要だと痛感しています。……私は、草稿を早急に貴方にお届けいたします。何故なら、私はその文章を、記念出版として予定している『宋慶齢選集』に編入したいと思っているからです」と述べた後、彼女は「私は孫中山の幾度目かの声明を想い起すのですが、……彼が1924年9月、英文の『粤報』上に発表した最後の声明をどうしても引用したいのです。……彼は、その最後の記者会見で、『帝国主義は……我々が独立自由の道を進む上での主要な障害となるばかりでなく、我国の反革命の最強の要因である』と語っています。貴方にこのくだりを本文のどこに入れればいいか、考えて頂きたいのです。これは非常に大切な観点ですから」[4]と伝えている。これらの様子は、もっと私的な書簡の中でも窺える。

　宋慶齢は、エピーに手紙を書く一週間ほど前に黎照寰夫人ドロシー（蔡慕蓮）宛に書いている、「私は家（上海）に帰りたい。しかし、ここでは沢山の仕事があり、処理しなければなりませんので帰ることができません。私は孫博士に関

する一編の文章を準備しているところです。それは、100年後の人たちにまた
この文章を読んで頂きたいからです。そのため多くの文章を読み、思考を重ね
なければなりません」。また、黎博士がその100年記念準備会議に参加すること
を大変喜んでいる[5]。しかし、この後の書簡には重苦しさが影を落してくる。

　中共中央が毛沢東思想を高く掲げ、政治突出を強調し始めた頃、4月10日、
宋慶齢は黎照寰に宛てて書いた。「陳望道の孫中山批評に対する貴方の回答は
絶対に正しい。私たちクリスチャンスクールに通った者は誰でも早かれ遅かれ
洗礼を受けました。彼が満州×××（ロンドンの駐英清国大使館）に監禁された
時、彼が昔医学の指導を受けたジェームス＝カントリー博士の大変熱心な努力
によって解放され、カントリー夫妻の家庭で安全に保護されました。彼らは献身
的なクリスチャンで、彼に大きな影響を与え、また、彼には張り詰めた緊張と
ストレスがありました。彼が "Kidnapped in London" を書いた時は、彼の周囲の
人たちの話に合わせて、『神様が私の生命を救って下さった』と書いたのです。
こうした情況下のことを、彼がクリスチャンである証拠としているのです」と。
他にもいくつかの例を挙げて、孫文と彼女自身がクリスチャンでないことにつ
いて弁明した[6]。陳望道が孫文がクリスチャンであると言い、そのことについ
て批判し、難じたのだろうか？　いずれにしても、宋慶齢が孫文と自身のクリ
スチャン信仰について懸命に否定し、弁明しなければならなかった情況は異常
というほかない。人間の内面にまで踏み込んで弁明を自ずと迫る権力があった
とすれば、おぞましい限りである。陳望道はどういうつもりで孫文を批評した
のか？　彼は、浙江省出身で、孫宋結婚のあった1915年に日本に留学し、教育
者、言語学者、社会思想家として知られるが、特に、中国で最初に「共産党宣
言」を全訳出版したことで有名である。この彼も文革中に一時職を追われてい
る[7]。

　黎照寰は、広東の出身で、青年時代には孫文の身辺にあって活動していたが、
1930年から44年にかけて上海交通大学校長を務めていた。その間の1932年日
本軍が上海に進攻し、第一次上海事変が勃発したが、その抗戦の中で、彼は宋

一、文化大革命と孫文生誕百周年　305

慶齢らに交通大学の建物を国民傷兵病院の施設として提供した。そうした関係でも窺えるように黎照寰と宋慶齢とは、孫文在世中から親密な信頼関係にあり、長期に亘る激動の歳月であったが、宋慶齢の黎照寰・蔡慕蓮夫妻宛書簡が70余通残っている。しかし、彼自身について言えば、彼はこうした文通の2年後に文化大革命の迫害を受け、死去した。

　1966年8月1日、中国共産党は、実権派打倒を呼びかけ、劉少奇が指導者の序列の第2位から8位に降格し、代わって林彪が第2位で、ただ一人の副主席になった。その後すぐ、毛沢東は大字報に「司令部を砲撃しよう」を発表、劉少奇、鄧小平を批判した。他方、毛沢東は100万人集会で紅衛兵に接見、紅衛兵は力を得て「四旧（四つの古い悪：古い思想・文化・風俗・習慣）打破」を叫んで街頭に進出し、紅衛兵運動は各地に広がった。北京の宋慶齢の住居の周りでも紅衛兵の叫び声が聞こえ始めた。

　周恩来は、保護すべき幹部の氏名をリストにして危害の波及を防ごうとし、その第1位に宋慶齢を記し、毛沢東の承認を得た。それにもかかわらず、宋慶齢は非共産党員であるから国家の副主席を辞職するようにと要求する壁新聞が出現し、邸内に突入するとも脅迫され始めた。他方、孫文の銅像がたたき壊されるという事態も現れた。周恩来は北京の紅衛兵を厳しく戒め「宋慶齢女史は孫中山夫人である。孫中山の功績は毛主席が……肯定している。彼の功績は人民英雄記念碑に刻まれている。南京の学生たちが孫中山の銅像を取り壊すことを主張しているが、我々はそれに決して同意することはできない。毎年5月1日と10月1日に天安門の壇上の向い側に孫中山の肖像を置くのは、毛主席の決定によるものである。孫中山はブルジョア革命家であり、功績もあれば欠点もある。孫夫人は、我々と合作を始めて以後は蔣介石に決して頭を下げなかった。大革命の失敗後宋女史は外国に行ったが、そこで中国共産党地下党員の救援を引き受けた。抗日戦争期間、女史は我々と合作した。解放戦争の時期、女史の共感は我々の側にあった。女史と共産党との長期に亘る合作は、一貫して一体のごときものであった。我々は女史を尊重すべきである」[8]と説いた。

306　第十章　晩年の宋慶齢

　上海でも宋慶齢を痛めつける事態が起きていた。破壊された宋家の墓地の写真が送られてきた時、北京の彼女の周囲の人たちは、彼女が悲しみにくれて声を上げて泣くのを初めて聞いたという。万国公墓の宋家の墓地には、彼女の両親が埋葬されていたが、石碑が倒され、遺骸が掘り起こされていたという。

　万国公募はかつて富裕な中国人、外国人によって使用されていたので、紅衛兵たちに標的にされたのであろうか。彼女以外は蔣介石と結んだ宋家として敵視されたのだろうか。当初、石碑には、彼女を含め 8 人の宋家の家族の名が刻まれていた。廖夢醒が破壊された宋家の墓の写真を周恩来に見せると、彼は即刻上海の関係機関に墓地の修復を命じた⁽⁹⁾。

　1966 年 11 月 12 日午後、首都紀念孫中山生誕百周年万人集会が開催され、宋慶齢が「孫中山——堅定不移、百折不撓の革命家」と題する記念講演を行なった。彼女にとっては、時間を費やし、全身全霊をかけ準備した生涯最後の本格的講演となった。国家と党の指導者、周恩来、董必武、陶鋳、陳伯達、鄧小平、劉少奇、朱徳らが出席していた。この大会の準備委員長は劉少奇で、当初彼は中華人民共和国主席として党と国家において最高位に在った。しかし、この時の公式報道では、彼の順位は文化大革命中央指導部の陶鋳や陳伯達、さらに鄧小平よりも下位になっていた。劉少奇にとって序列の後退は、完全に失脚（1968年 10 月除名）させられ、やがて死（69 年 11 月病死）に至らしめられる前触れであった。

　この時、宋慶齢はすでに劉少奇に取りついている暗い影を察知していた。1 ヶ月余前の国慶節の際、天安門楼上で宋慶齢は、彼女の親しい仲間の一人、羅叔章に問いかけた。「紅衛兵のビラをお持ちでしたら、私に見せて下さい。……情勢を理解するために、それらを収集しています。私はとても憂鬱です。劉少奇はとても長い間党内で活躍してきましたのに、どうして裏切り者だとか、反党分子呼ばわりされるのか、……そうであれば、なぜこれまでに誰も疑わなかったのですか。私には解らないから、事情を知りたいのです」と。国家副主席宋慶齢が国家主席の身の上に何が起こっているのか知るために、街頭に撒かれた

一、文化大革命と孫文生誕百周年　307

チラシの情報に頼らねばならないという情況の中に彼女はいた [10]。

　劉少奇と宋慶齢は、第一期全国人民代表大会では常務委員会委員長と副委員長、第二期では国家主席と副主席であり、国際関係では中ソ友好協会の後任会長と前任会長あるいは副会長として重要な役割を分担し、長期に亘り緊密な連携を保ってきた。また、プライベートな面でも親密で、宋慶齢は劉夫人王光美とも親しく、彼らの子どもたちにも事あるごとにプレゼントを届けるなど優しい心遣いを惜しまなかった。これらの関係は、劉少奇・王光美夫妻の受難の期間も変わらなかった [11]。

＊私は、1995 年、Ｉ＝エプシュタインの "WOMAN IN WORLD HISTORY, SOONG CHING LING" の出版記念座談会が北京の宋慶齢同志故居で開催された時に、王光美女史と同席した。宋慶齢が劉・王夫妻の家族を守り、励ますためにどんなに尽力されたかについて、王女史が熱く語られたことを、その表情まで彷彿として未だに忘れ難い。

　宋慶齢は、満身の力を込め「孫中山——堅定不移、百折不撓的革命家」と題して語った。「孫中山生誕百周年を記念するこの時に、私は中国人民の偉大な息子の生涯と活動について感想の一端をお話したいと思います」と前置きして、孫文の生涯と革命活動の事蹟について段階を追って紹介した [12]。その中で、「彼は、帝国主義が資本を独占し、世界を支配し始める前に生まれました。その頃、国内では、封建王朝が太平天国の農民革命に震撼し、人民が資本主義国家と接触し始めました。彼が世を去る頃は、帝国主義の勢力は至る処に跋扈し、欧州列強が虎視眈々とわが領土の分割を企み、隣国日本の軍国主義もまた、我々の国家の生存を絶え間なく脅かしていました。国家は、軍閥によっていくつかに分割され、軍閥たちは各々直接あるいは間接的に帝国主義国家と相結び、彼らが割拠する地域では武器弾薬の輸入を独占していました。当時四分五裂の中国は帝国主義の恣意的な獲物となっていました」と、孫文が革命を志した時期の国家の有様と動態、中国を巡る欧州列強と隣国日本の動向及び国内の軍閥割拠とそれらの相関関係に言及した。その上で、孫文は「革命尚未だ成らず……」

308 第十章 晩年の宋慶齢

と遺嘱しで苦闘の生涯を終えたが、革命の偉大な継承者たちが、革命を新しい段階に導き、成功させたと説き、「今日、中国は実に偉大な歴史的意義を具有する変化を生み出しました！ 中国共産党と毛主席の指導のもとに中国人民は帝国主義侵略、封建的統治、官僚資本独占という三つの大山を退けました。中国人民は勝利の内に新民主主義革命を完成し、さらに社会主義革命と建設において光輝ある成就を取得しています」と述べ、革命の継承、発展、成就における連続性の中で孫文を先駆的挑戦者、設計者として位置づけた。それは、解放後の最初の、全国政治協商会議での講話において、革命の成就は、「孫文の理想が実現される保障を得た」と語った時の彼女の感慨に沿うものであった。

　また、宋慶齢は孫文の人物像について紹介した。「孫中山は遠大な見識をもち、鋭い先見性を備えた人でした。これにより、彼の一生は頑強な革命家の一生でした。……彼は革命の発展に従って、人民に対してより大きな信頼を置くようになりました。……彼は、中国人民が比較的短期間で日本や欧米資本主義国家を追い越すことができるものと堅く信じていたからです」。次いで、彼女は「革命家とは、全心全霊を以て人民の利益のために奮闘し、疲れ倦むことを知らず、未来に光明があるものと信じている人物です」と述べ、孫文とレーニンとの交流を引き合いに出した。そのあと、彼女は、孫文が中国の歴史を非常によく理解していたこと、また封建制度下の搾取する者と搾取される者との関係について明確な見解をもっていたことを実例を挙げて紹介した。その中の一つ、1923 年、孫文が広州で白雲山山麓の村に足を運んだ時のことについて「ボロをまとった農民たちが後からついて来ました。孫中山は彼らに向かって『私がつい先程見た麓の村は茅葺小屋でなく、泥壁の小屋の集落でした。あなた方の生活が貧苦にあることがよく解ります。これは、地権制度が良くないからです。耕す人が毎年多額の地代を支払わねばならないからです。この問題を、私は必ず解決します』と言いました」と紹介した。

　彼女は孫文の私生活がいかに簡素そのものであったかについても言及し、そのことは、孫文の偉大さを示す一面であると指摘した。「彼は一軒の私邸をも自ら入手したことはありませんでした」と述べ、「上海で彼がまず住んだのは、

一、文化大革命と孫文生誕百周年　309

環龍路63号で、借家でした。その後、現在中山故居となっているモリエール路29号に移りましたが、この小宅は、華僑の国民党員が彼に贈ったものです」と紹介したが、確かに、その規模の小さいことと簡素な佇まいは、参観者が「なぜ、共和国建国の先駆者の故居がこのように小さく、簡素なのか」[13]と訝しがるほどである。私宅をもたず、私財を蓄えず、質素な生活をよしとしていたという点では、宋慶齢自身も同様であった。そのことは、彼女の身辺で仕えていた人たちも語り伝えている[14]。

　孫文の生活は質素だったが、彼の知識と精神は豊富であったと彼女は語った。「孫中山の畢生の好学精神については、彼を知る人は皆、称賛し、尊敬の念を惜しまなかったものです。1913年から16年にかけて彼は東京に滞在していました。老同盟会員の一人は回想して『彼の住居は、四面の壁が図書で埋まり、美しい詩文が目を奪います。十三経、二十四史、中国・外国の政治経済の書籍、各種の地図、あるべきものはすべて揃っているといった有様でした。彼は常に読書し、手から書物を離さず、徹底的に読み込み、体得していたのです。』と伝えていますが、私自身の記憶でも、彼は暇さえあれば、書斎の床に大きな地図を広げ、手に色鉛筆と消しゴムをもって、鉄道、河川、海港等の標識を書き込んでいました」。

　このあと、宋慶齢は、フィリピンの民族主義者マリアーノ＝ポンセの言葉を用いて、「孫中山が大変早くから明確にアジア各国の革命問題を一体のものと見做してきた」ことに言及した。そのあと孫文の生い立ちを振り返りながら再度人間孫文の人となりを紹介することになった。「孫中山は貧農の家庭に生まれましたので、ご飯も十分食べられず、甘藷で飢えを凌いでいました。子ども時代には、地元の知識人が夕暮れ時になると、太平天国やその他の農民蜂起の故事について話すのを聴き入っていました。彼と下層の圧迫された人民の共同生活、彼が耳にした圧迫者からの解放を求める人民の闘いの物語は、彼の思想に拭い難い印象を刻みました。これら子ども時代の経歴が彼をして終生革命に献身させることに決定的な影響を与えたことは、それ以後の彼の事蹟が証明しています」。孫文の生い立ち、一途な経歴を語ることは、ブルジョア的価値排斥を

310　第十章　晩年の宋慶齢

掲げる文化大革命が進行し始めた現実の中では、孫文評価に関わる、意味のあることであった。勿論、それは真実を物語るものであった。

　文化大革命の期間、宋慶齢は毛沢東の支持を得た周恩来により保護されていたにもかかわらず、その前半の 5 年間はほとんど公衆の面前に姿を現さず、声も聞かれなかった。「私はこの数年間の大部分、宋慶齢と連絡を取ることができなかった。はっきり言うと、私は監獄の独房に入れられていたからである」とエピーは彼の著書 (15) の中で回想しているが、同時に彼は宋慶齢自身の回想「1966 年、動乱の十年が始まった時、上海における私たちの中国福利会の事業は事実上停頓状態になりました。『児童時代』の出版もできませんでした。私は、中国福利会所属の保健院、児童劇院やその他の施設から報告を受けなくなりました。それらの幹部たちは、次第に強まる圧迫と攻撃のもとにありました。私は当時上海市副市長の地位にあった金仲華に助けを求めました。彼はいつものように誠実に各施設を訪ね、活動を続けるようにと励ましてくれました」(16) の一文も併せて引用し、この間の彼女の動向を伝えている。

　この宋慶齢の言辞は、金仲華を追悼する彼女の文章 (17) に見られるものである。金仲華は著名な進歩的ジャーナリストとして知られていた。彼は 1930 年代の救国運動以来の宋慶齢の仲間であり、香港の保衛中国同盟、その後の上海における中国福利基金会、さらに中国福利会において彼女とともに活動した。『中国建設』創刊の時、彼女は彼を編集長に任命した。ところが、文革前に大上海の副市長に就いていた金仲華は、毛沢東夫人江青の仲間が発足させた上海市の新政府によって残酷な迫害を受け続け、1968 年、自殺した。

　孫文・宋慶齢研究の重鎮、尚明軒氏は、著書 (18) の中で文化大革命中の宋慶齢について「艱難辛苦を余儀なくされ、日毎困惑を増すばかりだった。ますます戸惑い、失望し、憤り、最後に沈黙を選んだ」と記している。このような中で宋慶齢は、傷つき、あるいは迫害を受けた多くの友人知人に心を寄せ、黙々とできる限りの救援の手を差し伸べ、励まし続けた。その中に、劉少奇・王光

二、宋慶齢、晩年の日々　311

美夫妻とその子女も含まれていた。勿論、中国福利会の事業を担う人々や彼女の身辺で服務する人たちの安全を確保するための配慮も怠らなかった。

こうした中、1971年9月、毛沢東主席によって後継者に指名され、序列第2位に登用された林彪の毛沢東謀殺を含むクーデター未遂事件が発覚した。林彪はソ連への逃亡を企てたが、途上搭乗機がモンゴル領内に墜落、死亡した。この事件は、文革の空気を大きく変える契機になった。

二、宋慶齢、晩年の日々

彼女の沈黙が破られたのは、翌1972年の米国大統領ニクソン来華の前夜であった。彼女はすでに79歳になっていたが、「新たな時代の始まり」と題する文章を報道紙上に発表した。「中国及びアジアの新たな時代がニクソンを北京に向かわせようとしている」という内容のものであった[19]。彼女は関節炎と蕁麻疹のためニクソン一行の公式レセプションには参加しなかった。それで、海外の友人たちはテレビ画面上で彼女に会えなくて残念だったと手紙で伝えてきた。また、宋慶齢は、海外の人たちが彼女の考え方が根本的に変わったと憶測していると察し、「そうです。彼らはそこにカール＝マルクスを見つければいいのです」と、皮肉った[20]。この1972年以降、米国人が中国を訪れるようになり、彼女を訪ねる人も次第に増え、賑やかさを取り戻し始めた。

ところが、同年、彼女が長年に亘り交流を深め、苦闘をも分かち合ってきた、執友たちが去り始めたのである。2月、エドガー＝スノーがすい臓がんのためスイスで死去した。彼女は深い悲しみの中で夜を徹してロイス未亡人宛に弔電の文案を綴った。「彼は抗日戦の間国内のファシズム的反動と日本の軍事侵略に抵抗する私たちの戦いを堅固に支えて下さいました。私たちの強い友情は中米両国人民の正義の事業を相互に支持することにも象徴されました。貴女とあなた方の子どもたちが、彼があなた方に託した事業——中米両国人民間の相互理

312 第十章 晩年の宋慶齢

解と友好を増進させること——を継続して完成されることと確信します。エドガー゠スノーについての記憶が中国人民の心の中に永遠に新鮮に生き続けることを心に留められて、慰めとなさって下さい。 宋慶齢」[21]。

スノーは、1936年、主として宋慶齢の紹介と援助により、中国共産党の新根拠地延安に入り、洞窟の中で当時43歳の毛沢東や朱徳らを取材して『中国の赤い星』を著述し、世界に初めて〝紅色中華〟を本格的に紹介し、注目を集めた。彼は、その後、保衛中国同盟の彼女の活動を助け、中国工業合作社の設立にも積極的に関わり、また、米国における反共マッカーシー旋風の中でも中米間の大きな溝に橋を架けようとした。

スノーの他界後まもなく、やはり米国人の執友、グレース゠グラニッチが自動車の衝突事故のためカリフォルニアで他界した。宋慶齢とグレースは日常的に文通していた。つい10日ほど前にも彼女はグレースに手紙を書き、ジュネーブにおけるスノー追悼行事等に言及し、彼の終末医療について「私たちが送った医師とスノー自身の医師が合作して大変良かったです。これにより、その後、彼は激しい苦痛に襲われることなく、眠ったまま平静に死去しました」[22]と伝えたばかりであった。

国内では、同年9月1日、宋慶齢にとって極めて大きな別離が訪れた。孫文や在日中国人留学生から「おばさん」と呼ばれ、彼女にとって東京時代からの大先輩であり、時には保護者でもあり、孫文の臨終に遺嘱を共有した、国民党長老の一人、画家何香凝（廖仲愷夫人）が95歳で世を去った。息子の廖承志、娘の廖夢醒を含め、廖仲愷・何香凝の家族と孫宋夫妻は、互いに一つの家族をなしているような一体感を帯びていた。彼女たち二人は、革命活動、婦人運動、国民党左派の活動、さらに抗日救国運動を長期に亘り担い合い、人民共和国政府にもともに参加した。

9月5日、宋慶齢は人民大会堂で開催された何香凝の追悼大会に臨み、追悼の言葉を述べ、彼女の革命に捧げた生涯を高く評価した。その後、宋慶齢は、『CHINA RECONSTRUCT』（『中国建設』英文版）に一文[23]を寄せ、重ねて彼女

二、宋慶齢、晩年の日々　313

の生涯を追憶した。彼女は文中で「何香凝は、廖仲愷と香港で結婚後、夫が日本留学を決意していることを知りました。しかし、お金がありません。彼女は裕福な家庭の出身で持参の物品も大変多かったので、まず、首飾りを売り払うことに決めました。廖仲愷が日本に着いて2ヶ月後彼女もまた東京に着きました。そこで学校に入り、日本語を学習し、絵画を学びました。まさにそこで、彼女の革命者たちとの接触が始まり、彼らが彼女を孫中山に引き合わせたのです。……孫中山は、中国留学生と東京で革命活動を進め、会議はみな秘密裏に行なわれました。それで、中国駐日本公使と日本政府は常に進歩的な学生に注意し、彼らの集会を許しませんでした。孫中山は完全に廖仲愷夫妻を信任し、会議はみな彼らの家で開くことに決めました。……そのような時に彼女は秋瑾と出会いました……」と、日本滞在を巡る何香凝の動向を紹介している。

　また、この文章の中でも、宋慶齢は、何香凝・廖仲愷夫妻とともに在った頃の孫文の革命の苦難の道程を綴った。これは、宋慶齢晩年の心の在り処の一隅を物語っているかのようでもある。

　さらに、宋慶齢は何香凝の政治的スタンスについて「何香凝は孫中山の三民主義即ち民族、民権、民生の各主義をまっすぐに忠実に擁護しました。重点は、民生にありました」と指摘したが、これは、まさに宋と何の二人が共有する処であった。また「1911年の国民党の勝利は、二千余年の封建帝政の弔鐘を打ちならし、現代中国の開始を告げました。何香凝はこの勝利を勝ち取る闘いに参加していたのです」。ここには同時に、中国現代史上において孫文らが果たした役割をはっきりと位置づけたいという思いが感じられる。

　彼女は続ける。「1925年8月20日、彼ら（廖何夫妻）は国民党本部に行き、重要な会議に参加しました。その途上、妻の前を歩いていた廖仲愷同志が銃撃に遭い他界したのです。……このような暴虐により三大政策（連ソ・連共・扶助農工）が破壊されようとしたのです」。

　中国共産党との合作を主とする三大政策は、宋慶齢の政治あるいは社会活動の基本スタンスであった所謂統一戦線の基軸であった。彼女は、このスタンス

314 第十章 晩年の宋慶齢

を何香凝はじめ民主諸党派の多くの仲間と共有し、要に位置することにより新
中国の政治的統一と建設に大きく寄与した。

　宋慶齢は、何香凝について、さらに言及している。「彼女の身体は丈夫ではな
く、反動派に息子（廖承志）が逮捕された時など、すっかり憂鬱になってしまい
ました。日本軍が香港を占領したあと、孫たちを連れ、一家で広西省桂林に避
難しましたが、そこでも彼女は、人民に働きかけ、啓発し『孫中山の〝平均地
権〟の原則は必ず実現させ、封建主義の土台を削り除かねばならない』と訴え
ていました。また、孫中山の〝節制資本〟は資本主義への道を避けることにな
り、孫中山が列強について言いたかったのは、帝国主義侵略者に反対しなけれ
ばならないということであると彼女は説いていました」と述べているが、これ
らは、やはり、宋慶齢自身が指摘し、訴えたいことでもあったのではなかろう
か。宋慶齢の文章は、何香凝の生涯がいかに豊かで、人民に益するものであっ
たかを繰り返し述べて終わっている。

　宋慶齢と何香凝が、そこで出会い、革命の同志となった日本、しかし、飽く
なき侵略を恣にし、救国の抗戦を強いた末敗れた日本が重い扉を押して、和解
を求めて訪れようとしたのもこの時期であった。ニクソン米国大統領の訪中に
触発されたかのように……。1972年7月、日本に田中角栄内閣が成立すると、
田中首相は、日中国交正常化を強く望み、急いだ。それを周恩来首相が受けと
め、毛沢東主席の決断のもとに、様々な齟齬を乗り越えて事態は急速に展開し
た。9月25日、田中首相が来華し、周首相と会談の上、日中国交正常化で合意
した。そのあと田中は毛沢東主席とも会見した。その後、日本の政財界ほか各
界の人士が多く来華するようになり、孫文ゆかりの知人友人や友好人士が宋慶
齢を訪ねるようにもなった。しかし、彼女の側からするともっと早くから〝抗
日〟の壁は取り除かれていた。
　例えば、1949年10月の人民中国成立に際し、日本の作家宮本百合子が宋慶
齢に送ったお祝いのメッセージ[24]に対する返信の中で、彼女は「私は、『婦人

二、宋慶齢、晩年の日々　315

民主新聞』の水沢耶奈さんを通して送って下さった[25]お便りを拝読いたしました。貴女の私たちの人民政府成立に対する感激と私たちに与えて下さった種々の激励に対して心から感謝いたしております。私は、辛亥革命の頃、お国の進歩的な方々が私たちに多大な支援をして下さり、私たちがついに清朝帝国を打倒することができたことを思い起こしております」[26]と述べている。また、新中国建国当初の国際戦略に関わるものであったかも知れないが、前述したように宋慶齢は中国人民救済総会主席として、1951年には松川事件で冤罪を被った人たちに救援の手を差し伸べ、1953年には九州地方における大風水害被災者に当時としては多額の支援金を寄せるなど積極的な対日姿勢を見せた。

　1972年9月1日に、大先輩何香凝を失った宋慶齢は、その1ヶ月余後、解放後最初の上海市長で、彼女の事業にも協力を惜しまなかった陳毅元帥の追悼会に出ることになった。陳毅はすでに9ヶ月前に他界していた。彼は、剛勇の軍人であり、また才気あふれる詩人であった。中国紅軍の時期には指揮官として、抗日戦争の時期には新四軍の軍長として、解放戦争時期には第三野戦軍司令官として活躍し、上海市長を務めた後は、中央政府の外交部長・副総理に就任した。文革が始まってからは、四人組の目の敵にされ、彼が病気で重体に陥った時も適切な治療を受けることができなかった。ところが、毛沢東は、この追悼式に自ら出席した[27]。

　1976年は大変な年になった。現代中国にとっても、宋慶齢にとっても……。巨星が相継いで墜ちたのである。それは、歴史的に一つの大きな画期を成した。1月に周恩来総理、7月に朱徳総司令、9月に毛沢東主席が世を去った。蔣介石総統も、すでに前年4月台湾で死去していた。宋慶齢は83歳になっていた。

　1月8日中共中央副主席、国務院総理、全国人民政治協商会議主席周恩来が長期の闘病の末、北京で死去した。翌々日、宋慶齢は朱徳、葉剣英、鄧小平らと北京医院に赴き、遺体に告別し、鄧穎超夫人を抱いて慰め、悲しみをともに

316 第十章　晩年の宋慶齢

した。宋は周恩来葬儀委員会委員を務めた。15 日、彼女は病を抱えたまま、人民大会堂での周恩来追悼会に参加したが、彼女の悲しみの深さはたとえようもない有様であった。

　翌年、宋慶齢は、周恩来を追憶する一文を『中国建設』1977 年第四期号に寄せた。「一年前、我々の周恩来総理は世を去られました。この巨大な損失は、全中国を熱涙の中に深く沈めました。弔辞は世界四面八方から粉雪の舞い寄せるように飛来し、中国人民の哀しい思いと相重なり一体となりました。……ある国々の政府は、彼は当代の傑出した政治家であると称えました。非常に多くの第三世界の国家は、特に熱い思いをもって彼をわが戦友と称し、彼らが自力で闘いを進め、経済を発展させることを、彼が如何に多方面に亘りどんなに励まし、支持してきたかを想い起こしました。国家は独立しなければならず、民族は解放されねばならず、人民は革命されなければなりません。これは我々の時代が拒むことのできない潮流です。この潮流の高まる処ではみな彼のことを艱難をともにした戦友として想い起します」「彼は 1919 年に愛国、反帝、反封建の五四運動に参加し、政治活動に従事し始め、速やかにマルクス主義を接受しました。彼は国外の中国人留学生と労働者の中でマルクス主義を宣伝し、1922 年に中国共産党に参加しました。……1924 年から 1927 年の第一次国内革命戦争の時期には、中国共産党と孫中山が指導した国民党が革命的合作を実行しました。この時周総理は帰国していました。彼は黄埔軍校の政治部主任に任じ、溌剌とした気鋭の軍隊の創建に関わり、帝国主義の支持を受けた封建的、反動的な北洋軍閥に打撃を与えました。20 年代中期に広州で初めて周恩来に会いました」と両者の出会いに触れた後、「党、軍隊と統一戦線は中国革命勝利の三大関鍵です。周恩来総理は、この三つの方面において不滅の貢献をしました」と最大限の評価を表し、彼の革命と建設における奮闘と功績を紹介した後、彼の日常の作風に言及した。「周恩来の個人生活と作風は、彼の政治活動におけると同様、真正の共産主義者でありました。彼の生活は簡素で、作風は平易で衆人に馴染みやすく、永遠に労働人民と一体をなしていました。紅軍時代は勿論、60 年代初期経済困難な日々においても、その他いかなる時期においても彼の食事

二、宋慶齢、晩年の日々　317

は非常に簡素でした。一般の人たちが食する物を彼は食し、彼の衣服には破れ
を繕ったあとがありました。仕事の時には、彼はよく最下級の人たちも含む同
志たちと一緒に食堂で食事をしましたし、運転手と食事をともにすることもあ
りました」と人間周恩来の飾らぬ姿を紹介した。それらの一つ一つは、彼女自
身の日常の姿に通ずるものでもあった。彼女がいかに周恩来を敬愛し、信頼し
ていたかが滲み出ている追憶である。

　周恩来が他界した半年後の 7 月 6 日、三巨星の中で最年長だった朱徳が死去
した。彼は辛亥革命の闘いの中では青年将校として、1924 年から 27 年の大革
命期には国民革命軍の将軍として戦った。その後、中国紅軍を創建し、内戦の
時期には総司令官だった。さらに 1937 年から 45 年にかけての日中戦争時期に
は中国共産党指導下の軍を率いる総司令官だった。また、1949 年の勝利に至る
解放戦争では、人民解放軍の総司令官を務めた。建国後は、中国防衛に関わる
最高責任者であるばかりでなく、中華人民共和国副主席、全国人民代表大会常
務委員会委員長を歴任し、当時彼は中共中央政治局常務委員でもあった。彼の
人柄は、素朴で、温かく、親しみやすかった。文化大革命の中では公然と対応
したが、封建軍閥などと罵倒され、晩年は苦痛の中で過ごした。
　宋慶齢は、葬儀委員会委員を務めることになり、上海より専用機で北京に赴
き、北京飯店に滞在し、人民大会堂で開催された朱徳追悼会に参加した。1 週
間足らずの北京飯店滞在中、彼女は鄧穎超、廖承志夫妻、史良らの陣中見舞い
を受け、悲しみを分かち合いながらも心温まる時間を過ごした。彼女は上海に
戻ってからすぐ廖夢醒に宛てた手紙の中で「私たちの敬愛する指導者朱徳同志
の悲痛な葬礼に参加して帰って来ました。彼は私の知る限りでは、最もシャイ
な方でした。朱徳同志は中国のために実に多くの仕事をしましたのに、かくの
如くお粗末とも言える扱いです。彼は誰からも愛されてきました。私たちが最
も敬愛した総理が世を去られて間もない時に私たちは又とても辛い打撃を受け
ています。実に受け入れ難いことです」[28] と、朱徳を見送った後の重苦しい心
境を書き綴った。文革のとげとげしさは、かなり和らいでいたが、建国の大事

318 第十章 晩年の宋慶齢

業を担い続けた同志を見送る場としては、とても物足りない、侘しいものと、彼女には感じられた。

　人の世の激動に呼応するかのように大地も鳴動した。唐山大地震が発生したのは、この7月下旬であった。多くの人々が死傷し、周辺は瓦礫に埋もれた。宋慶齢はまず、上海から北京の公邸の服務員とその家族の安否や生活のことを気遣い、様々な手配をした。廖夢醒、ルイ＝アレー、馬海徳、また周恩来夫人鄧頴超、蔡暢、朱徳夫人康克清、羅叔章、その他友人たちのことも気遣った。彼女は、体が病んで痛みもあったが、即刻北京に戻らねばならないと思った。二度目の大地震が起こるまで上海を離れなくていいと秘書を通じて連絡があったが、「貧苦にある民衆が救助を必要としている時に、老人になった私には何も為す術がない」と彼女の気持ちは騒ぎ、落ち込んだ[29]。

　同年9月9日、三つ目の中国革命の巨星が墜ちた。中共中央主席、中共中央軍事委員会主席、全国政治協商会議名誉主席、初代中華人民共和国主席毛沢東が北京で死去した。宋慶齢は、毛沢東葬儀委員会委員に就き、翌日午後、空路、上海より北京に赴き、その翌日、中国共産党と国家の指導者とともに人民大会堂に毛沢東を弔慰し、守霊に参加した。翌日、再び、人民大会堂に赴き、毛の遺体に告別した。その後、幾日かに亘り多数の人々が隊伍をなして毛沢東の遺体を拝し、告別した。これらの儀式が一通り終わると、再度党と国家の指導者が一緒に毛沢東の遺体に弔慰、守霊の儀式を行なった。一週間の儀式の後、天安門広場で毛沢東追悼大会が挙行され、華国鋒が弔辞を読み、参加した民衆は百万を数えた。宋慶齢は警衛秘書と介護人に付き添われ、多病の身でありながら、辛うじて、これら儀式への参加を全うした[30]。

　翌々年、彼女は毛沢東を追憶して書いた[31]。「国共談判の時期、私は重慶で初めて彼と会いました。彼は一党の領袖であるばかりでなく、全国人民の教師であり、彼の思想は鋭敏、識見は遠大、人を敬服させるところがありました。私がインドネシアを訪問した年のことですが、毛主席は私を招宴して下さり、

語り合いましたが、それで親しさを増しました。その時、彼は、近隣諸国との友好、覇権に反対することなどについて意見を述べました。私が上海で毛主席の訪問に与るなど毛主席と幾度かお会いしましたが、非常に深い印象を刻みました。想い起こしますと、彼は見識が遠大で、世に二人とない領袖であり、教師でした」と高く評価し、最後に、毛、周、朱の三人を「毛主席は偉大な事業の水先案内人であり、朱総司令と周総理は偉大な事業の力強い助手でした」と、中華人民共和国建国に至る革命事業の中に位置づけた。

三、夕映えを背に未来を見据えて

　毛主席他界後、中共中央は時を措かず文化大革命収束に動いた。10月6日、華国鋒、葉剣英らが王洪文、江青、張春橋、姚文元ら四人組を逮捕した。四人組は毛沢東の威光を利用して、文化革命を恣にし、10年間の混乱と惨劇の元凶になっていた。このニュースは、宋慶齢は勿論、彼女の事業の同労者、協力者、友人たちの心身を解放した。北京では、華国鋒が党主席、党軍事委員会主席に就任し、他方四人組逮捕を祝い、百万祝賀デモが行なわれたという[32]。中華人民共和国は、苦い体験を糧に初心に返り、再スタートを試みた。

　この年、宋慶齢はすでに83歳になっていた。文革中の彼女は体調がすぐれなかった。73年頃の友人宛の手紙の中では、「私の両腕はまだ使えません。……筋肉委縮です……私は自力で浴室まで歩けるようになりたいと思います。……医者は私に背中の痛みの治療にスチール製のコルセットを付けさせたいようです」と伝えているが、この頃の彼女については、気管支炎での発熱、関節炎、転倒による打撲傷、さらに神経性皮膚炎など、満身創痍に耐えている姿を思い浮かべてしまう。それでも、「私は年老いることを気にしていません。私は頭を若く健全に保つように努力しています。と言いますのは、"老齢"にもかかわらず、人民のために価値ある貢献をしている高齢者がたくさんおられるからです。……私は医師の治療を受け、よくなったら、すぐに仕事に復帰します」と

320　第十章　晩年の宋慶齢

書いた [33]。

　文化大革命——林彪・四人組時代の終焉は、宋慶齢にも心機一転、大きな活力をもたらした。そのことは、特に彼女が長い歳月をかけて培ってきた、人とその社会を育み、より豊かにしていく民生の基礎的な事業——中国福利会活動を再興し、さらに新たに未来への道を切り開くための指示とメッセージを立て続けに発信したことにも表れている。

　まず、1978年1月、宋慶齢は『中国婦女』雑誌復刊を祝って、同誌に一文を寄せた。中華人民共和国建国以来、蔡暢、鄧穎超、康克清らの指導下で女性たちの政治的、社会的活動の指標になってきた同誌について、彼女は、「林彪、四人組によって邪魔され、破壊され、1967年に停刊になりました。……1976年1月に復刊を試みました。当時敬愛する周総理が不幸にも逝去され、『中国婦女』雑誌社編集部の同志は、極めて悲痛な心情を抱いていたので、特に周総理の遺像と鄧小平同志による弔辞を掲載して悲哀の情を表したところ、四人組によって強制的に削除されました。ところが、大衆の強烈な義憤を引き起こしたのです」と述べ、「今日、党中央は私たちを指導して四人組批判を深化させ、全国人民を率いて新しい長征を進め、本世紀内に四つの現代化を実現し、祖国を偉大な社会主義強国に建設しようとしています」とし、新しい長征の中で四つの現代化を実現させていくために、三つの革命途上すでに証明されている「天の半分を支える」作用を発揮するためにも、女性独自の刊行物を出し、宣伝、報道、共同学習の広場をもつことは意義があると締め括った [34]。

　宋慶齢にとって、「四つの現代化」は、中国の人民と国家社会の発展の方策として以前から考え続けてきたことであったが、いまや国家プログラムとして目前に掲げられ、大変うれしい思いがしたことだろう。「四つの現代化」は、中国の工業、農業、科学技術及び国防の現代化を指し、1960年代に周恩来総理により初めて提起されていたが、政治闘争の激化で実現せず、1970年代には重要な

三、夕映えを背に未来を見据えて　321

国策となり、1975 年にやっと全人代で提起、継承されることになり、2000 年に
目標達成の目途が置かれていた。宋慶齢について言えば、彼女はすでに青年時
代に、現代化は教育を通じてのみ実現できると考え、次いで「孫文との 10 年」
及びその後の独自の追求と闘いの中で、中国の現代化は民族及び社会革命が勝
利を収める時初めて実現することができるということを学んだ。それらは、欧
米の社会を模倣するのではなく、中国に適した、新しい、よりよい社会を創り
出すためのものであった⁽³⁵⁾。より多くの人々が伸びやかに、より豊かに生きる
ことができる国家、社会実現の条件を創り出すことを目指すものであった。こ
うしたことは当然、未来を担う子どもたちをどのように育てるかに関わり、そ
れはまた、天の半分を支える女たちが男たちと同様に人として自立して政治、
社会の発展に寄与して行くことに関わることであった。彼女は、未来を担う子
どもたちと天の半分を支える女性たちの将来に期待していた。

　『中国婦女』の復刊に続いて同年 4 月、『児童時代』が復刊した。彼女は同誌
復刊号に祝辞を寄せた⁽³⁶⁾。お祝を述べた後、「私はこの機会を借りて小さな読
者たちにお話をしたいと思います。『児童時代』は、1950 年に創刊しました。毛
主席の教育方針の下で少年児童の学習を導く、良いお友達になりました。あな
たがたのパパやママの中には当時の『児童時代』の小読者がおられます。その
方々はきっと覚えておられると思います。……その当時の『児童時代』が、沢
山の革命の道筋を理解し、沢山の文化、科学の知識を身に付けるのにどれほど
助けてくれたかを……しかし、林彪と〝四人組〟の破壊により、『児童時代』は
大変長い間出版することができませんでした」と、ここでも彼女は、林彪、〝四
人組〟が如何に文化、教育等々に危害を加えたかについて述べた。「党中央は、
全国の青少年に呼びかけています。発奮、努力して政治を学び、文化を学び、
科学を愛し、科学を重んじ、科学を活用する気風を打ちたてましょう。これは
革命が求めているものです。革命は科学技術の現代化に向かって進軍すること
を求めています。あなたがたが積極的に党中央の呼びかけに応えて先生の指導
のもと、文化、科学の知識をよく学び、遠大な理想を打ち建て、成長して社会

322　第十章　晩年の宋慶齢

主義の自覚をもった労働者になり、祖国の「四つの現代化」を実現するために……貢献して下さい。小さな読者のみなさんが〝しっかり学んで〟、〝日に日に向上〟しますように！」。宋慶齢は、中国の未来として終始心を寄せてきた子どもたちにも「四つの現代化」を託した。彼女は、最晩年、1978 年から 81 年の時期に、子どもについて 25 編の文章を残すことになる[37]。

　世界を見つめ、その動向の中に中国を位置づけ、また中国の動向を世界に発信してきた宋慶齢の公的な媒体は、この時期もまた、英語をはじめ多国語で発刊する雑誌、『中国建設』であった。1979 年 9 月、彼女は世界各地の読者に向け一文を寄せた[38]。「中華人民共和国成立 30 周年に際し、私は世界各地に散在される読者の皆様にお便りいたします。……中国人民が進める民族と社会の解放闘争は、世界の他の国家の闘争と不可分に交錯し一つになっています。米国とフランスの民主革命、ロシアの十月社会主義革命また被圧迫国の自由を勝ち取る闘争、これらの革命と闘争の思想のモデルは、すべて我々の前進を助けてくれました。我々の長期の闘争の実際の過程において、真正にこの種の思想のために鼓舞された多くの外国の友人たちは皆我々と肩を並べてともにありました」、「我々は現在、平等な立場で国際舞台に立っています。〝中国の自由平等を求める〟、これは孫中山が 1925 年の遺嘱の中で示した、彼が四十年来指導してきた中国民主革命の目標に対する総括です。中国共産党の指導下に在って、この目標は 1949 年に実現しました」。宋慶齢は、嘗て、孫文が世界を駆け巡って、中国の帝国主義列強の抑圧からの解放、独立を訴え、支援を求めた中国革命の初期の目標の一つがすでに達成されていることを改めて確認するように伝えた。彼女は、孫文の革命事業の継承者であり続けたことを自覚していた。中国共産党を受容し、合作し続けたのも、そのプロセスにおいて必然のことであった。彼女は、当代の課題に視点を移して続けた。「政治上中国と他国は平等になりましたが、経済、教育と科学の発展という方面では、我々はまだ先進国家と平等な地位を得ておりません。この格差を縮小するために、現在我々はまさに新たな長征を進めています。即ち、社会主義現代化です」。

これまで見てきたように、新中国建国以前、宋慶齢は常々世界各地の友人たちに手紙を書き、中国革命の情況を紹介し、彼らの中国革命に対する支持を求め、それらを得てきた。建国後まもなく、周恩来総理は、雑誌により国外に新中国の情況を報道してはどうかと宋慶齢に提案したところ、彼女は喜んでこの提案を受けとめ、自らこの雑誌に『中国建設』の名称を付した。この名称は、孫文が嘗て五四期に発刊した『建設』にも通じるものと命名の由来が語られている[39]。

『中国建設』は1952年に創刊し、最初は英文で刊行され、世界各国各地で読まれるようになった。宋慶齢には明確な編集方針があった。それは、まず、人民大衆の努力や業績を多く取上げること。人民は真正の英雄であると位置づけたのである。また、「実事求是」でなければならないと強調した。周恩来総理は、この雑誌に非常に大きな関心を寄せ、「社会主義建設にテーマの大枠を設定し、その活動を内容とし、積極的に、正確に宣伝するように」と指示したという[40]。宋慶齢は、『中国建設』刊行に力を注ぎ、自らも30篇以上の文章を寄せ、編集者にこまめに手紙を書き、評価し、不足を指摘し、補う労を惜しまなかった。このためか、雑誌の販路は急速に拡大し、「読者からの書信あれば必ず返信する」の原則も与って、世界中に拡大した読者との交流も進んだ。こうした中で、『中国建設』は、英文のほかに、フランス語、スペイン語、アラビア語、ポルトガル語、ドイツ語、中国語等の多数の言語で刊行されるようになった。まさに世界を見つめ、自国を想い、未来を考え続けた〝宋慶齢の世界″である。現在、『中国建設』は、『今日中国』と改称して、世界に発信している。

最後の一年

1980年、宋慶齢は87歳の新春を迎えた。元旦、彼女は政治協商会議全国委員会が催した茶話会に出席した。当時彼女は全人代常務委員会副委員長の地位にあった。茶話会には、鄧小平、鄧頴超及び民主諸党派の代表者や各界の名士ら300余人が集い、中国80年代の第一歩を祝った。

324 第十章 晩年の宋慶齢

　茶話会では、人民政治協商会議主席の鄧小平が「我々が当面している任務は、
〝四つの現代化〟建設の中で顕著な成果を上げることであり、台湾を祖国に復帰
させ祖国統一の大業を完成させることであり、これらの活動を終始重要な議事
日程に置くこと」と述べ、会場は大いに盛り上がった[41]。宋慶齢にとっても、
この時期における国家建設への最大の関心事は、〝四つの現代化〟の実現であっ
た。

　このような宋慶齢であったが、廖承志、葉剣英から「広東か海南で冬を過ご
されては、如何？」と思いやりのある招待を受けても、「背中が痛み、関節炎で
旅行はできません」と返さざるを得ないほど、身体のあちこちに故障を抱えた
ままの日常を過ごしていた。それでも彼女は機会を作っては、ルイ＝アレー、
馬海徳・蘇菲夫妻、エプシュタイン・チョルメリー夫妻、ハンス＝ミューラー・
中村京子夫妻等親しい友人たちを后海沿岸の公邸に招いて、ともに食し、歓談
した。

　宋慶齢の日本滞在時代から60有余年もの間、彼女の身内同然であった廖夢醒
との往来は、この時期になるとより一層日常的になり、私生活の一部分を成し
ていた。二人は、日本滞在体験や欧州滞在体験を共有し、廖夢醒が宋慶齢と周
恩来との連絡役を担っていたこともあって、統一戦線活動などでは彼女を通し
て周恩来との政治的連携も保持続けてきた。この1月、宋慶齢は、廖夢醒の日
本再訪を知って、彼女に書いた。「私は、貴女の日本再訪を聞いて、大変喜んで
います。貴女が昔の友人たちにお会いできるようにと願っています。私の大多
数の友人は皆世を去りました。私は日本に行って、私の友人たちが永遠に私か
ら遠ざかり旅だってしまった情景を見るに偲びません」。

　2月になって、宋慶齢は、彼女の日常生活を支える李燕娥と周和康に手紙を
書いた。「あなた方と家内の同志が〝先進グループ〟と評価された由で大変う
れしい。ほんとうにおめでとう！　これは春節のこの上ない喜びと言えましょ
う！」と伝え、上海の自邸に服務するスタッフにご馳走の食材を贈った。〝李

姐〃（李ねえさん／李燕娥）には特別な一品が添えられた⁽⁴²⁾。この時期、宋慶齢
は、彼女の付き人であり、管家（執事）でもある李燕娥を「李媽」とは呼ばず、
「李姐」とか「李同志」と敬称を付して呼んでいた。

　宋慶齢の身辺には、日夜側近で仕える女性の付き人、運転手、料理人、庭師、
文書担当秘書、警衛担当秘書、警衛員等 10 人のスタッフがいた。最長老格の李
燕娥は宋慶齢の寝室と壁一つ隔てた隣室で寝起きし、宋慶齢の私生活では執事
のような存在と言ってよかった。宋慶齢は李燕娥に満幅の信頼をもって姉妹の
ように接し、李燕娥は宋慶齢を庇うが如く、また虚心に仕えてきた。

　この二人は出会ってからすでに 50 有余年の歳月をともに過ごしていた。1927
年 7 月、宋慶齢は、蔣介石の反革命クーデターで崩壊を余儀なくされた武漢政
府から逃れて、密かに上海・モリエール路 29 番地に戻った。そこに、広東省出
身の譚婆さんに連れられて、いかにも田舎娘然とした李燕娥が訪れたという。
彼女は、孫文と同郷で、まだ 16 歳だった。9 歳の時に童養媳（トンヤンシー／
息子の嫁として買い取られた少女）として他家にやられたが、その相手が 1 年前
に病死したため、その責めを負わされて家を出されたということだった。これ
までは、この種の話に乗らなかった宋慶齢であったが、このたびはそれを受け
とめ、そばにおき、モスクワにも同行することにした。こうして、二人の半世
紀に亘る歴史が始まったのである⁽⁴³⁾。

　新中国成立以降、宋慶齢が国家の職責に当たり、北京の公邸（后海北沿 46 号）
で年間の多くの時日を過ごすようになってからは、李燕娥は主として上海の私
邸を守っていた。そんな時も二人は、不文律の約束事のように一週一度の文通
で意思疎通を図っていたと言われている。李燕娥の方は文字を綴るのは苦手で
あったが……⁽⁴⁴⁾。

　この時期、1980 年、李燕娥は主人の宋慶齢より 18 年も年少の 69 歳であった
が、何彼と体調を崩していた。3 月 27 日宋慶齢は人を上海に遣って、李燕娥を
手許に迎え、翌日彼女を北京医院に入院させた。1 ヶ月後、宋慶齢は親しい医
師、馬海德博士に手紙を書き、訴えた。「私の親愛なる執事（李燕娥）が恐るべ

き病気を患っています。私は取り乱しています。彼女が私に付いてくれて50余年になりますが、彼女は本当に忠誠を尽くしてくれて、最も信頼できる友人でした」と述べ、「私は、彼女がすぐにでも死んでしまうのではないかと怖いのです。……もうこれ以上書くことはできません！」と [45]。また、同日、解放戦争時期に宋慶齢の秘書を務め、中国福利基金会の事業も助けてくれたドイツ在住の親友王アンナにも書いた。「貴女は私の女性執事、李燕娥のことを覚えておられますか？　彼女は6ヶ月前に北京に来て子宮切除の手術をしました。ここで何ヶ月か休養して上海に帰りましたが、突然痛みが発症し、再度彼女を北京に来させ、著名な外科医の検査を受けさせたところ、癌細胞がすでに全身に拡散していることが分かったのです！　ここ数日、私の気持は大いに乱れ、何をしても心其処に非ずの有様です」、「李媽は忠誠心に燃え、私に対しては大変良くしてくれたのです。私たちは五十年以上一緒に暮らしました。これまで何の行き違いも生じませんでした。私は彼女がもうすぐこの世の人でなくなるのではないかと心配なのです！　でも、彼女は自身の病状を知りません」、「世界に彼女の生命を永らえさせる良薬があればと願うばかりです」 [46]。

　その翌日もエピーの問い合わせに応えながら、彼女はやはり李燕娥の重篤に対する嘆きを伝え、「彼女は私の助手であるばかりでなく私の身内以上です」と書いた [47]。

　それから9ヶ月後、翌1981年2月5日、李燕娥が北京病院で病没した。宋慶齢は三代目付き人の鐘興宝を通して警衛秘書杜述周に三つの方針を示した。一つは、李燕娥を火葬後、遺骨を上海の宋宅に持ち帰ること。李は八方山が好きではなかったからである。二つ目は、自分が上海に帰る時に李姐の骨壺を持っていく。三つ目は、李燕娥の遺骨は花園に埋葬するか、あるいは自分の母親の墓の傍らに埋葬する、というものであった。杜述周が宋慶齢の心情と指示に従って李燕娥の告別儀式を北京病院で行うなど諸々の処理を仕切った [48]。

＊私は30年ほど前に北京の宋慶齢故居で杜述周にお会いしたことがあるが、大らか
　さ、優しさ、誠実さを兼ね備えた所謂中国の〝大人（タイジン）〟を偲ばせる方だっ

た。晩年の宋慶齢女史がどんなに頼りにされていたかが初対面で分かった。

　その後、杜述周が李燕娥の遺骨を宋家の父母の墓所に埋葬してはどうかと問うてきた時、宋慶齢はそれに同意して、「私もまたそこに埋めてもらいたい。我が家にはそこに八つの墓穴がある」と応じた。宋家の墓は、父母と三兄弟・三姉妹、合わせて八人分の墓穴を備えていたということである[49]。
　李燕娥の遺骨の落ち着き先が定まってから、宋慶齢は度々彼女を見舞いに訪れる沈粹縝と李姐の骨壷を挟んで思い出を語り合い、またそれを抱き、愛撫し、彼女の死を悼んだ。沈粹縝は、革命・抗戦・解放期の中国を代表するジャーナリスト、鄒韜奮の夫人であり、中国福利会の当時の秘書長で、宋慶齢が満幅の信頼を寄せていた。

＊私は、1983 年 8 月、上海訪問の折に車椅子の沈粹縝にお目にかかることができた。同じ日に当時の中国福利会秘書長、陳維博にもお会いしたが、彼もまた宋主席の下で活躍された方だった。

　数ヶ月余、宋慶齢は、悲傷に耐え、自らの病魔とも闘いながら、公私に亘る数々の大事な仕事に惜しみなく力を尽くし、最後に精一杯の親愛の情と誠意を以て李姐の死を受け入れた。しかし、彼女が意図したように自ら李姐の骨壷を携えて上海に帰ることはできなかった。宋慶齢は、李姐の墓について、規模、形、配置まで沈粹縝と詳細に相談し、宋家の父母の墓碑の前に「私たちは軽輩だから」一段下げて、「李姐の遺骨は左辺に葬り、並行して右辺は私のものとします」と話して、この件の一切を彼女に託した[50]。宋慶齢は、宋家の父母の前で付き人の李姐と並んで永遠の眠りに就くことを選んだ。孫文の眠る紫金山ではなかった。

　李燕娥の埋葬に関わる問題を決めた頃から宋慶齢自身の疾病が深刻化した。3 月下旬に入ると公邸に医師団が組織され、医師・看護師の数も増え、医療設

328　第十章　晩年の宋慶齢

備等も運び込まれた。中共中央も重大な関心を以て彼女の病状を見守り、海外からの医師の招聘も決めた[51]。4月に入ると、李先念、胡耀邦、趙紫陽が公邸に訪れ、宋慶齢を見舞った。同月4日沈粋縝が上海より急ぎ戻り、万国公墓における故李燕娥埋葬儀式の写真を宋慶齢に見せると、彼女は大変喜び、上海の同志たちの手早い仕事を高く評価した。

　この間、中共中央は宋慶齢に対する待遇について、鄧小平等中央指導者が「宋慶齢と何香凝は、辛亥革命の二人の長老であり、国家元首の待遇を享受する」という指示を出した[52]。また、このことを、沈粋縝が医師団に伝達した。

　5月8日、宋慶齢は重症の病状ながらカナダのヴィクトリア大学の名誉法学博士授与に与るため、車椅子で人民大会堂に赴き、その儀式に臨んだ。当時多くの人は彼女が公邸で非公式に学位を受けるように勧めたが、宋慶齢は同大学学長はじめ関係者が遠路来て下さるという未曽有の計らいに失礼になると主張し、彼女が予定の場所に出向くことにしたのである。彼女は、車椅子から学位受理の講演をし、その中で、中国人民の闘争に対するカナダ人民の過去の援助と両国の新たな友好について語った。しかし、これが彼女の公衆の面前に姿を見せる最後の機会となり、一週間も経たない内に、彼女は高熱で衰弱し、ベッドから二度と離れられなくなった[53]。

　そんな中でも、宋慶齢は、カナダからの客人たちを接待した北京飯店に労をねぎらい、謝意を伝える書状を届け、5月12日夕には邸内で医師団、看護師等スタッフのために宴を設け謝意を伝え、事後付き人の鐘興宝の手を握って「これで安心しました」と一言もらしたと伝えられている[54]。

　5月15日早朝、宋慶齢危篤の知らせが党中央に伝えられると、要人の見舞いが相次いだが、劉少奇夫人王光美来訪の時は、宋慶齢の体温も下がり、言葉を交わすことができた。王光美が「毛主席、劉少奇と周総理は皆貴女に対して非常に高い評価をしていました。私は昨日胡耀邦総書記を訪ねましたが、彼もま

た同様でした。貴女が嘗て入党を希望なさったことを覚えていますが、現在は
どのように思っていらっしゃいますか？」と話すと、宋慶齢は肯定するように
頷いた。王光美が三度同じように繰り返した。すると宋慶齢も同じように頷い
た。周囲にいた人たちもそれぞれその様子を目と耳で受けとめた。王光美は即
刻事の次第を電話で胡耀邦に伝えると、彼は「私がこの件を処理します」と応
えたという[55]。

　同日午前、鄧頴超と彭真が党と政府を代表して宋慶齢を見舞い、彼らは彼女
に「中国共産党に入ることは貴女の長い間の宿願でした。党は貴女の入党請求
を考慮します」と伝えると、宋慶齢は喜んで「好（ハオ）、好」と弱々しいが
はっきりと応じた。その後、鄧小平が政治局緊急会議を開き、宋慶齢を正式に
中共党員とすることを決定、廖承志がそれを宋慶齢に伝えたところ、彼女は明
らかに感動して、頷いた[56]。

　この日、中共中央、全国人民代表大会及び国務院は、宋慶齢の病状公告を発
布した。「宋慶齢副委員長は、冠心病及び慢性リンパ性白血病を患い、多方面の
治療を受けたが、未だ好転せず……」と[57]。

　翌日、鄧小平が見舞いに訪れ、宋慶齢が中国共産党に加入し、彼女の宿願が
果たされたことを祝い、「貴女に不測のことがあっても、我々がよく按排します
から……」と伝えた。同日、第五期全国人民代表大会常務委員会の会議が開か
れ、中共中央政治局が「宋慶齢同志に中華人民共和国名誉主席の称号を授与す
ることに関する決定」を提案し、通過した。

　宋慶齢は危篤を繰り返しながらも耐えた。

　5月22日、子どもたちのために、「小さな苗木が健やかに育ちますように」と
題する文章を発表した[58]。

　　　かわいい子どもたち、わたしは、あなたがたのことを思うたびに、わた
　　しの目の前には、生き生きとした小さな苗木が一杯浮かび上がり、辺りを
　　埋め尽くします。あなたがたは、小さな苗木のように、柔らかい小枝、緑

330　第十章　晩年の宋慶齢

色の葉っぱが肥沃な土地にしっかりと根を張り、天気がよく暖かい陽光の下で成長します。あなたがたは静かに好奇心にあふれた目で観察します。この世界は何と新鮮で、何と趣があり、何とまばゆいばかりに鮮やかなのでしょう！　しかし、わたしは、あなたがたに注意しなければなりません。狂風暴雨、病虫害、環境汚染が小さな苗木の成長に危害を加えます。……

あなたがたは、思想的にも精神的にも十分準備しなければならないと、わたしは思います。四つの現代化を実現しましょう。それには物質的な力だけでなく、精神的な力も必要です。何が精神的な力でしょうか？　社会主義祖国を熱愛し、光栄ある革命の伝統を継承しなければなりません。即ち、共産主義の遠大な理想、高尚な思想品徳、人を助けることを喜びと為す精神と文明人としての礼儀正しい行為です。

ゆるぎない立ち位置から、その時々に応じて無数の発信を続けた宋慶齢が最後に書き綴った文章は、祖国と世界の未来を託する子どもたちに向けたものだった。

翌日、中国政府は、宋慶齢国家名誉主席の危篤の消息を中国駐米国大使館を通じて米国ニューヨーク在住の宋美齢に伝えたが、彼女は祖国に帰ることができなかった。しかし、孫文の孫、孫穂英、孫穂華、戴成功らはその前後に祖母・宋慶齢を見舞い、見守った。

1981年5月29日、宋慶齢は逝去した。享年88歳。

5月30日、宋慶齢治喪委員会は公告を出し、「孫中山先生夫人、中華人民共和国名誉主席宋慶齢同志は不幸にして五月二十九日二十時十八分、北京で逝去しました。本月三十一日から六月三日まで北京人民大会堂にて弔問を受け付け、ご遺体を拝して頂きます。六月三日に追悼大会を挙行し、六月四日に上海宋氏墓地に埋葬いたします」と発表した[59]。

宋慶齢は、父母の墓碑の前面、一段下がったところに、長年の付き人、李燕と並んで永遠の眠りについた。この情景と形は、彼女を生かしてきた思想とその人柄を彷彿とさせ、象徴している。

　青年時代から真実を見つめ、真理を追い求め続けた宋慶齢。彼女が探し当てた大きな一つ、それは〝人間愛こそ正義の源〟であったのではなかろうか。

注

（1）前掲『宋慶齢―中国の良心・その全生涯―』下、pp.291–301

（2）「孫中山宋慶齢在上海行止時間及史事年表」、『上海孫中山宋慶齢文物図案』付録二、『上海孫中山宋慶齢文物図案』編委会、世紀出版集団・上海辞書出版社、2005 年 7 月

（3）前掲『原典中国現代史』、p.308

（4）前掲『宋慶齢書信集』下冊、pp.649–650 ／前掲『宋慶齢年譜』下冊、p.1697

（5）「上海交通大学档案館蔵宋慶齢致黎照寰夫婦函」、『孫中山宋慶齢文献与研究』Ⅰ、上海市孫中山宋慶齢文物管理委員会編、上海書店出版社、2009 年 11 月、pp.125–276

（6）同上、pp.225–227、pp.265–266

（7）山田辰雄編『近代中国人名辞典』、財団法人霞山会、1995 年 9 月、pp.96–97

（8）前掲『宋慶齢―中国の良心・その全生涯―』下、pp.299–300

（9）同上、pp.300–301

（10）同上、pp.305–308 ／羅叔章「痛悼敬愛的宋慶齢名誉主席」、前掲『回憶宋慶齢』、p.79

（11）王光美「永恒的紀念」、『回憶宋慶齢』、上海孫中山宋慶齢文物管理委員会・上海宋慶齢研究会編、2012 年 10 月、pp.119–126

（12）「孫中山――堅定不移、百折不撓的革命家」、前掲『宋慶齢選集』下巻、pp.480–499

（13）2014 年 1 月の参観者ノートに中国人訪問者が記していた、という。

（14）湯雄著『宋慶齢与她的生活侍従』、群衆出版社、2010 年 1 月

（15）前掲『宋慶齢―中国の良心・その全生涯―』下、p.308

332　第十章　晩年の宋慶齢

(16)　同上、p.309

(17)　「懐念金仲華――『中国建設』的創始人之一　1981 年 1 月 7 日」、前掲『宋慶齢選集』下巻、pp.610–618

(18)　尚明軒・魏秀堂著『宋慶齢的後半生』、人民文学出版社、2009 年 12 月、北京、p.222

(19)　前掲『宋慶齢―中国の良心・その全生涯―』下、p.328

(20)　同上

(21)　「致斯諾夫人　1972 年 2 月 16 日」、前掲『宋慶齢書信集』下、p.673

(22)　「致格雷斯　1972 年 3 月 14 日」、前掲『宋慶齢書信集』下、pp.674–676

(23)　「何香凝――一位堅定的革命者（一九七二年）」、前掲『宋慶齢選集』下巻、pp.516–521

(24)　『婦人民主新聞』167 号、1950 年 2 月 3 日、第 1 面、婦人民主クラブ、東京／久保田博子「宋慶齢と日本」、『近きに在りて』第 23 号、1993 年 5 月、pp.24–25

(25)　「復水沢耶奈　1950 年 1 月 5 日」、前掲『宋慶齢書信集』下、p.246

(26)　同上／「致宮本百合子　1950 年 1 月 5 日」、前掲『宋慶齢書信集』下、pp.247–248

(27)　前掲『宋慶齢―中国の良心・その全生涯―』下、pp.332–333

(28)　「致廖夢醒　1976 年 7 月 18 日」、前掲『宋慶齢書信集』続編、p.532

(29)　前掲『宋慶齢年譜』下冊、p.1821

(30)　同上、p.1824

(31)　「追念毛主席　1978 年」、前掲『宋慶齢選集』下巻、p.541

(32)　前掲『原典中国現代史』、p.360

(33)　前掲『宋慶齢―中国の良心・その全生涯―』下、pp.350–351

(34)　「祝賀『中国婦女』雑誌復刊　1978 年 1 月」、前掲『宋慶齢選集』下巻、pp.542–543

(35)　前掲『宋慶齢―中国の良心・その全生涯―』下、pp.357–358

(36)　「祝賀『児童時代』復刊 1978 年 4 月 1 日」、前掲『宋慶齢選集』下巻、pp.544–545

(37)　前掲『宋慶齢―中国の良心・その全生涯―』下、p.358

(38)　「致『中国建設』読者　1979 年 9 月」、前掲『宋慶齢選集』下巻、pp.592–594

(39)　陳翰笙・季伯悌「『中国建設』雑誌的誕生」、中国福利会編『中国福利会五十年 1938–1988』、1988 年 5 月、上海、p.154

(40)　同上、pp.154–155

(41)　前掲『宋慶齢年譜』下冊、p.1936

（42）同上、p.1941

（43）湯雄著・小泉千鳥訳『宋慶齢と三人の御付』（原題『宋慶齢与她的三個女佣』）、朋友舎ユニオン、2008 年 12 月、pp.5–9 ／湯雄著『宋慶齢与她的生活侍従』、群衆出版社、北京、2010 年 1 月、参照

（44）前掲、湯雄著『宋慶齢与她的生活侍従』、pp.32–33

（45）「致馬海徳　1980 年 4 月 26 日」、前掲『宋慶齢書信集』下、p.888

（46）「致王安娜　1980 年 4 月 26 日」、前掲『宋慶齢書信集』続編、pp.652–653

（47）「致愛洘斯坦　1980 年 4 月 27 日」、前掲『宋慶齢書信集』下、p.889–890

（48）前掲『宋慶齢年譜』下冊、p.1987

（49）同上、p.1988 ／「致杜述周　1981 年 2 月 13 日」、前掲『宋慶齢書信集』下、pp.917–918

（50）同上、pp.1993–1994

（51）前掲『宋慶齢年譜』下冊、p.1994–1995

（52）同上、p.1998

（53）前掲『宋慶齢―中国の良心・その全生涯―』下、p.385

（54）前掲『宋慶齢年譜』下冊、p.2008

（55）王光美「永恒的紀念」、『宋慶齢紀念集』人民出版社、1982 年 3 月、pp.185–193 ／前掲『宋慶齢年譜』下冊、p.2010

（56）同上

（57）前掲『宋慶齢年譜』下冊、p.2011

（58）「願小樹苗健康成長　1981 年 5 月 21 日」、前掲『宋慶齢選集』下巻、pp.628–630

（59）前掲『宋慶齢年譜』下冊、p.2025

おわりに

　1981年5月29日、中国共産党中央・全国人民代表大会常務委員会及び国務院は宋慶齢国家名誉主席の国葬を決定し、翌30日北京天安門広場の国旗は半旗で掲揚され、彼女に対して国家として哀悼を表した。北京での丁重な儀式の後、彼女の遺灰は上海万国公墓の宋家の墓の一角に埋葬された。それは、中央に並列する父母〔宋嘉樹・倪珪貞〕の墓より一歩下がって右側に平行に位置し、左側の対照的な位置には服務員李燕娥の同形の墓碑が横たわっていた。

　李燕娥は、1927年の大革命挫折後、宋慶齢がモスクワに旅立つ直前に上海の彼女のもとに連れてこられ、以来50余年の間宋慶齢の私的な召使、後年は執事として彼女に仕え、宋慶齢は彼女に自ら読み書きを教えるなどしながら私生活の苦楽をともにした。晩年には、宋慶齢は彼女を「李媽」ではなく、「李大姐（李さん）」あるいは「李同志」と敬称をもって呼び、大切に遇した。李燕娥は、北京の病院で僅か3ヶ月と24日宋慶齢に先立ち、他界した。その時、すでに病床にあった宋慶齢は、李の遺骨を自分が上海に帰る時に携帯すると言い、埋葬場所の一つとして自身の母親の墓の傍らを指示していた。

　宋慶齢は、自身の死後の扱いについても、はっきりと意思表示をしていた。1980年11月、彼女は中共中央宛の書簡の中で国家に関わる意見を述べている。その第三項で「どうか私と国父〔孫文〕を一緒に扱わないで下さい。私は彼と並ぶほどのものではありません。」と述べている。彼女は孫文の妻として南京紫金山の孫中山陵に葬られることを暗に辞退したのである。彼女は、沈粋縝秘書を通して宋家の墓の図面を取り寄せ、自身の「終の住処」を準備していた。宋慶齢没後、彼女がナゼ紫金山に埋葬されなかったかを巡り、あらぬ噂が流布し、彼女の真実が汚されるかと思われた時には実に悔しい思いをしたが、宋慶齢の人柄を忍ばせる最後のエピソードである。

おわりに　335

　いま、宋慶齢さんのことを語り終えたのかと問われると、とても「はい」とは応えられない。1983 年以来、日本と中国の宋慶齢基金会に関わり、傍ら宋慶齢の事蹟を追ってきたが、まだこの程度にしか語り得ないのが残念であると言うべきであろう。しかし、宋慶齢の生涯と事蹟の一端を通して、彼女の生きた時代の世界、中国と日本、それらの相互の姿を相照らす視座の一角を提供できれば幸いと思う。常に世界を視野に、平和を希求し、未来のあるべき姿を探し、見通し、希望を託し、それ故に多分に楽観的に歩み続けた宋慶齢。権力を恐れず、権力に執着することなく、ただひたすら人民大衆の福利と未来を担う子どもたちの育成に心を砕き続けた女性、宋慶齢に惜しみない敬意を表したい。

　この著述の準備を始めた頃、日本宋慶齢研究会がスタートした。研究会は、盛永華主編『宋慶齢年譜』を主とし、尚明軒主編『宋慶齢年譜長編』を傍らに熱心に進められ、併せて同時期の個別研究の発表の場ともなっている。私も大いに励まされ、多大な教示を受けてきた。同研究会において宋慶齢研究が一層進展することを期待している。

　本著は、一般教養書として、より多くの皆様にお読み頂くことを目指しているが、執筆に当たっては、多分に研究者の手法を以て臨み、また宋慶齢自身の言論を重視し、彼女の論述をできるだけ多く翻訳紹介した。また、時代背景等に言及する場合は、久保田文次氏（日本女子大学名誉教授）に意見を求め、その教示に与った。口絵写真については、中国宋慶齢基金会のご厚意に与り提供して頂いた。出版に当たっては、汲古書院前社長故坂本健彦氏が 20 年前の拙訳著『宋慶齢―中国の良心・その全生涯―』に関心をお寄せ下さっていたことを三井久人社長からお聞きし、ご厚意に甘えて世に出して頂くことになった。実際的には、ベテラン編集者の大江英夫氏のご指導により体裁を整えて頂いた。汲古書院の皆様のお力添えに感謝申し上げたい。

　先学及び読者の皆様のご教示に与ることができれば幸いである。

2015 年 12 月　　久保田博子

宋慶齢関係略年譜

□ 1861 年　宋嘉樹（宋耀如）、広東省瓊州文昌県（海南島）に出生

□ 1866 年　孫文（孫逸仙／孫中山）、広東省香山県に出生

■ 1868 年　日本、明治維新／東京遷都

■ 1883 年　清仏戦争始まる

□ 1886 年　宋嘉樹、基督教副伝道師として派遣され米国より上海に帰国

□ 1887 年　宋嘉樹、倪珪貞と上海にて結婚：宋家の誕生

□ 1889 年　宋藹齢、上海にて出生

□ 1892 年　孫文、宋嘉樹と出会う

□ 1893 年　宋慶齢、上海にて出生

■ 1894 年　日清戦争勃発（〜 '95 下関条約：台湾、日本領に）

□ 1897 年　宋美齢、上海にて出生

□ 1902 年　宋慶齢、マクタイア＝スクール（中西女塾）に入学

■ 1904 年　日露戦争勃発（〜 '05 ポーツマス条約：日本、満州租借地・満鉄経営権
　　　　　取得）

□ 1905 年　8 月 20 日　中国同盟会、東京にて正式成立：孫文、総理に就任

□ 1907 年　宋慶齢、宋美齢を同伴して渡米留学／秋瑾、『中国女報』創刊

■ 1908 年　清朝光緒帝、西太后相次いで死去。宣統帝即位

■ 1910 年　日本、朝鮮を併合

□ 1911 年　10 月　武昌蜂起成功：辛亥革命

□ 1912 年　1 月　中華民国成立：孫文、臨時大総統に就任

□ 1912 年　2 月　清朝宣統帝退位：専制王朝の終焉

□ 1912 年　3 月 10 日　袁世凱、北京で臨時大総統に就任／孫文、臨時大総統
　　　　　の名義で『中華民国臨時約法』を公布／4 月孫文、臨時大総統職を正
　　　　　式に辞任

宋慶齢関係略年譜　337

□ 1913 年　7 月　第二革命……失敗／8 月孫文、宋嘉樹ら日本に亡命／宋慶齢
　　　　帰国途上横浜に……家族と合流、孫文と再会
■ 1914 年　7 月　第一次世界大戦勃発（～ 18）
□ 1914 年　7 月 8 日　孫文、東京にて中華革命党成立大会開催：総理に就任
□ 1915 年　5 月　袁世凱政府、日本政府の 21 ヶ条要求を受諾
□ 1915 年　10 月 25 日　孫文・宋慶齢、東京にて結婚
□ 1916 年　5 月　孫文ら帰国（上海）／追って宋慶齢も帰国（上海）
■ 1917 年　ロシア 10 月革命：ソビエト連邦社会主義共和国成立
□ 1918 年　5 月　宋嘉樹死去
■ 1919 年　3 月　コミンテルン成立
□ 1919 年　5 月　五四運動／ 10 月中華革命党を改革改称、中国国民党とする
■ 1920 年　国際連盟発足
□ 1921 年　7 月 1 日　中国共産党、上海にて成立／孫文、広州を根拠地として
　　　　北伐準備。宋慶齢、何香凝とともに出征軍人慰労会を組織、会長に
□ 1922 年　陳炯明叛乱／宋慶齢、「広州脱険」を発表
□ 1924 年　1 月　中国国民党第一回全国代表大会：第一次国共合作成立
□ 1924 年　11 月　孫文、宋慶齢を同伴して北上、途上神戸にて「大アジア主
　　　　義」演説、宋慶齢も神戸高等女学校生に講話
　　　　12 月　孫文、天津にて発病、北京へ
□ 1925 年　3 月 12 日　孫文、死去／ 5 月 30 日「五三〇事件」発生
□ 1926 年　宋慶齢、国民党第二回全国代表大会に参加：中央執行委員に
　　　　7 月　北伐出師宣言
　　　　11 月　武漢遷都を決定　宋慶齢ら先遣隊として武漢へ
□ 1927 年　4 月　蔣介石ら反革命クーデター
　　　　7 月　武漢政府崩壊／ 8 月宋慶齢、モスクワへ
□ 1928 年　蔣介石、中国全土を統一／宋慶齢、ベルリンに居住／ 12 月宋慶齢、
　　　　国際反帝国主義同盟結成大会（ベルギー）に出席：名誉議長
□ 1929 年　5 月　宋慶齢、孫文の国葬に参加するため一時帰国

338　宋慶齢関係略年譜

☐ 1931 年　 8 月　宋慶齢、母倪珪貞の訃報に接し帰国／相次いでヌーラン夫妻
　　　救援要請の国際電報：救援活動開始

■ 1931 年　 9 月 18 日　満州事変（九一八）勃発

☐ 1931 年　11 月　蔣介石、鄧演達を殺害……「宋慶齢之宣言」

■ 1932 年　 1 月 28 日　第一次上海事変（一二八）勃発

☐ 1932 年　12 月　宋慶齢、蔡元培・楊杏仏らと中国民権保障同盟を組織

■ 1933 年　 1 月　ドイツでアドルフ＝ヒットラーが政権を掌握

☐ 1933 年　 6 月　民権保障同盟総幹事楊杏仏、凶弾に倒れる

☐ 1933 年　 9 月 30 日　第二回世界反戦大会、上海で開催：宋慶齢、議長に

☐ 1934 年　10 月　中共中央・紅軍、長征を開始（35 年 10 月陝北に到達）

☐ 1936 年　 6 月　全国各界救国連合会、上海で成立／10 月魯迅死去／11 月七
　　　君子事件／12 月西安事件

■ 1937 年　 7 月 7 日　盧溝橋事件勃発：日中全面戦争へ／11 月宋慶齢、香港
　　　へ。上海陥落／国民政府、重慶遷都／12 月日本軍、南京侵攻、大虐殺

☐ 1938 年　香港に保衛中国同盟成立／工業合作運動始まる

■ 1939 年　 9 月　ドイツ、ポーランドに侵攻：第二次世界大戦突入

■ 1941 年　12 月 8 日　日本、真珠湾奇襲攻撃：日米開戦

☐ 1941 年　12 月 10 日　宋慶齢、重慶へ

■ 1945 年　 8 月　米軍、日本広島・長崎に原子爆弾投下／日本、連合国に無条
　　　件降伏／日中戦争終結（中国の抗日戦勝利）：第二次世界大戦おわる

☐ 1945 年　12 月　中国福利基金会発足

☐ 1946 年　 6 月　国共の対立深刻、内戦へ：東北・華北で人民解放軍勝利

☐ 1949 年　 1 月 1 日　蔣介石、声明を発表：体制維持を条件に和平会談を提案
　　　　　　1 月 14 日　毛沢東、声明を発表：八項目の和平会談の条件を提示
　　　　　　1 月 21 日　蔣介石、"引退"を宣布：副総統李宗仁が総統職代行に

☐ 1949 年　 1 月 30 日　人民解放軍、北平に無血入城／4 月 23 日人民解放軍、
　　　首都南京を攻略：本土における国民党統治崩壊／5 月 27 日人民解放
　　　軍、上海解放

宋慶齢関係略年譜　339

□ 1949 年　8 月 26 日　宋慶齢、再三の招請に応え、北平（北京）へ

□ 1949 年　9 月　中国人民協商会議第一回全体会議開催：中央人民政府主席毛沢東、同副主席朱徳・劉少奇・宋慶齢・李済深・張瀾・高崗

□ 1949 年　10 月 1 日　中華人民共和国中央人民政府成立

□ 1950 年　4 月　中国人民救済総会成立：宋慶齢、執行委員会主席／ 7 月中国福利基金会を改組、改名して中国福利会とする

■ 1950 年　6 月　朝鮮戦争勃発

■ 1951 年　9 月　サンフランシスコ平和条約：中国不参加

■ 1952 年　10 月　アジア及び太平洋地域平和会議、北京で開催：宋慶齢議長

■ 1952 年　12 月　世界人民平和大会、ウィーンで開催

□ 1955 年　12 月　宋慶齢、インドを友好訪問

□ 1956 年　1、2 月　宋慶齢、ビルマとパキスタンを友好訪問

□ 1956 年　8 月　宋慶齢、インドネシアを友好訪問

■ 1957 年　11 月　毛沢東と共にモスクワ訪問：社会主義国家共産党と労働者党代表者会議及び 10 月革命 40 周年行事に参加

□ 1958 年　3 月　毛沢東、大躍進政策を提示

□ 1966 年　プロレタリア文化大革命始まる

■ 1972 年　2 月　ニクソン米大統領訪中／ 9 月田中角栄首相訪中：日中国交正常化

□ 1975 年　1 月　周恩来総理「四つの現代化」を提示／ 4 月蔣介石、台湾で死去

□ 1976 年　1 月　周恩来総理死去／ 7 月朱徳死去／ 9 月毛沢東死去／ 10 月四人組逮捕

□ 1977 年　8 月　文革の終結宣言

■ 1978 年　8 月　日中平和友好条約締結（北京）

□ 1981 年　5 月 15 日　宋慶齢、中国共産党に入党

　同月 16 日　宋慶齢、中華人民共和国名誉主席の称号を授与される

　同月 29 日　宋慶齢、北京公邸にて死去……国葬が決定される　享年 88 歳

宋慶齢関係系図

《宋氏(韓氏)》

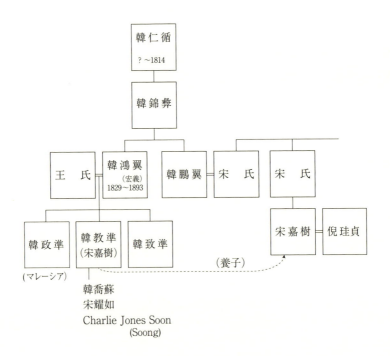

※陳漱渝著『韓家故里——赴宋慶齢祖籍考察記実』参照

《倪　家》

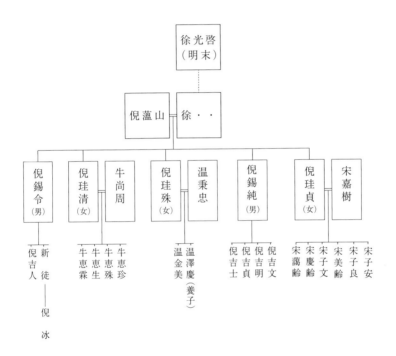

※陳漱渝氏提供

《孫家》

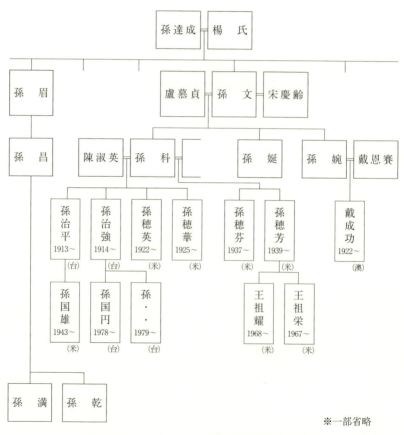

※一部省略

『孫中山的親属与后裔』
中国翠亭孫中山故居紀念館編　参照

宋慶齢関係系図　343

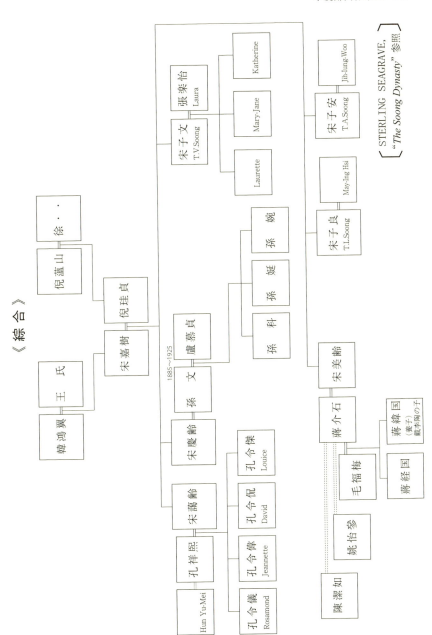

著者略歴

久保田博子（くぼた　ひろこ）

1937年　名古屋市生まれ、39年上海に移住、45年和歌山市に帰国

1963年3月　東京教育大学大学院文学研究科東洋史専攻修士課程卒業

1961年4月～1969年3月　立教女学院教諭・都立高校講師など

1972年～　（社）中国研究所所員（理事・監事など）

1983年　宋慶齢日本基金会（初代事務局長・常任理事）

2000年　宋慶齢基金会日中共同プロジェクト委員会（初代代表理事）

2010年　日本宋慶齢研究会（初代代表）

2014年～　中国宋慶齢基金会中日歴史研究項目組顧問

【著書】　Ｉ＝エプシュタイン著・久保田博子訳『宋慶齢―中国の良心・その全生涯―』

【論文】　「宋慶齢・1925年」、「宋慶齢与日本」ほか

宋　慶　齢
―人間愛こそ正義―

2016（平成28）年4月25日　初版発行

著　者	久　保　田　博　子
発行者	三　井　久　人
整　版	野　ば　ら　社
印　刷	富　士　リ　プ　ロ　㈱
発行所	汲　古　書　院

〒102-0072　東京都千代田区飯田橋2－5－4
電話03（3265）9764　FAX03（3222）1845

ISBN978-4-7629-6565-4　C1022
Hiroko KUBOTA ©2016
KYUKO-SHOIN, CO., LTD. TOKYO